U0903107

新编精短

情境演讲

极富魅力的脱口秀应用宝典

情景交融·妙语连珠·易学易用

吴霞 主编

哈尔滨出版社
HARBIN PUBLISHING HOUSE

图书在版编目(CIP)数据

新编精短情境演讲 / 吴霞主编. —哈尔滨：哈尔滨出版社，2014.4

（实用精短文库）

ISBN 978-7-5484-1748-4

Ⅰ. ①新… Ⅱ. ①吴… Ⅲ. ①演讲－语言艺术 Ⅳ. ①H019

中国版本图书馆 CIP 数据核字(2014)第 040439 号

书　　名：新编精短情境演讲

作　　者：吴　霞　主编

责任编辑：韩伟锋　任　环

责任审校：李　战

封面设计：夏　初

版式设计：远流图文工作室　陈　亮

出版发行：哈尔滨出版社（Harbin Publishing House）

社　　址：哈尔滨市松北区世坤路 738 号 9 号楼　　**邮编**：150028

经　　销：全国新华书店

印　　刷：辽宁星海彩色印刷有限公司

网　　址：www.hrbcbs.com　　www.mifengniao.com

E-mail：hrbcbs@yeah.net

编辑版权热线：（0451）87900271　87900272

邮购热线：4006900345　（0451）87900345　87900299　或登录蜜蜂鸟网站购买

销售热线：（0451）87900201　87900202　87900203

开　　本：720mm × 1000mm　1/16　**印张**：31.5　**字数**：468 千字

版　　次：2014 年 4 月第 1 版

印　　次：2014 年 4 月第 1 次印刷

书　　号：ISBN 978-7-5484-1748-4

定　　价：48.00 元

凡购本社图书发现印装错误，请与本社印制部联系调换。　**服务热线**：（0451）87900278

本社法律顾问：黑龙江佳鹏律师事务所

前言

成功学大师卡耐基曾经说过，一个人的成功15%取决于他的专业知识和技能，85%取决于他的人际沟通能力。一个成功的演讲应当与演讲的情境相适应，也就是说演讲的内容应当紧扣演讲情境和背景，这样才能引起听众的共鸣。为了帮助读者提高演讲水平和演说技巧，让读者在应对各种场合时收放自如、如鱼得水，我们编辑出版了这部《新编精短情境演讲》。

本书共有三个大的篇章，每个篇章包含几种不同类型的情境，在上万个范例中精心挑选出二百余个，取其精华，去其糟粕。范例具体包括在各种仪式庆典、庆祝酒会、竞选竞聘、欢迎欢送、纪念缅怀和慈善活动等情境下的演讲。仔细阅读本书，不仅可以提升您的语言能力和语言水平，还能让您在各种场合的演讲中应对自如，hold住全场，进而享受到成功演讲给自己带来的自信和满足。本书在章节末尾加上了一节“佳句荟萃”，收集了与该章情境相关的有文采或者有内涵的句子，让您能够有更多的借鉴及选择。

每一种场合下的演讲都需要不同的表达方式，根据演讲风格的不同可分为以下类型，分别是：文采型、幽默型、逻辑型、激情型和哲理型。每个类型都有鲜明的可借鉴性，读者在借鉴时，不仅可以根据情况酌情使用，也可在同一篇演讲中混合使用多种类型以丰富演讲内容：

一、本书的文采型范例多选取表达生动、用词优美、朗朗上口，并且富有文采的范例。文采型的演讲不仅给人一种听觉上的享受，更能令听者对演讲者的语言能力和文学水平肃然起敬。

二、本书的幽默型范例不仅选用了许多名人的经典演讲词，还增添了许多在日常场合中实用的幽默演讲。幽默型演讲不仅能博人一笑，给人带来新鲜感，更能让人印象深刻，具有与听者沟通、达到互动的良好效果。

三、本书的逻辑型范例思路清晰、重点突出、条理清楚，是一种高效的表达方式。

四、本书的激情型范例侧重于真情实感的抒发，这种类型的演讲能引起听者情感上的共鸣，影响深远，能够拉近听者与演讲者的心理距离。

五、本书的哲理型范例意在阐明道理，或者是阐明浅显而又常被人忽视的道理，或者是将深刻的道理以深入浅出的方式呈现出来，这样的类型易使听者受到启发，令人印象深刻，是非常有意义的一种演讲类型。

衷心希望《新编精短情境演讲》一书能够帮助您在讲话时彰显魅力，为您的演讲锦上添花！

目录

第一篇　各种仪式与庆典演讲

第1章　开/闭幕式讲话

第 3 章 婚礼庆典讲话

第 4 章　奠基剪彩讲话

第 5 章　揭幕仪式讲话

第 7 章　授予仪式讲话

第 8 章　开学典礼讲话

第 9 章 毕业仪式讲话

第二篇　各种庆祝酒会演讲

第 10 章　联谊酒会演讲

第 11 章　晚会酒宴演讲

第 14 章　升学宴会讲话

第 15 章　生日宴会讲话

第三篇　其他常用演讲

第 18 章　竞选与竞聘演讲

第 19 章　就职与离职演讲

第 20 章　欢迎与欢送演讲

第 21 章　赛会演讲

第 22 章　纪念缅怀演讲

第 23 章　法庭辩护演讲

第 24 章　述职演讲

第 25 章　自我介绍与事迹介绍

第 26 章 正式会议演讲

第 27 章 悼 词

第 28 章　学术演讲

第29章　答谢词

第30章　慈善活动演讲

第 1 章
开 / 闭幕式讲话

第一节 范例集锦

★★★

范例 1：中国茶叶学会会长在某龙井茶文化节开幕式上的讲话

背景介绍：中国茶叶学会在××举行 2012 中国茶叶大会暨第六届××大佛龙井茶文化节，这是会长在开幕式上的讲话。

关键词：茶叶　独特　大佛龙井　品质

各位领导、各位来宾，女士们、先生们：

万物吐翠，新茶飘香。在春意盎然、茶香四溢的美好时节，我们相聚在××，共祝 2012 中国茶叶大会暨第六届××大佛龙井茶文化节开幕。在此，我谨代表中国茶叶学会和茶叶界同人，对茶叶大会的顺利举办表示热烈的祝贺！

好山好水产好茶。浙江山水条件得天独厚，孕育了众多优质名茶，不仅茶叶产量和产值位居全国前列，茶叶品质尤其是绿茶品质更是有口皆碑。××地处浙江东部，“雨洗青山四季春”的宜茶环境，“高山云雾出名茶”的独特地形，使××大佛龙井具有无可比拟的内在品质，享誉国内外。特别是近几年来，××县坚持以“政府为主导、市场为龙头、品牌为主线”的产业发展之路，依靠科技创新，抓好茶叶新品种选育和良种推广，抓好标准化生产和质量提升，茶叶产量不断增加，知名度不断提高。

我们相信，通过举办一年一度的茶叶大会，发展茶文化，打造茶经济，必将更好地展示城乡协调发展的和谐××形象，必将更好地彰显山水田园如画的生态魅力××。以茶为媒，××的明天一定会越来越好！

最后，预祝2012中国茶叶大会暨第六届××大佛龙井茶文化节圆满成功！

谢谢大家！

万物吐翠，新茶飘香。在春意盎然、茶香四溢的美好时节，我们相聚××，共祝2012中国茶叶大会暨第六届××大佛龙井茶文化节开幕。“雨洗青山四季春”的宜茶环境，“高山云雾出名茶”的独特地形，使××大佛龙井具有无可比拟的内在品质，享誉国内外。

★★★

范例2：某校领导在校越野赛开幕式上的讲话

背景介绍：某大学在元旦期间举行新年千人越野赛，这是一位校领导在越野赛开幕式上为参赛者加油鼓劲儿的讲话。

关键词：感谢 挑战 竞争 斗志

各位老师、同学们：

浓浓冬意，寒气逼人，在新年的第一天，我们精神抖擞，意气风发，满怀火热的心情，举办新年千人越野赛。在此，我代表所有的××人，向积极参加本次比赛的运动员、裁判员、服务员以及所有的工作人员表示崇高的敬意和衷心的感谢。

在这特殊的时节，举办这样的活动，其目的在于动员全体师生员工，挑战寒冷，挑战自我；在于向社会展示××团队的精神风貌；在于凝聚全体××人的心，展示××人挑战2012年的勇敢气势和坚强决心。

元旦越野赛为大家提供了一个强身健体、锻炼自我、磨炼意志的好机会，我们一定要不怕困难，永不言败，遵循“我运动、我健康、我参与、我快乐”的宗旨，积极踊跃地投身到激烈的比赛中去。

元旦越野赛的赛前游行，必将向全县人民展示我校师生的精神面貌，我们一定要精神焕发，斗志昂扬，队列整齐，口号洪亮，全力以赴为××喝彩，为××加油。

号角即将吹响，锣鼓即将擂鸣，彩旗就要飘扬，同学们，让我们充分发扬“更高、更快、更强”的奥运精神，战胜各种困难。胜利一定属于敢于拼搏，敢于战胜自我的人，每一个参与者都是好样的，每一个坚持到底者都是胜利者，每一个××人都是最棒的。努力吧！拼搏吧！奔跑吧！我们坚强勇敢的××人。

最后，预祝各位运动员在本次比赛中取得优异的成绩。预祝本次比赛安全、圆满成功！

号角即将吹响，锣鼓即将擂鸣，彩旗就要飘扬，同学们，让我们充分发扬“更高、更快、更强”的奥运精神，战胜各种困难。胜利一定属于敢于拼搏，敢于战胜自我的人，每一个参与者都是好样的，每一个坚持到底者都是胜利者，每一个××人都是最棒的。努力吧！拼搏吧！奔跑吧！我们坚强勇敢的××人。

范例3：某医药公司董事长在第三届某医药节开幕式上的讲话

背景介绍：某医药公司举办第三届某医药节，创始人兼董事长在开幕式上讲话，向到场嘉宾对××的支持表示感谢。

关键词：贵客 友谊 回报

各位来宾、朋友们：

忽如一夜秋风至，宾客满堂尽欢颜。在全市人民欢庆第七届西湖博览会的大好日子里，在这样一个秋高气爽，丹桂飘香的迷人季节里，我们全体××人迎来了自己高贵的客人——参加第三届工商联谊会的全体嘉宾，同时也拉开了我们××人最引以自豪、最隆重的自己的节目——第三届××医药节的帷幕。今天的××期待的是“有朋自远方来，不亦乐乎”；今天的××因有你们的到来而喜气洋洋。可谓，贵客翩翩而来，××望而生辉。相信喜悦不仅仅写在××人的脸上，也印在在座各位来宾的脸上。因为我们将在此增进友谊、共商发展大计，为即将到来的年度大餐出谋划策。所以我说，××是大家的××，没有你们就没有××；没有你们的厚爱，××不会有今天的品牌；没有你们的支持，××就没有如此迅速的发展。因此借这个隆重的盛会，我，一个××的老兵，一个××的带队人，一位大家的老朋友，携全体××人向各位来宾致以十二万分的感谢。谢谢，谢谢你们！

我今天非常激动，因为我沉浸在一份浓浓的战友情、朋友情、伙伴情中。透过我这双不算清晰、似乎已经充盈着泪水的双眼，我看到的是各位朋友充满信任的目光，我感受到最多的是爱，是友谊。所以说如果××对大家有所回报的话，那绝对是应该的。全体××人一定会在今后的日子里，以自己一颗真诚的心来为大家服务。

下面我宣布，××医药第三届××医药节正式开幕！

今天的××期待的是“有朋自远方来，不亦乐乎”；今天的××因有你

们的到来而喜气洋洋。可谓，贵客翩翩而来，××望而生辉。相信喜悦不仅仅写在××人的脸上，也印在在座各位来宾的脸上。因为我们将在此增进友谊、共商发展大计，为即将到来的年度大餐出谋划策。

★★★

范例1：王岐山在第四次中美战略经济对话上的讲话

背景说明：王岐山在第四次中美战略经济对话（SED）上的讲话

关键词：政府 外交

说实话，这次SED（中美战略经济对话）是我在（中国汶川）地震之后若干打领带的场合第一次打红领带，因为SED第四次对话成功了。此时此刻我和代表团的成员非常激动。说实在的，今年以来好消息不多，我这次来之前很多朋友都说：你小心，美国的大门要关上了，美国现在盛行保护主义。但是美国的部长们在一天半紧张的对话过程中，没有一个人赞成保护主义，都说我们应该共同努力把对方的大门开得再大一点。第四次SED非常成功。

说实在的，今年以来好消息不多，我这次来之前很多朋友都说：你小心，美国的大门要关上了，美国现在盛行保护主义。

★★★

范例2：某校长在新教师欢迎大会开幕式上的讲话

背景说明：某学校通过公开招聘，引进了一批新教师。这是该校校长在新教师欢迎大会开幕式上的讲话。

关键词：新鲜血液 融洽

各位新老师：

你们好！你们的到来，给我们学校注入了新鲜血液！（掌声）掌声证明：对于你们的到来，我们是热烈欢迎的！

在生理学的意义上，血液有O型、A型、B型和AB型之分。我不知道在座各位老师是何种血型，也未曾做过调查。不过，你们可以相信，在非生理学的意义上，我们都是“AB型”，能接受任何“血型”；我们又都是“O型”，能输给任何“血型”。在以后的日子里，我们新老“血液”一定能友好、融洽地相处！

据说，人体的心脏是世界上最卓越的“水泵”，每天泵出血液达七至八吨。你们每时每刻泵出的“新鲜血液”与原来的“血液”汇流在一起，无疑，我们的学校将更加充满生机！

人体的心脏是世界上最卓越的“水泵”，每天泵出血液达七至八吨。你们每时每刻泵出的“新鲜血液”与原来的“血液”汇流在一起，无疑，我们的学校将更加充满生机！

★★★

范例1：某校长在田径运动会开幕式上的讲话

背景介绍：某校举行××年春季田径运动会，校长在运动会开幕式上致辞，对全校师生提出了几点希望和要求。

关键词：发展 教育 强身 拼搏

全体教职员工、全体同学：

大家上午好！

春天是最美好的季节，在这春意盎然的大好时节，我们全体师生，满怀喜悦的心情，以饱满的精神状态，欢聚一堂，在操场隆重举办××年春季田径运动会。我提议，让我们以最热烈的掌声对这次春季田径运动会的召开，表示最真诚的祝贺。对向筹备这次盛会的各位老师表示衷心的感谢，向参加这次盛会的全体运动员、裁判员表示诚挚的慰问。

近年来，我校坚持教育创新的理念，不断加强教育现代化建设，不断提高教育教学水平，赢得了社会广泛的认同，学校的声誉日益提高。我们美丽的校园面貌焕然一新，大气的文化氛围正在逐步形成。这一切的一切都说明我们的学校在不断发展。

同学们，教育的宗旨就是以人为本，全面提高人的基本素质。因此，学校在改善办学条件，提高教育教学质量的同时，始终坚持全面贯彻教育方针，大力推进素质教育，认真实施新课程标准，我们特别注重提高学生的身体素质。学校举办这次运动会，正是对平时学生体育活动的一次大检阅，一次大验收。我相信，我们的运动员一定能在这次运动会上大显身手，充分展示自己平时刻苦训练的成果，赛出风格，赛出水平。同时我也希望，通过这次运动会进一步推动我们学校体育活动的蓬勃开展，让同学们学会健体，学会强身，真正成为学习好、身体棒，德智体美劳全面发展的优秀人才。

为了成功举办这次运动会，下面，我对大家提几点要求和希望：

1. 希望全体运动员，认真参加各项体育竞赛运动，发挥自己的最佳水平和技能，努力以最好的成绩为班级争光。在竞赛过程中，顽强拼搏，服从裁判的裁决。

2. 希望全体同学能发扬奉献精神，树立服务意识，为全体运动员做好后勤工作，为他们加油鼓劲儿，发扬团队合作精神。

3. 希望全体裁判员及时到位，客观、公正地履行裁判职责。对每一个运动员的付出给予正确的评价和裁决。

4. 希望各班班主任老师做好学生的组织工作，对学生进行卫生教育、安全教育，保持良好的大会秩序。

最后，预祝本次春季田径运动会取得圆满成功！

谢谢大家！

我也希望，通过这次运动会进一步推动我们学校体育活动的蓬勃开展，让同学们学会健体，学会强身，真正成为学习好、身体棒，德智体美劳全面发展的优秀人才。

★★★

范例2：某高中校长在新生军训闭幕式上的讲话

背景介绍：某高中组织新生进行为期7天的军训，在军训成果汇报会暨军训闭幕式上，该校校长发表了这样的讲话。

关键词：军营 勇气 意志 决心

各位教官、老师、同学们：

你们辛苦了！首先，我谨代表学校向你们表示亲切的问候！对你们圆满完成军训任务表示热烈的祝贺！

通过7天的军营生活，同学们与军事过硬、作风优良的承训教官朝夕相处，深刻感受到了人民解放军吃苦耐劳、甘于奉献、勇敢顽强、坚韧不拔的优良传统，这对于同学们树立正确的世界观、人生观、价值观，培养同学们的爱国主义、集体主义精神都是十分有利的；同时，军训也有利于同学们组织性、纪律性的提高和身体素质的增强；当然更有利于磨炼同学们的意志品质，培养艰苦奋斗的作风，增强战胜困难的信心和勇气。同学们，你们大都是独生子女，参加系统军训对你们是一种真正的考验。队列的动作和基本要求是根据《中国人民解放军队列条令》的有关规定具体执行的，它要求学生按照一定的队形在统一的口令下做协调一致的动作练习，在累、苦、热的磨炼下，同学们的意志坚强了，信心也增强了，一些“娇气十足”的同学在这里得到了真正的锻炼，精神面貌焕然一新。

7天来，同学们在教官、老师的带领下，经受了炎炎烈日的考验，经受了大运动量的考验，你们用健康的肤色、饱满的精神、整齐的步伐、昂扬的斗志向学校交了一份令人满意的答卷。7天来，你们强健了自己的体魄。从站一会儿就可能晕倒的小学生，变成了口号响亮、步伐有力的强健军人，也使自己有了坚强的意志。7天来，同学们学会了基本的队列、行走技术，体会到解放军战士训练的刻苦，增强了国防意识，树立了保卫祖国的决心。7天的军训虽然很短暂，但你们在军训中磨砺出坚强的意志、钢铁般的纪律、健康向上的决心，将是你们这短短7天军训中所获得的最宝贵的财富，这意志、纪律、决心将会使你更好地度过三年紧张、艰苦而又丰富多彩的高中学习生活，圆满地完成自己三年的学习任务！

同学们，军训成绩的取得来之不易，是你们用心血和汗水铸就的，是在不断超越自我、突破自身极限的艰苦训练中获得的。军训虽然结束了，但是军训成果还需要同学们保持和发扬。希望同学们把军队的优良品质和作风，带到今后的学习生活中去，这样才无愧于军队的培养，学校的厚望和国家的重托。

最后，让我们再次以热烈的掌声向为完成好军训任务付出艰辛劳动的教官同志们表示衷心的感谢！同时，祝同学们学习进步，身体健康！

谢谢大家！

同学们，军训成绩的取得来之不易，是你们用心血和汗水铸就的，是在不断超越自我、突破自身极限的艰苦训练中获得的。军训虽然结束了，但是军训成果还需要同学们保持和发扬。希望同学们把军队的优良品质和作风，带到今后的学习生活中去，这样才无愧于军队的培养，学校的厚望和国家的重托。

★★★

范例3：某橄榄油部门经理在产品推介会开幕式上的讲话

背景介绍：某集团将推广旗下的产品××橄榄油，这是主管该产品的部门经理在推介会开幕式上的讲话。

关键词：使命 天然 农田 餐桌

各位尊贵的来宾：

大家晚上好!

首先，请大家不要误会今天是来到了巴菲特的宴会，之所以有这么多“股神”出现，是因为在今年的4月份，我们××橄榄油非常荣幸地和“股神”结下了不解之缘，巴菲特先生高度赞扬了我们的产品和服务理念，并兴致勃勃地接受了我们赠送的××特级初榨橄榄油。

回顾我们集团的使命：精选优质进口食品，呈献天然，为您健康！当前，我国的食品安全问题情况堪忧，我个人认为，这不应单纯地谴责企业自身，资源问题、国家政策问题也应反省。我们国家的资源只有这么多，却要养活13亿人口，而国家对于食品安全问题的处罚力度又极其轻微，这些问题都不是仅靠企业自身就能够解决的，冰冻三尺，非一日之寒，这是整个食品行业的生态环境出问题了。

基于此，我们集团的任务是加大力度引进优质的天然食品，为我们国家的资源问题出一份力！对此，我们深感责无旁贷。我们的品控理念是“从农田到餐桌”，我们建立了四个层次的品质控制体系。第一个层次，从精选种子开始到油品出厂的生产厂家全程监控；第二个层次，西班牙国家政府对于产品品质的权威认证；第三个层次，中国政府对产品品质的权威认证；第四个层次，我们作为进口商，从包装、物流、仓储、销售等各个环节的全程“无缝管理”。“一个理念”加“四个层次”，确保了××橄榄油的品质，让消费者全程无忧。

橄榄油是世界上唯一可直接供人类食用的木本植物油，不经过任何的热处理和化学处理，天然纯正，可预防心脑血管及肠胃疾病，护肤养颜，被誉为“液体黄金”。《圣经》中提及橄榄油的次数超过300多次。2000年，江泽民主席出访西班牙，特意参观了我们生产商的橄榄油生产线，并深情寄语：“橄榄油这种极为天然的食用油，中国应该大力引进。”意大利影后索菲亚·罗兰一生钟爱橄榄油并直接用橄榄油沐浴，她说：“纯净的橄榄油和讨厌的男人一样，是上帝赐给女人的最奇特的礼物。”

我们深知，作为对外贸易的企业，我们有责任把大自然赐予人类最珍贵的礼物送到每个人的手中，我们在进行一份伟大、神圣而且对人们健康有益的事业。我们集团将来还要继续进口波尔多的红酒、新西兰的蜂蜜、斯里兰卡的高山红茶等优质天然食品；我们全体同人将牢记自己的使命，精选优质进口食品，呈献天然，为您健康！

最后，预祝大家在优美的旋律中度过一个愉悦的晚上，感谢大家的光临！谢谢!

我们集团的任务是加大力度引进优质的天然食品，为我们国家的资源问题出一份力！对此，我们深感责无旁贷。我们的品控理念是“从农田到餐桌”，我们建立了四个层次的品质控制体系。

★★★

范例1：某校友在母校校庆大会闭幕式上的讲话

背景介绍：某校30周年校庆大会上，一位校友受邀在大会闭幕式上讲话。

关键词：敬意　信心　发展

各位老师、各位校友、各位来宾：

首先请允许我代表已离开学校的校友向在校的和已离开学校的老师致以崇高的敬意，并对母校能为我们提供这样一个相聚的机会表示衷心的感谢！

30年前的今天，我们的老师们怀着一颗献身祖国教育的赤诚之心，用自己的智慧和勤劳，在我们的家乡创办了这所高中，为我们的学习创造了良好条件。15年前的今天，当一个乡里娃背着行李第一次跨进校门时，感到这里的一切是那么的陌生而又新鲜，心中曾生出过那么多的憧憬和希望！15年后的今天，当我再一次跨进母校的门槛时，首先感觉到的依然是陌生和新鲜。陌生的是母校已发生了巨大的变化，我已再也找不到自己当年住过的简陋的宿舍、吃过饭的食堂和上过课的教室。新鲜的是挺立的高楼，荫荫的绿树，吐翠的芳草，绽放的鲜花，我不由得一阵阵欣喜，也生出一丝丝对在校同学的羡慕，但更多的是对母校未来的信心。我知道，当我们再有机会来到母校时，母校一定会有更快、更大的发展。

今天，在庆祝母校30岁华诞的时刻，我想说，是您培养了我们，母校！是您开启了知识的大门，将一个个童蒙的心灵一步步引向了智慧和理想的芳草地，老师！您的学生永远不会忘记您的教诲！在任何时候您的学生都将无愧地说："我是××中学的学生！"最后，请允许我代表所有的学生向母校和老师深深地鞠躬，以表达我们对母校和老师的深情，谢谢了，我们的母校！谢谢了，我们的老师！

在庆祝母校30岁华诞的时刻，我想说，是您培养了我们，母校！是您开启了知识的大门，将一个个童蒙的心灵一步步引向了智慧和理想的芳草地，老师！您的学生永远不会忘记您的教诲！

★★★

范例2：某资深车友在车友联谊会开幕式上的讲话

背景介绍：某车友会组织者在车友联谊会开幕式上讲话，感谢大家对车友会活动的支持。

关键词：六年　酷玩　欢乐

尊敬的各位车友、亲朋好友们：

大家下午好！

非常高兴在兔年的岁末和大家相聚一堂、载歌载舞、举杯共饮，享美食、品美酒、论人生，车友互动联谊，共商来年长旅大计！

我代表××酷玩年会筹委会成员向与会的各位哥哥姐姐、弟弟妹妹们表示最诚挚的欢迎和由衷的感谢，谢谢大家！

××酷玩成立六年中，像个孩子似的跌跌撞撞一路走来，有艰辛、有磕绊、有欢乐、有成长，才成为今天渐入正轨、周周有活动、假日必出行、年年走长线的规范自驾游组织。给我们有车一族真正提供了一个假日休闲的绝好去处和交友平台！本人长期的付出和会员制的推广也渐渐被大家承认和接受，这是我作为××车友会一会之长最大的欣慰，今天与会的朋友都将享受××酷玩车友会终身会员的礼遇，承蒙你们的支持和关怀，××今后将再接再厉，走得更稳，行得更远！

回顾过去，展望未来，美好的记忆总是禁不住在心海澎湃。那河滩的越野接力、景点的篷帐宿营、山涧的炉灶炊烟、冬夜的篝火联欢……无一不在我们胸中燃起一把希望的火。抛开省内短线不说，××车友会成立至今先后组织的活动有：

2008 年 10 月，历时 7 天，自驾穿越世界三大胡杨林之一的额济纳胡杨林，触摸“霜叶红于二月花”的秋之魅力；

2009 年 6 月，历时 16 天，自驾穿越阿尔山、呼伦贝尔、满洲里、漠河、北极村，体味一望无垠的大草原、美如画布般的蓝天白云和茂密葱茏的大兴安岭原始森林；

2010 年 7 月，历时 24 天，自驾探索神秘的西南边陲西藏拉萨，登上珠穆朗玛之巅，挑战 5000 米海拔的青藏高原，走进神秘的藏营布达拉宫，在茫茫雪山下赤臂挥拳；

2011 年 1 月，历时 8 天，自驾到达福建厦门美丽的海滨小岛鼓浪屿、圆楼之王“永定土楼”等。

可谓是祖国河山皆美景，山山水水景不同啊，我们 2012 年的长线规划还望今天与会的车友们集思广益、共同参与规划和制订。

独乐乐不如众乐乐，在这个邻里不相识的年代里，让我们走出家门，以车为媒、插上友情的翅膀，在××酷玩的平台上起飞，飞得更高，行得更广，真正实现路越远、心越近的酷玩宗旨！

在此，特别鸣谢会展中心××赞助。

预祝大会继续奔着和谐、友爱、团结的新风尚取得圆满的成功，也祝大家新的一年里身体健康、万事如意、宏图大展，迈向新征程！

独乐乐不如众乐乐，在这个邻里不相识的年代里，让我们走出家门，以车为媒、插上友情的翅膀，在××酷玩的平台上起飞，飞得更高，行得更广，真正实现路越远、心越近的酷玩宗旨！

★★★

范例1：某公安分局党委书记在警察运动会闭幕式上的讲话

背景介绍：某公安分局举行“以赛促训、健康全警、你我同行”警察运动会，党委书记在运动会闭幕式上讲话，并希望广大民警继续发扬运动精神。

关键词：拼搏 热情 斗志 贡献

同志们：

大家好，我局“以赛促训、健康全警、你我同行”警察运动会即将落下帷幕。今天的比赛，时间紧、项目多，但因为裁判员的公正严明、工作人员的恪尽职守、运动员的奋力拼搏，共同保证了整个赛事的圆满与成功。对此，我代表局党委向你们表示感谢，并对获奖选手表示祝贺。

此次运动会充分展示了我局公安民警良好的精神风貌和顽强拼搏的作风，巩固了健身活动的效果，激发了民警自觉参与身体锻炼的热情。希望我们能够以此次运动会为起点，带动全警健身活动的开展，真正实现民警从“让我练”到“我要练”的转变。

同志们，作为人民警察，强健的体魄不仅让我们个人得益，更是家庭责任感、社会责任感使然。希望同志们、战友们以此次比赛为契机，持之以恒加强锻炼，共同将健康的体魄化作强有力的生产力和战斗力。让我们以更高昂的斗志、更顽强的精神和更过硬的本领，积极投身到当前的各项公安工作中，为创建“平安××、和谐××”做出更大的贡献！

谢谢大家！

此次运动会充分展示了我局公安民警良好的精神风貌和顽强拼搏的作风，巩固了健身活动的效果，激发了民警自觉参与身体锻炼的热情。

★★★

范例2：某校长在校拔河比赛闭幕式上的讲话

背景介绍：某校在迎新年、庆元旦之际举行拔河比赛，这是校长在拔河比赛闭幕式上的讲话。

关键词：抗争 拔河 理想 人生

亲爱的同学们、老师们：

大家新年好！

其实从我们所经历的每一件事来看，我们都在抗争着。与对手抗争，与自己抗争，与命运抗争。我们的生活实质上就是在与命运拔河。但命运总是没有那么好战胜，它虽然虚无，却总是利用我们的弱点，让我们无力抗争。但今天，我们的孩子都是有理想、有希望的一代。我们会以崭新的姿态走在新一年中，我们会在新一年中改掉我们的缺点，让命运无机可乘！我们的前方总是充满了重重的抵抗力，但我们要克服，朝抵抗力最大的路径走，迎接我们的就是成功。

通过今天的拔河，我希望同学们不但能体会到不懈努力的意义，还能体会到团队协作的力量！也许你的同学不会终生陪伴在你身旁，也许他们只是你人生中的过客，但是同学们，你们从彼此身上学到的东西将是无限的。你们是新一代的人，你们全身都充满着崭新的气息，你们才是自己最好的老师！学会友爱，学会团结，学会做人。今天只是一场简单的拔河比赛，但我希望同学们能从中看到人生！

谢谢！

命运总是没有那么好战胜，它虽然虚无，却总是利用我们的弱点，让我们无力抗争。但今天，我们的孩子都是有理想、有希望的一代。我们会以崭新的姿态走在新一年中，我们会在新一年中改掉我们的缺点，让命运无机可乘！

★★★

范例3：某校长在校第三届艺术节开幕式上的讲话

背景介绍：某高校举办第三届校园文化艺术节，校长在开幕式上做了如下讲话。

关键词：文化 艺术 才华 展示

各位老师、各位同学：

大家好！

在这鲜花竞放，姹紫嫣红的五月，在这热情奔放，激情燃烧的季节，我们迎来了第三届校园文化艺术节，这是一次心灵与才华的交流，更是一次视听与美感的盛宴。在此我谨代表校长室向筹备、组织这次盛会的全体工作人员表示衷心的感谢，对即将享受美好节日的全体师生表示诚挚的祝贺！

我校自××年建校以来，就一直秉承“全面发展、追求卓越”的办学理念，弘扬“自强不息、永争第一”的校训精神，全体师生在×××校长的领导下，戮力同心，奋力拼搏，在过去的一年里，我校各项工作取得了显著的成绩。学校先后被评为……；多名教师受到上级表彰……这些获奖的老师不仅为学校争得了荣誉，也为自己的人生镀上了金色的光泽和高贵的气质。

校园有了文化，就有了深厚的道德底蕴；校园有了艺术，就有了灵动的创新精神。如果说文化是一个国家和民族的灵魂和内涵，那么艺术则是灵魂生长和强大的养料。当苏联人把人造地球卫星送上太空，完成人类这一伟大壮举时，世界为之震惊，暗中较劲儿的美国人垂头丧气，但他们83天后也把卫星送上了太空，事后他们分析落后的原因，得出的结论非常惊人：苏联具有世界一流的艺术天才和艺术传统，而美国则自叹不如！于是，美国马上制订了一个“零点计划”，以加强美国中小学的艺术教育。

各位同学，我们所处的是一个张扬个性、突显自我的时代，是一个激情澎湃、大浪淘沙的时代。勇于劈波斩浪，才能驶进更广阔的海域；勇于挑战狂风，才能飞向更高远的星空。我们要认清时代和历史赋予我们的重任，挑战自我，创造未来。把我们全部的才情和勇气奉献给校园，奉献给社会。用我们生命和灵魂的光芒照亮青春，照亮梦想！

各位同学，校园文化艺术节不仅是一个丰盛的艺术大餐，也是对我校师生精神面貌和综合素质的大检阅。希望全体师生要讲公德、讲卫生，在活动场所不留下一件废弃物，真正体现文明有序的行为习惯；希望所有参赛选手奋勇争先、赛出风格、赛出水平；希望全体工作人员忠于职守、热情服务；希望全体观众齐心协力、文明守纪。

老师们、同学们，第三届校园艺术节的帷幕已经拉开，希望每一位同学在艺术节的各项活动中，热情地参与，尽情地展示。用我们美妙的歌喉，唱出对生活的热爱；用我们动人的舞姿，演绎对美好未来的祈盼；用我们灵动的双手，描绘青春的蓝图。期望每位同学都能成为艺术节上一个个跳动的、快乐的音符，合奏一曲美妙动人的校园乐章。让我们暂时放下书本和分数，投身到艺术的怀抱中来吧。

最后，预祝本届艺术节取得圆满成功！

我的讲话完了，谢谢大家！

希望每一位同学在艺术节的各项活动中，热情地参与，尽情地展示。

用我们美妙的歌喉，唱出对生活的热爱；用我们动人的舞姿，演绎对美好未来的祈盼；用我们灵动的双手，描绘青春的蓝图。期望每位同学都能成为艺术节上一个个跳动的、快乐的音符，合奏一曲美妙动人的校园乐章。

★★★

范例 4：某公司总经理在乒乓球比赛开幕式上的讲话

背景介绍：某县级机关与某公司联合举办乒乓球比赛，这是公司总经理在比赛开幕式上的讲话。

关键词：体育 国球 精神 理念

尊敬的各位领导、各位来宾，朋友们：

大家晚上好！

秋风送爽，硕果累累。

在这丰收的季节，借着国家奥运代表团凯旋归来的东风，我们县级机关“××杯”乒乓球比赛在此隆重举行。今天，我非常荣幸地代表××公司董事会及全体员工参加“××杯”乒乓球比赛的开幕式，并预祝大会圆满成功。作为致力于这块土地旧城改造以及城市开发的地产投资与开发商，我们深爱着这块土地，为能为地方体育事业尽一份绵薄之力从心底感到无比的光荣与自豪。

在县各级党委、政府的亲切关怀与大力支持下，在善良纯朴的人民的热情拥护下，×××公司全体同人经过近两年的艰苦努力，终于在这块土地上刻下了自己的名字，我们的足迹永远停留在了这块土地上，它的美丽就是我们的骄傲，也是全市人民的骄傲。饮水思源，作为投资地产的开发商，我们不会忘记这块土地给予我们的一切。为此，我们将一直秉承“无限建筑经典，无限美好生活”的企业经营理念，为这个城市的发展继续发挥着我们的余热。因为我们的承诺，我们的信仰，已经跟这个城市血肉相连。

乒乓球是我国的国球，国球的精神就是要我们奋发向上，不惧困难，勇往直前。××奥运会的辉煌战绩，让我们的民族感到了振奋，让我们华夏子孙热血沸腾，生在这样的英雄国度，我们此生无憾。这次县机关工委举办这样的活动，不仅锻炼了同志们的身体，增进了友谊，同时也提高了群体的战斗力与凝聚力。因此，我们认为，这是一次盛会，是继续我们英雄传说的盛会，××公司将和这个城市一起继续着我们的辉煌。

最后，再次预祝县级机关“××杯”乒乓球比赛圆满成功！

预祝各参赛队伍取得优异的成绩！

××奥运会的辉煌战绩，让我们的民族感到了振奋，让我们华夏子孙热血沸腾，生在这样的英雄国度，我们此生无憾。这次县机关工委举办这样的活动，不仅锻炼了同志们的身体，增进了友谊，同时也提高了群体的战斗力与凝聚力。

第二节　佳句荟萃

1. 这次大会是一次总结过去、展望未来、共谋发展的大会，各位代表顶风雪、冒严寒，肩负着全乡人民的重托，以博大的胸怀，洒脱的气度，超凡的人格魅力，励精图治、呕心沥血、共商大计，共同绘制××县今年的发展蓝图。

2. ××江在欢腾、××山在眺望、××坪正翘首期盼、××工程宏图已展。你们来自各条战线、各族、各界，代表着××县人民的意志，希望大家珍惜自己的神圣权力，增强责任感和使命感，牢记重托、认真履行职责。让我们以这次盛会为契机，为××县取得的成就喝彩；为××县的今天而欢呼；也为××县更加美好灿烂的明天而祝福。让我们携起手来，共同努力，把这次大会开成一个民主的、团结的、求真务实的、凝聚人心的、催人奋进的大会；一个充满生机和活力的大会。

3. 我们欢聚一堂，隆重举行“弘扬中华优秀传统文化，做有道德的中国人”××大型公益论坛，共同传承中华民族的优秀文化，感受传统文化的无穷魅力，共沐比阳光还要灿烂的道德光芒。泱泱大中华，悠悠五千年。中华优秀传统文化源远流长、博大精深，是中华民族的精神支柱，是我们的根，是我们的民族之魂。

4. 今天演讲的嘉宾都是我个人非常尊敬、喜爱的专家，感谢××给我们创造了这样的机会，让我等可以近距离、小范围地聆听这些大名鼎鼎的专家的真知灼见，也感谢大家百忙之中参加××。

5. 很高兴参加××。首先，我谨代表××对××的召开表示热烈的祝贺！对各位来宾表示诚挚的欢迎！本届会议把“××”作为主题，对于凝聚共识、增强信心、深化合作、战胜危机具有十分重要的意义。我衷心祝愿本届会议取得圆满成功！

6. 今天,我们迎着十月和煦的阳光，带着运动健儿的喜悦，在这里隆重举行2010年秋季田径运动会。与此同时，修葺一新的运动场也顺利通过验收，正式投入使用了！在这激动人心的时刻，在这欢欣鼓舞的时刻，我谨代表学校党政领导及本次运动会组委会，向前来参加新运动场启用仪式的各位领导和来宾表示热烈的欢迎！向筹备这次盛会的全体工作人员表示衷心的感谢！

7. 天高云淡，微风轻拂，彩旗飘扬，飒爽英姿，经过全校师生的认真准备，今天,我们迎来了第七届校田径运动会。参加这次田径运动会的运动员共有1562人，裁判员和工作人员121人，比赛项目58项。这既是一次全面校阅我校体育运动水平的盛会，也是一次全面检阅我校精神文明建设成果的盛会。值此之际，我谨代表学校党委和行政对本届运动会的胜利召开表示热烈的祝贺，向为筹备本次运动会而付出辛勤劳动的老师和同学们表示衷心的感谢！

8. 月是期盼，月是挂牵；月是幻想，月是浪漫；月是思念，月是圆满。今夜，月圆如盘，看不见残缺的遗憾；今夜，月光如水，沁润着我们彼此的友谊；今夜，月华如歌，唱响我们心中的激昂。有你，我们高歌，唱响希望；有你，我们将快乐分享；有你，所有的梦都在生长。期待每一天的月圆，期待每一时的相聚，期待每一刻的欢畅。明明暗暗，圆圆缺缺的月亮告诉我们：人生有遗憾，耐住寂寞，坚持执着，去迎接新一轮的较量。

9. 女士们，先生们，21世纪到来了。在20世纪中，人类创造了前所未有的物质和精神财富，世界发生了深刻的变革，为各国在新世纪实现新的发展创造了难得的历史机遇。但也应看到，人类的生存和发展还面临着许多严峻的挑战。各国人民应该携手合作，积极行动，为争取世界持久和平和各国普遍繁荣的美好未来而共同奋斗。

10. 在“黄鹤楼下吹玉笛，江城五月落梅花”的美好季节，在全世界劳动人民同欢共庆的美好节日里，由××音乐学院主办的国际钢琴音乐节在长江之滨隆重开幕了！

11. 朋友们，正所谓“高山流水伴钢琴鸣响，白云黄鹤迎四海知音。”历史悠久的××音乐学院，正以昂扬的姿态大步走向辉煌的明天；热情友好的××音乐学院，真情欢迎来自世界各地的钢琴朋友！最后再次真心祝愿 2007××国际钢琴音乐节圆满成功！

12. 同学们，爱国就从节约开始吧！浪费粮食就是背弃祖国！现在我们的世界仍有 10 亿人口在挨饿，我们责任重大。就让我们从现在开始，尽我们所能去节约吧！节约会让我们的心里感到真挚的快乐，世界的天空会更加蔚蓝，生命之歌也会朝天高奏！

13. 我相信，此次活动的成功举办，对于加强端午民俗文化保护，弘扬中华优秀传统文化，推动××县、××省乃至全国非物质文化遗产保护工作，实现文化大发展大繁荣，必将产生重大的推动作用！最后，预祝 2010 年端午节暨海峡两岸屈原文化论坛取得圆满成功！谢谢大家！

14. “七夕今宵看碧霄，牵牛织女渡河桥。家家乞巧望秋月，穿尽红丝几万条。”唐代诗人林杰的这首《乞巧》，表达了对忠贞爱情和浪漫生活的无限向往。即将到来的七夕节，是有着几千年历史的中国传统节日，牛郎织女的美丽传说凝聚着中华民族忠贞爱情的传统美德，彰显着家和万事兴的优秀民族文化，成为我们构建和谐社会不可或缺的重要文化元素。我们借助七夕这个重要的传统节日举办首届中华爱情节，目的就是传承中华民族文化血脉，唱响“爱情忠贞，家庭和谐”的时代旋律，推动中华民族共有的精神家园建设。

15. 请大家牢记，奥运会不仅仅意味着比赛成绩，它还是和平的聚会。204 个国家和地区的奥委会相聚于此，跨越了民族、性别、宗教以及政治制度的界限。请大家本着奥林匹克的价值和精神，即卓越、友谊和尊重，投身于比赛。亲爱的运动员们，请记住，你们是世界青年的楷模，请拒绝兴奋剂，向作弊说“不”。你们的成就和表现应该让我们感到骄傲。

16.“春种一粒粟，秋收万颗子。”虽然说首届读书节即将落下帷幕，但是读书不能停止，我们会将读书节继续办下去，还会有第二届、第三届！我相信“爱读书，会读书”这颗种子一定已在同学们的心田里生根、发芽，在不久的将来，定会开花结果，获得喜人的丰收！

17. 其实人活着就挺好，至于生命有没有意义则另当别论。活着每天都会有太阳升起来，每天都会看到太阳落下去。你可以看到朝霞，看到晚霞，看到月亮升起和落下，看到满天的繁星，这就是活着最美好的意义所在。

18. 说老实话，这个比赛真是让我们各位评委很为难，因为我们必须评出个胜负来，可是我们又真是觉得，每位参赛者的手艺都太棒了！其实我们肚子里的馋虫想给你们通通颁发一等奖，可我们买不起那么多奖杯，只好优中选优了！

19. ××大地迎盛会，万众欢歌唱丰收。今天，湖北省第四届十大杰出青年农民颁奖仪式暨第七届乡村青年文化节开幕式在××隆重举行，这是58万××人民的光荣！

20. 要提高学习的实效性，扩大学习的影响面，做到学有所知，学有所获，并能够将所学到的知识运用到实践中去，传达给每一名工程技术人员，以此提升煤炭生产科技水平，促进公司技术进步与科技创新。最后，再次感谢各位专家、教授的光临与指导，预祝学术报告会圆满成功！

21. 我代表我公司对本次学术报告会的召开表示热烈祝贺！向各位专家莅临××集团传经送宝、不吝赐教表示热烈的欢迎和衷心的感谢！

第 2 章 节日庆典讲话

第一节 范例集锦

★★★

范例 1：某校长在元旦前夕所做的国旗下的演讲

背景介绍：某校长在元旦前夕的升旗仪式上做国旗下的演讲，形象地解释了元旦的由来，给全校同学鼓励。

关键词：希望 创造 信心

同学们：

随着 2009 年 1 月 1 日的即将到来，2008 年的辉煌即将离我们远去，2008 年是让所有中国人都自豪的一年，是所有中国人都感到伤痛的一年，也是所有中国人都感到骄傲的一年。人们常说：活在回忆中的人永远不会成长，但这即将过去的 2008 年如何能让华夏儿女不去回想，那一个个出现在奥运会上的名字又如何能让我们忘怀。

2009 年，我们可爱的华夏神州又增添了一道新年轮，这标志着时代的航船乘风破浪，伟大祖国又迎来了充满希望的一年。1月1日之所以被称为元旦，是因为“元”是开始，第一之意；“旦”是早晨，一天之意。“元旦”就是一年的开始，一年的第一天。从字面上看，“旦”字下面的一横代表着波涛澎湃的海面，一轮红日正从海上喷薄而出，放射着灿烂的光芒，这个象形字生动地反映了旭日东升的形象。把“元旦”合在一起，就是要人们以蓬勃的朝气和奋发的斗志来迎接崭新的一年。

同学们！时光老人的脚步在悄悄挪移，我们不是都有光阴似箭、日月如梭的感觉吗？东晋诗人陶渊明曾有过这样的感叹：“盛年不重来，一日难再晨。及时当勉励，岁月不待人。”我们也不乏这种紧迫感。我们是青年，青年时期是生命中的春天，是早晨八九点钟的太阳！我们是跨世纪的一代，成学业于本世纪，成事业于新纪元，我们将成为时代洪流中搏击风浪的勇士！生逢此时，荣幸又艰巨。读书，是一切成大事者的必由之路，是一切创造的基础。认真读书是时代的要求。我们要用勤奋和汗水夯实学业大厦的地基，用拼搏向时光索取价值，用双手为鲜艳的五星红旗添彩！只有这样，才无愧为华夏子孙，才能肩负起承前启后、继往开来的历史使命。同学们！我们正满怀着希望和信心来叩响人生这扇奇妙的大门。生活是那样丰富和广阔，有无数宝藏等待我们去挖掘，有无数险峰等待我们去攀登，有无数蓝图等待我们去描绘……

在这生命的春天里，播洒下希望的种子，辛勤地耕耘吧！

从字面上看，“旦”字下面的一横代表着波涛澎湃的海面，一轮红日正从海上喷薄而出，放射着灿烂的光芒，这个象形字生动地反映了旭日东升的形象。把“元旦”合在一起，就是要人们以蓬勃的朝气和奋发的斗志来迎接崭新的一年。

范例 2：某教师参加以教师节为主题的演讲比赛时的演讲

背景介绍：某教师代表某校全体教师参加以教师节为主题的教师演讲比赛，表达了作为一名人民教师的幸福，并表达了自己为教师事业奉献终生的决心。

关键词：桃李 教师 幸福 价值

各位老师、同学们：

又是一年长空鸣雁，又是一年芦花飞扬，又是一年霜风雨雪，又是一年桃李飘香。永远忘不了，八年前的那个早上，我怀着一颗忐忑不安的心，在一双双新奇的眼睛里出现。从此，一支洁白的粉笔，一块神奇的黑板，把我引向一条漫长的路，引向无穷智慧的境地。无论是初为人师时的第一句“上课”，还是学生的一声“老师您好”，都已成为我人生里最难忘的记忆，最珍视的时光。

教师这个职业早与我结下了不解之缘。

有这样一个故事：古代意大利的一位造船匠，他造了一辈子船，却从没有坐过自己造的船。他最大的愿望和享受，就是当自己造的船驶向大海的时候，能够伏在码头的栏杆上遥遥观望，直到那船消失在茫茫大海中……有着幸福体验的教师不正是这样的造船匠吗？虽然不能和自己造的船一同远航，但你的爱、你的心血和生命的智慧已经化作一面面风帆，鼓荡着船儿，在人生的海洋中，驶向蔚蓝的彼岸。能陪伴孩子们快乐成长，人生还有什么比这更幸福的呢？幸福要自己去体味，尽管我们不能指点股市，笑傲政坛；尽管我们不能独步学界，踏浪商海，但是当你在生病的时候，孩子们电话里一句句暖人的话语，你能不感到幸福吗？当你感到疲累，想休息片刻，一张张灿烂的笑脸，争抢着呼喊“老师，让我来帮您捶捶背”的时候，你能不感到幸福吗？当你看到自己一手带大的孩子即将出港，在那蔚蓝色的童话里航行的时候，你是否觉得，自己也拥有了和意大利造船匠那样的幸福呢？面对这份幸福，我激动，更为自己骄傲！

又是一个教师节，我收到了很多礼物，有短信祝福、贺卡、网页留言和孩子们精心制作的各种小礼品。但是最让我感动的是一篇日记。其中有几句是这样的："今天我感受到了××老师对我的关爱，她心疼地摸摸我的额头，问我病好了吗？我觉得她就像我的亲人一样，我以后一定加倍努力，做个好孩子，不让她生气，每天都开开心心、健健康康！"多可爱的孩子，我的爱他感受得到！看到这里，我感觉自己所做的一切"值"！老师们，我们辛勤的工作不就图的是这些话吗？

是的，再多赞扬与歌颂都抵不上孩子这样朴实的话语，这就是我们的价值所在！

我们之所以伟大是因为我们懂得爱，我们的爱不需要惊天动地，也不需要太多柔情蜜语，它就是一句轻轻的问候，一个关爱的眼神，一次宠爱的抚摸，一阵鼓励的掌声，甚至是一次啰唆的说教，一次严厉的批评。

紧张的早晨，繁忙的白天，不眠的夜晚，再加上疲倦的周末是我们教师生活的真实写照，正如一首歌中唱道："静静的深夜，群星在闪耀，老师的窗前彻夜明亮……"的确，教师工作是辛苦的，但只要我们有爱，我们会幸福到永远。

又是一年长空鸣雁，又是一年芦花飞扬，又是一年霜风雨雪，又是一年桃李飘香。

★★★

范例1：香港特首曾荫权在礼宾府2010年新春酒会的讲话

背景介绍：2010年2月22日，香港特首曾荫权在礼宾府举办新春酒会，这是他在酒会上的讲话。

关键词：新春 改善 机会

各位嘉宾、各位朋友：

大家好！新春佳节，我先祝大家新年进步，希望大家在新一年像老虎一样，充满干劲和力量，龙精虎猛，虎虎生威。

刚过去的牛年充满起落和变化。记得去年农历新年时，全球经济受到金融海啸的严重冲击，前景极不明朗，市民过节的心情大受影响。

其后，各国政府推出的刺激经济的措施开始发挥作用，加上内地经济保持高增长，好消息陆续传来。本港经济在第二季出现反弹后，也有持续改善。第四季本地生产总值后日预算案才揭晓，预料将回复正增长。

虎年伊始，祝愿香港以及全球经济如虎添翼，屡创佳绩。上星期公布的数据显示就业情况持续改善，最新一季的失业率维持在4.9%，是去年年初以来的低位。另外，香港新股上市集资额跃升全球第一位，消费市道亦回复畅旺。

早前一项调查发现，超过六成的受访者预期新一年香港整体发展会有改善，人数较去年大幅上升了近五成。有研究指出，乐观是成功的要素之一，见到大家对前景投下信心票，固然值得高兴，不过，乐观归乐观，我们还要未雨绸缪，时刻保持警惕。

目前的经济状况虽然有所改善，但复苏的步伐仍然未稳：外围经济仍存有变数，各地的退市政策亦可能令市场出现波动，再加上资金流入，本港资产价格上升，令通胀的风险再次浮现。这些问题，我们都不能掉以轻心，我和我的同事会很小心地评估和处理。

乐观的人在每个困难中都能看到机会。新一年虽然充满挑战，但同时亦充满机遇和希望，我会好像广大市民那样，抱乐观的态度面对。大家一起努力，好好发挥香港人过去成功的秘诀——自强不息。不断提升自己，为香港寻找更多发展机遇。

牛年，令我们可以在经济大萧条的阴霾下重见“牛市”。如果生肖真是这样奇妙，我祝愿虎年大家都能发挥老虎的勇气和力量，在21世纪的第二个十年，迈出成功的第一步。

牛年，令我们可以在经济大萧条的阴霾下重见“牛市”。

范例 2：西双版纳州委书记在 2010 年泼水节活动上的讲话

背景介绍：西双版纳在新年之际欢度传统节日泼水节，这是州委书记在泼水节活动上的讲话。

关键词：祈福 幸福 吉祥

尊敬的各位领导、各位嘉宾、各位朋友、各民族父老乡亲们：

节日好！在春暖花开、缅桂飘香的季节，我们迎来了 2010 年泼水节暨傣历 1372 年新年。值此喜庆时刻，我受××书记和××州长的委托，谨代表中共西双版纳州委、州人民政府向莅临我州的各位领导、各位嘉宾表示热烈的欢迎！向全州各族人民致以节日的祝贺！向长期以来关心和支持西双版纳改革发展的各位领导、各位嘉宾，向驻州人民解放军、武警官兵，向所有关心、支持和参与西双版纳建设的国内外朋友表示衷心的感谢！

西双版纳建州 57 年来，特别是改革开放以来，州委、州政府坚决贯彻党的路线和方针政策，以科学发展观统领经济社会发展全局，突出抓好经济建设第一要务，积极应对金融危机的严峻挑战，紧紧抓住国家扩大内需的重大机遇，带领全州各族人民坚定信心，创新举措，共克时艰，加快发展。经济建设、政治建设、文化建设、社会建设全面加强，各项事业蒸蒸日上，城乡面貌日新月异，人民群众安居乐业。

孔雀开屏迎贵客，载歌载舞贺佳节。让我们在敬水、爱水、护水的祈福声中，敲起金铓锣，打起象脚鼓，共同庆祝 2010 年泼水节暨傣历 1372 年新年，尽情享受东方狂欢节的激情和快乐！祝愿各位领导、各位嘉宾、各位朋友、全州各族父老乡亲吉祥如意、幸福安康！

姑娘们、小伙子们也赶紧飞舞起来吧！去寻找你心仪的人吧！

谢谢大家！

姑娘们、小伙子们也赶紧飞舞起来吧！去寻找你心仪的人吧！

★★★

范例1：奥巴马及夫人在圣诞节期间慰问军人的讲话

背景介绍：奥巴马总统和第一夫人米歇尔·奥巴马一起祝愿全国人民圣诞节快乐，两人一起感谢军队指战员、军属家庭以及退伍军人的付出和做出的牺牲。

关键词：圣诞节 敬意 奉献 帮助

总统：大家好。这个周末，米歇尔、玛丽亚、萨莎和我，当然还有波，也和大家一样与家人团聚在一起，我们祝愿大家圣诞节快乐！

第一夫人：这是一年里最美好的时刻！是回忆两千多年来关于爱和救赎的故事的时刻！是用孩童的眼光看待世界，发现我们身边的神奇的时刻，是向我们每天得到的祝福的礼物表示感谢的时刻。在白宫，在这个节日里，我们想向那些最强大、最勇敢，以及最坚韧的，身穿美国军人制服的男女指战员以及他们的家属们致以节日里最特殊的敬意！

总统：对许多军属家庭来说，今年最好的节日礼物很简单——欢迎心爱的家人回家过节！你们都知道，经过将近9年的战争，伊拉克的战事终告结束，我们的部队也回到家乡，全国上下的军人家庭都开始团聚。让我们一起花点时间向他们以及他们的家人、退伍军人们的付出表示感谢。让我们为还在全世界各地站岗的军人们祷告，尤其是还在阿富汗执行任务的男女士兵们，就在我们说话的时刻，他们还在为保护我们所珍视的自由和安全而经受伤害。

第一夫人：我们的退伍军人、战士以及军属家庭为我们付出了巨大的牺牲。在这个节日里，让我们一起告诉他们，我们是多么感谢他们为我们所做的一切。让我们问自己：我们能够怎么回馈？我的家庭应该怎么像他们为我们服务一样服务他们呢？有一种方式就是你可以访问 JoiningForces.gov，在那里你可以找到在你社区参与的方式。

总统：奉献自我，服务他人，这是这个节日里的全部意义。对我的家庭以及全国数百万个家庭而言，这也是圣诞节的意义所在。这个节日提醒我们：爱上帝也就是相互爱护，做我们的兄弟姐妹的守护者！但这一信念不仅仅是基督教的信仰，这是美国人民共享的信仰和背景。这也是为什么我们这么多人每一年都志愿付出自己的时间帮助那些需要帮助的人，尤其是那些忍受饥饿和无家可归的人们的原因。因此，无论你信仰什么，从哪里来，让我们牢记将我们联系在一起的美国人民的服务精神。我们每个人都可以尽我们自己的努力服务我们的社会和国家，不仅仅是在今天，也包括今后每一天！

第一夫人：我们全家祝愿大家圣诞节快乐！

总统：祝大家圣诞节快乐，节日快乐！

奉献自我，服务他人，这是这个节日里的全部意义。对我的家庭以及全国数百万个家庭而言，这也是圣诞节的意义所在。这个节日提醒我们：爱上帝也就是相互爱护，做我们的兄弟姐妹的守护者！

★★★

范例2：外交部长杨洁篪发表的2011年新年贺词

背景介绍：2011年元旦期间，中国外交部部长杨洁篪通过媒体发表新春贺词。

关键词：新年 问候 合作 和平

值此2011年新年到来之际，我谨代表外交部全体同事，向关心和支持中国外交的海内外朋友表示衷心的感谢，向大家致以诚挚的新年问候。

2010年是我国“保稳定、促发展、调结构”的关键之年，也是我国进一步深化与世界各国的互利合作，为世界和平稳定与发展做出新贡献的一年。新形势下，我国与主要大国、周边和发展中国家的关系健康发展，深入参与和引导世界经济治理机制变革，以上海世博会、广州亚运会和亚残运会等为契机，积极开展首脑外交、经济外交、公共外交，展示了我国文明、民主、开放、进步的形象，全方位促进了与各国的友好合作。外交为维护国家主权、安全和发展利益发挥着日益重要的作用。

2011年是新世纪第二个十年的开启之年，也是“十二五”规划的开局之年。我们将认真学习贯彻党的十七届五中全会精神，为“十二五”规划开好局、起好步营造良好的外部环境。我们将始终不渝地走和平发展道路，始终不渝地奉行互利共赢的开放战略，坚持和平发展、科学发展、合作发展、共赢发展，与国际社会一道，为促进世界和平、稳定与繁荣做出新的贡献。

新的一年，希望海内外朋友一如既往地关心、支持中国外交，欢迎多提宝贵意见和建议。

我们将始终不渝地走和平发展道路，始终不渝地奉行互利共赢的开放战略，坚持和平发展、科学发展、合作发展、共赢发展，与国际社会一道，为促进世界和平、稳定与繁荣做出新的贡献。

★★★

范例1：某中医院院长在元旦晚会上的讲话

背景介绍：新年到来之际，中医院举行辞旧迎新晚会，这是院长在晚会上的讲话。

关键词：新春 感谢 机遇 热情

尊敬的各位领导、各位来宾，同志们：

大家晚上好！

新春伊始，万象更新。今晚，我们欢聚一堂，载歌载舞，辞旧迎新，共贺2012年元旦佳节。在此，我谨代表院领导班子成员向以×局长为首的卫生局党组对中医院工作的关心与支持表示衷心的感谢！向为中医院的发展贡献毕生心血的离退休老同志表示亲切的问候！向仍在各自工作岗位上辛勤工作的全体员工致以节日的祝福！向长期以来关心支持中医院发展的各位家属、各界人士致以崇高的敬意和真诚的感谢！向奉献这场演出的演职人员以及导演组成员表示衷心的感谢！

忆往昔，峥嵘岁月。2011 年，我们取得了瞩目的成绩。这些成绩的取得，记录着全院职工的无私奉献，凝结着全院职工的无数心血和辛勤汗水，蕴含着全院职工的真诚挚爱和美好向往！为此，请让我真诚地说一声：你们辛苦了！谢谢你们！承前启后，继往开来，立足当前，我们任重道远。2012 年是我院实施“十二五”发展规划的第二年，我们必须紧紧把握形势，抢抓机遇，科学谋划，求真务实，努力开创中医院的发展新局面！

回首过去，我们激情澎湃；展望未来，我们信心满怀。在新的一年里，机遇与挑战并存，希望与困难同在，摆在我们面前的任务依然十分艰巨。我们将以更加饱满的热情、更加广阔的胸襟、更加昂扬的斗志、更加务实的作风，在卫生局党组的正确领导下，发扬“艰苦奋斗、开拓进取、务实重干”的中医院精神，奋力追赶，大步跨越，不断取得中医院建设的新胜利，不断续写“医院是我家，发展靠大家”的新篇章。我们坚信，中医院的明天一定会更加美好，中医院的未来一定会更加辉煌！最后，恭祝大家节日愉快，身体健康，阖家欢乐，万事如意！

忆往昔，峥嵘岁月。2011 年，我们取得了瞩目的成绩。这些成绩的取得，记录着全院职工的无私奉献，凝结着全院职工的无数心血和辛勤汗水，蕴含着全院职工的真诚挚爱和美好向往！为此，请让我真诚地说一声：你们辛苦了！谢谢你们！承前启后，继往开来，立足当前，我们任重道远。

回首过去，我们激情澎湃；展望未来，我们信心满怀。在新的一年里，机遇与挑战并存，希望与困难同在，摆在我们面前的任务依然十分艰巨。

范例2：某山庄经理在“六一”儿童节庆祝活动上的讲话

背景介绍：这是经理代表山庄的讲话。

关键词：崭新 和谐 团结

亲爱的小朋友们：

你们好！

这个伟大的节日属于你们！我真诚祝愿你们在充满爱的世界里健康快乐地成长！

世界是丰富多彩的，它等待你们用好奇去开启每一道光明。但它也有你们还不知道的阴霾，需要你们慢慢坚强地去经历。

非洲还有小朋友在忍受饥饿，遭受病魔的威胁，同是地球的主人，同是人类的未来，我们要对他们给予同情和帮助。遭受虐待，饱受战乱之苦的小朋友是无辜的，我们对那些为了肮脏的政治发动战争的人皮野兽的行为感到愤慨。亲爱的小朋友们，你们要保持对世界天真无邪的爱，活泼自由地学知识，爱社会，爱世界，爱宇宙，人类的步伐要你们接着去迈开。

世界的未来在你们手中的时候，我相信你们会创造出一个崭新、和谐、团结、共同富裕的世界！

祝你们节日快乐！谢谢！

亲爱的小朋友们，你们要保持对世界天真无邪的爱，活泼自由地学知识，爱社会，爱世界，爱宇宙，人类的步伐要你们接着去迈开。

★★★

范例3：某公司董事长2010年的春节讲话

背景介绍：2010年元旦，某公司召开迎新会议，共商新一年公司发展策略，这是公司董事长在会议上的讲话。

关键词：希望 机遇 梦想 调整

尊敬的各位领导、全体员工：

伴随着新年嘹亮的钟声，我们满怀喜悦和奋进的心情，迎来了充满希望的新一年。在此，我谨代表××公司向全体员工及其家属致以新年的问候和祝福！

刚刚过去的2009年，经历了市场竞争激烈、大环境不太乐观等困难，我们紧紧围绕公司的发展路线，在全体员工的共同努力下，取得了比较圆满的胜利，而且公司在2009年12月份顺利通过了GMP复检，这些令人欣喜和振奋的成绩证明：公司的战略是准确的！××人是最棒的！

机遇蕴含精彩，新的一年开启新的希望，新的历程承载新的梦想！2010年将是我们抢抓新机遇，迎接新挑战，加快新发展，朝着既定目标奋进的又一年，而且也是公司成立十周年这一富有纪念意义的一年。在这不平凡的一年的年初，公司组织结构进行了重新调整，明晰了结构调整后的职责，为新一年的良好发展奠定了基础。

展望未来，我们××人充满希望！我们将满怀信心，朝着更高的目标迈进！2010年是商机无限的一年，让我们携手并肩，向着更加高远的目标，去续写行业的旖旎新篇！我们坚信：新的一年、新的希冀、新的耕耘，通过全体员工的共同努力，公司一定能实现新的飞跃，创造新的辉煌！

祝大家在新的一年里，身体健康，工作顺利，阖家欢乐，万事如意！

谢谢大家！

2010年是商机无限的一年，让我们携手并肩，向着更加高远的目标，去续写行业的旖旎新篇！

★★★

范例1：奥巴马在复活节前夕发表的讲话

背景介绍：在复活节来临之际，奥巴马偕夫人公开亮相并发表讲话，祝美国人民复活节快乐。

关键词：救赎 恩惠 复活 希望

对无数美国人来说，这个周末是感谢上帝救赎的日子。今晚，犹太人将团结在一起再次举行家宴，重新讲述《出埃及记》的故事。明天，我家将和全世界所有基督徒一起感谢上帝救赎他的子民的恩惠和复活节早晨的奇迹这些无与伦比的礼物。

这个节日来源于几千年前所发生的奇迹。这些奇迹将我们与过去联系在一起，并给予我们面对未来的力量。这些也让我们记住将我们联系到一起的人性这一基本纽带。

对我和无数基督徒而言，复活节周末是反省和愉快的节日。昨天，我们很多人都静静地花了些时间参悟耶稣为我们做出的巨大牺牲。

明天，我们将一起庆祝救世主的复活，正因为他的去世才让我们得以存活。

在这神圣的日子里，我们再次提醒自己要以他为榜样。再次无私地奉献我们的时间给那些我们关爱的邻友。再次让自己牢记无论我们是谁，无论我们取得多大的成就，在全能的上帝面前，我们都显得如此卑微。

基督以死换来的胜利对于基督徒而言有着特殊的意义。但我们大家，无论你信或不信，相信多少，都能分辨出他的故事的每个细节。这是超越绝望的希望，超越怀疑的信念的胜利。

有些东西超越了国家的范畴，比我们自己更加重要。

这些信念将有着不同信仰和背景的所有美国人团结在一起，塑造我们的价值观并指导我们的工作，让我们的生活充满希望。

至此，米歇尔和我希望祝福所有与我们一起庆祝复活节的基督徒，祝大家复活节快乐。对于所有的美国人民，我希望大家的周末充满欢乐和反思，并关注那些最最重要的事情。愿上帝保佑大家，愿上帝保佑美利坚合众国。

在这神圣的日子里，我们再次提醒自己要以他为榜样。再次无私地奉献我们的时间给那些我们关爱的邻友们。再次让自己牢记无论我们是谁，无论我们取得多大的成就，在全能的上帝面前，我们都显得如此卑微。

★★★

范例 2：德国总统武尔夫在圣诞节期间发表的讲话

背景介绍：德国总统在圣诞节期间发表电视讲话，祝愿大家圣诞快乐，并希望国民团结在一起，共渡经济难关。

关键词：团结 凝聚 理解 和平

亲爱的公民们：

圣诞快乐！

圣诞节是阖家团聚的节日。每一位来访的客人，每份祝福的信件和电话都会令我们欣喜。我们感觉到我们密不可分。我们相互支持，相互爱护。

团结、理解以及和睦相处，无论是家庭内部、私人生活还是我们的整个社会都需要这一切。

团结、理解以及和睦相处，这一切不会凭空而来。我们需要为此付出努力。我们所处的社会的活力来源于那些主动奉献的人，他们不会瞻前顾后，不会逃避责任。

今天晚上我邀请了一些这样的人来到总统府美景宫。过去的一年里，他们出于各不相同的原因和动机都为其他人或同其他人一道为社会做出了贡献。

作为个人，他们各不相同。但他们和许多其他人一样有一个共同点，就是他们非常注重整个国家的凝聚：团结与相互支持。国家在一定范围内会对陷入经济困境的民众提供帮助。但是鼓励他人，安慰他人，向他人伸出援助之手，却需要那些重人情味儿的人，需要那些有奉献精神的人。

那些在街坊邻里间主动照料儿童的人，那些对残障人士一视同仁的人，那些主动去医院看望病人的人，他们认为，他们所做的这一切都是理所当然的。这是他们的快乐和满足。对那些积极参加协会、歌唱团或者公民社团的人，其他人则很清楚，这些人是值得信赖的。

那些同其他人共同努力实现新理念的人，那些主动承担公共事务的人，他们认为他们有义务为他们的城镇，为我们的国家，为我们的民主承担责任。

努力奉献的人，也会得到许多回报。义务付出的人，其活力会更长久。

我们的社会是自由和多姿多彩的。我们生活在各自不同的生活圈子里，我们很不相同，有着不同的血统、宗教、教育背景，我们的梦想也不尽相同。要想使这样一个多姿多彩的社会存在下去，我们最需要的就是：尊重。尊重不同于自己的人，同时认可他取得的成绩。

也要尊重儿童和他们的需求。承认他们的父母所做出的贡献。尊重和认可老年人的生活业绩。每一个人都应该有这样的想法：我是社会的一员，我是一个有用的人。

团结、理解以及和睦相处，这些也同样适用于我们同世界各国伙伴关系的发展。

我们的国家很受尊重。我们是自由而宽容的社会，我们在大国和小国的信誉得到了广泛赞赏。无论是出访还是接待来宾，每每感受到这种赞赏，都是一种很幸福的经历。我们在国际事务中表现出团结协作的精神，今后也愿意承担更多的责任，在欧洲内部也同样如此。我们期待我们的伙伴也能够如此。每一个国家都应当尽到应尽的义务。

我们对欧洲的统一和力量充满了信心。我们很多公民作为士兵、警察，或者发展援助人员在境外帮助发展建设，维护世界和平以及打击恐怖主义。我们没有忘记你们，你们的伴侣、孩子以及父母。“每逢佳节倍思亲”，此时此刻，你们想必非常思念亲人。

圣诞节发出的是和平和信心的信号。两千年前，伯利恒田野上天使向牧羊人发出的声音，同样也是我们今天所渴求的：世界和平了。圣诞之际，我祝福我们所有人都拥有一个值得信赖的共同体。家庭和朋友是我们坚强的后盾。让我们不断重新发现是什么将我们凝聚在一起，让我们从小事做起。这棵圣诞树上挂满了小星星，孩子们在上面写了他们的愿望。你们知道，大多数孩子最希望父母给他们什么礼物吗？更多的时间。我的孩子也有这样的愿望。让我们挤出更多的时间给周边的人吧。

我的夫人和我祝愿大家圣诞快乐，新年如意。

团结、理解以及和睦相处，这一切不会凭空而来。我们需要为此付出努力。我们所处的社会的活力来源于那些主动奉献的人，他们不会瞻前顾后，不会逃避责任。

★★★

范例3：某教导处主任在清明节发表的讲话

背景介绍：清明节这天，某教导处主任在课间操发表这篇讲话，教育同学们好好学习以慰先祖。

关键词：祭祖 重耳 怀念 重任

各位老师、同学们：

“清明时节雨纷纷，路上行人欲断魂。”清明节既是我国二十四节气之一，又是我国最重要的祭祖和扫墓的日子。关于它的由来，有许多动人的传说。下面就挑一个来讲讲：春秋时代，晋国国君的儿子重耳为躲避追杀，在介子推等人的帮助下逃往别国。他们在荒山中迷了路，又找不到东西吃，此时的重耳还心系百姓，这感动了介子推，他从自己腿上割了一块肉，烤熟了递给重耳吃。重耳在外流亡了19年后，终于回国做了国君。他给跟随他逃亡的人都封了赏，唯独忘了介子推。经人提醒，他非常过意不去，决定亲自去请介子推。谁知道介子推早就带着老母亲躲到绵山里去了，重耳带人搜山，也没能找到他们。有人提议放火烧山，重耳采纳了这个建议，结果适得其反，把介子推母子烧死在一棵大柳树下。重耳非常后悔，把他们葬在柳树下，为忌烟火，他命令全国百姓每年的这一天都不得点火做饭，定为“寒食节”。第二年，重耳领群臣去绵山祭奠，发现柳树复活了，就把这棵柳树命名为“清明柳”，把寒食节禁火，清明节插柳代代相传，成了全国性的大节日。

我们知道先烈们用自己的鲜血染红了国旗，用宝贵的生命为共和国大厦奠基，先烈们的丰功伟绩是不朽的，他们的精神是永存的，共和国不会忘记他们！人民不会忘记他们！生活在幸福生活中的少年儿童更不会忘记他们！

忆往昔，诉不尽我们对先烈们的无限怀念；看今朝，唱不完我们对明天无限的憧憬；展未来，我们信心百倍，壮志豪情。不管我们将来从事什么职业，我们祖国的儿女，肩负着先烈们没有完成的事业，肩负着建设经济发达、文明富强、巍然屹立于世界东方伟大祖国的历史重任。让我们以实际行动呼唤文明春风，告慰烈士忠魂！

忆往昔，诉不尽我们对先烈们的无限怀念；看今朝，唱不完我们对明天无限的憧憬；展未来，我们信心百倍，壮志豪情。

★★★

范例4：某小学校长在“六一”儿童节庆祝活动上的讲话

背景介绍：某小学为庆祝“六一”儿童节举行亲子联欢活动，这是校长在活动伊始发表的讲话。

关键词：关怀 品牌 成长 创新

尊敬的各位领导、各位来宾：

上午好！

今天是个好日子，校园里欢声笑语，蓝天下花团锦簇。我们欢聚一堂，共同庆祝“六一”国际儿童节。首先请允许我代表全体师生员工对你们的光临表示热烈的欢迎和衷心的感谢！感谢你们对少年儿童的真切关怀，感谢你们对我校工作的一贯支持！

风雨兼程数十载，桃李飘香代代春。在各级领导的重视下，在社会各界的关心下，我们××师范附小自 1956 年创办以来，几经变迁、几经风雨、由小到大、由弱到强，现在已经成为××市名校。历史的积淀激发着附小人不懈追求，领导的支持鞭策着我们努力创造。而今的附小正努力成为一所关注师生生存状态，追求最大限度地满足师生成长需要的学校；一所以“给学生最美好的童年，给人生最坚实的起步”为核心办学理念，倾情打造“附小教育”品牌的学校；一所“以教育科研为先导的实验学校，以英语特色为核心的育才学校，以服务社会为内涵的新型学校”；一所以自己的理念和实践，同家长一起践行“咱们的孩子，咱们的学校，咱们共同努力”这一家校合作口号的学校……

教育是永恒的事业，追求永无止境。各位领导、各位来宾，我们附小全体教师将把你们的支持作为我们前进的动力，并肩携手，与时俱进，使我校的各项事业再谱新乐章、再创新辉煌！最后再次感谢各位领导、各位嘉宾的光临！祝各位领导、各位嘉宾身体健康、万事如意！祝同学们节日快乐！

风雨兼程数十载，桃李飘香代代春。在各级领导的重视下，在社会各界的关心下，我们××师范附小自 1956 年创办以来，几经变迁、几经风雨、由小到大、由弱到强，现在已经成为××市名校。历史的积淀激发着附小人不懈追求，领导的支持鞭策着我们努力创造。

第二节　佳句荟萃

1. 教师，日日在讲台上吟诵，月月在课堂里歌唱，回报的，没有掌声，没有鲜花，更没有众口皆碑的名誉和万众瞩目的地位。教师是平凡的，但他拥有世界上最宝贵的财富——孩子们。他是一架人梯，让一个又一个孩子从他肩头走过去。他只在春蚕到死，蜡烛成灰的时候才被人想起，但她从不介意，依旧授业释疑，语化春风；依旧言传身教，频吐丹心；不怕烛熄丝尽，只期花红果硕。正如赵朴初先生的《金缕曲》中歌颂的那样："历尽艰难曾不悔，只是许身孺子，堪回首十年往事，无怨无尤吞折齿，捧丹心，默向红旗祭。"

2. "勤勤恳恳，默默无闻"这是老黄牛的精神；"采得百花成蜜后，为谁辛苦为谁甜"这是蜜蜂的精神；"燃烧自己，照亮别人"这是蜡烛的精神。可以说每种东西的存在，都有一种精神支撑着它。教师的存在呢？支撑他的就应该是高尚的师德吧！走上三尺讲台，我们教书育人；走下三尺讲台，我们为人师表。师德，不是简单的说教，而是一种精神体现，一种深厚的知识内涵和文化品味的体现。让我们一起建设爱岗敬业、爱生如子的××家园，用我们的爱与责任撑起教育的蓝天。

3. 夜阑人静的时候，打开窗，任馥郁的香气环绕四周，看天上几颗寂寥的星星。耳边隐约飘过几句歌词："今天晚上的星星很少，不知道它们跑哪儿去了。"想来星星定是陶醉于这桂花的香，沉沉睡去了吧。只是看星星的我却被这浓郁的花香熏得无法入睡。也许是造物主的良苦用心，印象中美艳的花儿多是无味的，而香气袭人的花大多没有动人的姿容，如这一簇簇默默积蓄芳华的桂花，看上去就像邻家长着雀斑的小女孩，平凡中带几分俏皮。想着想着，竟然联想到瞎子的听力总是胜于常人，念头一起，深有唐突佳人之感，生生地收回思绪。有风吹过，裹着阵阵凉意，中秋这就来了。

4. 风正济时，自当破浪扬帆；任重道远，还需策马扬鞭。我们坚信，在市委、市政府的领导下，只要全市上下始终聚精会神搞建设，一心一意谋发展，进一步解放思想，坚定信心，自强自励，同心协力，激情干事，奋发进取，发展一定会取得更大的新成绩，××的明天一定会更加美好！

5. 今天，我们在这儿举行迎接2011年春节的庆祝活动，同时也对我们一年来开展的读书活动做一个阶段性的总结，各班级都精心准备了节目，让我们拭目以待同学们的精彩演出！2010年，我们经历了磨难，更见证了辉煌。同学们，让我们把过去一年的感动、振奋、荣光珍而重之地收入行囊，在即将到来的2011年迈出更坚定的步伐，创造更美好的明天，开启更崭新的未来！

6. "天时人事日相催，冬至阳生春又来。"新春给我们带来新的希望，让我们在新的一年里，在区卫生厅、××医科大学的正确领导下，继续弘扬我们的团队意识、敬业理念，高扬时代风帆，追求卓越，再攀新高，以一流的技术，一流的服务质量，继续谱写医院光辉灿烂的新篇章！最后恭祝大家身体健康、阖家幸福、心想事成、万事如意！并对节日期间坚守工作岗位的员工致以亲切的问候！

7. 同志们，新的一年开启新的希望，新的空白承载新的梦想！新的起点蕴含新的希望，新的征途赋予我们新的使命。辉煌的2010年已离我们而去，灿烂的2011年已呈现在我们面前。我相信，有全体××人的努力与拼搏，我们的步伐一定可以迈得更加坚实，我们的目标一定可以争取早日实现，我们的事业一定可以开创得更加美好!春回大地，万象更新！最后祝愿大家新年快乐、事事如意、阖家幸福!

8. 面对未来我们豪情满怀，我们信心百倍！同志们，让我们团结一心、众志成城、与时俱进、开拓创新，为××铜业在2010年度的发展做出新的更大的贡献！最后！祝愿全体员工及其家属在新的一年中身体健康、工作顺利、家庭幸福！祝愿××铜业在新的一年里大展鸿图、再攀高峰！

9. 钟声象征和平，象征和谐，象征平安，象征幸福！佛经曰："闻钟声，烦恼轻，智慧长，菩提增。"人的一生大大小小的烦恼有108种，听到钟声能祛除人一生中大大小小的烦恼。钟声祝愿和平，和平是人类的永恒期盼。和谐是人类向往的美好境界，让我们遵循伟大佛陀的教导，心多有和谐之想，意常存向善之念。多做和谐之事，则人类可心心相印，世界必欣欣向荣！在这辞旧迎新的美好时刻，我们大家共同聆听××钟声，祝愿国泰民安，祖国统一；聆听××钟声，祝愿××经济腾飞，人民安康；聆听××钟声，祝愿各位心想事成，阖家幸福！

10. 展望未来，前景美好，我们信心百倍。在新的一年里，只要有在座各位的大力支持，只要有全镇父老乡亲的共同努力，我们将以更加饱满的热情、更加开阔的胸襟、更加昂扬的斗志、更加务实的作风，在市委、市政府的正确领导下，团结一致，奋力拼搏，共同开创现代化新××的美好未来。我们坚信，有我们的努力，××的明天一定会越来越辉煌，人民的生活一定会越来越幸福！最后，衷心祝愿大家在新的一年里，假期玩得开心，工作干得顺心，生活过得舒心，家庭充满温馨！祝大家新年快乐！

11. 今天的夜晚风清月圆，今夜的焰火绚烂多姿，今朝的××物阜民丰。我相信，通过全市上下的共同努力，我们××的明天必将像今晚的烟花一样更加异彩纷呈，更加光辉灿烂。祝各位来宾身体健康、工作顺利！祝全市人民幸福美满、阖家欢乐、元宵节快乐！

第 3 章

婚礼庆典讲话

第一节　范例集锦

★★★

范例 1：新娘单位领导在婚礼上的讲话

背景介绍：在婚礼上，新娘单位领导以证婚人身份向来宾致辞，并给予二位新人美好的祝愿。

关键词：博学　良缘　浪漫

各位来宾、各位领导，女士们、先生们：

你们好！

今天我代表新娘单位 ×× 在此讲几句话。据了解，新郎 ×× 先生思想进步、工作积极、勤奋好学，而他的仪表堂堂也是有目共睹的，是 ×× 不可多得的人才。就是这位出类拔萃的小伙子，以他非凡的实力，打开了一位美丽姑娘爱情的心扉。这位幸运的姑娘就是今天的女主角——我们单位的 ×× 小姐。×× 小姐温柔可爱、美丽大方、为人友善、博学多才，是一个典型东方现代女性的光辉代表。××先生和××小姐的结合真可谓是天生的一对，地造的一双！

阳光明媚，歌声飞扬，欢声笑语，天降吉祥。在这美好的日子里，在今天这个大好时光中，天上人间共同舞起了美丽的霓裳。今夜，星光璀璨，多情的夜空又将增添两颗耀眼的新星。新郎和新娘情牵一线，踏着鲜红的地毯，即将幸福地走进婚姻的殿堂，从此，他们将相互依偎着航行在爱的海洋。我作为新娘的领导和同事，此时也为他们激动不已，高兴不已，欢喜不已。腊月初十，这个特别吉祥的日子，天上人间最幸福的一对儿将在今天喜结良缘！

在此我代表××衷心地祝愿你们在工作上相互鼓励，在学习上相互帮助，在事业上齐头并进，在生活上互相关心、互敬互爱，在困难上同舟共济、共渡难关，在矛盾上多理解少激动、多冷静少猜疑；新娘要孝敬公婆，相夫教子；新郎要爱老婆如爱自己，但不要演变成怕老婆。最后，再次祝福新郎××先生、新娘××小姐。你们要把恋爱时期的浪漫和激情在婚姻现实和物质生活中一直保留到永远。祝你们永结同心、白头到老！

阳光明媚，歌声飞扬，欢声笑语，天降吉祥。在这美好的日子里，在今天这个大好时光中，天上人间共同舞起了美丽的霓裳。

★★★

范例2：新人家长向来宾致辞

背景介绍：婚宴上，新娘的父亲向来宾致感谢词，并对二位新人给予祝福。

关键词：感激 欣慰 相爱

各位来宾：

今天是我女儿××和女婿××喜结良缘的大喜日子，承蒙各位领导、各位亲朋好友的支持与厚爱，在百忙中大驾光临致贺，我们感到无上的荣耀和幸福，不胜感激之至。首先请允许我代表我的夫人、我的亲家和两个孩子对您的莅临致贺表示诚挚的欢迎和衷心的感谢！

今天，我看到新郎是这样一位英俊潇洒、温文尔雅的青年才俊，是与我女儿××非常般配的好青年，我作为娘家人感到十分的欣慰和高兴。美好的情缘让你们相知相恋、常相厮守，希望你们珍惜缘分，互敬互爱，在人生的旅途中永远忠贞不渝，心心相印。最后再次祝福一对珠联璧合、佳偶天成的新人生活甜蜜、事业辉煌、爱情永恒、早生贵子！愿你俩百年恩爱双心结，千里姻缘一线牵。海枯石烂同心永结，地阔天高比翼齐飞。相亲相爱幸福永，同德同心幸福长。

愿你俩百年恩爱双心结，千里姻缘一线牵。海枯石烂同心永结，地阔天高比翼齐飞。相亲相爱幸福永，同德同心幸福长。

★★★

范例1：新娘的领导在婚礼上的讲话

背景介绍：在婚礼上，新娘的领导以证婚人身份致辞，并给二位新人美好的祝福。

关键词：感激 欣慰 相爱

各位来宾、朋友们：

大家好！

我是××，新娘××的领导及同事！但我今天在这里扮演的既非领导，也非同事，而是光荣、伟大、神圣的新角色——证婚人！

虽然我对新郎××先生并不非常熟悉，但凭我对新娘的了解，就完全可以准确地推测出新郎曾经一路奔波、饱受磨难，才如愿以偿地修成正果。

而新娘作为著名的爱情伯乐，当然也是千里挑一地找到了自己的如意郎君。相信两个人一定是同风共雨、长途跋涉，才最终在这个让人难忘的周末走进了神圣的婚姻殿堂，到达爱情长跑的新驿站！

此刻，我作为在场每一位贵宾的代表，来读出我们共同的见证，并通过声波、磁场、脑电波等一切无线传输系统，向全世界50亿人口宣布：他们结婚了！

我们无法用语言描述这对地球人是多么震撼！因为人们都在期待并坚信：这会是一个伟大的历史时刻！他们的结合，将成为人类爱情史上具有划时代意义的伟大里程碑！五十年以后，一百年以后，一万年以后，当人们茶余饭后之时，仍旧会对他们的爱情故事津津乐道。女人们会以新郎作为标准要求自己的老公。而男人们则总是在老婆面前，假装不经意地提起新娘同志，以暗示老婆效仿。

这几天，社会各界都对本次婚礼给予了高度关注，美国总统奥巴马在谈论本次婚礼时，充满深情地说："新郎和新娘将向人们证明，他们的结合将和我当选美国总统一样具有历史意义。"

说到这里，我不知道新娘新郎是否感受到了婚姻之重。你们的父母、家人、同事、朋友以及一切关心你们的人，从此刻起，都会充满期待地注视着你们的婚姻之路。你们已经告别过去，走上了精彩的人生新舞台，在这个舞台上，你们将扮演丈夫、妻子、女婿、儿媳、父亲、母亲等诸多角色，也肩负着时代寄予你们的重托。我在这里作为证婚人，能够代表大家给予你们的仅仅是"祝福"二字。祝福你们能够相亲相爱！和和美美！白头偕老！不要辜负家人，不要辜负朋友！也不要辜负奥巴马！更不要辜负全世界所有关心你们并对你们寄予深深祝福的50亿人民！谢谢。

我们无法用语言描述这对地球人是多么的震撼！因为人们都在期待并坚信：这会是一个伟大的历史时刻！他们的结合，将成为人类爱情史上具有划时代意义的伟大里程碑！

范例 2：新郎在婚礼上的讲话

背景介绍：在婚礼上，新郎应司仪要求当众向新娘致保证词，这是他的保证词。

关键词：称职 郑重 承诺

为了做好一个称职的老公，我 × × 向 × × 郑重保证如下：

1. 老婆永远是对的。

2. 如果不是，那肯定是我想错了。

3. 如果我没想错，肯定是我听错了。

4. 如果 2、3 都不符合，那就遵照第 1 条。

我承诺，家务活全包（包括丈母娘家的），收入全交（包括灰色的），老婆的话全听（包括发嗲的），shopping 全陪（包括男性止步的）。

附加承诺如下：

1. 老婆洗澡时要量好水温，抓痒挠背，不得有贪图淫欲之行为；

2. 老婆购物时要勇于付款，多加鼓励，不得有不情不愿之行为；

3. 老婆给钱时要含泪感激，省吃俭用，不得有奢侈浪费之行为；

4. 老婆训诫时要两手紧贴，立正站好，不得有心不在焉之行为；

5. 老婆不在时要朝思暮想，守身如玉，不得有偷鸡摸狗之行为；

6. 老婆生气时要跪地求饶，恳求开恩，不得有不理不睬之行为；

7. 老婆打我时要任其蹂躏，谢主隆恩，不得有还手瞪眼之行为；

以上承诺，本人保证身体力行，请各位监督，特此为据!!!

保证人：× ×

× 年 × 月 × 日

1. 老婆永远是对的。2. 如果不是，那肯定是我想错了。3. 如果我没想错，肯定是我听错了。4. 如果 2、3 都不符合，那就遵照第 1 条。

范例3：新郎向来宾和父母致辞

背景介绍：在婚礼上，新郎代表新人向来宾致感谢词，并感谢双方父母的养育之恩。

关键词：光临 感谢 幸福

各位来宾：

首先，我代表我和××由衷地感谢在座每一位的光临，今晚是我和××的婚礼，孔子说过：“名不正则言不顺，言不顺则事不成”，在此，我要先向大家汇报一下，我和××的结婚证书编号是××，我们是名正言顺的合法夫妻，所以今晚的婚礼应该可以顺利圆满地进行吧。

今天，我和××能够站在这里举行婚礼，我首先要感谢××的父母，感谢他们对××这些年来的养育之恩，今天，他们将××托付给我照顾，我觉得二老真的很有眼光。当然，我也不会辜负二老对我的信任，我会好好地照顾××。其次，我还要感谢我的母亲，尽管我是一个又乖又听话的好孩子，但是，为了抚养我长大成人，她也付出了全部心血。没有我的母亲，也不会有今天的我。

还有，我要特别感谢站在我身边的这个女孩子，××，她抱着如此大的勇气以及自我牺牲的决心，下嫁给我，令我诚惶诚恐，在此我要说的是，在今后的日子里，我将以一百二十分之干劲儿，让你成为幸福的小女人。

从今天开始，我和××会如《诗经》所说，“妻子好合……兄弟既翕……宜尔室家，乐尔妻帑。”这样才能达到孔子所说的“父母其顺矣乎！”也就是说，夫妻恩爱，兄弟和睦，家人的关系也会和谐，心情也会愉快，那么，父母也会顺心而快乐。所以，我希望不仅仅是我和××，在座各位的家庭，在此后的日子里，都应该和和睦睦，家和万事兴。

最后，我和××再次真心地感谢在座的每一位嘉宾今晚出席我们的婚礼，和我们一起分享这一份喜悦。

谢谢大家！

最后补充一点，开饭了！

今晚是我和××的婚礼，孔子说过："名不正则言不顺，言不顺则事不成"，在此，我要先向大家汇报一下，我和××的结婚证书编号是××，我们是名正言顺的合法夫妻，所以今晚的婚礼应该可以顺利圆满地进行吧。

★★★

范例4：新郎在婚礼上的结婚誓词

背景介绍：在婚礼上，新郎宣读了搞笑的结婚誓词，使现场的气氛十分活跃，这是他誓词的一部分。

关键词：结合 宣誓

各位来宾：

今天是我和妻子新婚大喜的日子，历经了几年你追我赶的辛苦，今天的结合真是来之不易。所以，为了牢记这个美好时刻，珍惜这段美好姻缘，让老婆的家人放心，也让各位亲朋好友放心，我现在宣誓为据：

第一，坚持老婆的绝对领导。家里老婆永远是第一位，孩子第二位，小狗第三位，我第四位。

第二，认真执行"四子"原则，对老婆像孙子，对岳母像孝子，吃饭像蚊子，干活像驴子。

第三，爱护老婆，做文明丈夫，做到打不还手，骂不还口，笑脸迎送冷面孔。

第四，诚心接受老婆感情上的独裁，不和陌生人说话，尤其不能跟陌生女人说话。当然，问路的老太太除外。

第五，坚持工资奖金全部上缴制度。不涂改工资条，不在衣柜里藏钱。不过，每月可以申请领取500元零花。括弧，日元。

第六，积极响应"六蛋"号召。只能看老婆的脸蛋，出门前要吻脸蛋，睡觉要贴着脸蛋。老了决不能喊她"变蛋"，老婆骂"浑蛋"，我就是"软蛋”。

总之，我要让××成为最幸福的新娘！

认真执行“四子”原则，对老婆像孙子，对岳母像孝子，吃饭像蚊子，干活像驴子。

★★★

范例1：司仪在婚礼上的主持词

背景介绍：××先生和××小姐在某饭店举行结婚庆典，庆典开始，主持人向来宾致辞。

关键词：开始 付出 幸福 相随

女士们、先生们，尊敬的各位来宾朋友们：

大家中午好。

冬日融融，温暖万家。××大地祥云彩挂。一代良缘世人皆夸，百年佳偶永传佳话。今天是××年×月×日，是个好日子。好日子伴随好心情，彩云飞翔；好心情伴随好生活，欢乐吉祥；好生活伴随好家庭，幸福安康！

今天我们因为爱欢聚一堂，这浓浓的亲情、友情让我们相约××酒店，同贺一对新人喜结连理，在此我代表新郎新娘以及双方父母，对各位来宾在百忙之中前来捧场道贺表示热烈的欢迎和衷心的感谢。祝小朋友们好梦甜甜；老年朋友们福寿绵绵，祝所有来宾朋友们在新的一年里好运连连。好，吉时已到，我宣布××先生和××小姐新婚庆典仪式现在开始。

让我们大家用热烈的掌声有请两位主婚人闪亮登场。好，来宾朋友们，我们把热烈的掌声献给两位主婚人。我们的两位主婚人神采奕奕，甜在心里，笑在脸上。他们的孩子小时候随身带，搂身旁，今天长大了，结婚了，他们多有成就感！我建议大家用热烈的掌声给两位喜东道喜。好，两位请坐。

来宾朋友们，激动人心的时刻到来了。让我们共同倒计时，来迎接这激动人心的时刻。5、4、3、2、1，青春将在这里展现，浪漫将在这里回荡！来宾朋友们，热烈的掌声响起来，我们有请新郎新娘步入结婚礼堂。爱情成就幸福路，幸福路上迎新人。他们像鸳鸯戏水，又似彩蝶纷飞，含情脉脉，暗送秋波。今天他们终于走到了一起，爱到了一起，让我们把热烈的掌声献给他们。

从今天起，是新郎新娘新生活的开始，所有的冬天将不再寒冷，因为你们相互温暖；所有的日子不再寂寞，因为你们相依相伴。

家是一种爱，爱就能忍让，爱就能付出，在这里我有八个字四句话献给这对新人，那就是：理解、尊重、谦让和真诚。理解是和睦的前提；尊重是消除隔阂的力量；谦让能换来对方的理解；真诚是人生命脉。我个人理解这是爱情的真谛，二位遵循它将会永远幸福、永远快乐。

常言说："十年修得同船渡，百年修得共枕眠。"从今天开始，一对新人将相濡以沫、同甘共苦，从新婚走向金婚，我们共同祝福他们。我们有请新郎新娘相对而站，双手相牵，无限深情地望着对方，此时你们眼中是你们永久的牵挂，是你们不变的身影，愿此时许下你们一生一世的美好心愿。来宾朋友们，让我们默默地为这对新人祝福，祝愿他们心想事成、好事成双；祝愿他们前程似锦、锦上添花、花中有梦、梦想成真。

下面我们有请新郎新娘共吃金苹果。请礼仪小姐送上苹果。

新郎新娘共同咬住了一个金苹果。这是心的交融，这是爱的旋律。朋友们掌声鼓励！此时他们的爱情得到了升华，他们心相连、手相牵、爱相随，荣辱与共比翼齐飞。

好，生活的帆船已经起航，奔向那理想的明天、幸福的彼岸，乘风破浪一往无前。爱情之花满园春，真正的情感似海深。

来宾朋友们，让我们把今天的欢乐长留心中。两位主婚人请起，向大家鞠上一躬，对大家的光临表示真诚的谢意，谢谢大家。好，我宣布婚礼仪式到此圆满礼成，喜宴开始，请大家畅饮美酒，尽享佳肴，吃好，喝好。谢谢大家！

生活的帆船已经起航，奔向那理想的明天、幸福的彼岸，乘风破浪一往无前。爱情之花满园春，真正的情感似海深。

★★★

范例2：证婚人向来宾致证婚词

背景介绍：在婚礼上，证婚人向来宾致证婚词，并对新人表示祝福。

关键词：挚爱 未来 见证

各位领导、各位来宾、各位朋友：

很高兴能以证婚人的身份参加婚礼！今天，××先生和××小姐喜结秦晋之好，成为牵手一生的好伴侣。套用一句诗：黑夜给了我黑色的眼睛，我却用它寻找美好的爱情。如今，新郎、新娘都找到了彼此，付出了真爱。

古人常说：心有灵犀一点通。作为证婚人，我想说：是情是缘是爱，在冥冥之中把他们结合在了一起，使他们从相识相知到相守。上帝不仅创造了这对新人，而且还将创造他们的后代，他们的未来。

此时此刻，作为证婚人，我宣布：新郎新娘从此结为合法夫妻。

我愿意和大家一起见证，在今后的日子里，你们都要用一生的爱去保护对方、呵护对方，在人生的旅途中永远心心相印，我也愿意和大家一起见证，在未来的岁月里，看到你们白头偕老，美满幸福。

谢谢大家！

黑夜给了我黑色的眼睛，我却用它寻找美好的爱情。如今，新郎、新娘都找到了彼此，付出了真爱。

范例3：伴郎在婚礼上的致辞

背景介绍：婚宴上，作为新郎好友的伴郎致辞，回忆新娘与新郎的缘分并祝福二人永结同心。

关键词：回忆 幸福 祝福

尊敬的各位来宾、朋友们：

大家好！

今天作为伴郎，我感到十分荣幸。

我与新郎同窗十载，岁月的年轮记载着我们许多美好的回忆。曾经在上课时以笔为语、以纸为言，谈论着我们感兴趣的话题；曾经在宿舍内把酒问天，挥斥方遒；曾经逃课去吃早饭，溜出去玩一会儿，回来时在讲师严肃的目光下相视一笑，正襟危坐。可无论我们怎样的“不努力”，每次考试都名列前茅。

有一次我和他闲聊，他说如果谈恋爱一定会去追××。如今，他成功了，终于如愿以偿地娶到了美丽而柔婉的××，我和全班同学为你感到自豪也由衷地为你高兴。

名花已然袖中藏，满城春光无颜色。结婚是幸福、责任和一种更深的爱的开始，请你们将这份幸福和爱好好地延续下去，直到天长地久、海枯石烂，直到白发苍苍、牙齿掉光！今晚调皮璀璨的灯光将为你们做证，今晚羞涩地躲在云朵后的那位月老将为你们做证，今晚在座的两百位捧着一颗真诚祝福之心的亲朋好友们将共同为你们做证。

最后，让我们共同举杯，祝愿这对佳人白头偕老，永结同心！

名花已然袖中藏，满城春光无颜色。结婚是幸福、责任和一种更深的爱的开始，请你们将这份幸福和爱好好地延续下去，直到天长地久、海枯石烂，直到白发苍苍、牙齿掉光！

★★★

范例1：贾平凹在女儿婚礼上的讲话

背景介绍：贾平凹在女儿贾浅浅的婚礼上深情讲话，回忆他们共有的日子，并对女儿未来的生活提出希望。

关键词：贴心 欣慰 幸福

我二十七岁有了女儿，多少个艰辛和忙乱的日子里，总盼望着孩子长大，她就是长不大，但突然间她长大了，有了漂亮，有了健康，有了知识，今天又做了幸福的新娘！我的前半生，写下了百十余部作品，而让我最温暖，也最牵肠挂肚和最有压力的作品就是贾浅浅。她诞生于爱，成长于爱中，是我的淘气，是我的贴心小棉袄，也是我的朋友。我没有男孩，一直把她当男孩儿看，贾氏家族也一直把她当作希望之花。我是从困苦境域里一步步走过来的，我发誓不让我的孩子像我过去那样贫穷和坎坷，但要在“长安居大不易”，我要求她自强不息，又必须善良、宽容。二十多年里，我或许对她粗暴呵斥，或许对她无为而治，贾浅浅无疑是做到了这一点。当年我的父亲为我而欣慰过，今天，贾浅浅也让我有了做父亲的欣慰。因此，我祝福我的孩子，也感谢我的孩子。

女大当嫁，这几年里，随着孩子年龄的增长，我和她的母亲对孩子越发感情复杂，一方面是她将要离开我们，一方面是迎接她的又是怎样的一个未来？我们祈祷着她能受到爱神的眷顾，觅寻到她的意中人，获得她应该有的幸福。终于，在今天，她寻到了，也是我们把她交给了这个优秀的、俊朗的贾少龙！我们两家大人都是从乡下来到城里，虽然一个原籍在陕北，一个原籍在陕南，偏偏都姓贾，这就是神的旨意，是天定的良缘。两个孩子生活在富裕的年代，但他们没有染上浮华习气；成长于社会转型时期，他们依然纯真清明，他们是阳光的、进步的青年，他们的结合，以后的日子会快乐、灿烂！

在这庄严而热烈的婚礼上，作为父母，我们向两个孩子说三句话。

第一句，是一副对联：一等人忠臣孝子，两件事读书耕田。做对国家有用的人，做对家庭有责任的人。好读书能受用一生，认真工作就一辈子有饭吃。

第二句话，仍是一句老话："浴不必江海，要之去垢；马不必骐骥，要之善走。"做普通人，干正经事，可以爱小零钱，但必须有大胸怀。

第三句话，还是老话：心系一处。在往后的岁月里，要创造、培养、磨合、建设、维护、完善你们自己的婚姻。

今天，我万分感激着爱神的来临，它在天空星界，江河大地，也在这大厅里，我祈求着它永远地关照着两个孩子！我也万分感激着从四面八方赶来参加婚礼的各行各业的亲戚朋友，在十几年、几十年的岁月中，你们曾经关注、支持、帮助过我的写作、身体和生活，你们是我最尊重和铭记的人，我也希望你们在以后的岁月里关照、爱护、提携两个孩子，我拜托大家，向大家鞠躬！

我的前半生，写下了百十余部作品，而让我最温暖，也最牵肠挂肚和最有压力的作品就是贾浅浅。她诞生于爱，成长于爱中，是我的淘气，是我的贴心小棉袄，也是我的朋友。

★★★

范例2：新郎向来宾致感谢词

背景介绍：在婚礼上，新郎代表新人向来宾致感谢词，并感谢父母的养育之恩和妻子给予他的信任。

关键词：感谢 信任 付出

尊敬的各位来宾：

大家好！今天我由衷地开心和激动，因为我终于结婚了。一时间纵有千言万语却不知从何说起。但我知道，这万语千言最终只能汇成两个字，那就是“感谢”。

首先要感谢在座的各位朋友在这个美好的周末，特意来为我和××的爱情做一个重要的见证，没有你们，也就没有这场让我和我妻子终生难忘的婚礼。

其次，还要感谢××的父母，我想对您二老说，您二老把你们手上唯一的掌上明珠交付给我这个年轻人，谢谢你们的信任，我也绝对不会辜负你们的信任。但我要说，我可能这辈子也无法让你们的女儿成为世界上最富有的女人，但我会用我的生命使她成为世界上最幸福的女人。

最后，我要感谢在我身边的这位在我看来是世界上最漂亮的女人。昨天上了一夜网，网上说现在世界上男性人口是29亿8千万，我竟然有幸得到了这二十九亿八千万分之一的机会成为了××的丈夫，二十九亿八千万分之一的机会相当于一个人连中一个月500万的彩票，但我觉得今生能和××在一起，是多少个500万也无法比拟的。所以我想说，××谢谢你，谢谢你答应嫁给我这个一名不文、涉世不深的毛头小子。此时此刻，我的心里对你有一丝愧疚，因为我一直都没有告诉你，在认识你之前和认识你之后，我还一直深深地爱着另一个女人，并且就算你我结婚，也无法阻挡我对她的日夜思念。那个女人也来到了婚礼现场，亲爱的，她就是我的妈妈。妈，谢谢您，谢谢您在××年前做出了一个改变了您一生的决定。您用您靓丽的青春和婀娜的身姿把一个生命带到了这个世界，让他学习知识，教他做人，您让他体会到世界上最无私的爱，您给了他世界上最温暖的家，您告诉他做人要老实，您告诉他家的重要，可是这个小生命时常惹您生气，让您二十几年来为他牵肠挂肚。现在，我想说，妈您辛苦了，儿子长大了，儿子结婚了。您可以放心和高兴了，我很幸福，因为我遇上了这世界上两个最最善良美丽的女人。

最后，不忘一句老话，粗茶淡饭，吃好喝好。

我要感谢在我身边的这位在我看来是世界上最漂亮的女人，昨天上了一夜网，网上说现在世界上男性人口是29亿8千万，我竟然有幸得到了这

二十九亿八千万分之一的机会成为了××的丈夫，二十九亿八千万分之一的机会相当于一个人连中一个月500万的彩票，但我觉得今生能和××在一起，是多少个500万也无法比拟的。

★★★

范例3：新娘的母亲向新人致辞

背景介绍：在婚礼上，新娘的母亲向新人和来宾致辞，并对新人未来的生活提出希望。

关键词：携手 互敬 本色

各位亲朋好友：

大家好！

首先，感谢大家光临小女××与她先生××的结婚典礼，我希望各位亲朋好友在以后的岁月里继续关照、爱护我的女儿女婿，我拜托大家，向大家鞠躬！

其次，我要对我的女儿女婿说三句话。第一句话，愿你们携手百年，家庭幸福。第二句话，愿你们恩恩爱爱，勤俭持家。第三句话，愿你们心往一处想，在今后的岁月里，创造、培养、磨合、建设、维护、完善你们的婚姻。

从今天起你们就成家了，你们建立了一个新家庭。希望你们在今后漫长的人生旅途中同心同德、同甘共苦、同舟共济，互敬、互爱、互谅、互助，一定要以事业为重，用自己的聪明才智和勤劳的双手去创造自己美好的未来。

孩子们，你们还要记住，不管你们以后的行囊里装的是沉甸甸的石头还是白花花的银子，无论是贫穷还是富有，你们都要一生一世、一心一意、忠贞不渝地爱护对方，在人生的旅途中永远心心相印，白头偕老。无论身处顺境还是逆境，都要矢志不移，永葆本色。爸爸妈妈是你们生活和事业上的坚强后盾，永远都是你们的依靠。同时我也希望你们孝敬父母的心不会改变，你们永远是好儿子、好女儿，还要当一个好女婿、好媳妇。就像歌词中唱的那样一定要常回家看看！老爸老妈想念你们。

最后祝愿各位来宾身体健康、万事如意！希望大家开怀畅饮，吃好喝好。谢谢大家！

不管你们以后的行囊里装的是沉甸甸的石头还是白花花的银子，无论是贫穷还是富有，你们都要一生一世、一心一意、忠贞不渝地爱护对方，在人生的旅途中永远心心相印，白头偕老。无论身处顺境还是逆境，都要矢志不移，永葆本色。

第二节　佳句荟萃

1. 祝福他们：紫燕双飞迎春舞，红花并蒂朝阳开。祝福他们：又红又专两情鱼水，同心同德百岁鸳鸯。祝福他们：自由恋爱，两朵红花并蒂开绽；计划生育，一代新人茁壮成长。希望他们能够在日后的生活中互敬互爱，风雨同舟；希望他们再接再厉，早生贵子；希望他们孝敬父母，和美治家。

2. 你们看新娘这么端庄秀丽，新郎这么英俊潇洒，又有才干，确实是郎才女貌，天作之合。

3. 你是身边的海，我是海中的鱼。鱼在海的心中，海在鱼的眼里。一生甘苦相伴，生死永不相弃。任何语言在我们的爱情面前，都将显得那么苍白无力。爱情是灵魂的撞击，让我们从此携手走过未来的日子。

4. 不经意的一瞬间，已把对你的思念嵌入了我的心坎儿。你累了，会有一双手来为你捏捏肩；下雨了，我为你撑起一把伞，需要时，我就会站在你的身边。虽然不知道什么叫作爱恋，但我却愿意和你终生相伴。

5. 所谓合法，刚才我检查了他们的结婚证，他们的结婚证是真的，不是假冒的，所以我向各位宣布：他们是合法夫妻！所谓合情，据新郎新娘坦白交代，他们是自由恋爱、一见钟情，你们看，新郎的胳膊很长很长，从 × × 的这边伸到那边，把我们的姑娘抓了过来。所谓合理，新郎聪明，新娘如花似玉，一个为人聪明，一个如花似玉，可以说是“优化组合”了！

6. 宾客的光临带来了美好的祝福；宾客的厚礼表达了厚谊深情；席上的菜肴展示了厨工师傅的烹调技艺；婚礼庆典的有序操办，体现了执事人员的辛劳。在此，我奉××夫妇及其双亲大人之意，在席间一并表示感谢。

7. 席上没有山珍海味，但有乡土菜肴，请各位细品慢尝，一饱为快；没有高档美酒，但有××，请各位开怀畅饮，尽兴方乐！

8. 在这温馨美好的时刻，我也对两个孩子表示由衷的祝福。希望你们两个结婚以后在生活中互相照顾，在工作上互相支持，做对社会有用的人，做对家庭有责任的人。要孝敬长辈，和睦家庭，忠诚友爱，永结同心，用勤劳和智慧去创造美好的生活和未来。

9. 结婚了，希望你依旧保留丰富的情感触角，柔软而又细腻，敏锐而又圆润；永远充满对朋友关爱的友情，对爱人炽热的激情，对家人温馨的亲情，对生活高昂的热情。所有的情感，都能像那天际飘动的彩云、闪烁的星星，点燃你我朗朗灿灿的笑容。结婚了，希望你成为一个风情而不妖媚的女子，一个贤淑而不世俗的妻子，一个可以用智慧解释生命、用热情主宰生活的幸福女人！

10. 这一刻，是我俩从相识、相知、相恋的爱情升华为亲情的时刻，我们深知，幸福美满的婚姻生活光有甜甜蜜蜜是远远不够的，还包含着更多的责任和宽容！这一刻，请在座亲朋共同见证，我们承诺：无论健康与疾病，无论富有与贫穷，我们将永远相敬相爱，携手共伴一生！

11. 古人常说：心有灵犀一点通。是情是缘还有爱，把他们联系在一起，使这俩圆梦心上人相知在一起。上帝不仅创造了这对新人，而且还要创造他们的后代，创造他们的未来。

12. 此时此刻，新娘新郎结为恩爱夫妻，从今以后，无论贫富、疾病、环境恶劣、生死存亡，你们都要一生一心一意、忠贞不渝地爱护对方，在人生的旅程中永远心心相印、白头偕老。最后，祝你们俩钟爱一生、同心永结、幸福美满。

13. 现在，我宣布：××先生和××小姐的感情是真挚的，他们对共创未来已有了充分的心理和物质准备，他们的婚姻是合乎逻辑的，程序是合法有效的！青山为你们做证！秀水为你们做证！在座的亲朋好友们为你们做证！

14. 值此美好的夜晚，你们不能忘了给予你们无限呵护的父母亲，要把对父母的感念之情化为实际行动，孝敬和侍奉双方的父母颐养天年。

15. 借此机会，向两位同志提出几点希望：一是新婚之后，希望你们要孝敬父母，报答父母的养育之恩。二是希望你们在生活中，要互敬互爱，互谅互让，共同创造你们的幸福生活。三是希望你们在今后的工作中，要以新婚之喜为契机，在各自的工作岗位上，刻苦钻研，努力工作，相互支持，用出色的业绩为××事业做出更大的贡献。

16. 不要总说我的眼里只有你，除了彼此，还要把父母放在心里，用你们的拳拳赤子之心报答那比天高，比海深，比火热，比金真的养育之恩。人生漫漫，希望你们在以后的道路上相互扶持，举案齐眉，幸福到白头！

17. 此时此刻，新娘新郎结为恩爱夫妻。在这庄严而热烈的婚礼上，作为证婚人，我要说三句话。第一句话，是一副老对联：一等人忠臣孝子，两件事读书耕田。做对国家有用的人，做对家庭有责任的人。好读书能受用一生，认真工作就一辈子有饭吃。第二句话，是一句老话："浴不必江海，要之去垢；马不必骐骥，要之善走。"做普通人，干正经事，但必须有大胸怀。第三句话，也是一句老话：心系一处。在往后的岁月里，要创造、培养、磨合、建设、维护、完善你们自己的婚姻。从今以后，无论如何，你们都要一生一心一意、忠贞不渝地爱护对方，在人生的旅程中永远心心相印、白头偕老、美满幸福。

第 4 章 奠基剪彩讲话

第一节 范例集锦

★★★

范例 1：某市委书记在开工剪彩仪式上的讲话

背景介绍：某皮革公司举行开工剪彩活动，这是××市市委书记在剪彩活动上的讲话。

关键词：祝贺 便捷 远见 发展

各位朋友、各位来宾，同志们：

非常高兴参加今天这次剪彩仪式。首先，我代表中共××市委、××市人民政府，对××皮革公司开工剪彩表示热烈祝贺！对中国皮革行业网的各位领导、各位朋友专程来到××参加今天的仪式表示衷心的感谢！

我不知道各位朋友过去是否来过××，但是我敢断言，大家不管来没来过，肯定都知道中国北方有个××，而且百分之九十九的人是通过《水浒传》这部小说，通过“林冲发配”这个故事知道的。但是最近××的学者们经过考证，得出的结论是：历史上并无林冲其人，也没有“发配”之事。其实《水浒传》是一部小说，没有必要跟它较真儿。实事求是地说，历史上××确实非常落后。我们现在站的地方距渤海只有不到15千米，在渤海湾××拥有130千米海岸线，但由于历史上有海无港，没有出海口，××和内地许多贫困落后地区没什么区别。

但是今天不一样了，曾经写入中共十四大报告的跨世纪伟大工程——××大港，已经建成运营，我们××有了最便捷的出海口，有了可以到达全世界每个角落的海上通道。此外，我们还是全国铁路、高速公路密度最高的地区之一，包括举世瞩目的京沪高速铁路也将在××设站，已完成选址定位。就连过去我们一直认为象征××荒凉和落后的××亩沿海滩涂和寸草不生的盐碱地，今天也成了宝贵的土地资源，成了工业开发得天独厚的优势。这些优势为广大朋友投资办厂提供了十分有利的条件和环境。

继长江三角洲和珠江三角洲之后，现在全世界都看好中国环渤海经济带的隆起。打开地图一看就知道，××正处在环渤海经济带的中间位置。××皮革公司能够落户××，充分体现了×××先生的远见卓识。我们希望更多的客商能够像××先生一样，搭上“环渤海经济带隆起”这班列车，到××来发展，来发财。

现在正是秋天。一代伟人毛泽东曾经写过两句描写秋天的词：“一年一度秋风劲，不是春光，胜似春光。”毫无疑问，××皮革公司是我们在秋天收获的果实，但是我们感觉它更像春天的一朵报春花，象征着××市对外开放、经济振兴的到来，也喻示着××这片古老的土地正全面复苏、走向振兴。

再一次谢谢大家。

现在正是秋天。一代伟人毛泽东曾经写过两句描写秋天的词：“一年一度秋风劲，不是春光，胜似春光。”毫无疑问，××皮革公司是我们在秋天收获的果实，但是我们感觉它更像春天的一朵报春花，象征着××市对外开放、经济振兴的到来，也喻示着××这片古老的土地正全面复苏、走向振兴。

★★★

范例2：某县委书记在××水电站开工仪式上的讲话

背景介绍：水电站举行开工奠基仪式，县委书记在仪式上讲话，强调了水电站对××县的重大意义。

关键词：敬意 改善 顺利 辉煌

尊敬的各位领导、各位来宾，同志们、朋友们：

首先让我怀着万分激动和感恩的心情，代表中共××县委、县政府及全县22万人民，对各位领导莅临××水电站开工仪式表示热烈的欢迎！对半个世纪以来为××水电站建设付出了辛勤劳动和汗水的水利厅、发改委、国土厅等部门的专家和领导表示诚挚的感谢！对多年来坚持不懈、奔走呼吁的历届××市委、市政府、市人大、市政协领导，历届××县四套班子领导及社会各界人士表示崇高的敬意！

五十年的企盼，几代人的夙愿，今天终于变成了现实，千百年来日夜奔腾的××河流水即将迎来沧海桑田的巨变，见证这一欢欣鼓舞、激动人心的历史时刻，我们没有理由不欢呼，不兴奋，不庆祝！

我们将紧紧抓住这一千载难逢的机遇，汇万民之志，举全县之力，妥善细致地开展征地拆迁和移民安置，科学认真地搞好生态建设和环境保护，合理有序地推进产业开发和富民工程，不负众望，不计得失，舍小家为大家，做好各方面的协调工作，全力以赴保证工程顺利建设。

今天我们在水草丰美的××河岸边举行开工仪式，不久的将来，我们将在太行山麓的湖光山色中恭候各位领导宾朋的到来。今天我们带着光荣的使命、美好的祝愿踏上征程，在可期的未来，我们一定能够开创出一个自然和谐、百姓安康的幸福家园。我们相信，随着××水电站的建成，打造魅力××、构建和谐××的壮丽诗篇将更加灿烂辉煌！

让奔腾的河水见证这一时刻，让××百姓铭记这一时刻，让历史的长卷记录这一时刻，让我们大家共同分享这一时刻！

谢谢！

五十年的企盼，几代人的夙愿，今天终于变成了现实，千百年来日夜奔腾的××河流水即将迎来沧海桑田的巨变，见证这一欢欣鼓舞、激动人心的历史时刻，我们没有理由不欢呼、不兴奋、不庆祝！

★★★

范例1：县委书记在某商业广场建设项目奠基仪式上的讲话

背景介绍：某商业广场建设项目在某县举办奠基仪式，这是该县县委书记在仪式上的讲话。

关键词：祝贺　喜事　建设　繁荣

各位领导、各位来宾，同志们、朋友们：

大家好！

八月的××，骄阳似火；八月的××，彩旗飘飘；八月的工地，锣鼓阵阵，热火朝天。今天，××实业公司在此举行隆重的奠基仪式，揭开了××商业广场开工建设的序幕。在此，我代表县委、县政府、县人大、县政协对××商业广场的开工奠基表示热烈的祝贺！对光临奠基仪式的各位领导、各位来宾表示热烈的欢迎！对前期做了大量工作的有关部门和领导表示衷心的感谢！并向各位来宾和朋友致以夏日的问候和美好的祝愿！

××商业广场项目是县委、县政府立足于“诚信、双赢”进行合作开发、旧城改造的成功典范，既是县城的一件喜事，更是事关全县经济发展的一件大事。××商业广场地处我县县城的黄金地段，市场潜力巨大、商业前景广阔，××实业公司与我县的合作，可以说是独具慧眼，商业广场开发成功也必将为投资方带来丰厚的回报。同时，××商业广场建设项目是我县迄今为止通过市场化运作、成片开发、改造旧城区而实现的最大手笔，也是我县当前招商引资规模的最大项目。它的合作成功，既是县委、县政府顺应市场潮流，审时度势，不断创新的重大举措，也是县委、县政府实施“外向带动、城镇拉动”战略的重要体现。它的建成，对拓展我县经济发展的空间，完善载体建设，带动全县的商贸繁荣和经济发展，将具有重大的战略意义。为此我提三点希望：

一、希望双方把商业广场建成拉动县域经济的产业城。对商业广场的建设要坚持“高标准规划、高起点建设、高质量管理、高效能运作”的原则，把商业广场建设成我县代表性、标志性的建筑群，建设成个性鲜明、功能完善的现代化商贸中心，形成集购物、商住、休闲、娱乐于一体的产业城，带动二、三产业的快速发展，推动县域经济结构的优化和县域经济全面繁荣。

二、希望双方把商业广场建成县域经济发展的先导区。各有关部门要全力搞好配合，大力培养市场潜力，为商业广场的建设与繁荣提供优质服务，创造优越环境，营造良好氛围，推动商业广场的人流、物流、资金流的快速集聚，增强广场的吸纳力、竞争力，为广场创造更多的发展商机和发展潜力，发挥好商业广场的辐射和拉动作用，使商业广场成为全县经济发展的龙头。

三、希望双方把商业广场建成招商引资、以外引外的载体城。××公司要把商业广场的开发建设作为双方友好合作的开始，在开发建设商业广场的同时，继续关注××各项事业的发展，宣传××的人文历史、物产资源和招商引资的优惠政策等，积极为××商业广场的兴旺发展献计献策，把商业广场建设成为自身发展的基地、招商的载体、引荐其他客商投资兴业的桥梁和纽带。

各位来宾、各位朋友、各位同志，我们坚信，在县委、县政府的领导下，在××投资方雄厚实力的保证下，在工程建设者的努力下，在社会各界的支持下，××商业广场不久将矗立在××人民面前。在新的征程上，××将敞开胸怀，更加开放。我们热诚欢迎有识之士前来投资加盟，这片充满生机和希望的热土一定能为广大投资者带来丰厚的回报。

让我们共同把××的明天建设得更加繁荣、更加美好。

谢谢大家！

在新的征程上，××将敞开胸怀，更加开放。我们热诚欢迎有识之士前来投资加盟，这片充满生机和希望的热土一定能为广大投资者带来丰厚的回报。

★★★

范例2：副市长在某特色商业城开工奠基仪式上的讲话

背景介绍：为庆贺某特色商业城开工奠基，副市长在奠基仪式上讲话。

关键词：建设 消费 协调

尊敬的各位领导，女士们、先生们、同志们：

大家上午好！

今天，我们在这里隆重举行××特色商业城开工奠基仪式。首先，我代表××市委、××市人民政府，对××特色商业城的开工建设表示热烈的祝贺！对为工程开工付出辛勤劳动的同志们表示衷心的感谢！向广大建设者和监理人员表示亲切的慰问！

××特色商业城项目是我市商贸流通领域的一项重点项目，它的建成，不仅会成为中心城市的又一地标性建筑群，进一步提高城市的品质和品位；更会成为我市商业发展史上的重要里程碑，对转变消费观念，提振消费信心，促进消费增长，拉动经济发展具有重要作用。

项目建设是发展经济、壮大实力的重要抓手，是打基础、利长远的根本大计。市委、市政府高度重视××特色商业城的建设工作，社会各界也有很高的期望。借此机会，我提两点希望和要求：

一是相关单位要为工程建设提供优质服务。市直相关部门和××区相关部门要切实转变工作作风，想工程之所想，急工程之所急，对工程建设实施跟踪服务；对遇到的困难和问题，要专人负责，认真协调处理，限时予以解决。以一流的服务为工程建设营造良好的外部环境。

二是项目实施单位要认真抓好工程建设。工程建设和监理单位要坚持“百年大计，质量第一”的方针，建立严格的质量管理制度，确保工程质量；要时刻绷紧安全施工这根弦，加强日常检查，严禁违规作业，发现安全隐患要及时整改，确保安全施工。同时要按照工程总体进度要求，制订工作计划，确保项目如期建成并投入运营，努力把××特色商业城建设成为具有鲜明特色，体现一流水平的精品工程。

祝××特色商业城开工顺利！谢谢大家！

它的建成，不仅会成为中心城市的又一地标性建筑群，进一步提高城市的品质和品位；更会成为我市商业发展史上的重要里程碑，对转变消费观念，提振消费信心，促进消费增长，拉动经济发展具有重要作用。

★★★

范例1：某市委书记在喀什项目奠基仪式上的讲话

背景介绍：某市举办援助某县产业项目集中开工仪式和喀什600万吨水泥项目奠基仪式，某市委书记出席仪式并讲话。

关键词：祝贺 感谢 信誉 机遇

尊敬的国家部委领导，各位来宾，同志们：

刚才，在隆重举行援助××县产业项目集中开工仪式后，我们又怀着无比喜悦的心情，参加喀什600万吨水泥项目奠基仪式。我代表中共××市委、××市人民政府，向出席仪式的各位领导、各位来宾表示衷心的感谢！对项目开工奠基表示热烈的祝贺！

××集团是国家重点支持的全国性大型水泥企业，居全国十大水泥集团第二位，今年又跻身世界水泥行业十强，具有雄厚的经济实力、较强的科技创新能力和良好的社会信誉。新一轮援疆工作开始后，××集团积极响应中央号召，主动投身于经济援疆工作，在第一时间反应、第一时间谋划、第一时间行动，在省委、省政府主要领导的高度关注和亲自推动下，与喀什地区的水泥产业的战略合作全面展开，成为××首批对口援疆开工项目之一，充分表现了国有大企业强烈的大局意识、高度的社会责任感和长远的战略眼光。

喀什是丝绸之路上的璀璨明珠，××县是喀什的南大门，建材资源丰富，市场空间广阔。特别是××县的各族群众纯朴善良、吃苦耐劳，××县的各级干部作风过硬，××县的投资环境优越、发展条件优良。通过这次合作，××县可以借助××集团的资金优势、技术优势和品牌优势，加快资源转化、产业升级的步伐，快速提升工业化水平。××集团也赢得了新的发展机遇，开拓了新的发展空间，在对口支援过程中实现互利双赢。希望××集团在项目建设中发挥国有大企业的优势，立足好、立足快、立足高，加快项目推进速度，确保项目按期投产显效，在促进××县经济社会发展中发挥应有的作用，努力成为××市、××省乃至全国经济援疆的品牌项目、样板项目。××市援疆工作指挥部要积极协调，努力为项目建设创造良好的施工环境。

最后，祝喀什××水泥项目早日竣工、早出效益，祝愿各位领导、各位来宾和同志们身体健康，工作顺利！

新一轮援疆工作开始后，××集团积极响应中央号召，主动投身于经济援疆工作，在第一时间反应、第一时间谋划、第一时间行动，在省委、省政府主要领导的高度关注和亲自推动下，与喀什地区的水泥产业的战略合作全面展开，成为××首批对口援疆开工项目之一，充分表现了国有大企业强烈的大局意识、高度的社会责任感和长远的战略眼光。

范例 2：某区居委会主任在楼盘奠基仪式上的讲话

背景介绍：某开发公司主管的楼盘在某区举办奠基仪式，这是该小区所在地的居委会主任在仪式上的讲话。

关键词：影响 方向 理念

各位来宾：

上午好！首先我代表××区管委会对××小区的顺利开盘表示祝贺！

随着我市城市建设的飞速发展，与国际接轨的步伐也不断加快，人口大量聚集，住房需求量不断扩大。在市政府“力争优化人居环境、打造城市品牌”的有力支持下，我们××区地产业形成了良好的发展环境，房地产公司要想抓住这个机遇，就必须做到房地产项目既要紧跟国际潮流，又要符合我市的城市规划和建设要求。

我们在鼓励和支持房地产业的发展的同时，也会引导他们的发展方向，充分考虑居住者的价值观念与建筑美学之间的相互影响，准确把握城市建设的定位和方向，将房屋建筑协调地体现到城市的特色和风格中。

××有限公司此次推出的××小区在人文理念方面强调舒适、自然。在规划理念方面注重大方、简捷、现代，显示了居住区建筑的规划性、配套的完整性和环境的舒适性。尤其是体现了人们呼唤健康生活的要求和主题，符合“健康、人文”的发展要求，相信精品楼盘的出现将使××开发公司更好地发挥自身价值，更好地服务社会，服务百姓，为我市的城市规划建设做出积极的贡献。最后，预祝建设进展顺利，早日竣工，圆满实现政府满意、群众受益、企业赢利的“三赢”目标！

谢谢大家！

××有限公司此次推出的××小区在人文理念方面强调舒适、自然。在规划理念方面注重大方、简捷、现代，显示了居住区建筑的规划性、配套的完整性和环境的舒适性。

第二节　佳句荟萃

1. 希望敢于弯道超越、敢于搏浪远望、敢于后来居上的两江人，始终以“有条件要上，没有条件创造条件也要上”的创业精神，与北部新区管委会一道，为××电器重庆××产业园提供优质、高效、周到、便捷的服务，促进项目早日建成投产。真诚地希望××电器公司进一步关注重庆、关注两江，抓住商机、抢占市场，争取更大的合作，获取更多的回报！

2. ××市政从无到有，从小到大，我们大家一起经历了七年的风风雨雨。七年来，我们××人经历了无数的坎坷、无数的挫折，也流下了无数的汗水与热血。但我们××人没有怕，也没有倒，在困难中，在逆境中，我们精诚团结，我们艰苦奋斗。我们坚定一个信念：××一定会发展，一定会壮大！是的，××也一定能大步发展，稳步壮大！

3. 今日的搬迁就是一个新起点。我们有信心、有实力，在新环境中创造出新业绩、新奇迹。

4. 此时此刻，千言万语也难以表达我的感激之情！请允许我朗诵一首与棋友合作的七言律诗，和朋友们一起分享喜悦之情吧：

岁末年初梅正香，信州棋院喜开张。
五桂塔前青山秀，黑白格里智谋长。
传承国粹抒抱负，培育新苗成栋梁。
枰上景致无限美，车马奔腾意气扬。

第 5 章
揭幕仪式讲话

第一节　范例集锦

★★★

范例1：县长在××大桥揭幕仪式上的讲话

背景介绍：某县的××大桥项目完成，即将通车，县里为大桥举办揭幕仪式，这是县长在揭幕活动上的讲话。

关键词：喜讯　旅游　发展

各位领导、各位来宾：

十月，是流金的季节，收获的季节，满眼都是累累硕果，扑面而来的都是果实飘香，双耳闻听处处捷报频传。在这个生机盎然的季节，我们相聚在风景秀丽的大别山主峰脚下，隆重举行××县××大桥通车揭幕仪式。这是我镇经济社会发展中的一件盛事，是我镇加快发展步伐，建设旅游重镇的又一喜讯！在此，我代表全镇四万人民向百忙中不辞辛苦前来参加奠基仪式的各位领导、各位来宾表示热烈的欢迎！

处于罗九干线及天堂风景区交会处的××大桥多年来一直阻碍着九资河的发展，也给当地群众的生命财产安全带来了严重的威胁。在此时刻，县委、县政府审时度势，高瞻远瞩，从发展旅游产业的高度出发，从解决与群众息息相关的实际问题出发，在财力十分紧张的情况下，毅然决定投资200万元兴建××大桥，实现了广大群众多年的夙愿。

今天，××县××大桥工程建设项目已完成。位于九资河中部张胜线与罗九线交会处，是替代此处漫水路面的跨河建设项目。××大桥既是罗九—张胜西线的必经之地，又是××大别山区的主要通道。它的建成为构筑××镇全面小康的快速通道，创建××大别山风景区发挥着极其重要的作用，它的建成将使××山区公路形成一个循环网络，有利于发挥项目的整体效益。

我们决心抓住这千载难逢的机遇，全力以赴，通力配合，扎扎实实地做好各项协调工作，尽心竭力地提供各种优质服务，努力为大桥通车营造一个开放的运行环境。再次衷心地感谢各部门、各位领导在大桥建设过程中给予的支持和帮助！

最后，衷心希望大桥的落成能给××县带来新的机遇和发展！

谢谢大家！

十月，是流金的季节，收获的季节，满眼都是累累硕果，扑面而来的都是果实飘香，双耳闻听处处捷报频传。在这个生机盎然的季节，我们相聚在风景秀丽的大别山主峰脚下，隆重举行××县××大桥通车揭幕仪式。

★★★

范例2：某教师代表在新成立的教学部揭牌时的讲话

背景介绍：某校成立公共艺术教学部并举行隆重的揭牌仪式，这是新成立的教学部教师代表在仪式上的讲话。

关键词：激动 出席 艺术 丰富

尊敬的各位领导、各位来宾，老师们、同学们：

早上好！在发言之前先得好好感谢大家，因为你们的到来，带来了灿烂的阳光，使今天的校园特别靓丽，整个校园洋溢着雨后晴天的清新。在这美好的时节里，在温馨而热烈的气氛中，我们怀着激动与喜悦的心情，共同见证了学校公共艺术教学部的隆重揭牌！这是我校发展历程中的一件大好事、大喜事。借此机会，我代表公共艺术教学部全体教师向今天前来出席揭牌仪式的学校领导、各部门、各系部领导和老师，还有全体同学表示热烈的欢迎！

参加今天的揭牌仪式，我内心非常激动。能有这么多像×书记、×校长、×副书记、×副校长以及各部门、各系部的领导来出席一个部门的活动，应该说这种规模在学校的发展历程中都是少有的。我认为这就是学校对我们公共艺术教育教学工作最大的支持！在此，我向所有长期以来关心支持我校公共艺术教育教学工作的各位领导、老师、同学们表示衷心的感谢！

艺术是一个美好而高贵的字眼，它是人类永恒的精神家园，是人类文明和人性深度的最根本表现，它陶冶和凝聚着人类的灵魂和良心，连接着人类的世代传承。它给人们以美好的希望和慰藉，它激发人们生活的勇气和毅力，它丰富和充实着我们的生活，使我们勇于承受痛苦和悲伤。

万事开头难，公共艺术教学部在今后的发展过程中一定会遇上许多困难，还需要学校领导、各部门、各系部领导、老师以及全体同学一如既往地关心和支持我们。抚今追昔，学校 70 年来的骄人成就曾使我们欢欣鼓舞；展望未来，学校今后的宏伟目标更令我们深感任重道远。“雄关漫道真如铁，而今迈步从头越”，我们将同心同德，开拓进取，克服一切困难，为公共艺术教育事业，为创造学校美好的明天做出应有的贡献。

最后，再一次向出席揭牌仪式的各位领导、各位嘉宾、各位老师、各位同学表示诚挚的谢意！并祝大家身体健康、工作顺利、学习进步！

谢谢大家！

“雄关漫道真如铁，而今迈步从头越”，我们将同心同德，开拓进取，克服一切困难，为公共艺术教育事业，为创造学校美好的明天做出应有的贡献。

★★★

范例 3：某经理在公司更名揭牌仪式上的答谢词

背景介绍：某公司开张前举办揭牌庆典，这是公司经理在揭牌活动上的讲话。

关键词：变化 崭新 卓越

尊敬的××董事长、亲爱的同事们：

大家上午好！

今天是个欢聚的时刻，今天是个播种梦想，收获希望的日子。首先我代表公司感谢大家参加公司的揭牌仪式暨庆祝大会。

自 1996 年公司成立到现在，已走过 14 年的风风雨雨，这 14 年来，经历过无数风浪和挫折，机遇和挑战。14 年后的今天，国家发生了翻天覆地的变化，××也发生了翻天覆地的变化。××公司承载了 14 年的光荣和梦想，已完成了自己的历史使命。在新的机遇面前，公司老板××董事长审时度势，高瞻远瞩，将公司更名为××信息科技有限公司。此举将公司推上了新的征程。从此，公司将翻开崭新的一页。

××公司揭牌后，公司将坚守并发扬“以诚待人，沟通无限”的经营理念。把“为员工谋福利，为企业图发展”视为我们一切行动的总纲。新的公司，新的面貌，新的气势。××崇尚“爱、热忱、卓越”，并以此作为我们的共同信仰和价值观。使我们的企业不断地发展壮大。为我们的员工创造一切使其成功并享有终身成就的机会。因为我们关注每一个人，关注每一位同事的成长和辛勤付出。让我们共同承载公司新的历史使命，让我们共同祈祷明天，胜利的果实必将被我们摘取。

此时此刻，请允许我代表××公司全体同事深深地感谢公司的创始人××董事长，是他的发起和创办，才有我们今天为之共同奋斗的事业。谢谢。我还要感谢公司的每一位同事及其亲属们，是你们用自己的双手和智慧托起公司前进的希望。谢谢你们。

我坚信，××公司必将发展壮大为上市公司。我坚信，每一位致力于××发展的同事，必将获得最好的待遇和最高的荣誉。让我们一起为公司的发展而努力奋斗，因为这是我们所有人共同的事业和梦想。

从今天开始，公司正式更名为××市××信息科技有限公司，让我们共同祝愿新公司前程锦绣，事业昌隆。

谢谢大家!

因为我们关注每一个人，关注每一位同事的成长和辛勤付出。让我们共同承载公司新的历史使命，让我们共同祈祷明天，胜利的果实必将被我们摘取。

★★★

范例1：县政府办副主任在县航道所办公大楼揭幕仪式上的讲话

背景介绍：县航道所办公大楼举行揭幕仪式，县政府办副主任在仪式上讲话，并对未来的工作提出期望。

关键词：集会 心血 理念 执法

尊敬的各位领导、各位来宾，同志们：

秋风送爽，丹桂飘香。金秋十月，硕果累累。今天，我们在这里隆重集会，举行县航道所办公大楼揭幕仪式。在此，我谨代表县政府办向你所表示衷心的祝贺，希望你们在今后的工作中继往开来，团结拼搏，与时俱进，力争取得新的、更大的成绩！并祝各位领导、各位来宾身体健康，工作顺利，万事如意！

对县航道所办公大楼建设，省、市、县各级领导机关都给予了大力支持与关心。可以说，大楼的建成启用既是全所工作人员汗水的浇注，更是各级领导心血的凝结。大楼设计建设标准高，外观典雅庄重，内部宽敞整洁，设施高档，功能齐全，它的顺利建设和启用，不仅克服了原航道所办公场地狭小、条件简陋、服务功能不全等缺陷，而且有利于进一步树立为船户服务的公仆意识，提高办事效率，搞好航道的建设、管理和养护。

今后，“以人为本，立党为公，执政为民”的执政理念将更进一步得到实施，我们又面临着新的机遇和挑战。在新起点、新征程上，我们要做到以下几点：

一是要强化管理，树立服务理念。我们所有的交通行政管理部门都是服务部门，所有的岗位都是服务岗位，所有的人都是人民的勤务员，要想业户之所想，急业户之所急，把人民群众的利益放在首位。

二是要按照“方便、安全、畅通”的目标要求，进一步落实便民措施，改善服务环境，提高服务质量，做负责任的服务型航道管理部门。同时，要进一步加强辖区航道的养护管理，完善航标设置，抓好日常维护，清理碍航建筑，制止乱采乱挖，努力提供良好的通航条件，确保过往船只的通航安全。

三是要文明执法，依法行政。坚持不懈地抓好执法人员的岗位培训工作，全面实行执法责任制和执法过错追究制，明确执法主体、执法内容、执法依据、执法程序、执法责任，一切依法办事，依法管理，自觉接受社会监督，争创文明执法单位，进一步优化水路交通行政执法队伍的社会形象。

各位领导、各位来宾、同志们，芳林新叶催陈叶，满川风雨看潮生。让我们在市局的正确领导下，按照提高执政能力的要求，进一步做到执政为民、执法为民，树立科学的发展观、正确的政绩观和亲民的权力观，坚定信心，同心同德，奋力拼搏，为开创我县航道管理工作新局面而努力奋斗！

谢谢大家！

各位领导、各位来宾、同志们，芳林新叶催陈叶，满川风雨看潮生。让我们在市局的正确领导下，按照提高执政能力的要求，进一步做到执政为民、执法为民，树立科学的发展观、正确的政绩观和亲民的权力观，坚定信心，同心同德，奋力拼搏，为开创我县航道管理工作新局面而努力奋斗！

★★★

范例2：某医学院党委书记在更名揭牌仪式上的讲话

背景介绍：某医学院经过努力正式更名，这是该院党委书记在揭牌仪式上的讲话。

关键词：支持 历史 憧憬

尊敬的各位领导、来宾，亲爱的老师、同学们：

今天，我们怀着十分喜悦的心情欢聚一堂，举行××医学院更名的揭牌仪式。首先，请允许我代表全院近4000名教职医护员工和14000多名学生，对与会的各位领导和各位朋友在百忙之中莅临我院表示热烈的欢迎。并借此机会，向多年来关心和支持我院发展的各级领导、各位同人和各界朋友表达诚挚的谢意！

多年来，××医学院立足于××经济社会发展，为全省培养了一大批面向基层、适应基层、立志基层、服务基层的实用型高级医学专门人才。特别是由于历史的原因，在××省各级各类医疗机构中，我院学子数量多、覆盖广，目前，已经有6万余名毕业生在××省的省、市、县、乡各级医疗单位工作，成为全省卫生战线的一支骨干力量，为××医疗卫生事业的发展做出了积极的贡献。××医学院更名为××既是对我们学院历史作用和发展历程的一种充分肯定，同时也为我们学院今后的跨越式发展搭建了新的阶梯。这是对我们迎接2007年本科教学水平评估工作的鞭策和激励，也是我院立足于服务××、面向未来、面向世界谋求发展的新起点。我们学校更名，饱含着国家教育部、省委、省政府、省教育厅和××市各级领导对我院发展的深切关怀和殷切期望，凝结着我校几代人执着的追求和不懈的奋斗，蕴含着1万多名在校生和6万多名校友的欢欣和憧憬，孕育着学院未来发展的勃勃生机。

今年正值我们建校60周年，回首我院60年的历史，布满艰苦奋斗、不断进取的足迹，一代又一代××人抢抓机遇，埋头苦干，从革命战争年代的军医学校，到省属本科医学院校，今天已经建成了以医药为主体，医、牧、管多学科发展的大学，办学条件不断改善，办学实力明显增强……(学院取得的成果)

几年来，学校的发展得到各级领导的亲切关怀和大力扶持，国家部委和省、市领导曾多次到我院视察，给予我们热情的鼓励和支持，给我们增添了发展的动力和信心。同时，我们也得到了各级领导和部门、各兄弟院校的同志们的无私帮助，在这里我一并表达最真挚的谢意!

学校更名把我们推上了一个新的发展起点。展望未来，我们欢欣鼓舞、信心百倍。我们一定要抢抓高等教育快速发展、××工业基地振兴和××湾开发的重大历史机遇，认真贯彻和落实党的十六届六中全会精神，树立和落实科学发展观，坚定不移地实施“质量立校、人才强校、科技兴校、勤俭建校”的战略方针，把医学学科做精做强。同时进一步提高办学层次，努力实现把我院建成特色鲜明、多学科协调发展的教学型医科大学的奋斗目标，把一个和谐××医、创新××医、开放××医呈现给社会，办人民满意的教育，为建设和谐××、和谐社会做出更大的贡献!

我们学校更名，饱含着国家教育部、省委、省政府、省教育厅和××市各级领导对我院发展的深切关怀和殷切期望，凝结着我校几代人执着的追求和不懈的奋斗，蕴含着1万多名在校生和6万多名校友的欢欣和憧憬，孕育着学院未来发展的勃勃生机。

★★★

范例1：某县委书记在县总工会大楼落成典礼上的讲话

背景介绍：县总工会大楼建成并即将投入使用，这是该县县委书记在大楼的落成典礼上的讲话，希望工会继续履行职责。

关键词：感谢 职工 优质 职责

尊敬的各位领导、各位来宾，同志们：

阳光明媚，万物争辉。在这充满希望的季节里，在国庆节之后，我们迎来了县总工会大楼落成庆典。这是县总工会的一件大喜事，也为××县城增加了一个新的景观。在此，我代表县委、县人大、县政府、县政协，向县总工会及总工会领导表示热烈祝贺！并向前来参加庆典的各级领导和各界朋友表示热烈的欢迎和诚挚的感谢！

工会是党领导的职工自愿结合的工人阶级的群众组织，是党联系职工群众的桥梁和纽带，在我国物质文明、精神文明和政治文明建设中，具有十分重要的、不可替代的作用。县委、县政府都非常重视和关心工会工作。近两年，县委、县政府在认真抓好工会换届、着力加强班子建设的同时，积极支持县总工会改善办公条件、发展工会事业。县总工会大楼的优质、快速建设和顺利竣工，就是县委、县政府对工会工作高度重视的结果，也是上级工会和社会各界的大力支持的结果。

长期以来，县总工会自觉接受党的领导，认真履行自身职责，在维护职工的合法利益和民主权利，动员和组织职工积极参加建设和改革、完成经济和社会发展任务，代表和组织职工参与民主管理，促进广大职工提高两个素质，促进下岗职工再就业等方面做了大量的工作，为全县的改革、发展、稳定大局做出了巨大贡献。

县工会大楼的落成，为我县工会工作和事业发展奠定了良好的基础。我们深信，有上级工会的热情关怀和精心指导，有各级领导和各界朋友一如既往的关心和支持，我县工会工作一定能迈上新的台阶！也希望县总工会继续在十七大精神指导下，自觉服从服务于全县工作大局，更好地履行好自己的职责，做到“维会员权益，替政府分忧”，为县域经济的跨越式发展再立新功！

恭祝各位领导、各位来宾身体健康，万事如意！

衷心祝愿县总工会的工作和事业蒸蒸日上！

谢谢大家！

阳光明媚，万物争辉。在这充满希望的季节里，在国庆节之后，我们迎来了县总工会大楼落成庆典。这是县总工会的一件大喜事，也为××县城增加了一个新的景观。

★★★

范例2：某领导在州委党校分校揭牌仪式上的讲话

背景介绍：某州委党校分校举行揭牌仪式，党校领导在揭牌仪式上发表讲话。

关键词：党校 促进 发展机遇

尊敬的各位领导、各位嘉宾，同志们：

上午好！秋风送爽，丹桂飘香。今天，××州委党校××分校揭牌仪式在原××市委党校隆重举行。这是我们党校政治生活的一件大事，具有十分重要的意义。在这喜庆的时刻，我谨代表××和××对参加揭牌仪式的各位领导和嘉宾表示热烈的欢迎！对长期以来关心、支持党校建设发展的各位领导和同人表示衷心的感谢！对多年来支持党校干部教育培训事业的全体教师和现场教学基地的领导表示衷心的感谢！

党校是党委的重要组成部门，是在党委直接领导下培养党员领导干部和理论干部的学校，是学习、研究和宣传马克思列宁主义、毛泽东思想、邓小平理论、“三个代表”重要思想以及科学发展观等重大战略思想的重要阵地，是培训党员领导干部、培养党的理论工作干部队伍的主渠道，是党员领导干部加强党性锻炼的熔炉。我们党历来十分重视党校工作，利用党校教育培训干部是我们党的优良传统。多年来，市委一直比较重视市党校工作，在班子建设、基础设施建设、教育培训工作安排部署等方面积极支持区委党校的工作，创造良好工作的条件。在工作中，市委党校解放思想，实事求是，与时俱进，紧密结合党和国家面临的形势与任务，紧密结合××经济社会发展实际，紧密结合党员干部队伍特别是领导干部队伍实际，抓住关键环节，创造性地开展工作，以干部培训为主要任务，让各项工作迅速走上了制度化、规范化的轨道，并取得了显著的成绩。

州委党校××分校的揭牌对我州干部教育工作是一次有力的促进，对州委党校是一次难得的发展机遇，标志着我州干部教育培训工作迈入了新的发展阶段，也是做好新时期干部工作的重要举措。我们所处的时代和面临的形势发生了很大变化，干部队伍自身也发生着很大变化，这就要求我们干部工作必须与时俱进，研究新情况、解决新问题。全州各部门和各级领导干部，特别是主要领导干部，要站在加强和改进新形势下党建工作的高度，认识党校工作的重要性，经常关注党校工作，切实关心党校工作，大力支持党校工作。今后州委党校将在州委的领导下，继续发扬恪尽职守、求真务实、知难而进、开拓创新的作风，把各项工作做得更加扎实、更有成效，开创党校工作新局面，努力促进我州党的建设、干部队伍建设和经济社会发展。

最后，祝××州委党校××分校取得圆满成功，在推进统筹城乡一体化建设中，不断提炼出先进的理念和有益的经验，切实加强培训规律研究、培训需求分析、培训形式创新、培训课题更新、培训信息反馈及培训服务完善，将教育培训工作的重心放在培养领导干部理论基础、世界眼光、战略思维和党性修养的综合提升上，努力构建科学系统的干部教育培训体系。祝学员干部同志们在此学习愉快，身心健康！

州委党校××分校的揭牌对我州干部教育工作是一次有力的促进，对州委党校是一次难得的发展机遇，标志着我州干部教育培训工作迈入了新的发展阶段。也是做好新时期干部工作的重要举措。

★★★

范例3：某农林大学工程学院院长在基地揭牌仪式上的讲话

背景介绍：某农林大学工程学院与××集团合建了创新基地，这是院长在仪式上的讲话。

关键词：运行 发展 成果 培养

各位领导、各位来宾，全体老师和同学们：

大家好！

今天我们举行创新基地揭牌仪式，这标志着我们学校又一个校企合作共建的创新基地进入了实质性运行阶段。××集团是我国家居产业的领头雁，在经营理念、品牌战略、工程设计、工程施工、企业运行与管理、企业文化建设等各个方面都是一流的。高校建设创新基地又一次走进了一个强大的设计团队，这个设计团队同高校培养目标紧密结合，是循环的，是不断发展的，是一种虚拟现实手段在人才培养中的具体运用。这支设计团队将以设计为第一核心要素，保持团队的持续快速发展，继续保持在全国的领先地位，引导家居产业的发展方向，提供人才和设计保障，为家居产业注入发展动力。

对办学而言，企业持续不断地将行业发展和生产实际中的课题交给我们的老师和同学，使我们能够理论联系实际，及时将最新的研究成果融入到我们的教学过程之中，对于培养基础扎实、知识面宽、能力强、素质高、具有创新精神和实践能力的人才具有重要的作用。

共建创新基地是一项双赢的举措，是校企相互促进和发展的有效途径，充分体现了学科特点和时代特征，这条路会越走越宽。

最后我代表工程学院全体师生感谢××集团的大力支持，感谢社会各界对我们的关爱。我相信创新基地建设一定会结出丰硕的果实。谢谢。

这支设计团队将以设计为第一核心要素，保持团队的持续快速发展，继续保持在全国的领先地位，引导家居产业的发展方向，提供人才和设计保障，为家居产业注入发展动力。

第二节　佳句荟萃

1. 新办公楼的投入使用大大改善了市局的办公条件，市工商局将以此次乔迁为契机，进一步提升服务档次，扎扎实实地履行好党和人民赋予的职责，为全市经济发展保好驾、护好航。同时，也期望各级领导和各位朋友一如既往地理解、关心、支持工商事业的发展，使我们的工作不断迈上新台阶，从而更好地为全市经济的发展做出更大的贡献！

2. 新工商所的建成是××工商工作的一个里程碑，也是全镇经济发展的一个新起点。希望××工商所以此为契机，进一步提高队伍素质，擦亮服务窗口，为××镇经济的快速发展保驾护航，镇党委、镇政府就是你们的坚强后盾。最后，让我们共同祝愿××镇经济更加兴旺发达，工商事业更加辉煌!

3. 我们今天这个产业基地的揭牌，也是适应我们时代的要求。大家都知道，要建设创新型国家就需要我们培养一批有创新意识和创新能力的学生，同时也要企业研发一批有自主意识的产品。我们双方长期酝酿这件事情是非常好的，是时代的要求。

4. 现在这方面有很深造诣的人并不多，同时我们这个行业缺少理论基础，我想这个研发基地对学生是一个好的通道，同时也是对行业的贡献。我们这个行业需要创新，在理念上的创新，技术上的创新，管理上的创新，服务上的创新，商业模式上的创新等等。可喜的是××林学院选择了××装饰有限公司，它是我们中国家装的标兵企业，同时也是一流的企业。一流的企业首先有一个一流品牌的老总，就是我们的××董事长，同时他们还有一流品牌的团队，能够研发出一批优秀的产品，还有更重要的一层是他们有一流的品牌企业文化。

5. 我相信林学院对我们的同学的精心培养，同××名家紧密的合作一定能够很好地秉承传统文化，应用现代科技让中国的百姓得到美的享受，能够创造辉煌，谢谢。

6. 是我院发展史上一个重要的标志性事件，标志着我院从此获得了新生，步入了快速发展的轨道。

7. ××工商职业学院目前还处在初创阶段，对于学院如何快速而又平稳地发展，我们深感经验不足；在前进的征途中，也必将碰到很多意想不到的困难。但是我们坚信，有省教育厅一如既往的关怀，有海经院真诚无私的传、帮、带，有一支爱岗敬业的教职工队伍奋勇开拓，有社会各界的广泛支持，我们一定会少走许多弯路，一定能在一个不长的时期内，再造一个“海经院”！

8. 要进一步转变观念，理清发展思路，确立先进的环保理念，以扎实的技术取胜，以优质的咨询服务取胜。不断增强市场竞争能力。同时希望新公司要加强同兄弟单位的合作交流，在合作当中竞争，在竞争当中合作，共同促进××环保事业的发展。

9. 荣誉来之不易。近年来，我公司全体干部员工在公司领导班子的带领下，始终在思想上与党中央、总公司党委保持高度一致；始终在行动上做依法合规经营、廉洁自律的表率，坚定信心、克难奋进，持续突破，努力完成各项业务指标。

10. 成绩是动力，更是压力；荣誉是鼓励，也是考验。取得“文明单位”称号，只是对我公司过去工作的肯定，并不意味着今后一劳永逸即可保持永久的辉煌。今天的荣誉只能说明我们的工作又站到了一个全面发展的新起点上。希望公司全体员工从这里重新起步，努力在新的征程上，继承和发扬优良传统，进一步提升执行力，为推进公司三年发展规划的深入实施而不懈努力。

第6章
颁奖获奖演讲

第一节　范例集锦

★★★

范例1：某高中教师的获奖感言

背景介绍：某高中语文老师在得到“十佳教师”荣誉称号后发表了颇具文采的获奖感言。

关键词：奉献　教育　无邪　责任

夜阑人静，耳边又传来那熟悉的歌声：任风翻阅背影的日子，烛光将记忆摇曳成孩子的身影，夕阳便凝重了教师魂……

或许，这只是一支小曲儿，并没有道出为人师者的全部内涵，但我们至少从中感受到了一种奉献的圣洁和伟岸。是的，我们甘为人梯，吃也清淡，穿也素雅，面对大千世界，我们心怀淡泊，像春蚕，像蜡烛，在平凡的工作岗位上，用青春和生命谱写无怨无悔的人生。虽然平凡，我们的脊梁却支撑着祖国的未来；虽然清贫，我们的双手却托举着明天的太阳。

八年的工作经历使我深深地懂得，教育是爱的事业，教师的爱不同于一般的爱，她高于母爱、大于友爱、胜于情爱。不是吗？母爱容易出现溺爱，友爱需要回报，情爱是专一、自私的爱。而师爱是严与爱的结合，是理智的、科学的爱，是积极主动的爱。这种爱是教育的桥梁，是教育的推动力，是后进生转变的催化剂；这种爱是“一切为了学生，为了一切学生，为了学生的一切”的博大无私的爱，它包含了崇高的使命感和责任感。一位哲人说过：“教师的爱能使犯了错误的学生重新振作起来，教师的爱是用深情融化学生心灵上久积而成的‘坚冰’，教师的爱是打开学生心灵大门的密钥。”在我的工作生涯中，最大的事就是用爱滋润每一个孩子的心田。虽然有时也会因学生的调皮而埋怨，因他们的退步而急躁，因他们的违纪而失态。虽然有时也感到很累，很烦，但心中总会涌起一种强烈的责任感：我是老师，我要给这些寻梦的孩子引路，在他们心里写一本最美的书。

“起始于辛劳，收结于平淡。”这是我们教育工作者的人生写照。我不是没有想过三尺之外的世界，然而，当清晨走进校园，面对一个个标准的队礼，一声声清脆的“老师早”；当走进圣洁的课堂，看到一双双渴求甘霖的双眸，一颗颗等待塑造的无邪心灵；当课间跟孩子们泡在一起，看到一个个生龙活虎的身影，一张张天真烂漫的笑脸；当夜深人静，欣赏孩子们那一篇篇优秀习作和敞开心扉、饱含激情的日记，我又是那么激动，那么满足，终究丢不下九月的承诺，离不开那笑靥的花朵。

最后就用青年诗人汪国真的一首诗结束我的演讲吧：

“我不去想是否能够成功，既然选择了远方，便只顾风雨兼程。

我不去想身后会不会袭来寒风，既然目标是地平线，留给世界的只能是背影。

我只有挖掘自己灵魂深处的真诚，把握瞬间的辉煌，拥抱一片火热的激情，装点生活的风景。”

面对大千世界，我们心怀淡泊，像春蚕，像蜡烛，在平凡的工作岗位上，用青春和生命谱写无怨无悔的人生。虽然平凡，我们的脊梁却支撑着

祖国的未来；虽然清贫，我们的双手却托举着明天的太阳。

★★★

范例 2：团队带头人代表团队发表获奖感言

背景介绍：某公司评选 2011 年度的优秀部门，成本控制部当选，这是该部部长的获奖感言。

关键词：凝聚 担当 谨慎

尊敬的各位公司领导、各位同人：

大家好！

唯大英雄能伏虎，是真豪杰乃降龙。时光如梭，岁月如歌，很荣幸我们成本控制部被评为 2011 年度优秀部门。收获这一殊荣，我们部门很骄傲，也很激动。因为在过去的一年里，我们部门完美地演绎了团队凝聚力。但是这一成绩的取得是和公司各位领导的英明领导分不开的，也是在其他部门的全力配合下取得的。所以在此，我代表我们部门的精英，感谢公司领导在过去一年里对我们成本控制部的指导和支持，感谢公司其他部门的全力配合和支持。

过去的一年里，我们公司在领导的英明领导下创下了骄人的成绩，我们部门各位精英紧随公司的脚步，兢兢业业，孜孜不倦，无论前路多么辛苦，无论工作多么艰巨，我们坚信汗水的付出总能凝结出最坚实的果实。一分汗水，一分收获；一分耕耘，一分获得，我要再次感谢公司领导一年来对我们成控部工作的支持和肯定，感谢各个战线上的同事们对我们工作的配合和支持！

很显然，我们是一个年轻的团队，但却是一个成熟的部门，在我们的团队中，老同志有一颗“老骥伏枥，志在千里”之心，年轻人也乐于力争上游，更上一层楼。教导学习和分享经验是我们工作的一部分，成长与积累经验对于我们无时无处不在。“三人行，必有我师”更是我们工作过程中的真实写照，“前事之鉴，后事之师”更使我们谨小慎微，秉着“先天下之忧而忧，后天下之乐而乐”的精神，我们一定要做好每一个我们负责的项目成本控制工作预结算及招投标工作。细微之处见成本，细微之处出收入，细微之处创利润，细微之处蕴含正确决策。细致入微是我们工作的根本，“差之毫厘，谬以千里”的切肤之痛我们决不亲尝，所以，当工作任务下来，众人下班在家享受天伦之乐时，我们愿意孜孜不倦，因为我们知道任何项目运作的成功都是由大量细致入微的基础工作决定的，而我们就是那些细致入微的基础工作中不可或缺的一部分，职责所在，不可推却。看到各个项目有条不紊地进行，看到领导们胸有成竹地指点江山，看到公司日益壮大，日进斗金，我们快意淋漓。因为顺利里面有我们付出的影子，信心里面有我们付出的影子，斗金里面有我们付出的影子。更因为付出总有回报，不仅是口袋，更是脑袋，更有心中的品质之袋，还有公司每一位员工笑起来的眼袋。快乐总是与和谐相伴，为社会的和谐贡献自己的力量更是我们追求的目标！我们是一个年轻的团队，我们尊老爱幼；我们是一个年轻的团队，更是一个成熟的部门。快乐学习，快乐生活，敢于承担，勇于面对，乐于奉献，自愿付出，我们年轻，但我们并不简单！

再次感谢公司领导对我们部门工作的重视，感谢××总对我们部门工作的关心和支持！

最后，我想用一句话来与在座的各位同人共勉“雄关漫道真如铁，而今迈步从头越。”是骡子是马，明年拉出来再遛遛！

唯大英雄能伏虎，是真豪杰乃降龙。时光如梭，岁月如歌，很荣幸我们成本控制部被评为 2011 年度优秀部门。收获这一殊荣，我们部门很骄傲，也很激动。

★★★

范例1：赵本山获得“2008年春节联欢晚会我最喜爱的节目”一等奖的感言

背景介绍：赵本山以在小品《火炬手》中与宋丹丹的精彩合作获得“2008年春节联欢晚会我最喜爱的节目”一等奖，在朱军的采访中，赵本山发表了获奖感言。

关键词：坚持 欣慰 舞台

我想问观众累不累，观众累了我就累了。这些年我已经一直在往下坚持，其实作为一名演员非常不容易，但是更不容易的是观众在那里坚持看。每一年都不能赖赖叽叽地上，完事了就得等着看。希望我们这样一批年纪比较大的人能够早一天离开这里，让一些新人站在这个舞台上，我们会为他们祝福。我说一句真心话：能够在这个舞台上，在一个最快乐的时间，能够站那么长时间，作为演员是一生的荣幸。我们要尊重这个地方，要尊重这个时间，像我从农村一步一步走到今天，我心里有点儿满足。来的收获简直是太大了，我永远忠于观众，忠于我的收获。

我想问观众累不累，观众累了我就累了。

★★★

范例2：罗伯特·博伊尔终身成就奖的获奖感言

背景介绍：美国当地时间2008年2月24日晚，美国电影科学与艺术学院举办的第80届奥斯卡颁奖典礼在柯达剧院举行，这是罗伯特·博伊尔被授予终身成就奖时的获奖感言。

关键词：美妙 感谢 亮点

谢谢大家。

年纪大的好处之一就是不用再推荐其他人。无法表达对所有在人生旅途中帮助过我的人的感激，这在电影事业里是美妙的旅途。但是我可以感谢学院的领导，感谢刚才介绍我的妮可·基德曼，我要感谢一些老伙计，给我第一份电影工作机会的斯德雷尔，感谢给我第一个参演机会的希区柯克。我不会忘记希奇（希区柯克的昵称）把我介绍给改变我一生，成为我妻子，在美妙人生中和我相依为伴的编剧贝斯塔夫尔。我还要感谢爱我支持我的孩子和孙子，谢谢他们。感谢把电影制作得有趣且欢笑不断的诺曼·杰威森，感谢让我起步的南加州大学电影艺术学院，感谢给予我指导的艺术指导工会了不起的同事们，最后，感谢把我介绍给美国电影学院，让我有机会给下一代讲故事的斯坦博格。我活了几乎一个世纪，经历了很多战争，但在我的生命中有一个很大的亮点，那就是艺术，尤其是电影制片人们创作的艺术——我热爱的电影。这是我所拥有的了不起的财富，我要感谢在这里看着我的你们，谢谢。

年纪大的好处之一就是不用再推荐其他人。

★★★

范例1：奥巴马获诺贝尔和平奖的感言

背景介绍：2009年10月9日，挪威诺贝尔奖委员会宣布授予奥巴马总统2009年度诺贝尔和平奖。奥巴马获悉后发表讲话。

关键词：肯定 激励 和平

早上好。我没有料到今早醒来是这样。在我接到消息后，玛丽亚走进来说：“爸爸，你获诺贝尔奖了，而今天是波（Bo，小狗的名字）的生日！”萨莎接着说：“还有，我们就要过三天长周末了。”所以，有孩子帮忙保持清醒是好事。诺贝尔奖委员会的决定令我既惊讶又深受感动！我要说明：我不认为这是表彰我个人的成就，而是对为实现所有国家人民的愿望发挥美国带头作用的肯定。

坦率地说，我认为自己没有资格跻身于获此殊荣的众多变革者之列——是那些男女志士对和平的勇敢追求激励了我和整个世界。但我也知道，这个奖反映出这些男女志士及全体美国人民都想建立的那种世界——一个将我国建国纲领的承诺变为现实的世界！

我知道，诺贝尔和平奖在历史上从来不是仅用来表彰具体的成就，而是也被作为一种给一系列事业增添动力的手段。因此，我将把接受这个奖视为行动的召唤——一个呼吁所有国家迎接21世纪共同挑战的行动召唤。这些挑战无法由任何一位领袖或任何一个国家应对。因此，本届政府致力于创建一个交往接触的新时代——一个所有国家必须为我们所向往的世界承担责任的时代。我们不能容忍一个核武器向更多国家扩散的世界，不能容忍一个核武器大屠杀的恐怖危及更多人民的世界。正因为如此，我们已经开始为争取实现没有核武器的世界而采取具体措施，因为，虽然所有国家都有和平利用核能的权利，但所有国家也都有责任表明他们的和平意图！

我们不能让气候变化构成的威胁日益增长——埋下冲突与饥荒的祸种，摧毁海岸线，城市萧疏——给我们将传予子孙后代的世界造成永久性破坏。因此，我们所有国家必须承担各自的责任，改变我们使用能源的方式。我们不能让民族间的差异来界定看待彼此的方式，因此，我们必须在不同信仰、种族和宗教的人民之间谋求一个新开端，一个以互利和互尊为基础的开端。我们必须竭尽全力解决多少年来导致无数创痛与苦难的冲突，这一努力必须包括坚定不移地致力于最后实现所有以色列人和巴勒斯坦人在各自国家平安生活的权利！

我们不能容许一个使更多人被剥夺机会与尊严的世界——这种人人渴望的机会与尊严体现在能够受教育，能够过像样的生活；有安全感，不在疾病或暴力恐怖的威胁下无望过活。即便在努力寻求一个和平解决冲突，共享繁荣的世界的同时，我们也必须面对今天我们眼前的世界。我是一国之最高统帅，而这个国家有责任结束一场战争并在另一战场抗击直接威胁美国人民和盟国的无情的敌人！

我也清楚，我们正在应对导致数百万美国人待业求职的全球性经济危机的冲击。这些是我必须为美国人民的利益每天迎战的问题。我们面临的一些工作不可能在我的任期内完成。有些工作，例如全部销毁核武器，可能在我的有生之年也不会完成。但我深信，只要我们认识到这些挑战不可能由一个人或一个国家来独自应对，则最终问题会得到解决。这份奖励针对的并非仅是本届政府的努力，而是全世界人民做出的无畏努力。因此，这份奖励必须由为正义和尊严而奋斗的每一个人分享——其中包括为争取自己的发言权，甘冒遭受毒打和枪击的危险默默上街游行的年轻妇女；包括因拒绝放弃追求民主而被软禁家中的领袖；包括为了地球他方的人而牺牲自己，一次次奔赴战场的士兵；包括那些在世界各地为了和平事业贡献出自己的安全、自由甚至生命的所有人士。这一直是美国的事业，一直是世界对美国瞩以厚望的原因，也是我认为美国将继续走在最前列的原因！

这份奖励必须由为正义和尊严而奋斗的每一个人分享——其中包括为争取自己的发言权，甘冒遭受毒打和枪击的危险默默上街游行的年轻妇女；包括因拒绝放弃追求民主而被软禁家中的领袖；包括为了地球他方的人而牺牲自己，一次次奔赴战场的士兵；包括那些在世界各地为了和平事业贡献出自己的安全、自由甚至生命的所有男女人士。

★★★

范例2：某校长在优秀班集体表彰大会上的讲话

背景介绍：某中学隆重举办优秀班集体表彰大会，表彰那些优秀的班主任和同学们，校长在颁奖大会上发表讲话。

关键词：自豪 谦虚 刻苦

亲爱的老师们、同学们：

你们好！

今天，秋风和煦，硕果飘香。我校两千三百余名师生聚集在一起，隆重举行本学期第一次颁奖大会，我很高兴，因为我看到了全体师生乐观向上的精神面貌；我也很自豪，我校真的是育人的摇篮，人才济济，睿智多多。我校有你们的努力与付出，肯定会再次创造骄人的成绩！

各位老师，这次评比我们选出团结奋进、蓬勃进取的班级给予奖励。礼物虽轻，但寄托了学校对你们的殷殷厚望。那些没有获得“优秀班集体”的班级，我需要你们谦虚诚恳，实事求是，取人之长，补己不足，一鼓作气，蒸蒸日上！千万不要自卑泄气，或者停滞观望。要记住姚明的那句广告语：努力不一定成功，放弃一定失败！老师们，学校为你们搭建了施展能力的广阔舞台，努力吧！学校会铭记你们的付出，你的学生也会牢记你的教诲！得奖的同学们，我刚刚在你们的笑容里读出了喜悦与自信，我真切的希望你们在今后的日子里戒骄戒躁，再接再厉，下次领奖台上再次绽放那灿烂的笑脸。这次没有得奖的同学们，从你们的眼神中我悟到了勇气与决心，我更希望你们在今后的学习中败不馁，找差距，勤奋进取，勇于超越，下次颁奖大会一定会有你们那骄傲的身影！

大家都学过《棋盘上的麦粒》的故事，我想借这个故事告诉大家一个简单的道理：学海无涯，像这样奇妙的数字问题只是知识王国的沧海一粟、冰山一角，还有许许多多的奥秘等待我们去发现，唯有刻苦作舟方能驶向成功的彼岸！在我们学校，有一大批这样的同学，他们徜徉在知识的海洋，勇敢地猎“奇”，大胆地探“妙”，多角度地赏“趣”，创造性地审“美”，尽情地享受着学习的幸福与快乐，刚刚得奖的同学就是他们中的代表。在此，真心希望所有同学快快行动起来，加入到他们的行列，在学习上刻苦认真，主动踏实，乐学好问，力争一流；在品德上诚实守信，积极向上，与学校和谐，与社会和谐！

最后再次祝贺获得“优秀班集体”称号的班级以及获得奖励的同学！祝愿全校两千多名学生在辛勤的园丁的精心培育下，每天脸上都映满阳光！祝愿全体教师身体健康，家庭和睦，快乐工作每一天！祝福温馨和谐的校园永远春意盎然，桃李争艳！

那些没有获得“优秀班集体”的班级，我需要你们谦虚诚恳，实事求是，取人之长，补己不足，一鼓作气，蒸蒸日上！千万不要自卑泄气，或者停滞观望。

★★★

范例1：某优秀医护人员在医院的表彰典礼上的讲话

背景介绍：某医院举行优秀医护人员表彰典礼，院长亲自为获表彰的医护人员颁奖，这是一名手术室护士在获奖后发表的演讲。

关键词：生命 温暖 满足

谢谢××院长！

首先，我要感谢我的职业，是它让我知道如何平等、善良、真诚地对待每一个生命，是它让我理解活着就是一种美丽！我要感谢我的职业，是它让我懂得了如何珍爱生命，明白了平凡就是幸福，奉献让我更美丽！

那是两年前一个初冬的深夜，当我甜甜地酣睡在温暖的家中时，一阵急促的电话铃声把我从梦中惊醒。“有急诊手术，速来参加抢救！”我不得不将舒适、温暖抛在身后，顶着刺骨的寒风向医院奔去。漆黑的深夜，冷清的马路，呼啸的北风，我的心里有说不出的沉重，表情都有些麻木了。可当我疾步走上手术台，面对那张被病痛扭曲的面孔和那双祈盼生命的眼睛，顿时，同情之心、爱怜之情油然而生。无影灯下，我们和死神做斗争，我们同时间争分秒。当东方露出一抹曙光时，蓝色口罩上露出的一双双眼睛才逐渐舒展，露出笑意，手术成功了，病人脱险了，当我们把病人推出手术室时，焦急等候的病人家属流下了热泪。一刹那间，一股从未有过的体验蓦然涌上了心头：原来我的岗位如此重要，它不仅维系着健康、快乐，它甚至维系着一个人的生命。每天手术室门口迎来一个又一个带着焦虑，带着痛苦的病人，当看着家属们恋恋不舍地与患者分开，眼睛装满了期盼，装满了担心，我们的心早就跟自己说，把患者当成我们的亲人是我们工作的宗旨。曾几何时，当我们把病人推出手术室告诉他的家人："手术做完了，很顺利，我们现在送他回病房。"一句简单而又平凡的话语立即使着急等候的家人紧锁的眉头慢慢舒展，家属和患者一个感谢的眼神，一句由衷的谢谢，我们的内心就有一种强烈的震撼，一种从未有过的自豪与满足。当我们在内心充满等待和激动中迎来一声单纯无邪的哭声，一个崭新的生命诞生之时，我们感到欣慰;当街头巷尾在似曾相识的笑脸中追忆曾经躺在手术台上痛苦的面孔，我们感到满心的幸福和骄傲！

每个人在自己的人生舞台上扮演着不同的角色，演员在舞台的灯光下表演，希望获得的是观众的掌声；白衣天使在手术室的无影灯下做手术，最希望赢得的是患者的生命和健康，以及家属放心、舒心的笑容，不求感谢，不求回报，只求一份理解，一份真诚！

创优无止境，服务无穷期。在手术室这个平凡的护理岗位上，我要以新的姿态，展示新的风貌，创造新的业绩，让青春在无影灯下焕发出绚丽的光彩！

让我们带着一个美好的愿望，向着生活，向着工作，向着迎面走来的亲爱的父老乡亲，微笑。带给他们希望，带给他们光明与健康！

谢谢大家！

每个人在自己的人生舞台上扮演着不同的角色，演员在舞台的灯光下表演，希望获得的是观众的掌声；白衣天使在手术室的无影灯下做手术，最希望赢得的是患者的生命和健康，以及家属放心、舒心的笑容，不求感谢，不求回报，只求一份理解，一份真诚！

范例 2：某大学生获“校级优秀学生干部”的感言

背景介绍：某大学评选“校级优秀学生干部”，这是被授予荣誉的学生干部发表的励志获奖感言。

关键词：刺鸟 期盼 希望

传说中，有一种鸟，一生只鸣唱一次。从它离开巢穴的那一天起，就永不停歇地寻找着世界上最长的荆棘。当它找到时，就会将自己的胸膛朝着最长最尖的刺撞去，在最深的痛苦中引吭高歌。而这样的歌声，超越了它自身的痛楚，声音无与伦比，感人肺腑，就连世人认为声音甜美的云雀或夜莺都不能与之相比。刺鸟从不惧怕死亡的降临，以它的生命作为换取世上最美丽歌声的代价，来换取最后的胜利。刺鸟用自己的努力，用一种对梦想的坚持，用一种勇敢追逐梦想的行动实现了自己的成功和胜利。是怎样的精神支柱让它能够克服种种难以想象的困难和阻碍？那是意识的力量，是信念的强大支撑。

作为一名新世纪的大学生，作为国家建设的接班人，我们也应当奋发图强，尽自己最大的努力朝着梦想前进，去实现自己的人生价值，去追逐自己的青春梦想。决定我们幸福与不幸，快乐与否的，不在于我们是谁，我们在什么地方，我们有什么，我们正在做什么，而在于我们怎么想。意识，可以把地狱造就成天堂，也可以把天堂折腾成地狱。所以我们应该有一个信念：把有限的时间投入到无限的梦想奋斗中去，用自己的实际行动去实现自己的青春辉煌。

“青春”是人生最炫目的词语，是生活最抢眼的美景，是梦想最喜爱的舞步。青春的本质，不是粉面桃腮，而是一种心态。不是朱唇红颜，也不是灵活的关节，而是坚定的意志，丰富的想象，饱满的情绪，向上的信念，也是荡漾在生命甘泉中的一丝清凉。青春的内涵，是战胜怯懦的勇气，是敢于冒险的精神，而不是好逸恶劳。海涅曾说过：“春天不播种，夏天就不生长，秋天就不能收割，冬天就不能品尝。”现在的我们，正处于人生的春天，我们没有理由平平淡淡，没有资本浑浑噩噩，更没有理由去挥霍我们的青春与梦想。而是用坚强的信念，用努力的行动，用勤劳的汗水去播种自己的青春梦想，去收获自己的美好时代。

十分欣赏把撒哈拉沙漠变成人们心中的绿洲的三毛，也最欣赏她的一句话：“即使不成功，也不至于成为空白。”成功女神并不垂青所有的人，但所有参与、尝试过的人，即使没有成功，他们的世界却不是一份平淡，不是一片空白。

作为在校大学生，我们不仅仅要把实现自己的人生理想作为奋斗目标，更应把“胸怀祖国，服务人民”作为自己的奋斗支撑，以此为信念去学习、工作。大海茫茫，百舸争流，不拒众流方为沧海；芸芸众生，人生无常，不被艰难困苦吓倒，方显英雄本色。风雨欲来，春花凋落，凭栏眺望，阳光总在风雨后。潮涨潮落，云卷云舒，高挂前进的风帆，到中流击水，浪遏飞舟，前方就是成功的彼岸。让我们带着“穿山透地不辞劳，到底方知出处高”的自信，“溪涧焉能留得住，终归大海作波涛”的追求，一路追逐，一路奋进！拿出我们尝试的勇气，拿出我们青春的热情，拿出我们奋斗的努力，拿出我们坚定的信念，用刺鸟般的执着实现人生的理想，用年轻的汗水浇灌梦想的花朵，用青春的辛勤成就未来的飞翔！

大海茫茫，百舸争流，不拒众流方为沧海；芸芸众生，人生无常，不被艰难困苦吓倒，方显英雄本色。风雨欲来，春花凋落，凭栏眺望，阳光总在风雨后。潮涨潮落，云卷云舒，高挂前进的风帆，到中流击水，浪遏飞舟，前方就是成功的彼岸。

★★★

范例3：汤唯在获韩国青龙奖提名时的感言

背景介绍：2011年11月26日，汤唯在韩国获得青龙奖提名，这是她在获提名后的讲话。

关键词：荣幸 感谢 鼓舞

嗯，我现在还在学习韩语，所以今天我用英语来表达我的感言。谢谢。

这一刻实在是太激动人心了。这是我第一次受邀来参加青龙电影节的颁奖典礼。当然啦，这也是我第一次站在这个舞台上。这个舞台真的很棒。能够获得这个奖项的提名，我真的感到很荣幸……

真的非常荣幸，谢谢。

我的电影《晚秋》会在今年在韩国上映，此时此刻，我想说，谢谢你们，我的家人、朋友和所有人。

借这个机会，我还想特别感谢一下我的父母。在电影拍摄的时候，我的爸爸妈妈生病了。他们两个都病了，但是他们没有告诉我，直到我在《北京遇上西雅图》杀青之后，才得知这个消息。我真的很感谢他们，也深深地感受到他们给予我的爱。如果没有他们的支持，我不可能完成《晚秋》的拍摄。所以，我要说："谢谢，爸爸妈妈！"

我还要对每一位韩国观众说一声"谢谢"。你们的鼓舞和支持是上天给我的最大恩赐。真的非常感谢你们。

现在，我来揭晓"最受欢迎电影奖"的提名影片，请看大屏幕……

我还要对每一位韩国观众说一声"谢谢"。你们的鼓舞和支持是上天给我的最大恩赐。真的非常感谢你们。

第二节　佳句荟萃

1. 人生的道路，一步一个脚印，我信服 seize the time（把握时间）。虽然今天我获得了这样至高的荣誉，但这绝不会是我奋斗的终点，我会以谦虚的态度不断提升自己。时间终会把我这支幼嫩的枝丫变得日益繁茂，岁月终会赋予我无与伦比的光华。抱着对生活的热情与对智慧的追寻，我会一路开辟出更美的风景。

2. 这场光辉的盛典拥抱着我，这是我有生以来一个最美丽、最富有意义的真正的节日，就像瑞典人所说的“欢欣的时刻”——请原谅我把这句话用得这么笨拙。女士们，先生们，最后，请允许我和各位一起向基金会表示最崇高的敬意，并感谢它对全世界如此大的恩泽，感谢它为我们安排了今天晚上这一美好的盛会。按照贵国的优良习俗，请和我一道再次为诺贝尔基金会齐声欢呼！

3. 人们常说，一粒种子，只有深深地植根于沃土，才能生机无限；而一名员工，只有置身于拼搏创业的氛围，才能蓬勃向上！我非常自豪在人生的韶华之年来到××这片沃土。在她的培养、造就下，在领导的信任和同志们的帮助下，小小的我才得以成长，我人生的画屏上才涂下了一抹最绚烂的色彩。

4. 我坚信“一分耕耘，一分收获”，只有付出，才会有收获。“雄关漫道真如铁，而今迈步从头越。”不管曾经取得怎样的荣誉和成绩，都只能说明过去，不能代表将来。荣誉终究会消逝，奋斗的脚步还要继续。有位名人曾说：“人不可因名声与荣誉而成为盲目，因为所有得来的东西都是外物。”一切的一切都要以从零开始的精神去开拓，树立更紧迫、更高远的目标，而不能安于现状。

5. 明代洪应明所著的《菜根谭》里有这样一句话：“醲肥辛甘非真味，真味只是淡。神奇卓异非至人，至人只是常。”以此名言引出我的获奖感言，绝无自夸“至人”之意，这句话，是想用来与所有××大学的学子共勉：人人皆常人，正因如此，人人皆可为“至人”，但这取决于你是否去奋斗，去拼搏、充实自己，超越自己。“至人只是常”，奇迹源于平凡。相信自己，只要脚踏实地，终能用泪水与汗水铸成一把通天之梯，摘得梦想的桂冠。

6. 如果我的学生是蜜蜂，我甘当花朵；如果我的学生是花朵，我一定做好护花的绿叶；如果我的学生是幼苗，我一定当好称职的园丁；如果我的学生是卫星，我一定当好把他们送上万里征程的火箭；如果我的学生是火箭，我一定当好一名火箭兵，用我瘦弱的肩膀，顶着他们踏上辉煌的前程。别为了让家长认识你，别为了让老师认识你，最美的发现在孩子们的眼睛里。当我望着孩子们那上百双渴求的眼睛，就像置身于灿烂的星空之中，在这片闪烁的星光里，我将找到清澈如山泉的真善美。我自豪我从事着太阳底下最光辉的职业。

7. 在教师这个光荣的队伍中，我深深地知道，自己不过是一名新兵，我仍为自己能够从事这种绵延亘古、传递未来的职业而自豪。我为自己的追求毕生不悔！我站在人生的舞台上，学生期待的目光就是我的掌声，学生挥舞的毕业证书就是我的鲜花！在这里，我要大声地说：“做光荣的人民教师，是我无悔的选择！”

8. 获奖是对我以前学习工作的一种肯定，也是对以后的一种激励和鞭策。我会把这次获奖当作我人生中的一个新起点，更加努力地去实现我的人生梦想！我会秉承着“思想进步、学习刻苦、工作认真、做人踏实”的宗旨，树立为国家、为人民服务的信念，一直坚持不懈地努力，争取早日成为一名对社会有用的人才。

9. 这次能够获得国家奖学金，我感到十分荣幸和激动，它不仅是对我一年里学习和生活的肯定，更是对我一种强大的激励和鼓舞。“宝剑锋从磨砺出，梅花香自苦寒来。”我相信通过不断地学习和努力，自己一定能成为一个有理想、有道德、有文化、有纪律的大学生，以优异的成绩迎接挑战，为社会主义建设贡献毕生的力量。

10. 赞美与荣誉的生命很短暂，只有不断地前进，不断地突破自己，才能时刻保持生命力。前面的道路还很长，总有些事情等着我去经历，我会保持坚强的姿态，勇敢地面对艰难和险阻。

11. 生活就是一个不断进取的过程，在这个过程中我们如何拼搏，如何把握住今天，这才是关键。在今后的学习、工作和生活中，我将以更高的标准要求自己，不断提高自我、完善自我。

12. 实践告诉我，要想成功，一定要付出汗水。我们的理想就像一粒种子，没有我们精心的呵护，它怎么生根、发芽、开花、结果呢？不要畏惧任何困难和挫折，因为人生就像风筝，在逆风中才能飞得更高；像流水，遇顽石才能激起浪花。

13. 人的一生中有太多的无奈和未知，面对这些，我们需要做的就是稳稳握住今天，好好享受今天，完成好今天应该完成的事。不要再为了逝去的昨天而难过，也不要为了未知的明天而苦恼，相信自己，自己永远是最棒的！

14. 生活有风雨，但相信明天依旧是阳光灿烂，鸟语花香。对学习的追求，我始终如一，从未说过放弃。尽管付出不一定会取得同等的收获，甚至不及预期的丝毫，但是我坚信，做到了尽全力，拼到了问心无愧，那么付出就会有收获，因为它常常以无形的方式到来，让我们无法察觉，却又在悄悄地增加我们的所获，使我们今后的人生受益。

第 7 章 授予仪式讲话

第一节 范例集锦

★★★

范例1：某外语外贸大学校长在学位授予仪式上的讲话

背景介绍：在某外语外贸大学中文学院、东语学院2010届毕业生学位授予仪式上，校长发表了讲话。

关键词：社会 奋斗 谢意

尊敬的各位教授、各位同学、各位家长，老师们、朋友们：

今天，是我们难忘的日子。今天，××外语外贸大学中文学院、东语学院2010届毕业生，在经历了四个寒暑春秋之后，在经历了四年的艰苦学习之后，在经历了从天真无忧逐渐走向成熟之后，将庄严地接过学位证书，从安静的校园走向喧闹的社会，从明亮的教室走向熙攘的人群，从×外温暖的集体走向充满挑战的个人奋斗。谨此，我代表××外语外贸大学全体师生员工，向中文学院、东语学院2010届全体毕业生，以及你们的家长，表示最热烈的祝贺。

同学们今天的成功归功于很多人、很多因素。首先是你们的父母。四年的斗转星移，你们的父母始终以自己的方式在生活上、在学习上支持着你们。为等待你们穿上学士袍这一天，他们付出了很多很多。在此，我提议本届毕业生以最热烈的掌声，表达你们对父母的谢意以及崇高的敬意。

同时，我要向为你们的成长倾注了无数心血的师长们表示深深的敬意。正是他们的言传身教和无私奉献，才使我们共同迎来了这个充满喜悦的丰收季节。让我们再次以热烈的掌声向辛勤耕耘的老师们表示衷心的感谢。

作为校长，我要感谢你们，2010届的毕业生——是你们对学业孜孜不倦的追求，给了我们把×外办成国际化特色鲜明的高水平教学研究型大学的决心；是你们对学校无悔的支持，点燃了我们为中国高等教育事业做贡献的激情；是你们保持了学校的青春活力，使我们从一个辉煌走向另一个辉煌。

同学们，四年前，你们满怀希望步入××外语外贸大学；今天，你们满载丰富的知识，更加意气风发。你们中有些同学将直接走向社会，有的将继续求学深造甚至远涉重洋。此时此刻，充盈在我们心间的既有浓浓的师生之谊依依的惜别之情，也有得天下英才而育之、青出于蓝而胜于蓝的骄傲和自豪。在×外的四年里，你们每天迎朝阳、送皎月，在忙忙碌碌中充实完善自己，给我们留下许多难忘的记忆。走出校门后，这里就成了你们的母校，成为你们一天骂她八遍，却不许别人骂的地方。

离别之际，我用几位名人的话，算是给各位2010届的毕业生提几点八股式的希望与嘱托：

1. 美国前总统约翰·肯尼迪曾说过这样一段话：ask not what your country can do for you; ask what you can do for your country. （不要问国家能为你们做些什么，而要问你们能为国家做些什么。）是国家给了我们接受高等教育的机会，希望你们记住，建设国家、振兴中华是我们永远的使命。作为新一代大学生，你们不仅责无旁贷，而且应该一马当先，成为祖国建设的排头兵。

2. Knowledge is a treasure, but practice is the key to it. （知识是一座

宝库，而实践就是开启这座宝库的钥匙。）四年的大学你们读万卷书，现在是检验你们知识的时候了。希望你们能脚踏实地，不要好高骛远。要像丘吉尔所说的：It’s no use doing what you like; you have got to like what you do.（不能够爱哪行才干哪行，要干哪行爱哪行。）

3. 居里夫人曾经说过：Nothing in life is to be feared, it is only to be understood.（生活中没有可怕的东西，只有应去理解的东西。）希望你们继续加强学习，不断提高自身的素质。毕业绝不意味着学习的结束，而是新的学习的开始。

4. 你们踏上社会后，事业也许会如日中天，也许会遇到很多挫折。请大家记住英国著名诗人艾略特曾说过的一句话：Between the rhetoric and reality, between the motion and the act, falls the shadow.（理想与现实之间，动机与行为之间，总有一道阴影。）但同时记住莎士比亚的一句话，Do not for one repulse forego the purpose that you resolved to effect.（不要只因为一次失败就放弃你原来决心达到的目的。）

同学们今天即将从我的手中接过你们的学位证书。从这一刻起，你们将从×外走向社会，走向世界；从这一刻起，你们将成为我们的骄傲和自豪，也成为我们永远的牵挂和思念。印度有首诗歌：“无论黄昏把树叶的影子拉得多么长，她总是和根连在一起；无论你走得多远，我的心总是和你连在一起。”×外作为你们的母校，永远会像母亲一样支持你、思念你、欢迎你。无论你们出庙堂之高或江湖之远，母校不仅仅是你们人生旅途的驿站，也永远是你们坚强的后盾，始终相信和期待你们事业有成、生活幸福、人生精彩。母校将把×外人的每一次成功、每一份精彩都珍藏在记忆深处，并会为每一位×外人的拼搏加油，为每一位×外人的成功喝彩。我相信，××外语外贸大学一定会因为一批批、一代代×外人的杰出表现而声誉更高、名字更响。谢谢！

×外作为你们的母校，永远会像母亲一样支持你、思念你、欢迎你。无论你们出庙堂之高或江湖之远，母校不仅仅是你们人生旅途的驿站，也永远

是你们坚强的后盾，始终相信和期待你们事业有成、生活幸福、人生精彩。

★★★

范例2：托妮·莫里森被授予诺贝尔文学奖时的感言

背景介绍：托妮·莫里森是美国黑人女作家，因作品《苏拉》而被授予诺贝尔文学奖，这是她的获奖感言。

关键词：新鲜 凝视 才华

陛下、阁下，女士们、先生们：

当我走进这间大厅时，我的脑子里萦绕着那些在我之前走进这里的人士的身影。能和那些桂冠文人为伍使我感到畏怯和欢悦，因为在那个行列中的一些名家的力作曾把整个世界展现在我的面前。他们那挥洒自如与别具风格的笔触，以其真知灼见之清晰和勇气使我有时感动得为之心碎。他们在写作中所显示的惊人才华对我又是挑战、又是培育。我对他们的感激正如我对瑞典学院把我挑选出来参加到这显赫的行列中来的深切感激相似。

早在十月间，一位艺术界的朋友给我的一通留言被我储存在留言机里好几个星期。我不时重放，只是为了再聆听一次她由于高兴而有些颤抖的音调和那道出真情的语句："你获得的大奖也是我们大家的，你是再合适不过的人选了。"她在这句话里流露出的大功告成的欢悦和崇高的信任代替我纪念了这难忘的今日。

但当我离开这间大厅时，我将带着比我走进来时更为新鲜、更加高兴的心情，那是一种将与今后的桂冠文人站在同一行列的欢悦心情。甚至就在我讲话的此刻，他们正在挖掘、筛选、润色着他们的作品，以便来照亮我们这里谁都还未曾梦想到的世界。但是，不管在他们当中有谁能获得这个圣殿中的一个席位，这个作家群将会越聚越多则是肯定无疑的。他们的声音将会道出已逝和未来的种种文明；他们站在高高的悬崖上所作的幻想的凝视将会吸引住我们大家的目光；而他们将目不转睛、决不回避。

因此，我是在牢记我们前辈的才华、我的姐妹们的祝福，迎接着未来的作家的出现的心情中接受瑞典学院赋予我的荣誉的，请诸位和我来同享这光辉的一刻。

能和那些桂冠文人为伍使我感到畏怯和欢悦，因为在那个行列中的一些名家的力作曾把整个世界展现在我的面前。他们那挥洒自如与别具风格的笔触，以其真知灼见之清晰和勇气使我有时感动得为之心碎。

★★★

范例3：某学生代表在学位授予仪式上的讲话

背景介绍：某大学举行毕业生学位授予仪式，学生代表穿着学士服代表毕业生讲话。

关键词：感谢 庆幸 厉害

尊敬的各位领导、老师，亲爱的同学们：

大家好！

很高兴也很荣幸能在这个特殊的时刻在这里发言。今天，我说的许多东西也许你们会觉得似曾相识，也许你们会觉得是陈词滥调，那是因为我们都怀着同样的心情，处在同样的状态——那就是，我们毕业了。

我们时常感叹时间过得缓慢，从大一到大三，每天在繁忙的课业中穿梭的我们，也许曾不止一次地祈祷时间流逝得快些，假期到来得快些。可是当我们真正跨入大四的生活节奏时，我们突然发觉时间流逝得如此飞快。白驹过隙，光阴荏苒，倏忽之间，转瞬即逝，这些字眼开始在脑海中有了越来越清晰的感触。刚刚还在感叹时间缓慢的我们突然仿佛感觉开学的报到就在昨天，上课的奔波就在昨天，军训的日子就在昨天，最后的考试就在昨天。

大学这四年，也许你学习成绩并不名列前茅，也许你的情感旅途并不如鱼得水，但是，这四年带给我们所有人一种同样的东西——成长。这份成长，是许多个的第一次变成了第N次，是人前的讷言变得侃侃，是不修边幅变成了霓裳靓装。成长是一种美丽的疼痛，我们也许永远不会忘记那些生活和感情的伤痕，但正是这份疼痛，让我们怀念，让我们成长。这份成长，无可复制，因为它发生在二十出头的年纪，这时的我们意气风发，这时的我们充满幻想，这时的我们年少轻狂。

大四这一年，日子清闲而忙碌，每个人都为了前途的选择漠然地彷徨着，日子仿佛流沙般，眼看着从指间缓缓地溜走。当结束毕业答辩后，仿佛就进入了真正的离别时刻。每个人都停留下来，静静地梳理着身边那一张张可爱的脸庞。散伙饭吃了一次又一次，尽管每次都知道明天会再见，可是每次都弄得好像是真正的离别一般。

离别，是一种痛苦，是一种考验，也是一个新的开始。

毕业了，离别了，收拾行装的同时我们也收集着回忆。我们的大学故事仿佛一首短短的小诗，匆匆开始又匆匆结束。但它却如此丰富多彩，所有的琐事如同黑夜中的星光，点缀在大学这块幕布上，在回忆中闪闪发亮。

这是我们的流金岁月，这是我们的青春年华，这个地方，这段岁月，有我们一直弥足珍贵的回忆，有我们永远割舍不掉的友情，有我们终生难忘的经历。

今天，结束了这个仪式，也许你会回到宿舍，打开电脑，仍然继续着这里的生活；也许你们会结伴出行，尽情狂欢，挥洒着最后的相聚；也许你会收拾行囊，默默地踏出离开的脚步……

可是，不管怎样，我们，毕业了……

踏出这里，我们将迎接未来；从毕业的这一刻起，我们开始追逐未来的云彩。未来很美好，但路途也许是崎岖的，可是我们相信“长风破浪会有时，直挂云帆济沧海。”

祝福继续深造的同学们学业有成，祝福投身工作的同学们工作顺利，祝福所有的毕业生一路走好！

谢谢大家！

踏出这里，我们将迎接未来；从毕业的这一刻起，我们开始追逐未来的云彩。未来很美好，但路途也许是崎岖的，可是我们相信“长风破浪会有时，直挂云帆济沧海。”

★★★

范例1：新上任的哈佛女校长在毕业生学位授予仪式上的讲话

背景介绍：新上任的哈佛女校长 Drew G. Faust 为 2008 届本科毕业生授予学位，这是她送毕业生的演讲。

关键词：真理 思考 选择 责任

在这所久负盛名的大学的别具一格的仪式上，我站在了你们的面前，被期待着给予一些蕴含着恒久智慧的言论。站在这个讲坛上，我穿得像个清教徒教长——一个可能会吓到我的杰出前辈们的怪物，或许使他们中的一些人重新致力于铲除巫婆的事业上。这个时刻也许曾激励了很多清教徒成为教长。但现在，我在上面，你们在下面，此时此刻，属于真理，为了真理。

你们已经在哈佛做了四年的大学生，而我当哈佛校长还不到一年。你们认识了三个校长，而我只认识了你们这一届大四的学生。算起来我哪有资格说什么经验之谈？或许应该由你们上来展示一下智慧。要不我们换换位置？然后我就可以像哈佛法学院的学生那样，在接下来的一个小时内不时冷不防地提出问题。

学校和学生们似乎都在努力让时间来到这一时刻，而且还差不多是步调一致的。我这两天才得知哈佛从 5 月 22 日开始就不向你们提供伙食了。虽然有比喻说“我们早晚得给你们断奶”，但没想到我们的后勤还真的早早就把“奶”给断了。

现在还是让我们回到我刚才提到的提问题的事上吧。让我们设想一下这是个哈佛大学给本科生的毕业服务，是以问答的形式。你们将问些问题，比如："福校长啊，人生的价值是什么呢？我们上这四年大学是为了什么呢？福校长，你大学毕业到现在的40年里一定学到些什么东西可以教给我们吧？"（40年啊，我就直说了，因为我人生中的每段细节——当然包括我在布林茅尔女子学院的一年——现在似乎都成了公共资源。但请记住在哈佛我可是"新生"。）

在某种程度上，在过去的一年里你们一直都在让我做这种问答。仅仅从这些问题上，即使你们提出的问题都倾向于狭义，而我除了思考怎么做出回答外，更激发我去思考的是你们为什么问这些问题。

……

在聊天时我听过你们谈到你们目前所面临的选择，我听到你们一字一句地说出你们对于成功与幸福的关系的忧虑——也许，更精确地讲，怎样去定义成功才能使它具有或包含真正的幸福，而不仅仅是金钱和荣誉。你们害怕，报酬最丰厚的选择，也许不是最有价值的和最令人满意的选择。但是你们也担心，如果作为一个艺术家或是一个演员，一个人民公仆或是一个中学老师，该如何才能生存下去？然而，你们可曾想过，如果你的梦想是新闻业，怎样才能想出一条通往梦想的道路呢？难道你会在读了不知多少年研，写了不知多少毕业论文终于毕业后，找一个英语教授的工作？

答案是：你不试试就永远都不会知道。但如果你不试着去做自己热爱的事情，不管是玩泥巴、生物还是金融，如果连你自己都不去追求你认为最有价值的事，你终将后悔。人生路漫漫，你总有时间去给自己留"后路"，但可别一开始就走"后路"。

我把这叫作我的关于职业选择的"泊车"理论，几十年来我一直都在向学生们"兜售"我的这个理论。不要因为怕到了目的地找不到停车位而把车停在距离目的地20个路口的地方。直接到达你想去的地方，哪怕再绕回来停车，你暂时停的地方只是你被迫停的地方。

但是我在这儿说的最重要的是：你们问的那些问题——不仅是问我，还是在问你们自己。你们正在选择人生的道路，同时也在对自己的选择提出质疑。你们知道自己想过什么样的生活，也知道你们将行的道路不一定会把你们带到想去的地方。这样其实很好，某种程度上，我倒希望这是我们的错。

文科教育要求你们要活得“明白”。它使你探索和定义你做的每件事情背后的价值。它让你成为一个经常分析和反省自己的人。而这样的人完全能够掌控自己的人生或未来。从这个道理上讲，文科——照它的字面意思——才使你们自由。英语里文科是 Liberal Art，照字面解释是自由的艺术，学文科可以让你有机会去进行理论的实践，去发现你所做的选择的价值。想过上有价值的、幸福的生活，最可靠的途径就是为了你的目标去奋斗。不要安于现状，得过且过，随时准备着去改变人生的道路。记住我们对你们的在我看来是“过于崇高”的期待，可能你们自己也承认那些期待是有点儿“太高了”。不过如果想做些对于你们自己或是这个世界有点儿价值的事情，记住它们，它们将会像北斗星一样指引着你们。你们人生的价值将由你们自己去实现！

我都等不及想看看你们最终会如何。毕业以后和学校常联系，常回“家”看看，让我们了解你们的情况。

你们已经在哈佛做了四年的大学生，而我当哈佛校长还不到一年。你们认识了三个校长，而我只认识了你们这一届大四的学生。算起来我哪有资格说什么经验之谈？

★★★

范例 2：田亮被授予最佳跳水运动员时的感言

背景介绍：2012 年第 48 届国际游泳名人堂在美国劳德代尔堡举行了颁奖典礼，奥运跳水冠军田亮成为进入名人堂的第九位中国跳水人。在现场，田亮身着帅气的黑色西装领奖，父母以及妻子叶一茜到场支持。田亮发表获奖感言。

关键词：感谢 庆幸 厉害

感谢教练，感谢父母，没有他们就没有我的今天；感谢我的太太，我很庆幸遇到了一个非常爱我的太太，所以我选择了她的职业为我现在的事业，同时我也在创办我的跳水学校，希望能有更多人热爱和继承这个了不起的事业。最后，我要告诉你们，中国教练很厉害，他培养的队员很强大，你们都要小心点儿、再小心点儿。

中国教练很厉害，他培养的队员很强大，你们都要小心点、再小心点。

★★★

范例1：某记者站站长在“××市荣誉市民”称号授予仪式上的讲话

背景介绍：某市组织授予“××市荣誉市民”的仪式，这是受表彰的人民日报驻××记者站站长在仪式上的讲话。

关键词：自豪 新闻 情谊

尊敬的各位领导和同志们、亲爱的新闻界的朋友们：

大家好！今天我们大家欢聚一堂，迎来了一个普通而又不普通的日子。关山三月一时新，拔地崆峒万类春。青鸟翩翩传笑语，从今我是××人。是的。今天是我人生中一个永远值得纪念的日子——××市展开她宽阔的胸怀接纳了我，使我有幸成为她的历史上的第一位“荣誉市民”，使我成为226万××人中的一员。因此，我像××人一样感到骄傲，我像××人一样感到自豪。

11年前的今天，我从××来到××，和××新闻界的同行们一起担起了“宣传××，服务××”的重任。11年来，我喝的是黄河水，吃的是××粮，走的是××路，写的是××文。在我的通讯特写结集出版时，取的名字就叫《西北掠影》。在这本精选集的108篇文章中，就有15篇是写××的。

今天，在这个庄严而又隆重的仪式上，我要向××的父老乡亲真诚地说一声“谢谢”！是你们用自己的双脚踏平了××的沟壑坡坎，走出了第一个“中国梯田化模范县”的光明大道；是你们用自己的双手拂去了××的贫困荒凉，铺出了漫山遍野的生命绿色；是你们用自己的汗水浇出了××的旷野，洗出了一番“生产、生态、生活”一起崛起的新气象……是你们的“实事求是，崇尚科学，自强不息，艰苦创业”的××精神感动了我，是你们的“与时俱进，敢为人先，持之以恒，团结奋战”的××精神感动了我……是××的“愚公移山”激励着我，是××的“夸父逐日”激励着我，使我写出了广为流传的《××人的骄傲》《××人的自豪》《××农民新鲜事》，使我写出了自己新闻生涯中的代表作。没有××人的辛勤努力，就没有××的新闻；没有××人的不朽业绩，就没有××的新闻作品；没有××人的奋发努力，就没有走向全国、走向世界的××新闻。

是的。我要向××的父老乡亲真诚地说一声“谢谢”！是你们在我取得了一点儿成绩的时候，给了我亲人般的关心和呵护。我永远不会忘记，在××的“中国梯田化模范县”纪念碑旁，乡亲们深情的目光和真心送来的端午节大锅盔；在××的苹果树下，乡亲们激动的面孔和实意摘来的大西瓜……今天，又是纯朴的××人民奖给我一个一生的荣耀——“××市荣誉市民”的光荣称号。

亲爱的同志们，亲爱的父老乡亲，和你们的给予相比，我做的实在是太少太少了。我只是一名普通的记者，只能用自己手中的笔，真实地记录时代和人民前进的脚步。但是，我会十分珍视××人民给我的崇高荣誉，十分重视××人民对我的殷切希望。我要像所有××人一样，扎根于西北这片热土，我要像我的同行们一样，当好党的耳目，人民的喉舌，社会的良心，更加积极地关心和反映××的经济发展、社会进步、民族团结，写出更好、更多的无愧于我们的时代、无愧于我们的人民、无愧于我们的××的新闻作品。

血浓于水，情重于山。我会永远记住与我血脉相连的××，我会永远记住深情厚谊的××人民。同志们，乡亲们，放心吧！我会永远以自己是一名××人而骄傲和自豪；我也会以自己的实际行动让你们因为我也是一名××人而骄傲和自豪。

谢谢××的父老乡亲！谢谢同志们！谢谢大家！

我要像我的同行们一样，当好党的耳目，人民的喉舌，社会的良心，更加积极地关心和反映××的经济发展、社会进步、民族团结，写出更好、更多的无愧于我们的时代、无愧于我们的人民、无愧于我们的××的新闻作品。

★★★

范例2：向军事人员授予国家奖赏时的讲话

背景介绍：在克里姆林宫内，俄罗斯总理向军事人员授予国家荣誉后的讲话。

关键词：英雄 保卫 功勋

亲爱的朋友们，亲爱的将军、军官和士兵同志们：

你们好！

今天，在祖国保卫者日这个节日里，在克里姆林宫内，授予你们勋章。这里聚集了我们英勇的俄罗斯军队几代的代表们。是的，我们祖国的父辈们、儿辈们和子孙们以及所有士兵们的联系是牢不可破的。

首先，我要祝贺出席这次会议的伟大卫国战争的参加者——苏联的英雄、装甲兵，退休元帅奥列格·亚历山德罗维奇·洛西克和退伍上将彼得·伊万诺维奇·瑟索耶夫。他们在战场上的战功已经受到最高等奖赏的表彰，但他们现在还不打算休息。你们全心全意地同俄罗斯军队在一起，仍和以往一样在教育着年轻的一代。

我们记住老战士们，并为他们的功勋感到骄傲；而老战士们则可为今天正在为祖国服役的人们感到自豪。俄罗斯在 2 月 23 日照例要祝贺全体男士们，祝贺那些为祖国尽了神圣义务的人们以及正准备这样做的人。今天的孩子们明天不仅能成为他们亲人的支柱，而且还是国家未来的支柱。我们国家今天年轻的公民们将成为准备保卫自己祖国的，以自己的劳动、知识和才能使它加倍富强起来的公民和爱国者。

和平与美满的生活随时都需要保卫。让我们在任何时候都不要忘记军队越强大，和平就越巩固，世界就越安宁这个道理。多么希望在这个地球上不再存在对抗与仇恨，而世界上所有的军队在某个时候都只剩下担任仪仗队的功能。但到那时我们的子孙后代仍会敬重和怀念那些在不平静的岁月里捍卫过公民平静生活与安全的人们。

奖章是名副其实的军功章。你们曾决心去完成最艰巨的任务。你们在热点地区、在边境、在后方，尽自己军人天职的时候，表现出了夺取胜利的意志、勇敢和最高超的职业技能。

我们军队的存在，正是为了秩序战胜混乱，生命战胜死亡。我们为你们当中的每一个人感到骄傲。你们为了信仰与真理而服务于俄罗斯。你们个人的大无畏精神今天已得到了应有的表彰。我希望你们为效忠祖国而贡献出自己的一切。衷心地祝愿你们健康、成功！祝愿你们的家庭美满幸福，万事如意！

和平与美满的生活随时都需要保卫。让我们在任何时候都不要忘记军队越强大，和平就越巩固，世界就越安宁这个道理。多么希望在这个地球上不再存在对抗与仇恨。

★★★

范例 1：某大学校长在学位授予仪式上的讲话

背景介绍：某大学 2011 届本科毕业生学位授予仪式上，

校长向所有来宾致辞。

关键词：毕业 财富 转变 母校

尊敬的各位来宾、校友，各位家长，全体2011届毕业生同学们：

大家好！

今天是××大学一年中最为隆重的日子——也是我校设立的第一个“毕业日”！从今年起，我们将逐步改变以往的毕业典礼形式，要将“毕业日”作为送给全体毕业生最值得纪念的礼物，让×大学子记住这一天，让这一天终生陪伴你们，鼓励你们奋进，分享你们的成功，成为你们永久的精神财富。

四年前，你们来到××大学，也许对于大多数新生来说，突然间开始了几个重要的转变：从少年到青年的转变，从家庭到学校的转变，从父母照顾到独立生活的转变，从娇生惯养到几乎无人照顾，反而要饱受挫折，面对许多障碍的困难局面的转变。四年过去，你们学到了科学知识，懂得了许多事理。可以说，你们完全变了样，从刚走出家庭的毛孩子变成了激情奔放、充满信心、洞悉社会、踌躇满志的热血青年。我相信，今天在座的家长们一定也有更深的体会。

前天，我注意到网上有一个帖子，很长，从各个方面激烈地攻击×大，其中也包括对我个人的批评。关于这个帖子，我不想说什么，同学们的大量跟帖中有很多客观的评议，从中也印证了前几天××大××校长在毕业典礼上所说的话：“什么是母校？就是那个你可以一天骂它八遍，却绝不许别人骂的地方！”从这个意义上出发，我们欢迎同学们充满善意和期待的骂，因为这样的骂，和学校有一个共同的出发点，那就是：希望××大学弥补不足、克服困难、提高水平、跨越发展，尽快成为国内外知名的一流大学；大家也希望××大学有一个更好的校长！因此，我真诚地感谢给我提过意见，甚至骂过我的同学和老师们，因为××大学是我人生的最后驿站，我退休后不会离开这个校园，将继续奉献于×大的发展，终生以×大为荣！

毕业意味着离别，在火红的凤凰花再度盛开的今天，你们要和学校，和师长，和学弟学妹们说再见了。人生总有许多离别，唯有大学毕业的离别最为刻骨，心境最为复杂，因为这四年里，你们可能有遗憾、惆怅、抱怨、苦涩，但我相信，你们更多的是获取、成长、进步和喜悦。

在毕业之际，你们增添了对事业发展的憧憬，对父母养育的感恩；增添了在事业上大有作为的高远志向。

大学毕业，只是人生新的起点。同学们将进入更为艰苦的环境，面临更为严峻的挑战。我受学校领导和老师、职工的委托，对你们说几句临别赠言，以此共勉。

首先，希望同学们明白：信心可以移山！在你们明确了自己奋斗的目标之后，要敢于面对压力和竞争而不屈。中国大陆约有 700 所本科高校，华侨大学的名位不高，但我们历届毕业生都受到了社会的赞许和欢迎，有许多人担任了重要职务，有的成为著名的科学家和企业家。我们相信，今天的毕业生一定能够超越前者，自强不息，创建新业。你们的成功，也必然会大大地提升母校的声誉和地位。让我们树立信心，共同努力！

第二，大学毕业以后，非智力因素往往成为一个人能否迅速成功的首要因素。你们要用发展的眼光看待今后的事业，不要被遇到的困难吓倒，不要在乎眼下的损失和委屈，要学会容忍上级的误解，化解同事的冒犯，允许下属的过失，敢于承认自己的错误甚至失败。有了这样的胸怀和气质，你们便会超凡脱俗，登上更高的人生境界，拥有辉煌的未来。

第三，请同学们记住，在步入社会之后，一定要谨小慎微，深谙“小事成就大事，细节成就完美”的规律，勤恳踏实，厚积薄发，虚心学习，诚实做人。古人云：“勿以恶小而为之，勿以善小而不为。”你们要遵循自己刚才的誓言，让先进成为个性，让优秀成为习惯。要知道，任何物质利益都是短暂的，会很快贬值的，唯有品性的提升才是永恒的，不断升值的！

同学们：你们的毕业，昭示着你们将担负起历史的重任，可能成为时代的精英。我们期待着今天 × 大的毕业生为国家和民族做出杰出的贡献，也为母校增添荣誉和光彩。

祝同学们一路平安！祝你们顺利、成功！

从今年起，我们将逐步改变以往的毕业典礼形式，要将“毕业日”作为送给全体毕业生最值得纪念的礼物，让×大学子记住这一天，让这一天终生陪伴你们，鼓励你们奋进，分享你们的成功，成为你们永久的精神财富。

★★★

范例2：某大学文法学院院长在学位授予仪式上的讲话

背景介绍：某大学文法学院举办学位授予仪式，学院院长在仪式上致辞。

关键词：学位服 硕士 麦穗 真理

尊敬的各位领导、各位老师，亲爱的同学们：

我非常高兴地看到，今天将有86名MPA、28名行政管理专业硕士、20名科技哲学专业硕士，共134名研究生从××大学文法学院振翅高飞！希望同学们能够在更加广阔的天空自由翱翔，飞得更高、更远！从某种意义上说，今天是同学们在××大学攻读硕士学位期间上的最后一节课，因此我今天的讲话有一个题目，叫作《为什么要穿学位服毕业?》

事实上这套服装的起源与西方的基督教有着密切的关系。在西欧中世纪初期，罗马帝国灭亡后，希腊和罗马灿烂的古典文化迅速走向衰落，各种教育机构荡然无存，罗马基督教会成了主要的文化继承和传播者。到了12世纪，基督教的发展需要大量神职人员帮助主教管理教区，于是陆续出现了教区学校。教会利用这些学校对教士进行基本知识教育，在意大利称这些学校的老师为博士,在巴黎被称为硕士。随着学校的发展，各个地方的教师们组织起了教师的同业公会，他们把它叫作大学，英文University来源于拉丁语的Universitals，意思就是共同体。

早期大学的学生，只有那些决定今后要成为一名教师的学生，学校才会为他们举行考试，考试合格者可以穿上僧侣的长袍参加提供葡萄酒的盛宴，这就是学生毕业典礼仪式的雏形，很遗憾的是今天我们的仪式上没有葡萄酒助兴。到了15世纪，帽子开始流行，学位服礼帽应运而生，有圆形和方形的。今天的学位授予仪式中会有一个拨穗仪式，拨穗的意义，有一个很中国化的解释，它代表稻穗或麦穗成熟，象征同学们已经学有所成，可以展翅高飞了。谁能告诉我“硕士”的含义？在汉语中“硕”是大的意思，其实“硕士”之称是我国古代就有的，《五代史》中就说：“前后左右者日益亲，则忠臣硕士日益疏。”意思是说如果君主过于宠信近臣，那么与那些忠臣和学识渊博的人就会越来越疏远。宋代著名散文家曾巩在《与杜相公书》中也说：“当今内自京师，外至岩野，宿师硕士，杰立相望。”由此可以看出“硕士”在古代通常指那些品德高尚、学问渊博的人。

讲到这里，我们再回到我讲话开头所说的题目，为什么要穿学位服毕业？从上面我所回顾的硕士学位服的由来以及硕士在中国古代的含义，我们是不是可以得出这样一个结论，那就是：穿学位服参加毕业典礼是一个神圣而庄严的过程，之所以进行这样一个比较烦琐的仪式是为了让我们用心更深刻、更细腻地体会到从这一刻起，各位同学已经完成了一次重要的高层次知识积累与创造过程，实现了一次精神世界的升华过程。

我们今天穿学位服的意义已经不再是为了崇敬上帝，而是为了追求真理！我相信同学们在××大学攻读硕士学位期间，已经知道了如何发现真理和认识真理，我更希望同学们走出××大学校门回到各自工作岗位的时候能够坚持真理、实现北宋大儒横渠先生张载所说的：“为天地立心，为生民立命，为往圣继绝学，为万世开太平。”各位同学，请大家永远记住××年10月26日这个日子！记住下面的程序中各位老师、同学对你们的亲切嘱托和衷心祝福！我希望这一天会成为你们新生活的开始，新梦想旅程的开始！愿快乐、幸运和成功永远伴随着你们！谢谢！

我更希望同学们走出××大学校门回到各自工作岗位的时候能够坚持真理、实现北宋大儒横渠先生张载所说的：“为天地立心，为生民立命，为往圣继绝学，为万世开太平。”

第二节　佳句荟萃

1. 目前在工地所做的一些工作，与上级领导的要求可能还有一些差距，在这里我郑重承诺，将一颗感恩的心投入工作之中，继续发扬吃苦耐劳、不屈不挠的工作精神，团结同事，在工作中不断改正自己的缺点与不足，力求高效的完成公司各项工作任务，让我与公司同舟共济、迎接挑战，共创辉煌。

2. 对于今天公司给我的荣誉我没有别的回报方法，只能把这份感谢与感激化作行动，加倍努力工作。

3. 我很荣幸当选为××集团先进个人，心中有无限的感慨，这是一份荣誉，更是一份激励。这不仅是进步的起点，还将会是我今后工作的无限动力。

4. 在你们拿到硕士学位证书的时候，我想多说一句，请珍视在学校接触的不多的学术，它不是经验性质的知识，而是无功利目的的对各种事物的深刻思考。

5. 你们本来所学的就不多，且有不少水份。所以，希望大家不论在什么岗位上，都要保持“研究”的态度，抓紧时间继续学习。深化人文知识，这是一生的事情，不要辜负了××大学毕业生这块还算有点光亮的牌子。

6. 你们到具体的工作岗位后就会感觉到，自己原来学的东西不仅不够，而且很快就被掏空了。在这个意义上，希望你们与母校、母校的老师保持联系，把你们遇到的新问题告诉老师，老师也需要更新知识，我们共同提升自己。

7. “志不立，天下无可成之事”，你们不仅应该有“长风破浪会有时”的志向，更要以坚韧不拔的毅力和踏实苦干的作风去实现自己的志向和抱负。在迈向成功的道路上，肯定会充满竞争，也会有挫折与失败，但只要你们相信自己，努力拼搏，一定能成就辉煌的未来。

8. 荀子曰：“学不可以已。”“故世之贤德圣哲，生皆无异，盖学以成也。”在全球化的今天，要以全球化的视野和眼光，以民族振兴为己任，不断学习和创新。

9. “才者，德之资也；德者，才之帅也。”老老实实做人，踏踏实实做事。既要认真做好种种“小事”，又要时刻准备“做大事，成大事”，因为机遇只偏爱有准备的头脑。

10. 成绩的取得绝不仅仅代表个人的努力。学校为我们提供了施展才华的舞台；同学、集体为我们提供了源源不断的动力；师德高尚、学问精深的老师对我们悉心教导，诲人不倦；志同道合的同学相互启发、共同进步。也正是这一切才使我们有了今天的成绩，也正是因为如此，我们才不敢有丝毫的自满与懈怠。时时自省，备感重任在肩。

11. 一个人的成功，不算真正的成功。集体的强大才是真正的强大。我们要时刻寻找着自己的用武之地，带着永增不减的工作热情，这才是作为一个合格的学生干部应该具备的品质。我们的成功已经属于昨日，明日的成功还需用辛勤的汗水去浇灌。

12. 只有学会坚持，学会不抛弃，不放弃，才能让我们自己，让我们的集体更加坚强，更加辉煌。

13. 强者站立在奔涌的潮头，成为时代的弄潮儿，独树一帜，各领风骚；而弱者则似流星闪过，转瞬即逝。在人才济济的大学校园唯有自信、拼搏、坚持不懈的努力才能扬起远航的风帆。

第 8 章 开学典礼讲话

第一节 范例集锦

★★★

范例 1：某学院新生代表在开学典礼上的讲话

背景介绍：某经贸学院举行研究生入学典礼，这是新生代表在典礼上代表全体新生的讲话。

关键词：如画 激烈 书林

尊敬的领导、老师，亲爱的同学们：

很荣幸能在这个美丽的季节和你们相聚在绿茵如画的经贸园，和你们一起分享收获的喜悦。

我们很是激动，能够凭着自己的努力从激烈的竞争中脱颖而出；我们很是骄傲，能够在全国涉外经济的最高学府继续深造。五十年来，××大学在“博学、诚信、求索、笃行”的校训的指导下，逐渐成为一所在国内外享有较高知名度的大学。五十年来，她送走了一批又一批的学子，为祖国培养了数以万计的经贸人才，他们在各自的岗位上成为国家的栋梁。迈进新千年，两校合并后，经贸园正发生着巨大的变化：装扮后的经贸园如西子般美丽，五十年的文化积淀喷薄出新的生命，改革后的经贸园散发着青春的气息……这一切，都深深地吸引着我们，激励着我们。

我相信，我们在座的大多数人都曾经过“导航”、“启航”、“领航”的指引，都曾品尝过昼夜苦读的艰辛，甚至曾经徘徊在放弃的边缘，终于战胜了彷徨与挫折，稳稳地踏上××这片沃土！这里有我们渴求的书林翰海，有我们企盼的学界鸿儒，更有我们向往的开拓进取、勇于创新之精神！

大浪淘沙，方显真金本色；暴雨冲过，更见青松巍峨！经过考研磨炼的我们，经过工作磨砺的我们，更加成熟、稳重而自信。如今，在这研究生学业的新起点上，我们心中更是充满了期待：期待着更多的机遇与挑战，期待着结交各方英才，期待着更为硕果累累的三年。在未来的三年里，我们要努力优化知识结构，钻研理论内涵，丰富实践经验，在以后更为激烈的竞争中乘风破浪，展现经贸之子的风采！

谢谢大家！

大浪淘沙，方显真金本色；暴雨冲过，更见青松巍峨！经过考研磨炼的我们，经过工作磨砺的我们，更加成熟、稳重而自信。

★★★

范例2：新教师代表在开学典礼上的讲话

背景介绍：新学期到来，学校的教师队伍注入了新的血液，这是新教师代表在开学典礼上的讲话。

关键词：秋天 理想

尊敬的各位领导、各位老师，亲爱的同学们：

大家好！

很荣幸，我今天能够代表新教师在这里发言。一起庆祝新学年的开始。

告别炎夏，凉爽的秋天向我们展开了笑颜；告别了假期的安静，沉寂的校园又充满了欢声笑语。九月一日，对于学校，对于教师，对于同学们都是个激动人心的日子。新学期的开始，带着希望，带着憧憬，怀着激动，怀着兴奋。

良好的开端是成功的一半。一个好的开始，就意味着同学们距离伟大的理想、美好的愿望又近了一步。当你早上背着书包迎着朝阳开始一天的学习时，要抬头挺胸，精神振作，信心百倍；当你在放学回家的路上，要摸摸自己的书包，问问自己今天学到了什么？有没有白白浪费一天的光阴？请用同学们的勤奋、汗水、智慧和热情抓住这宝贵的一个又一个今天。学校领导和老师们默默工作，无私奉献，努力为同学们营造优美的校园环境，创造良好的学习条件。学校一天天在发展，环境一天天在改善。但是同学们想过吗？学校要发展，形象要高大，光靠老师的努力是远远不够的，需要你、我、他，大家的共同努力。小行动塑造好习惯，好习惯决定大人生，希望这些豪情壮语化作同学们做好实实在在的小事的行动。

作为一名新教师，走上三尺讲台，传道授业解惑是我最初的梦想。如今梦想实现了，我更真切地感受到“教师”这两个字的神圣、崇高和肩负的重大责任。“海阔凭鱼跃，天高任鸟飞”，成为一名新教师是我们的机遇，也是我们的挑战。在以后的工作中，我们要以成为一名好老师为奋斗目标，严格要求自己，不断提高自己，将一腔热诚投入到工作中去，把一片爱心奉献给学生，真诚地为每一个学生的成长和发展服务，让自己在这个神圣的岗位上实现人生价值。感谢学校给了我们新教师一个实现人生抱负的机会和秀出自我风采的舞台。这里有关怀备至、平易近人的校领导；这里有呕心沥血、诲人不倦的老师，能成为这里的一员，我们感到无比自豪！在这里我代表新教师向我们的校领导和老师们表示由衷的谢意，谢谢你们一直以来的关心、照顾和谅解。我们学校的教师队伍是一支年轻又充满活力的队伍，希望我们这些新鲜血液能给教学工作带来更多的生机。

最后，我衷心祝愿同学们在新的学期学习进步、全面发展，也祝愿我们的老师们工作顺利、身体健康！

谢谢大家！

告别炎夏，凉爽的秋天向我们展开了笑颜；告别了假期的安静，沉寂的校园又充满了欢声笑语。九月一日，对于学校，对于教师，对于同学们都是个激动人心的日子。新学期的开始，带着希望，带着憧憬，怀着激动，怀着兴奋。

★★★

范例3：某大二学生在校开学典礼上的讲话

背景介绍：某大学举行开学典礼，一名大二学生代表大二全体学生致辞，表达了努力学习、成人成才的决心。

关键词：大二 徜徉 成人 成才

越过所有高中的阴霾，踏着大一音符的旋律，我们艰难而骄傲地接过了大二这一神圣的火炬，徜徉在书的海洋。我们曾被一块块坚实的书之巨石打得伤痕累累，我们曾被航行后的暴风骤雨洗刷得精疲力竭，我们也曾因数次在长空中的迷失而一蹶不振。但是，我们都走过来了。

高考时的我们眼含着希望，双手握着奋斗。坐在明亮的教室自信满满地说："不管风有多大，雨有多强，年轻的我们依旧会勇往直前。因为我们是国家的希望，是民族的栋梁，为中国魂永垂不朽，我们要成人，我们要成才！"现在这些誓言都不曾改变。

新世纪赋予"成才"崭新的概念，有人曾把孜孜不倦、埋头苦读的学子称为"才子"；有人曾把"两耳不闻窗外事，一心只读圣贤书"的书呆子称为"才人"；亦有人奉考试高分的学子为天之骄子，国之栋梁。然而今天，屹立在新时代的前方，仰望着日新月异的时代给予"成才"最经典的诠释，我们豁然开朗：只有兼备最扎实的知识基础，最渊博的天文地理知识，以及最全面的德、智、体、美、劳发展的潜能才是合格的，走在世纪前端的“人才”！

俗语说：“冰冻三尺，非一日之寒。”诚然，双肩稚嫩的我们还不能轰轰烈烈地大有作为，更谈不上单枪匹马地为社会做多么巨大的贡献。可是我们拥有着无价的资本——青春和时间。我们深信：只要我们毫不懈怠地吸收阳光和雨露，马不停蹄地同时间赛跑，柔弱的小幼苗一定可以长成参天栋梁，撑起一片蓝天。

牛顿说：“力是可以相通的。”而成人与成才本身就是相互牵连、如影随形地相互影响的一对儿力，更确切地说，平衡二者才能平衡人生。

如何成人，如何成才，面对这一令人深思的问题，鄙人拙见：

自信，成人成才的基石，因为“自信人生二百年，会当水击三千里”；

坚定，成人成才的阶梯，因为“长风破浪会有时，直挂云帆济沧海”；

梦想，成人成才的导航，因为“心有多高，我们就能走多远”；

奋斗，成人成才的焦点，因为“宝剑锋从磨砺出，梅花香自苦寒来”。

真的，生活就像一种回声，你给予多少，它就送回多少；播种什么，就收获什么；付出什么，就得到什么。所以，面对生活的我们，撒下所有这些火种，生活必当色彩斑斓，灿烂辉煌。

有蓝天的呼吸，就不能让奋飞的翅膀在安逸中退化；

有大海的呼吸，就不能让搏击的勇气在风流前却步；

有远方的呼唤，就不能让寻觅的信念在走不出的苦闷中消沉。

因为，

成人，要有追求永支撑。

成才，要有激情常相伴！

自信，成人成才的基石，因为“自信人生二百年，会当水击三千里”；坚定，成人成才的阶梯，因为“长风破浪会有时，直挂云帆济沧海”；梦想，成人成才的导航，因为“心有多高，我们就能走多远”；奋斗，成人成才的焦点，因为“宝剑锋从磨砺出，梅花香自苦寒来”。

★★★

范例1：某高中校长在开学典礼上的讲话

背景介绍：经过二十多天的假期，新学期开学，某高中在操场上举行开学典礼，这是校长在开学典礼上的讲话。

关键词：生机 希望 责任 理想

敬爱的老师，亲爱的同学们：

下午好！

新春伊始，万象更新！寂静了二十多天的校园，因为新学期的开学又变得生机勃勃，充满朝气。

今天是开学第一天，我们已经惊喜地看到，全体师生都以崭新的面貌，饱满的热情，积极的态度，投入到新学期的工作、学习中来了。下面我提五点希望，和全校师生共勉：

第一，要做一个有责任感的人。只有这样，才能在未来的社会中有立足之地，才能在发展自己的同时促进社会发展，实现自己的人生价值。

第二，要做一个有理想的人。人的生活方式有两种，第一种是像草一样活着，你尽管活着，每年还在成长，但是你毕竟只是一棵草。你也吸收雨露阳光，但是你长不大；人们可以踩过你，但是人们不会因为你的痛苦而产生痛苦。人们不会因为你被踩了而怜悯你，因为人们根本没有看到你。第二种是像树木一样成长，即使我们现在什么都不是，但是只要你是树的种子，即使你被踩到泥土中间，你依然能够吸收泥土的养分，自己成长起来。也许两年三年你长不大，但是10年、20年、30年，你一定能长成参天大树。当你长成参天大树以后，在遥远的地方人们就能看到你；走近你，你能给人一片绿色，一片阴凉，你能帮助别人。即使别人离开了你，回头一看，你依然是地平线上一道美丽的风景线。树活着是美丽的风景，死了依然是栋梁之材，活着死了都有用，这就是我们每一个同学做人的标准和成长的标准。

第三，养成良好的习惯。良好的习惯是一个人成才的基础，对幸福的人生起到奠基作用，希望同学们时刻不忘养成好的习惯。我想讲一下新东方创始人俞敏洪的故事。他说：在北大当学生的时候，我一直比较具备为同学服务的精神。我这个人成绩一直不怎么样，但我从小就热爱劳动，我希望通过勤奋的劳动来引起老师和同学的注意，所以我从小学一年级就一直打扫教室卫生。到了北大以后我养成了一个良好的习惯，每天为宿舍打扫卫生，这一打扫就打扫了四年。所以我们宿舍从来没排过卫生值日表。另外，我每天都拎着宿舍的水壶去给同学打水，把它当作一种体育锻炼。大家看我打水习惯了，最后还出现这样一种情况，有的时候我忘了打水，同学就说“俞敏洪怎么还不去打水”。但是我并不觉得打水是一件多么吃亏的事情。因为大家都是同学，互相帮助是理所当然的。同学们一定认为我这件事情白做了。又过了十年，到了1995年年底的时候，新东方做到了一定规模，我希望找合作者，结果就跑到了美国和加拿大去寻找我的那些同学，他们在大学的时候都是我生命的榜样，包括刚才讲到的王强老师等。我为了诱惑他们回来还带了一大把美元，每天在美国非常大方地花钱，想让他们知道在中国也能赚钱。我想大概这样就能让他们回来。后来他们回来了，但是给了我一个十分意外的理由。他们说：“俞敏洪，我们回去是冲着你过去为我们打了四年水。”（掌声）他们说：“我们知道，你有这样的一种精神，所以你有饭吃肯定不会给我们粥喝，所以让我们一起回中国，共同干新东方吧。”这才有了新东方的今天。我记得有句话叫“吃亏就是占便宜”。希望大家养成良好的习惯。

第四，勤奋学习。如果把“学生”这个词做名词解释的话，就是“学习生东西的人”。东西会了、熟了就不用学了，学习新东西是我们的主要任务，知识的丰富，技能的提高，品格的养成都离不开学习。人不要跟别人比，要跟自己比。跟别人比，会使自己永远都不快乐。跟自己比，看到自己每天都在进步，你会很快乐。特别是我们那些在学习中有一定困难，在以前的考试以及竞赛中留下遗憾的同学，你们更要吸取教训，加倍努力，力争缩小与其他同学的差距。

老师们、同学们，春天是百花盛开的季节，千帆竞发，百舸争流。一年之计在于春，在这希望的春天里，让我们踏着春天的脚步，勤奋学习，积极工作，锐意进取，追求卓越，为早日把我校创办成××领先，市区一流的学校而奋斗！

当你长成参天大树以后，在遥远的地方人们就能看到你；走近你，你能给人一片绿色，一片阴凉，你能帮助别人。即使别人离开了你，回头一看，你依然是地平线上一道美丽的风景线。树活着是美丽的风景，死了依然是栋梁之材，活着死了都有用，这就是我们每一个同学做人的标准和成长的标准。

★★★

范例2：某学院院长在开学典礼上的讲话

背景介绍：新学期到来了，院长为鼓励学生努力、勤奋学习，特举行开学典礼，这是他在开学典礼上的讲话。

关键词：人格 阳光 责任 习惯

回顾过去，我们步履坚实。展望未来，我们豪情满怀。新的学年，新的开始，带给我们的将是新的挑战，也孕育着新的希望。新的挑战，新的任务，更需要我们全体师生员工付出更多的汗水和智慧。

新的学年，有着新的希望和新的要求，在此对老师们和同学们提以下几点希望：

一、要塑造成功的人格

一个人要成功，首先需要有成功的人格。学校的培养目标就是把同学们培养成为素质高、能力强、特长明显的优秀人才。同学们要树立远大理想，明确奋斗目标，坚定自己的信念，勤奋刻苦，努力塑造良好的人格。

二、拥有一个阳光的心态

对自己，要诚实、自信、创新、进取，微笑面对生活；对同学，学会欣赏他人，宽容他人，适时地帮助他人；对父母，要懂得体谅，懂得感恩，理解父母的呵护；对老师，要懂得尊敬、理解，积极配合，共同进步；对学习，要乐学、善学，不怕困难，不怕吃苦，在汲取知识的过程中享受成功的喜悦。

三、要学会做人，培养责任意识

成功的人才具有四种品德，即：对国家社会有责任感，对学习工作有敬业精神，对他人有竞争意识和合作意识，对自己有否定和超越的态度。而这四种品质的核心就是责任感，也是一个人成才的必备条件。对于同学们来说，勤奋学习就是你对自己的责任；遵守校纪校规，就是你对学校的责任；孝敬父母、尊敬长辈就是你对家庭的责任；爱护公物、讲究卫生、关心集体就是你对班级的责任。所以，希望同学们加强责任意识，严格要求自己，对自己负责、对父母负责、对社会责任负责，学会做人，立志成才。

四、希望同学们养成良好的习惯

首先是要从小事做起，注意细节。比如自己在校园内的言行举止，学习中每一次作业或考试中工整的书写、待人接物的礼仪等等。第二是开好头不开坏头。习惯是通过过程养成的，而过程都有开头。只要想好了准备做的事，就要果断地开头，不要拖，不要等。第三是持之以恒。开了好头就要持之以恒，遇到困难要咬牙坚持，不能松劲儿。良好的习惯是一个人成长、成人、成才的基础。从今天开始做起，培养自己良好的习惯，做一个学习求实、干事务实、心态积极、文明守纪、健康上进的优秀学生！

老师们，同学们，新的学年意味着一片崭新的天地，请大家一起站在新的起跑线上，开心工作，开心学习，用心耕耘自己的田园，促进我校教育教学水平再上新台阶。

对自己，要诚实、自信、创新、进取，微笑面对生活；对同学，学会欣赏他人，宽容他人，适时地帮助他人；对父母，要懂得体谅，懂得感恩，理解父母的呵护；对老师，要懂得尊敬、理解，积极配合，共同进步；对学习，要乐学、善学，不怕困难，不怕吃苦，在汲取知识的过程中享受成

功的喜悦。

★★★

范例1：奥巴马在郡韦克菲尔德高中开学典礼上的讲话

背景介绍：2009年9月8日，美国总统奥巴马在弗吉尼亚州阿林顿市郡韦克菲尔德高中开学典礼上致辞，轻松幽默地鼓励学生努力学习，为国效力。

关键词：分享 埋怨 坚持

嗨，大家好！你们今天过得怎么样？我现在和弗吉尼亚州阿林顿郡韦克菲尔德高中的学生们在一起，全国各地也有从幼儿园到高三的众多学生们通过电视关注这里，我很高兴你们能共同分享这一时刻。

我知道，对你们中的许多人来说，今天是开学的第一天，你们有一些刚刚升上高中，这是在新学校的第一天，因此，假如你们感到有些紧张，那也是很正常的。我想也会有许多毕业班的学生正自信满满地准备最后一年的冲刺。不过，我想无论你多大，读哪个年级，许多人都打心底里希望现在还在放暑假，以及今天不用那么早起床。

我可以理解这份心情。小时候，我们家在印度尼西亚住过几年，而我妈妈没钱送我去其他美国孩子们上学的地方读书，因此她决定自己给我上课——时间是每周一到周五的凌晨四点半。

显然，我不怎么喜欢那么早就爬起来，很多时候，我就这么在厨房的桌子前睡着了。每当我埋怨的时候，我妈总会用同一副表情看着我说："小鬼，你以为教你我就很轻松？"

所以，我可以理解你们中的许多人对开学还需要时间来调整和适应，但今天我站在这里，是为了和你们谈一些重要的事情。我要和你们谈一谈你们每个人的教育，以及在新的学年里，你们应当做些什么。

你要记住，哪怕你表现不好、哪怕你失去了信心、哪怕你觉得身边的人都已经放弃了你——永远不要自己放弃自己。因为当你放弃自己的时候，你也放弃了自己的国家。

美国不是一个人们遭遇困难就轻易放弃的国度，在这个国家，人们坚持到底，人们加倍努力，为了他们所热爱的祖国，每一个人都尽着自己最大的努力，不会给自己留任何余地。

250 年前，有一群和你们一样的学生，他们奋起努力、用一场革命最终造就了这个国家；75 年前，有一群和你们一样的学生，他们战胜了大萧条，赢得了二战；就在 20 年前，和你们一样的学生们，他们后来创立了 Google，Twitter 和 Facebook，改变了我们人与人之间沟通的方式。

因此，今天我想要问你们，你们会做出什么样的贡献？你们将解决什么样的难题？你们能发现什么样的事物？二十、五十或一百年之后，假如那时的美国总统也来做一次开学演讲的话，他会怎样描述你们对这个国家所做的一切？

你们的家长，你们的老师和我，每一个人都在尽最大的努力，确保你们都能得到应有的教育来回答这些问题。例如我正在努力为你们提供更安全的教室、更多的书籍、更先进的设施与计算机。但你们也要担起自己的责任。因此我要求你们在今年能够认真起来，我要求你们尽心去做自己着手的每一件事，我要求你们每一个人都有所成就。请不要让我们失望——不要让你的家人、你的国家和你自己失望。你们要成为我们的骄傲，我知道，你们一定可以做到。

谢谢大家，上帝保佑你们，上帝保佑美国。

每当我埋怨的时候，我妈总会用同一副表情看着我说：“小鬼，你以为教你我就很轻松？”

范例 2：某博士在大学的开学典礼上的讲话

背景介绍：在某大学的开学典礼上，曾担任 Google（谷歌）全球副总裁兼中国区总裁的×××博士应邀向学生们致辞。

关键词：自控　目标　拼搏

贵校请我来开学典礼做演讲我感到十分荣幸，经常在网上和大学生交流，发现很多人都很迷茫，所以我今天想讲一讲大学应该怎样度过。

在你们经历的大学生活中，有许多同学都反映了这样一个问题：不知道自己一天到底要做什么，或是做什么都不起劲儿。这在刚进入大学的学生当中是一个非常普遍的现象，因为你们丧失了目标。对于许多同学而言，大学是你们最后的求学阶段。读完大学就要找工作，可是这对于已经做了十二年学生的你们而言仍然显得那么遥不可及。在大学里面没有任何一个教师会围着你们转，学不学完全是自己的事。没有了以前做不完的作业你们觉得上课对自己空荡荡的，学了又怎么样，不学又怎么样？与其让自己学得这样辛苦，还不如让自己过得洒脱一点儿。没有任何人给你讲你应该去做什么，让你们觉得茫然不知所措。

你们大多数人缺乏精神的独立与良好的自控，你们根本无法去把握这些显得过多的自由。到底要做怎样的人，到底要干什么样的事业，这些对于你们而言毫无概念。从小学时代我的理想，到初中时代我的将来，到高中时代我的大学，到大学时代我的迷茫，你们在这一过程中完成了人生目标的蜕变，最后剩下的是死掉的虫皮。正是因为你们丧失了目标，没有方向的船，什么风都不是顺风。我相信，如果每一个同学都有一个目标，你们会过得很充实，会过得很忙碌，并且会得到很多。所以，请每一个同学都给自己定下一个目标吧。生活就像巧克力盒，你永远都不知道下一颗会是什么滋味！

也许有的人会这样问：为什么别人可以潇洒地生活，而我却要痛苦地拼搏。我把它换成另外一个问题：读大学到底是享受生活还是塑造自我？有许多同学在刚进大学的时候都去尝试过竞选学生会、各种社团的干事。

事后，有许多同学都发出了这样的感叹：“不公平，做什么都要凭关系。”我倒想请问，学校尚且如此，社会又怎样呢？社会上对权术、关系、金钱不是玩得更彻底吗？以后你到底凭什么在社会上立足？要权力没权力，要关系没关系，要钞票没钞票，那你到底还有什么呢？当你们大学毕业以后，却突然发现自己除了拿到了一个大学毕业证之外，除了能说一点儿好像很深奥的话题之外，并没有学到真正过硬的本事时，你们做的工作也许只是名称好听点儿而已，也许是任何人都可以做的而已。到那时你们是不是还要怨天尤人？我们每一个人都想过上高质量的生活，都想让自己的至亲过上无忧的生活，都想在世上留下自己价值的痕迹，但这些不是在享受中就可以实现的。上天给了我们每个人一双手和一个大脑，就是要让我们去创造与思考。大学这段时间是你们最佳的学习时间，所以请你们放弃享受，努力重塑自我，为以后的腾飞积聚力量。

上天给了我们每个人一双手和一个大脑，就是要让我们去创造与思考。大学这段时间是你们最佳的学习时间，所以请你们放弃享受，努力重塑自我，为以后的腾飞积聚力量。

第二节　佳句荟萃

1. 在学习的道路上，我们同样渴望欢乐，追求成功。但现实总是夹带着挫折、不幸困扰着我们。一次又一次的考试，一次又一次的失败，像暴风雨似的袭来，常常会给每个人的心里投下浓重的阴影，于是我们想到了放弃，想到了听天由命。正如尼采所说："高处并不可怕，可怕的是斜坡。"有人在逆境中奋起，获得了成功。也有人没有勇气去正视人生，沉沦下去。然而，生活是位严肃的长者，他绝不会可怜懦夫，相反，只会欢迎那些面对挫折，永不放弃的人。

2. 世界上没有绝对平坦的路，也没有一帆风顺的人生。同学们，现在除了努力奋斗，我们别无选择。奋斗中允许有失败，但不能丧失战胜失败的勇气，奋斗中允许有泪水，但不能像决堤的河水绵延无休。学会坚强，具备一份永不放弃的信念，就已经成功了一半。让我们带着这份信念，驾驶着人生之船战胜惊涛骇浪，驶过激流险滩，共同到达成功的彼岸吧。

3. 高考是一块试金石，通过高考，淘磨出来的金子才会闪闪发光。这是一场需要顽强毅力才能跑到终点的马拉松比赛；这是一场需要奋力拼搏才会赢得的百米短跑竞赛；这是为每一个不屈服于命运安排的平民百姓孩子准备的最公平的角斗场，更是为新时代学子无悔青春奏响的命运交响曲。

4. 为了梦中的理想，为了一生的成功，我们没有借口，我们没有理由；这一年，我们只有努力，只有奋斗。为了理想而奋斗的人生是无悔的人生，相约无悔的青春，聆听高考的脚步。

5. 回顾过去，心潮澎湃；展望未来，豪情满怀。在新的一年里，我们面临的机遇更新，挑战更大，形势更严峻。全体教师要把“严谨、博学、善教、爱生”的教风作为自己的精神动力，努力把书教好，把工作做好，把学生管理好，给全体同学搭建好民主、和谐、宽松的发展平台，用主人翁意识和忧患意识，不断提升育人水平，创造一流的教育质量。

6. 老师们，同学们，勇往直前的号角在耳边响起，波澜壮阔的画卷已经尽情铺展。永不言败的信念，可以让脚步更加坚定；踏实勤奋的付出，可以让进步更加显著；平实严谨的作风，可以让道路在脚下更加延伸；激情火热的勇气，可以让风景在我们的眼前更加美丽夺目。我代表学校党委和行政号召全体师生不负学校的重托，不负青春的梦想，不负肩上的使命，团结起来，行动起来，顽强拼搏，乐战不怠，全力以赴，再创辉煌！

7. 是强者必可脱颖而出，是胜者必可冠压群雄。希望全体同学振奋精神，鼓舞斗志，受太阳之光华，乘春风之快意，御天地之灵气，用奋斗使智慧与梦想尽情绽放，用奋斗使未来与希望美丽夺目，用奋斗使汗水与泪水结晶闪光，用奋斗使胜利与辉煌刷新校史。

8. 我们希望每一位老师、每一位同学都要站在新的起跑线上，加强思想道德修养，加强体育锻炼，养成良好的行为规范，以满腔的热情投入到新的工作与学习中去，为实现自身的目标而奋斗、拼搏！

9. 老师们，同学们！新的学期已在分分秒秒之中开始了岁月的延续，××中学也继续踏上了新征程。作为××中学的校长，我对这所朝气蓬勃的学校充满信心，对在座的师生充满信心，对我们的未来充满信心，让我们携手并进，把××中学的明天描绘得更加美好！

10. 绽放着喜庆的笑脸，伴随着春天的脚步，新的学期开始了。新的学期，新的开始，带来新的机会，新的挑战，也孕育着新的希望与憧憬。我相信我们的每一位老师、同学都能以自己的勤奋与智慧书写新学年学习与工作的满意答卷。

11. 新的学年里，希望同学们做一个有爱心、善心、孝心，关心父母，关爱他人，关爱社会，互助友爱，善于合作的人；做一个有崇高理想和献身精神，一个有钢铁般意志和高尚品格的人；做一个诚实守信、遵纪守法的人。

12. 我有一句话想与大家分享：心在远方，脚在路上，一步一步走，你就能成功!

13. 新学期，对于同学们来说，就像是你们手中刚刚拿到的新课本一样，散发着油墨的清香，崭新崭新的。虽然现在还不知道这本奇特的书里面讲述什么神奇有趣的故事，但在那整洁的封面上，却已经写满了老师对你们的祝福。为了帮助你们读好这本神秘而又奇特的书，开学前，学校里的老师们一直在做着精心的准备。就像以往一样，我们每一位老师都怀着巨大的期盼，期待着你们健康成长，希望你们长得更高，变得更懂事。

14. 新学期的开始，意味着新的希望、新的憧憬和新的征程。作为教师，在新学期里，我们依然会本着“对学生尽责，对家长负责”的宗旨，以敬业务实的工作精神开拓进取；用丰富多彩的教学内容激发学生的兴趣，向课堂教学要效率、要质量，加强与家长的沟通，架起家庭与学校间的七彩桥梁。有句话说的好：“爱是教育的前提，爱是教师的天职”。

15. 望你们不负众望，从我做起，从现在做起，珍惜时间，争分夺秒，刻苦学习，勇于拼搏，以优异的成绩回报家长、学校和老师，从各个方面为学弟学妹做出表率，为母校增光添彩。

第 9 章 毕业仪式讲话

第一节 范例集锦

★★★

范例 1：某大学校长在 2010 届学生毕业典礼上的讲话

背景介绍：在××大学 2010 届毕业生的毕业典礼上，校长做了讲话。

关键词：桃李 历史 仰望 务实

同学们、老师们、朋友们：

大家上午好！

在这阳光明媚、桃李芬芳的季节，我们在这里隆重举行 2010 届毕业生毕业典礼。我谨代表学校，向圆满完成学业的全体同学们表示热烈的祝贺！向同学们几年来为学业、为成才刻苦求索付出的辛勤和努力致以崇高的敬意！向为培养同学们燃烧自己、照亮大家、呕心沥血、双鬓又染几许白的每一位老师和工作人员致以崇高的敬意！向多年来关心和支持××大学建设的各位家长和社会同人表示衷心的感谢！

现在，你们完成了学业，即将取得学位和毕业证书，展开你们在这里学习练就的翅膀，飞向社会广阔的蓝天！

在这激动人心的时刻，不由得使我们想起你们几年前刚刚迈进校园时那充满希冀的笑脸，想起你们课堂上聚精会神的眼神，自习室里埋头专注的神情，桃李湖前、杨柳树下孜孜以求晨读的背影，运动场上汗流浃背的身姿，校园里调皮嬉戏的喧闹……现在，你们带着校园里激情岁月的记忆，带着和母校一起经历的人生点滴，带着老师们的谆谆教诲，正振翼展翅，即将飞出校园。你们一定能和母校一样，遵循“求真务实”的校训，弘扬“崇尚真知、追求卓越”的××精神，以蓬勃向上的精神风貌迎接飞向社会后的各种挑战，用顽强不屈的意志谱写人生绚丽的华彩乐章！

今天，你们毕业了，就要告别多年来未曾离开过的菁菁校园，就要真正走向社会，踏上人生全新的征程。社会是人生的大课堂，它既有校园一样的鸟语花香，也有你们可能未曾经历的暴风骤雨；既有盎然春意，也有酷暑严寒；既有现成的沃土，更有待垦的荒野；既有一帆风顺，更有荆棘丛生、难以预料的曲折和困难。人世沉浮如电光石火，盛衰起伏变幻难测。在此，我还想再向你们重复几个大家熟知的老词儿。

1. 仰望星空。黑格尔曾精辟地指出：“一个民族要有一些仰望星空的人，这个民族才有希望；一个民族只关心脚下的事，注定没有未来。”树立高远的目标，这样才会有前进的方向和动力。只有怀着理想和正义的梦想，才能使意志更加坚强，眼光更加清明，不畏艰险，不惧困难，更好地把握现在和未来。

2. 自强不息。所谓“天行健，君子以自强不息”。君子处世，应像天体运行一样，永不停息，刚毅坚卓，自立自强，不断努力，即使颠沛流离，也不屈不挠。正如《国际歌》中唱到的：“从来就没有什么救世主，也不靠神仙皇帝，要创造人类的幸福，全靠我们自己。”无论遇到任何困难和挫折，都要乐观向上，都要以自强的精神高昂起自信的头。

3. 厚德载物。“地势坤，君子以厚德载物”。接物度量要像大地一样宽厚，才能容载万物，只有具备高尚品德的人才会受到人们的拥戴，只有积累道德，才能承担事业，真正的成功者必像大地一样宽厚。“有一日未死之身，则有一日未闻之道”，真正的智慧也总是与谦逊相连。浅薄的嫉恨、无知的轻蔑，永远是成就事业的大敌。

4. 脚踏实地。一个民族只是关心脚下的事，那是没有未来的；但一个民族不关心脚下的事，也是没有未来的。我们既要仰望星空，又必须脚踏实地，要从实际出发，而不是从想象和愿望出发；要一点一滴地虚心学习扎实的本领，扎扎实实地从基层的小事、实事做起，一步一个脚印向前迈进，求真务实，身体力行。有时我们还要披荆斩棘，开垦荒无人烟，或被常人废弃的荒野。

5. 天道酬勤。命运总是掌握在那些勤勤恳恳工作的人手中，推动社会进步的人往往不是那些严格意义上的天资卓越、才华四射的天才，而是那些智力平常但非常勤奋、埋头苦干，不论在哪一个行业都勤勤恳恳、劳作不息的人们，所谓“不怕慢，就怕站”。如果你有天赋，勤奋会使你如虎添翼；即使你身体有残缺，即使你没有过人的天资，即使别人看不起你，只要你自强不息，恒心努力，就会赢得他人的尊敬，就能开拓出一片属于自己的天地！

最后，祝愿大家以母校为起点，在广阔社会的天空中，展翼长飞，飞得更高、飞得更远！无论今后你们身在何处、身兼何职，母校将永远是你们最可信赖的后盾，这里永远是你们最温馨的家园。在未来的人生旅途上，在纷扰和喧闹中，在繁忙的工作之余，如果大家想家了，想有一次惬意和休整，母校的大门永远为你们敞开，随时欢迎你们回来休整、充电、加油！

“有一日未死之身，则有一日未闻之道”，真正的智慧也总是与谦逊相连。浅薄的嫉恨、无知的轻蔑，永远是成就事业的大敌。

★★★

范例2：校长在2011年毕业典礼上的讲话

背景介绍：在××第二师范学院2011年的毕业典礼上，

校长发表了讲话，训诫同学们要学会感恩。

关键词：感谢 祖国 理想 现实

亲爱的老师们、同学们：

岁月无声，骊歌渐起。今天是我们送别2011届毕业生的日子，请允许我代表学校向即将奔赴天南海北，踏上人生崭新征程的毕业生们表示最衷心的祝贺，并送上最诚挚的祝福。

刚刚，我们在毕业典礼上走过了一段温馨的“感谢之旅”，是啊，在你们完成大学学业的这段日子里，值得去感谢的人太多太多了……你们手中的毕业证书和头顶的学士帽凝结了太多人的心血与付出，当然也离不开你们自己的进取与拼搏。所以，在你们即将离开校园的时候，我最想告诉你们的两个字，就是“感谢”。

请感谢我们的祖国。感谢她给予我们如此温暖而坚实的胸膛，让我们能够在宁静祥和的校园里读书、生活，不断成长。

请感谢我们的父母。无论他们是富有还是贫穷，是健康还是疾病，你们要知道，是他们给予我们最珍贵的生命、最无私的关爱和最彻底的包容。请记住丹麦作家安徒生在《丑小鸭》中的那句名言：“只要你曾经在一只天鹅蛋里待过，就算你是生在养鸭场里也没有什么关系。”如果你觉得自己门第高贵，很了不起，那么，我也希望你绝对不要有“我爸是李刚”的狂妄与骄纵，因为以后成就你自己的，只能是你的努力，父母的福荫不会荫庇你一生。

请感谢这所学校。也许她现在还有很多地方不那么尽如人意，但她一定留给你很多美好的回忆……你们用自己的激情在校园里追逐青春，成就梦想，而母校也为你们插上了一双隐形的翅膀，它将协助你们在未来的岁月里展翅翱翔。

请感谢我们的老师，同学。“睡在你上铺的兄弟”还有那个“同桌的你”，以及在这个校园里服务、帮助过你的每一个人，无论你跟他们是朝夕相处还是一面之缘，只要他（她）曾给予你一份温暖，就都值得去铭记……

亲爱的同学们，今天以后，你们就都要打点行装，离开校园了，有的即将走上工作岗位，有的也许将会继续深造，那么，今天的最后一个感谢，我想送给你们。感谢你们留给学校如此绚烂的青春记忆，感谢你们留下了勤奋与孜孜不倦的精神，感谢你们为校园文化建设所做的每一分努力，也感谢你们为了学校的发展而贡献出的每一份力量，正是因为有了你们，我们这所拥有80年历史的学校，才始终焕发着一种蓬勃的生机与活力。

同学们经常说“理想很丰满，现实很骨感”。当你们走上社会，一定会遇到越来越多的沮丧与失落，打击与挫折。也许你们中很多人即将成为“蚁族”、“啃老族”，或者是不得不“蜗居”、“裸婚”，你们的理想与爱情都将会遭受到前所未有的严峻考验。有同学说，大学里的爱情是“必需品”，但走上社会后，如果你一无所有，那么爱情将会变成“奢侈品”。于是，你们就约好“毕业那天我们一起失恋”。在这里，我想告诉你们的是，如果你有幸在大学里拥有一段纯真的感情，请一定珍惜它，尤其不要因为庸俗的物质追求而轻言放弃，哪怕毕业了，也要将爱情进行到底！

还有我们的理想，或许在相当长的一段时间里，你会觉得自己的付出与获得不成正比；你会质疑社会的公平，甚至怀疑自己的努力；你会怀念大学时期简单真诚的同学关系，留恋读书时代单纯宁静的生活环境。也许你会发现在高昂的房价下，哪怕不吃不喝，一个月的工资也买不到一平方米……烦恼越来越多，开心越来越少，你可以慨叹“神马都是浮云”来聊以自慰，但请你记住，人生从来不是一片坦途，我们可以被沿路的荆棘划伤，但绝不能被打倒。当战胜了那些不幸和苦恼的时候，你们一定会清楚地看到幸福和光明正在向你们招手。

亲爱的同学们，没有任何人的人生会永远顺利，但懂得感谢的心，会将幸福带进生命中。最后，真诚祝愿你们未来的人生幸福、美满！

谢谢大家！

你们的理想与爱情都将会遭受到前所未有的严峻考验。有同学说，大学里的爱情是“必需品”，但走上社会后，如果你一无所有，那么爱情将会变成“奢侈品”。于是，你们就约好“毕业那天我们一起失恋”。在这里，我想告诉你们的是，如果你有幸在大学里拥有一段纯真的感情，请一定珍惜它，尤其不要因为庸俗的物质追求而轻言放弃，哪怕毕业了，也要将爱情进行到底！

★★★

范例 1：奥普拉在 2008 年斯坦福大学毕业典礼上的讲话

背景介绍：奥普拉以主持电视谈话节目《奥普拉脱口秀》而闻名，节目平均每周吸引 3300 万名观众，并连续 16 年排在同类节目的首位，这是奥普拉在 2008 年斯坦福大学毕业典礼上的讲话。

关键词：分享 骄傲 赞扬 服务

汉尼斯校长、全体老师、家长，还有斯坦福的毕业生们，非常感谢你们。感谢你们让我和你们分享这美好的一天。

我就是喜欢这样说“斯坦福”（用一种奇怪的语调）。我去了田纳西州州立大学，但是我本来拿不到我的毕业证，因为我本应该在 1975 年毕业，但是我少了一个学分。爸爸说：“好吧，但是我还是不知道没有那个学位你能干什么。”我说：“爸爸，现在我已经是脱口秀的主持人了。”他还是说：“我不知道没有那个学位你怎么去找其他的工作。”

在 1987 年，田纳西州州立大学邀请我回去给他们的毕业典礼做演讲。在那时，我已经有了自己的电视节目，并加入了国家联合会。我制作了一部电影，并被奥斯卡提名，而且成立了我自己的公司。可我告诉他们，我不能去演讲，除非我得到那一个学分，因为我爸爸总是说没了那学位我将一事无成。

因此，我完成了我的课程，上交了我的毕业论文，然后拿到了学位。我的爸爸感到非常骄傲。从此我知道，无论发生什么事，那一个学分是我的救世主。

但是我知道为什么我爸爸总是坚持让我获得文凭，因为，正如B. B. King所说：“学习的美好在于别人不会把知识从你身上拿走。”这正是我今天想说的，因为你们的教育并没有在这里结束。在很多情况下，这才是刚刚开始。这个世界将会教会你们很多。我认为这个世界，这个地球，就像一个学校和我们人生的教室。有时这些课程会是弯路和障碍，有时会充满危机。我所学的应对这一切的秘密就是去勇敢地面对，正如我们面对大学课程一样。

我记得我所受到的最大的赞扬就是当我刚刚在芝加哥开始工作时，我采访了一个记者。很多年以后我们又见面了。她对我说：“你知道吗？你一点儿也没有变，只是更加自我了。”

这就是我们一直努力在做的，去做我们自己。我坚信你们会从每一件做过的事上学到经验，这样你们才会取得进步，这样你们才能丰富心灵。相信我，内在的智慧比外在的财富更加珍贵。你越是使用它，你就得到更多。

斯坦福夫妇遭受了世上父母所能遭受的最大痛苦，然而他们懂得通过帮助他人来帮助自己。这种智慧渐渐地被科学和社会学研究所证实。这不仅仅是某种软技能的谈话。事实上这是站在帮助者的高度，从帮助别人当中获得的精神大爆发。所以如果你想快乐，去帮助别人吧。但是当你做好事时，我希望你不仅仅是为了获得快乐，因为我深知做好事可以让你变得更棒。所以无论你怎样选择，若你能以服务他人为榜样，我相信你的生活会更有价值，你也会更快乐。

就让我引用马丁·路德·金的话来作为结束语吧。他说：“不是所有人都会出名。”我不知道，但似乎今天所有人都想出名。

但是成名也是一种代价。有些人会尾随你到卫生间，听你尿尿。你会尽量尿得轻一些。这没什么大不了的。但她们会对你说：“我的天啊，是你！你尿尿啦！”

这就是成名的代价，我不知道你们是否喜欢。

所以，正如马丁·路德·金所说，“不是所有人都会成名。但每个人都可以变得伟大，因为伟大是通过为他人服务而界定的。” 你们当中学历史的人可能会知道他接下来的话，“为别人提供服务，并不一定要有大学学历，并不一定要知道主谓一致，并不一定要认识柏拉图和亚里士多德，并不一定要会爱因斯坦的相对论，并不一定要了解热力学第二定律。你所需要的是一颗优雅的心灵和充满爱的灵魂。”

你们有聪明才智，你们将会决定如何利用它。说真的，你们将会如何利用它呢？你们拿到了学位。走向社会吧，我坚信伟大的事将会发生的。

你们知道，我一直坚信，如果你和他人分享，那么事情就会变得更好。所以在我离开之前，我想和大家分享一下毕业礼物。在你们的座位底下，你们会发现两本我最喜欢的书。

我真的想送大家轿车，只是开不过来！祝贺大家！2008 届的毕业生们！

谢谢大家。

我真的想送大家轿车，只是开不过来！祝贺大家！2008 届的毕业生们！

★★★

范例 2：J.K. 罗琳在哈佛大学毕业典礼上的讲话

背景介绍：J.K. 罗琳在 2008 年哈佛大学毕业典礼上发表题为《失败的好处和想象力的重要性》的演讲，J.K. 罗琳是风靡全球的《哈利·波特》的作者。

关键词：荣誉 想象力 失败 责任

福斯特主席，哈佛大学和监察委员会的各位成员，各位老师、家长、全体毕业生们：

首先请允许我说一声“谢谢”。哈佛不仅给了我无上的荣誉，连日来为这个演讲经受的恐惧和紧张，更令我减肥成功。这真是一个双赢的局面。现在我要做的就是深呼吸几下，眯着眼睛看看前面的大红横幅，安慰自己说自己正在世界上最大的魔法学院聚会上。

发表毕业演说是一个巨大的责任，至少在我回忆自己当年的毕业典礼前是这么认为的。那天做演讲的是英国著名的哲学家 Baroness Mary Warnock，对她演讲的回忆为我写今天的演讲稿提供了极大的帮助，因为我不记得她说过的任何一句话了。这个发现让我释然，让我不再担心我可能会无意中影响你放弃在商业、法律或政治上的大好前途，转而醉心于成为一个快乐的魔法师。

我在你们这个年龄，最害怕的不是贫穷，而是失败。

相反，你们是哈佛毕业生的这个事实，意味着你们并不很了解失败。你们也许极其渴望成功，所以非常害怕失败。你们可能永远没有达到我经历的那种失败程度，但有些失败，在生活中是不可避免的。失败使我的内心产生了一种安全感，这是我从考试中没有得到过的。失败让我看清自己，这也是我通过其他方式无法体会的。我发现，我比自己认为的要有更强的意志和决心。我还发现，我拥有比宝石更加珍贵的朋友。生活不可能没有一点儿失败，除非你生活的万般小心，而那也意味着你没有真正在生活。无论怎样，有些失败还是注定要发生的。

从挫折中获得智慧，变得坚强，意味着你比以往任何时候都更有能力生存。只有在逆境来临的时候，你才会真正认识你自己，了解身边的人。这种了解是真正的财富，虽然是用痛苦换来的，但比我以前得到的任何资格证书都有用。

如果给我一部时间机器，我会告诉 21 岁的自己，人的幸福在于知道生活不是一份漂亮的成绩单，你的资历、简历，都不是你的生活，虽然你会碰到很多与我同龄或更老一点儿的人今天依然还在混淆两者。生活是艰辛的、复杂的，它超出任何人的控制能力，而谦恭地了解这一点，将使你历经沧桑后能够更好地生存。

哈佛大学的 2008 届毕业生们，你们多少人有可能去触及他人的生命？你们表决的方式，你们生活的方式，你们抗议的方式，你们给政府带来的压力，具有超乎寻常的影响力。这是你们的特权，也是你们的责任。

如果你选择利用自己的地位和影响，去为那些没有发言权的人发出声音；如果你选择不仅与强者为伍，还会同情帮扶弱者；如果你会设身处地地为不如你的人着想，那么你的存在，将不仅是你家人的骄傲，更是无数因为你的帮助而改变命运的成千上万人的骄傲。我们不需要改变世界的魔法，我们自己的内心就有这种力量，那就是：我们一直在梦想，让这个世界变得更美好。

更甚的是，那些选择不去同情的人，可能会激活真正的怪兽。因为尽管自己没有犯下罪恶，我们却通过冷漠与之勾结。

所以，今天我可以给你们的是没有比拥有知己更好的祝福。明天，我希望即使你们不记得我说的任何一个字，你们还能记得哲学家塞内加的一句至理明言。我当年没有顺着事业的阶梯向上攀爬，转而与他在古典文学的殿堂相遇，他的古老智慧给了我人生的启迪：

“生活就像故事一样，不在乎长短，而在于质量。”这才是最重要的。

我祝愿你们都有美好的生活。

非常感谢大家。

哈佛不仅给了我无上的荣誉，连日来为这个演讲经受的恐惧和紧张，更令我减肥成功。这真是一个双赢的局面。现在我要做的就是深呼吸几下，眯着眼睛看看前面的大红横幅，安慰自己说自己正在世界上最大的魔法学院聚会上。

★★★

范例 1：某科技大学校长在 2011 届本科生毕业典礼上的讲话

背景介绍：某科技大学 2011 届本科生即将毕业，这是校长在毕业典礼上的讲话，在两千余字的演讲稿中，把四年来的国家大事、学校大事、身边人物、网络热词等融合在一起，现场气氛十分热烈。

关键词：祝愿　和谐　记忆

亲爱的 2011 届毕业生们：

你们好！

首先，为你们完成学业并即将踏上新的征途送上最美好的祝愿。

同学们，在××科技大学的这几年里，你们一定有很多珍贵的记忆！

你们真幸运，国家的盛事如此集中地相伴在你们大学的记忆中。2008年奥运会留下的记忆，不仅是金牌数的第一，不仅是开幕式的华丽，更是中华文化的魅力和民族向心力的显示；六十年大庆留下的记忆，不仅是领袖的挥手，不仅是自主研发的先进武器，不仅是女兵的微笑，不仅是队伍的威武整齐，更是改革开放的历史和旗帜的威力；世博会留下的记忆，不仅是世博之夜水火相容的神奇，不仅是中国馆的宏伟，不仅是异国场馆的浪漫，更是中华的崛起，世界的惊异。你们一定记得某国总统的傲慢与无礼，你们也让他记住了你们的不屑与蔑视。同学们，伴随着你们大学记忆的一定还有什锦八宝饭，还有一个叫“G2”的新词，它将永远成为世界新的记忆。

在××大的这几年，你们会留下一生中特殊的记忆。你一定记得刚进大学的那几分稚气，父母亲人送你报到时的情景历历；你或许记得“考前突击而带着忐忑不安的心情走向考场时的悲壮”；你或许记得这所并无悠久历史的学校不断追求卓越的故事；你或许记得××院士所代表的××传奇以及大师离去时××校园中弥漫的悲痛与凝重之气；……你们是否记得告诉你们捡起路上树枝的××老师？是否记得××老师为你们修改过的简历，但愿它能成为你们进入职场的最初记忆。同学们，××大校园里，太多的人和事需要你们记忆。

我记得你们的自行车和热水瓶常常被偷，记得你们为抢占座位而付出的艰辛；记得你们在寒冷的冬天手脚冰凉，记得你们在炎热的夏季彻夜难眠；记得食堂常常让你们生气；我当然更记得自己说过的话：“我们绝不赚学生一分钱”，也记得你们对此言并不满意。但愿××大有关于校园丑陋的记忆。只要我们共同记忆那些丑陋，总有一天，我们能将丑陋转化成美丽。

同学们，你们中的大多数人即将背上行李离去。请记住，最好不要再让你们的父母为你们送行。面对岁月的侵蚀，你们的烦恼可能会越来越多，考虑的问题也可能会越来越现实，角色的转换可能会让你们感觉到有些措手不及。也许你会选择“胶囊公寓”，或者不得不蜗居，成为蚁族之一员。没关系，成功更容易光顾磨难和艰辛，正如只有经过泥泞的道路才会留下脚印。

请记住，未来你们大概不再有批评上级的随意，同事之间大概也不会有如同学之间简单的关系；请记住，别太多地抱怨，成功永远不属于整天抱怨的人，抱怨也无济于事；请记住，别沉迷于世界的虚拟，还得回到社会的现实；请记住，“敢于竞争，善于转化”，这是××大的精神风貌，也许是你们未来成功的真谛；请记住，××大，你的母校。“什么是母校？就是那个你一天骂它八遍却不许别人骂的地方。”多么朴实精辟！

亲爱的同学们，也许你们难以有那么多的记忆。如果问你们关于一个字的记忆，那一定是“被”。我知道，你们不喜欢“被就业”、“被坚强”，那就挺直你们的脊梁，挺起你们的胸膛，自己去就业，坚强而勇敢地到社会中去闯荡。

亲爱的同学们，也许你们难以有那么多的记忆，也许你们很快就会忘记根叔的唠叨与琐细。尽管你们不喜欢“被”，根叔还是想强加给你们一个“被”：你们的未来“被”××大记忆！

请记住，××大，你的母校。“什么是母校？就是那个你一天骂它八遍却不许别人骂的地方。”多么朴实精辟！

★★★

范例2：某农业大学毕业生代表在研究生毕业典礼上的讲话

背景介绍：某农业大学为即将毕业的研究生举办毕业典礼，这是一名毕业生代表在典礼上的发言。

关键词：驿站 母校 青春

尊敬的各位领导、老师，亲爱的同学们：

大家下午好!

我是动物医学院博士毕业生×××，首先，请允许我代表2012届全体毕业研究生向辛勤培育我们的母校，向教导呵护我们的领导和老师，向默默支持我们的亲人和朋友，表示最衷心的感谢和最崇高的敬意!

凤凰花开，骊歌唱响，站在人生的又一个驿站，我不禁回忆起在母校的点点滴滴。2008年，我以一名硕士的身份从母校毕业，拥有了一份稳定的工作。但是母校巨大的感召力以及对科学的渴求，让我下定决心，辞去工作，重新走上了求学之路。三年硕士，三年博士，母校给了我太多太多。我热爱舞蹈，母校给了我展现自我的舞台；我热爱科研，母校以一流的条件将我培育成××市优秀毕业生，我的学位论文也被评选为校级优秀博士论文。

此刻，面对母校的百年沧桑，履行这庄严的一刻，我们每个人对母校都有难以用言语来表达的情感。回首这短暂而宝贵的研究生阶段，我们有过成功，但也有过遗憾和失败。可正是这些挫折，使我们学会了如何做科研，更学会了如何做人。在这条崎岖的科研道路上，我们走得艰辛而又坚定。时间证明，我们当初的抉择是正确的，我们在用不懈与汗水诠释着一种平凡却属于自己的青春，收获着一份简单却来之不易的成熟。

蓦然回首，往事难以忘怀。我们永远不会忘记我们的恩师，是他们以独特的个人魅力和渊博的学识，带领我们从一个懵懂的学徒成为科研工作者；我们永远不会忘记学校的各位老师，是他们陪伴我们青春成长，为我们工作、学习、生活日夜操劳。在这里请允许我，再一次向辛勤培育我们成长，为我们“传道、授业、解惑”的恩师，致以最崇高的敬意和最衷心的感谢!

展望未来，路途充满期待。经过研究生阶段的积淀与磨砺，如今，该是我们扬帆起航的时候了。“书生意气，挥斥方遒。”告别学生时代，我们肩负着母校赋予的光荣和使命，以坚定远大的理想立志前行，以孜孜不倦的精神求索新知，以高尚美好的情操培育品德，唱响属于我们自己的“青春之歌”。

挥手告别昨天，师生情、同窗谊难以释怀！昂首阔步明朝，未来梦、强国心熠熠生辉！

在新的征程开启之时，送上我们最真诚的祝福：

祝老师们，身体健康，桃李芬芳。

祝同学们，工作顺利，前程似锦。

祝我们的母校，蓬勃发展，再创辉煌。

展望未来，路途充满期待。经过研究生阶段的积淀与磨砺，如今，该是我们扬帆起航的时候了。“书生意气，挥斥方遒。”告别学生时代，我们肩负着母校赋予的光荣和使命，以坚定远大的理想立志前行，以孜孜不倦的精神求索新知，以高尚美好的情操培育品德，唱响属于我们自己的“青春之歌”。

★★★

范例3：某工业学院院长在毕业典礼上的讲话

背景介绍：某工业学院举办2011届本科生毕业典礼，这是院长在典礼上的讲话。

关键词：本事 体会 支持 校园

亲爱的毕业生同学们：

再过三天，也许四天，你们就要离开这个校园了。这几天，我在校园里常常看到跳蚤市场慷慨大方的卖主极力描述着那熟悉的书本、物品的好，而并不在意换回的零钞；看到在西校区文馨园石子路上绕了一圈又一圈又坐下来的不知是刚谈上还是要分手的情侣；看到西校区门口大大的考研红榜旁那一张张动人的笑脸和一排排、一团团从身边走过或者脸孔微红，或者眼睛通红的同学；听到宿舍楼上到熄灯时分仍传出来的一阵阵或高或低、或爽朗或惆怅的笑谈声……我知道，你们要走了。

大学四年，对自己究竟意味着什么？意味着用你们最青春的生命，做完了人生中的一件大事。取得了人生中应该取得的较为重要的一种资本。但有一句话说得好，你大学四年真正学到的东西，应当是不计学位证、毕业证，抛去那些书本知识、考试成绩等等，在你身体里沉淀下来的，内化成为你的思想、情感、意志、品格、素质和能力的那些东西，就是人们常说的素质和本事。

陆游的一句诗说："书到用时方恨少，事非经过不知难。"今天主要说"事非经过不知难"。经过了四年，你知道你的"难"了吗？走出校园，你只有经历了，才会知道社会之"难"、生活之"难"、成功之"难"、幸福快乐之"难"……但这些"难"，你都必须经历。在人生中，难做的事和应该做的事往往是一回事。凡是有意义的事都不会容易。成年人的生活是没有"容易"二字的。

大家就要离开学校了，就让我代表学校的老师们，再对你们唠叨一次，说些我们经历过，而你们就要经历的"难"，讲讲我们的心得体会，算作是最后一堂思想政治课吧。

一、你今天能够顺利大学毕业，一路走来，得到了许多人的帮助、支持、鼓励和理解，他们是你生命中的恩人、贵人。就要毕业，开始人生新的阶段了，提起你的笔，给他们写一封感情真挚的信吧，在信封上亲笔写下他们的名字，并记在心里。记着，以后至少每五年这样做一次。你会发现，你的恩人、贵人会越来越多，有更多的人会越来越愿意帮助你，你会越来越成功，越来越快乐。

二、把你的目标列成表，没有计划你就不可能成功。不要整天没事干总胡思乱想，只有真正的行动可以拯救你。人在面临一个全新环境的时候，有所恐惧、有些不知所措是正常的，行动可以消除它们，行动是治愈恐惧的良药。再长的路，一步步也能走完；再短的路，不迈开双脚也无法到达。

三、从现在起，下决心去培养一些好习惯。离电脑远些，离生活现实近些。不要想睡多久，就睡多久。每个人都有潜在的能量，只是很容易被不良习惯所掩盖，被时间所迷离，被惰性所消磨。

四、杨澜第二次采访比尔·盖茨，问他一生中最聪明的决定是创建微软还是大举慈善？他回答都不是，找到一个合适的人结婚才是。你们要懂得，现在在校园里拉手相携，那是恋情；在一起五年还能拉手上街，那是感情；在一起十年，在街上拉手，那是亲情；如果你们在一起三十年后，还能一起拉手上街，那才是爱情。

五、要学会服从。社会不是校园，老板不是父母，领导不是老师，最好的员工不是自作聪明的员工，而是最听话的员工。

六、每年年末，拿一张A4纸，正面写下你明年的计划，背面写下你今年的总结。来点儿实的，这是给自己看的，不是在学校要交的思想政治课的作业；要把你未来五年、十年，甚至二十年的计划列成一张大表，并分步骤写入到每一年的计划中去，没有计划你就不可能成功，不会总结就不会加快成功。

七、要记得大学毕业，意味着自己已经长大了，从今天开始要自食其力，学会面对生活中的风风雨雨，哪怕过得苦一些，也不能再一味地依赖父母了。工作了，记得坚持经常给爸爸妈妈打电话，哪怕只是生活流水账，记得说："爸爸妈妈，我很好，放心！我想你们！"

八、调整好心态。进入社会，你面对的是要为生活、谋生、甚至生存去付出努力，其中包括尊严的付出，而且付出并不一定会有所回报。别和小人过不去，因为他本来就过不去；别和社会过不去，因为你会过不去；别和自己过不去，因为一切都会过去；别和亲人过不去，因为他们不会让你过不去；别和往事过不去，因为它已经过去；别和现实过不去，因为你还要过下去；没有什么过不去，只是再也回不去了。

这堂课就要上完了，下课铃声即将响起。你们入校时，××工业学院刚刚挂牌庆祝新生；你们要离开了，校园建设正如火如荼。你们是真正意义上的第一届××工业学院的毕业生，见证了它的呱呱坠地，蹒跚学步。是你们带给了这个校园最初的生动与朝气！我记得你们，老师们记得你们，这个校园会记住你们！

再过三天，也许四天，你们就要离开这个校园了。四载共室，多少欢歌笑语，豪言壮志；千日同窗，几许苦雨寒风，阳光遍地。东方的朝阳正冉冉升起，也正昭示着你们走出校门后霞光红满天的绚烂人生。

日子不会旧，只怕心旧；日子也不会新，只要心新。

临行赠言，就此话别，祝福你们，亲爱的同学们!

我爱你们!

杨澜第二次采访比尔·盖茨，问他一生中最聪明的决定是创建微软还是大举慈善？他回答都不是，找到一个合适的人结婚才是。

第二节 佳句荟萃

1. 脚踏实地，坚持刻苦钻研的作风。古话说得好：“不积跬步，无以至千里；不积小流，无以成江海。”要想获得成功，除了必须有远大的理想和正确的目标之外，还要有脚踏实地、坚持不懈的良好作风。

2. 我们之所以花费人生中最美好的时光用来学习，就是希望我们将来能够凭借自己的聪明才智和所学知识，不仅为我们个人的人生完满，还为我们社会的文明和谐，为我们人民的安居乐业，为我们国家和民族的兴旺富强做出自己应有的贡献。这是我们可以承担的责任，更是我们应该承担的责任。

3. 我当过军人，进军营的第一天，我就被告知，“铁打的营盘流水的兵”，我们都不过是那流过军营的潺潺之水。而我今天才突然感到，其实××大学，我们的法学院也是如此，一年年迎来送往，都如流水。“子在川上曰：逝者如斯夫?”流水向何方？在江河湖海？在大洋彼岸？在高天流云？但我相信你不会忘记曾让你欣喜若狂也曾让你焦躁不安，让你由衷赞美过甚或也曾让你愤愤诅咒过的××大和××大法学院。因为，这里有你永远不再归来的青春！××大就是你这一切的标记，××大法学院就是你这一切的象征。

4. 我不喜欢这种“爱心”的说法。传统有时还是好的，我坚持传统的主观的动词表达式。在你们临别之际，我只是说：我爱你们。是的，我爱你们，没有修饰和限定。“但如果一定要给这份承诺加一个期限，我希望是——一万年。”

5. 在三年或四年勤奋的，或不那么勤奋的（有时甚至有点偷懒的）学习之后，你们以出色的，或不那么出色的成绩毕业了。你们戴上了硕士或博士帽。我代表××大法学院的全体教职员工向你们表示热烈祝贺。

6. 你们即将远航。不论你们在校期间曾有过多少抱怨，有过多少不快，或对我或其他老师有过什么不满，现在都请你们原谅，这些都正在过去；“而那过去的事”，如普希金所言，“都会变成甜蜜的回忆”。我相信，无论你们走到天涯海角，××大，××大法学院都会不时地在你们的梦境或闲谈或周围的议论中出现。当你们成功时，人们会说，没说的，××大的！当你们平庸时，人们也会说，还是××大的！乃至当你们失败或丢脸时，人们还会说，看看，居然是××大的！

7. 珍重自己，并不只是珍重身体，更重要的是要珍惜自己的才华，要珍重自己才华的运用。在未来的航程上，最危险的并不是漩涡、暗礁、惊涛、骇浪，而是古希腊神话中的塞壬女妖，她用迷人的歌声诱惑那些无畏且高明的水手，最终导致过往船只触礁沉没。而这种诱惑，在当代中国社会转型期可能尤为突出。

8. 大家能记住《三国演义》上对袁绍的评价吗——“见小利而忘命，干大事而惜身”。我希望你们不要成为袁绍。你们即将扬帆远航了，那么请想一想自己的前途！记住，珍重自己。这就是珍重××大，就是珍重××大法学院。愿你们乘长风破万里浪！

9. 同学们，在这湿润的、难得的清凉夏日里，在这浓荫如云、曲径通幽的未名湖畔，面临着毕业和别离，我想，任何人，哪怕是一个“愤青”，也会神奇地“小资”起来……

10. 六月是最残忍的，一转身，校园硬生生地扯断了、拽下了一段你舍不下的青春。

11. 又是合影留念，又是祝福叮咛，又是离愁别绪；只不过这是 2007 年的 6 月。

第 10 章 联谊酒会演讲

第一节　范例集锦

★★★

范例 1：主办方代表在联谊酒会上的讲话

背景介绍：某机关和某公司联合举办联谊酒会，为单身男女们创造机会，这是一位主办方代表在联谊酒会上的讲话。

关键词：美好　玫瑰　邂逅　甜蜜

各位领导、各位来宾，女士们、先生们：

大家好！在这春风拂面、春暖花开的美好时节，××和××联合举办××派对活动，邀请了 60 多位青年朋友参加，这是一次搭建友谊之桥的联谊活动，在此，我谨代表主办单位向各位青年朋友的到来表示热烈的欢迎！同时，也向关心支持这次联谊酒会的各位领导和同志们表示衷心的感谢！

玫瑰有约，喜缘今生，幸福相伴，是我们多姿多彩生活的青春赞歌。

随着工作和生活节奏的加快，在企业一线性别集中的行业，广大青年朋友由于工作繁忙，社交面窄，耽误了自己的终身大事，错过了人生的如意伴侣。为帮助企业党政分忧解难，助推社会家庭和谐稳定，成就更多美满姻缘，××牵线搭桥、创设良机，促成××与××两家携手联谊，这不仅为广大青年朋友们搭建了一个平等、友好、真诚交往的平台，为有情人提供一个相识，甚至进一步交往的机会，同时，也增进了单位之间的相互了解和沟通，为全市××工作增添了一道亮丽风景。

邂逅一次浪漫，相约一份真爱。希望各位青年朋友敞开心扉，绽放激情，在快乐的舞台上展现风采，在互动游戏中增进友谊，在加深了解中收获真情；让青春更加灿烂飞扬，让生活更加甜蜜动人，共同携手为建设和谐××做出积极贡献。

最后，这杯酒我敬大家，祝愿大家在这里度过一段美好、快乐的难忘时光，祝愿有情人终成眷属，祝愿所有人幸福健康。干杯！

邂逅一次浪漫，相约一份真爱。希望各位青年朋友敞开心扉，绽放激情，在快乐的舞台上展现风采，在互动游戏中增进友谊，在加深了解中收获真情，让青春更加灿烂飞扬，让生活更加甜蜜动人，共同携手为建设和谐××做出积极贡献。

★★★

范例2：某县委干部在新老团干联谊酒会上的讲话

背景介绍：××县召开青年创业论坛和新老团干联谊酒会，某县委干部作为代表在酒会上讲话。

关键词：感谢 弘扬 贡献

各位领导、各位来宾，同志们：

五月庐陵，草长莺飞，百花争艳。在这美好的日子里，我县迎来了××市青年创业论坛和新老团干联谊酒会。在此，我谨代表××县委、县政府对本次活动的成功举办表示热烈的祝贺！向长期关心支持我县经济社会发展的各级领导和与会的各位前辈表示真挚的感谢！向广大青年同志们表示亲切的问候。

××县素有“金庐陵”、“江南望郡”、“文章节义之邦”的美誉，自古群英荟萃、人才辈出，涌现了民族英雄文天祥、三朝重臣周必大、著名诗人刘辰翁等一大批彪炳史册的仁人志士，是底蕴厚重的人文古县。这里还是井冈山革命根据地的重要组成部分，奔涌过“十万工农下××”的钢铁长流，诞生了余秋里、肖望东等46位开国将军和曾山等180多位地师级以上的老红军，是光荣的革命红县。近年来，我县坚持以科学发展观为统领，按照“融入中心城区，提升‘三化’水平，统筹城乡发展，全面争先进位”这一总体思路，围绕“创五区、争十强、创建全省科学发展示范县”的奋斗目标，团结拼搏，扎实工作，各项主要指标在全市领跑，在全省有位。2010年，全县生产总值达到74.02亿元，人均生产总值达到1.61万元，财政总收入达到10.31亿元，列××市第1位，全省第17位。获得了全国文明县城、全国最具投资潜力中小城市百强县，全省统筹城乡发展先进县等一系列荣誉，是崛起的发展快县。我县还形成了一个机场（井冈山机场），两条铁路（京九，吉衡），四条高速（大广、武吉、泰井、泉南）为构架的立体交通网络，是便捷的畅通之县。县内空气质量保持在国家标准二级以上，境内主要河流水质保持在国家Ⅱ类标准，县城建有6个公园，全县森林覆盖率达到63.2%，是宜居的生态绿县。时代在发展，未来在召唤，百尺竿头需再进一步。

创业是时代的主旋律，是当代青年实现理想、体现人生价值的重要途径。广大青年要大力弘扬新时代的创业精神，不怕困难，不畏挫折，努力开创事业发展的新天地；要不断提高创业能力，勤奋学习，敏于求知，掌握过硬的本领，成为懂经营、善管理的行家里手；要积极投身于国际竞争与经济合作的大潮中，敢于并善于在国际经济竞争中比伯仲，争高低，显风流。崇文尚德、开明开放的××县这片热土期待着全市的有为青年前来创业和奋斗。

尊敬的各位老团干，你们的成功经验是我们的宝贵财富；你们的优秀作风我们将继续发扬；你们的关心支持是我们推动××共青团事业取得新进展的不竭动力。我们相信，秉承你们的优良传统，在市委的领导下，一个更加朝气蓬勃、充满生机与活力的共青团组织，必将在××的振兴和发展中做出更大的贡献！青春献团岗，难舍共青缘，共青团事业将我们紧紧联系在一起。现在我提议，让我们共同举杯：为了今天的相聚，为了我们的友情，为了共青团的事业，干杯！

五月庐陵，草长莺飞，百花争艳。

★★★

范例1：女兵代表在战友联谊会上的讲话

背景介绍：某部队举办老战友联谊会，特邀早已退伍的老兵们到连队一聚，这是女兵代表在联谊会上的发言。

关键词：连队 骄傲 祝福 希望

尊敬的首长、亲爱的战友们：

大家好！

四十年前我们穿上军装，来到连队，为一生中有过军旅的生涯而感到骄傲和自豪。三年多的连队生活是艰苦的，同时也是快乐的，我们得到了锻炼和成长，打下了人生的坚实基础，我们无怨无悔。

组委会让我代表女兵发言，我要说的是三个感谢、两个祝福、一个希望。

三个感谢：第一个感谢的是连队的首长。是首长们的辛勤培育和教诲，使我们在连队得到了成长。即使在三十七年前离开连队到了其他单位，在三十七年前回到了地方，我们工作在不同的行业、不同岗位，有的当了公司老板，有的当了医院的主任医师，有的当了公务员，有的成了公司职员，有的走上领导岗位，大家在各自的岗位上体现了人生的价值，这都是连队首长给我们打的基础牢固。我由衷地感谢连队首长对我们的培育。

第二个感谢的是我们的战友。当年的大哥哥、小兄弟、大姐姐、小妹妹。我们来自城市，肩不能扛，手不能提，五谷不分，遇到很多困难。每当我们遇到困难的时候，是你们伸出了友谊的双手，帮助我们在工作中、劳动中、训练中、野营拉练中克服一个一个的困难。连队培育了我们的战友之情，我们永远难以忘记。今天就是战友之情使我们这些女兵千里来聚会。

第三个感谢的是组委会的同志们。你们辛苦了。特别是令人佩服的倡导人和策划人。为大家服务的组委会的各位同志非常辛苦，我们很感动，也很感激，向你们致敬。特别要说的是，我的老乡××同志，一次次地打长途电话和我们联系。所以感谢组委会同志的同时还要感谢××同志。

两个祝福：第一个祝福,祝福各位首长和战友身体要永远健康，生活要快快乐乐。第二个祝福，祝福联谊会圆满成功。

一个希望：希望战友们常来××做客，××欢迎你们。

谢谢大家。

我们来自城市，肩不能扛，手不能提，五谷不分，遇到很多困难。每当我们遇到困难的时候，是你们伸出了友谊的双手，帮助我们在工作中、劳动中、训练中、野营拉练中克服一个一个的困难。连队培育了我们的战友之情，我们永远难以忘记。今天就是战友之情使我们这些女兵千里来聚会。

★★★

范例2：某师范学院师生联谊酒会上班长的祝酒词

背景介绍：某师范学院××届2班举办师生联谊晚会，这是班长的祝酒词。

关键词：桃源 师生 真情

……………………………………………………………

皖中要地，派河之滨；八月一日，桃源生辉。

二十五年，师生相聚；畅叙友情，共建未来。

忘不了，恩师一言明方向；

忘不了，同窗相助见真心。

请举杯，今生有缘是同学；

共祝福，师长永远让人敬！

派河水长流，三岗花常开；

××松不老，真情永不败！

★★★

范例1：联谊会主任在校友联谊会上的讲话

……………………………………………………………

背景介绍：某校友联谊会主任牵头举办毕业三十周年联谊会，这是他在联谊会上的讲话。

关键词：祝贺 年华 美好 精彩

……………………………………………………………

各位来宾，各位老师、各位同学：

大家好！

值此牛年新春之际，古城吉安，物华天宝，龙光射斗牛之墟；人杰地灵，徐孺下陈蕃之榻。十旬休假，胜友如云，千里逢迎，高朋满座。光阴似箭，岁月如梭，曾记否，我们正是在这里举行新千年聚会，九年的时间很快就过去了，我作为上届联谊会主任，很高兴看到在本届组委会及全体同学的辛勤努力下，我们的毕业三十周年聚会在这里隆重举行，为此我表示最衷心的感谢和最热烈的祝贺！

遥想当年，我们十七八岁，正是人生最美好的花季年华，如今又走过了三十年人生旅程，我们应该为之高兴！我离开××到外地工作已七年了，最怀念的还是我们在××共同走过纯真年代的老同学，就像一股清泉，是那样的甜，那样的纯，是那样有味。三十多年前我们来到××求学，在这四年，虽然物质生活远没有今天的学生那样丰富，但是那时没有今天的学生那种学习压力，没有因为竞争而烦恼，大家自由地学习、劳动、玩耍，是那么天真烂漫。我们在老师们的指引下，度过了人生中最纯真、最奋发向上的青春年华，播下了我们友谊的种子。我们珍藏这一段美好的时光，珍藏老师对我们每一位同学的爱，珍藏与每一位同学之间真挚无邪的情感。

各位同学，今天是我们毕业后第三次如此隆重地举办同学聚会，相信大家都和我一样，心潮澎湃。我们看到我们的老师还是那样亲切、那样健康硬朗，感到由衷的高兴。三十年，弹指一挥间。看看自己，看看同学，脸上早已洗尽稚气，当年的读书郎如今已近入天命之年，大家早已为人父为人母了，有的甚至当了爷爷奶奶、外公外婆。过去的三十年里，我们无论是成功，还是失意，各自都为着自己的理想而不懈地奋斗着！为自己的人生写下了最浓重的一笔！可以说，我们各有各的生活方式，各有各的忙碌，当然也各有各的精彩。今天我们欢聚一堂，重叙旧情，互诉衷肠，共同分享人生的艰辛与精彩。

说到这里，我特别要说说我的惭愧与歉疚。说实话，美国总统任期一届也就是四年，而我这个联谊会主任一当八九年，特别是到外地工作后，很多事情都未能尽到力，对此我表示深深的歉意。但是我高兴地看到，新一届联谊会组委会为本次聚会做了大量的工作，在筹备聚会的同时，我们××届同学的QQ群和博客都已开通，让我们在外地的同学仍能感到同学的温暖，网上见如同面见，让大家时时在聚会、处处有同学。现在我提议，大家用热烈的掌声对组委会所做的工作表示肯定与感谢！

一位作家曾经说过："童年是一场梦，少年是一幅画，青年是一首诗，壮年是一部小说，中年是一篇散文，老年是一套哲学，人生各个阶段都有特殊的意境，构成整个人生多彩多姿的心路历程。"友谊是人生旅途中寂寞心灵的良伴，友谊如陈年老酒，愈醇愈香。

我相信，在大家的共同努力下，今天的同学聚会一定会取得圆满成功！

祝愿我们的友谊之树长青，友谊之花越开越艳！

最后，我用一首藏头诗结束我的讲话：吉州庐陵风光秀，安灯结彩迎零九。四海学子思故乡，中堂聚会正运筹。七彩祥云鸿星照，八喜临门福满楼。届庆恰逢卅时令，好运随君写春秋。

祝大家新春快乐！牛年更牛！谢谢大家！

童年是一场梦，少年是一幅画，青年是一首诗，壮年是一部小说，中年是一篇散文，老年是一套哲学，人生各个阶段都有特殊的意境，构成整个人生多彩多姿的心路历程。

★★★

范例2：某校友代表在母校的联谊酒会上的讲话

背景介绍：某校建校50周年特邀校友相聚并举办联谊酒会，这是校友代表在酒会上的讲话。

关键词：感慨 崭新 自豪 教诲

尊敬的各位领导、各位来宾，亲爱的老师们、校友们：

大家好！

往事如歌，岁月如诗，回顾当年在母校求学的历程，我们心潮起伏，感慨万千，恩师的教诲犹在耳边，好友的拳拳之心永不忘怀。在母校的生活是我们人生中最难忘的时光。今天，值此母校建校五十周年之际，我们再一次走进母校，享受着回家的喜悦，可以说是百感交集。五十年历程化为五十年的春华秋实，我们中的许多人已从春花烂漫的学生时代步入了金光灿烂的中年旅程。老师们的谆谆教诲和师生互动的谈笑风生……这一切都仿佛发生在眼前，让我们难以忘怀。岁月不居，沧桑巨变，今天的母校已今非昔比，崭新的设施，崭新的环境，崭新的校园，一切都充满生机，富有活力。五十年来，从××村到××河畔，母校的地址变了，然而我们对母校的思念不变。五十年来，母校的面貌变了，然而我们对母校的祝福不变。

五十年来，无论身在何处，我们都铭记母校的恩情。五十年来，无论身居何职，我们都牵挂母校的发展。我们为母校的每一点新成绩而兴奋，我们为母校的每一次新跨越而喝彩。今天，我们最想向母校倾诉的是：我们是幸运的，因为我们与母校有过筚路蓝缕的日子；我们是幸福的，因为母校给了我们特定的品质和风貌；我们是自豪的，因为我们见证了母校新世纪的辉煌；我们是骄傲的，因为母校的精神正在由我们传承与弘扬！

如今，我们当中的人或学贯中西，著作等身；或运筹政坛，建功立业；或在商海打拼，财源广进；或身居平凡，默默奉献。我想，取得这些成绩的校友都会有和我同样的感受，那就是：所有这一切都离不开在母校的学习。正是老师的教诲，哺育了我们的昨天，孕育了我们的今天和明天。在这里，我想代表校友们说一声：谢谢您，老师！谢谢您，母校！饮水思源，感恩社会，回报母校，造福家乡，作为校友，当母校呼唤我们时，我们应该责无旁贷，为母校的发展尽自己的一份力量。

我相信，在未来的日子里，我会和所有的校友们一样，在自己的工作岗位上不断创造出新的、更优的工作业绩！同时，我们将一如既往地关注和支持母校的发展，用我们对母校的赤子深情和不懈努力回报亲爱的母校！回报辛勤的老师！

非常荣幸作为校友代表在这里向母校和老师倾诉衷肠。此时此刻，我的内心充满激动和幸福！借此机会表达我们校友共同的祝福：衷心祝愿我们的母校明天更美好！祝愿在校学习的小弟弟小妹妹们学习愉快，全面发展！也祝各位领导、各位来宾、各位老师和校友事业有成，身体健康，生活幸福！谢谢大家！

往事如歌，岁月如诗，回顾当年在母校求学的历程，我们心潮起伏，感慨万千，恩师的教诲犹在耳边，好友的拳拳之心永不忘怀。在母校的生活是我们人生中最难忘的时光。

第二节　佳句荟萃

1. 昨天的回忆，让我们珍惜，因为它曾留下我们青春的足迹和身影；今天我们铭记，因为它又增添了真挚的师生情谊；明日的憧憬，我们向往，因为明天的朝阳更加绚丽，更加灿烂！

2. 可亲可敬的师长，相知相爱的同学！今天我们刚刚聚首，知心的话语还没有说够，明天我们又将分手。然而，沟通的金桥已再一次架起，我们将永远心连着心、肩并着肩、手携着手！母校，请相信，我们会用对事业的钟爱，对人生的追求，在不同的工作岗位上为国家做出更大的贡献，来报答母校的深情厚谊！

3. 尊敬的老师，亲爱的同学！相聚虽短暂，友情却永远！青山在，人未老，来年再相邀。既然分别不可避免，就让我们把满怀的思念，付托给明朝重逢的喜悦！让我们举杯，敬我们的过去和未来！

4. 浮云一别后，流水已数载。想当年，为了求知，我们相聚；为了追求，我们分离。

5. 又是一年金秋好时节，繁花似锦，欢歌如潮。亲朋好友相聚，情人恋人相聚，你我他相聚，大家一起为明天更美好而相聚！

6. 欢乐的相聚总是短暂的。诚挚的祝福、真情的诉说、坦诚的表白，那不尽的话语，那绵绵的情意，一直萦绕在耳边、激荡在心头，久久难以忘怀！

7. 感受这真情，如同畅游在碧波翻卷的海洋，深沉而舒展；如同徜徉在温暖细软的沙滩，柔润而充实。

8. 暂别是为了更好地相聚，我们一起期待下一次相逢。泛舟摇桨，把酒临风，波光涟漪，流连忘返！

9. 尽管宝贵而令人留恋的学生时代已成为过去，尽管我们已不再是昨天的我们，但我们仍能像学生时代那样充满激情和自信，在工作中展示我们的胆识和刚毅，在事业中焕发青春的活力和朝气，在生活中保持昂扬饱满的热情。不惑之年的我们，将会更加聪明，更加成熟，更加年轻！

10. 又是一年落叶黄，一层秋雨一层凉，整日奔波挺辛苦，天凉别忘添衣裳，爱惜身体加餐饭，珍视友情常想想，情长言未尽，唯愿朋友多安康！

11. 无论时光如何绵延，让真诚永远；无论世事如何变迁，让善良永远；无论眼前还是天边，让美好永远；无论熟悉还是陌生，让真情永远。

12. 敲响的是钟声，走过的是岁月，留下的是故事，带来的是希望，盼望的是美好，送来的是祝福。

13. 一愿花常好，人常健，月常圆。君如天上雨，我如屋下井。无因同波流，愿作形与影。二愿夫君爱妻千岁。三愿自己常健。四愿如同梁上燕，岁岁长相见。五愿亲不亲，故乡人；美不美，乡中水。亲愿亲好，邻愿邻安。六愿天下有情人，都成了眷属；是前生注定事，莫错过姻缘。七愿你人面看年年岁岁之同，花枝见夜夜朝朝之好。八愿会变时，你也变，我也变。你变针，我变线，与你到底牵连。再变个妆奁儿与你朝朝儿见。你变个盒儿好，我变个镜儿圆。千百样变来也，切莫要变了脸。九愿如果有钱也是一种错，祝各位在座的亲朋好友，各位贤慧的女士、各位花枝招展的小姐、各位尊贵的先生一错再错。

14. 恩师教诲永不忘记，母校恩情深藏心底。五十名学子没有辜负母校的期望、师长的教诲，五十棵幼苗如今已经成为社会栋梁！

第 11 章 晚会酒宴演讲

第一节 范例集锦

★★★

范例 1：某经理在公司中秋晚会上的讲话

背景介绍：某煤电公司为庆祝中秋佳节举办中秋晚会，这是公司总经理在晚会上的讲话。

关键词：中秋 佳节 辛勤 努力

各位朋友、各位嘉宾，同志们：

大家晚上好！

时间过得真快，转眼之间，中秋过了，国庆来了。中秋是中国人民庆团圆的传统佳节，今年的“十一”是我们共和国的××周年华诞。值此喜庆之际，公司在这里举办联欢会，大家济济一堂，品茗言欢。借此机会，我代表××公司向在座各位，并通过你们向你们的亲人、朋友致以节日的问候和美好的祝福！

十五的月亮十六圆。在这个花好月圆的夜晚，大家能在这里相聚，联欢，我甚感高兴。这是一种莫大的缘分，在这样一个快乐而温馨的节日里，希望大家能共同度过一段美好的时光。

一朵鲜花的绽放需要无数汗水的浇灌，一份伟大事业的成就需要无数人的共同努力。××发电厂的建设与发展离不开大家的共同努力，可以说，这朵煤电联营之花的盛开和耀眼，正是在座各位共同辛勤劳作的结果，历史将永远不会忘记你、我及各位开拓者的身影和汗水。

“每逢佳节倍思亲”，在这个全家团圆的日子里，在座的各位都远离亲人，相聚在这座美丽而富饶的山城——××，为××发电厂的建设与发展，默默地奉献着，辛勤地耕耘着。借此机会，我代表股东方感谢你们，感谢你们能在节日里还坚守岗位，辛勤工作！感谢你们为电厂建设付出的辛勤和汗水，才华和激情！感谢你们对××倾注了无限的热情与希望！

同志们，朋友们，衷心感谢一年来大家心系公司，辛勤劳作，为××电厂建设做出的突出贡献！

最后，祝在座各位节日愉快，身体健康。

谢谢大家！

一朵鲜花的绽放需要无数汗水的浇灌，一份伟大事业的成就需要无数人的共同努力。××发电厂的建设与发展离不开大家的共同努力，可以说，这朵煤电联营之花的盛开和耀眼，正是在座各位共同辛勤劳作的结果，历史将永远不会忘记你、我及各位开拓者的身影和汗水。

★★★

范例2：某大酒店行政主管在文艺晚会上的讲话

背景介绍：某大酒店举办元旦文艺晚会，这是该酒店行政主管在文艺晚会上的发言。

关键词：感恩 学习 努力 辉煌

尊敬的各位领导、各位嘉宾朋友：

大家晚上好！

喜悦伴着汗水，成功伴着艰辛，在 2012 年到来之际，我们欢聚一堂，共祝佳节。在此，我谨代表 × × 大酒店全体工作伙伴向关心、支持酒店成长的各级领导致以节日的问候和崇高的敬意！向为酒店筹建工作提供过帮助的社会各界朋友表示诚挚的谢意！对关心和支持酒店成长的各位朋友表示真心的感谢！谢谢你们！

“天时人事日相催，冬至阳生春又来。”在今天这个特殊的日子里，我们举办以“缤纷圣诞，喜悦新年”为主题的“ × ×之春”文艺晚会，旨在进一步增强企业的凝聚力、向心力，旨在向各位领导、嘉宾朋友表达我们的感恩和谢意，传达我们作为“喜悦文化主题餐饮酒店”的文化定位。我们寄希望于通过喜悦文化的塑造，让更多的人欢喜，让更多的人喜上加喜。喜悦，是珍惜不变的友情；是生命得到了延续；是事业的顺利发展……让喜悦因分享而永恒。

展望未来，我们继续以打造喜悦文化主题餐饮酒店为己任，进一步提高我店内外环境，进一步加大培训力度，多向同行学习、取经，进一步加强员工队伍建设，进一步做好菜式结构、价格的调整，以优质的服务、合理的价格，高中低档兼顾的经营定位，全心全意为您服务!目前虽然是全球金融风暴，但通过企业产品结构的调整和内部机构的调整，我坚信，新的一年有新的希冀和新的耕耘。通过全体工作伙伴的共同努力，有您一如既往的关心和支持，我们一定能实现新的飞跃、新的辉煌！

最后祝大家在此度过一个美好而难忘的夜晚！预祝晚会圆满成功！

谢谢大家！

天时人事日相催，冬至阳生春又来。

★★★

范例1：某市长在记者节文艺晚会上的讲话

背景介绍：为慰问记者的辛劳，某市特值记者节之际举办文艺晚会，这是参加晚会的市长的讲话。

关键词：记者节 舆论

各位记者同志：

在记者节即将来临之际，今天，市广电局以举行文艺晚会的形式，庆祝这一属于广大新闻工作者自己的节日。在此，我谨代表中共××市委，向奋战在新闻工作第一线的同志们，致以亲切的慰问和良好的节日祝愿！

新中国的记者节，是以1937年11月8日××等青年记者发起成立的中国青年新闻记者协会为标志而设立的，半个多世纪以来，特别是改革开放以来，我们的广大新闻工作者以邓小平理论和“三个代表”重要思想为指导，积极唱响主旋律，打好主动仗，大力宣传我们改革开放和社会主义现代化建设的伟大成就，为推进××经济的发展和社会的全面进步做出了积极的贡献。

当前，改革开放和现代化建设正处在重要的战略机遇期，我市正在全面实施“经济、城市、社会”三大转型，推进城乡一体化战略。在新的历史条件下，广大新闻工作者肩负着更加重大的历史责任。我们一定要以“三个代表”重要思想统领我们的新闻宣传工作，紧紧围绕市委、市政府的工作中心，紧扣发展这一时代主题，始终坚持正确的舆论导向；要用马克思主义新闻观指导我们的新闻实践，努力提高新闻工作者的思想政治素质和业务工作水平；要按照“三贴近”的要求改进我们的新闻宣传，把镜头对准基层，把版面留给群众，努力提高新闻宣传的针对性和时效性，为××实现更高水平的小康社会和率先基本实现现代化提供强大的精神动力和舆论支持。

把镜头对准基层，把版面留给群众，努力提高新闻宣传的针对性和时效性，为××实现更高水平的小康社会和率先基本实现现代化提供强大的精神动力和舆论支持。

★★★

范例2：主持人在元旦晚会上的主持词

背景介绍：在元旦来临之际，某校举行文艺晚会庆祝新一年的到来，这是主持人在晚会上的主持词。

关键词：成绩 挑战 凝聚力

各位领导、各位来宾，全体员工同志们：

“天时人事日相催，冬至阳生春又来。”在这辞旧迎新之际，我们共聚一堂，举办这次以“颂××之美，壮××之志，扬××之威，铸××之魂”为主题的“××之春”元旦文艺晚会。借此机会，我以××公司董事长、总经理的名义，向大家致以节日的祝贺和诚挚的问候！

即将过去的××年是我们公司技改项目全面投产后参与激烈的市场竞争的一年,也是接受严峻挑战和考验的一年。一年来，这些成绩的取得是党的政策正确指引的结果，是各级领导大力支持的结果，是各协作单位全力支持的结果，是社会各界倾心关怀的结果，是全公司上下精诚团结、自强不息、以苦为乐、勤勉务实、埋头苦干、锐意拼搏的结果。在此，我们向一直支持和关心××公司发展的各级党委、政府、各职能部门、××村委会、兄弟企业的同人、社会各界的新老朋友，以及公司全体干部职工致以崇高的敬意并表示衷心的感谢！

××年，××行业将继续处于“严冬季节”，我们面临的困难将更多，挑战更严酷，竞争更激烈。我们举办这次文艺晚会，旨在进一步增强企业的凝聚力、向心力，进一步动员广大员工，认清形势，开拓未来，团结一致，勇打硬仗，以敢打必胜的信念和连续作战的作风，驾驭××这艘旗舰乘风破浪，永往直前，向“装备现代化、管理科学化、经营国际化、产品精尖化”的目标挺进。同时，我们也深切希望继续得到各级领导、各行业、各界人士一如既往的大力支持和关怀，××公司将永远是你们同强共赢的诚信伙伴！

在这次文艺晚会的准备过程中，组委会、各级干部和演职人员不计报酬、加班加点、昼夜苦战、尽心尽职、绞尽脑汁、用心设计，体现出很高的思想境界，很强的团队意识、大局意识、责任意识和较强的艺术造诣，使我的内心深处感念我们员工的可亲、可爱、可敬，使我进一步体会到实施人本战略的真实含义，更使我看到了××走向明天的希望所在。严冬已经来临，春天就不会遥远。有这样一支能征善战的员工队伍，我们有一千个、一万个理由坚信：××的明天会更美好！

最后，祝大家新年愉快，工作进步，身体健康，阖家幸福！预祝晚会圆满成功！

谢谢大家。

这些成绩的取得是党的政策正确指引的结果，是各级领导大力支持的结果，是各协作单位全力支持的结果，是社会各界倾心关怀的结果，是全公司上下精诚团结、自强不息、以苦为乐、勤勉务实、埋头苦干、锐意拼搏的结果。

★★★

范例1：某校主持人在元旦晚会上的主持词

背景介绍：在元旦来临之际，某校举行文艺晚会庆祝新一年的到来，这是主持人在晚会上的主持词。

关键词：欢聚 钟声 平安 祝福

尊敬的各位嘉宾，亲爱的女士们、先生们，人见人爱的姑娘们以及现场的小朋友们：

大家晚上好！

今天，我们欢聚在一起，伴着新年宁静的钟声，共同迎来了一个平安、祥和、激情的夜晚。首先我代表酒店的老总及全体员工向您的到来表示热烈的欢迎和衷心的感谢！感谢您在这个特殊的节日里选择与我们一起共度，一起狂欢！今晚，我们一起庆祝元旦这个美好的节日。

今夜，我们欢聚一堂，载歌载舞；

今夜，我们激情满怀，心潮澎湃；

今夜，我们送去我们的祝福；

带着祝愿，带着嘱托，埋藏已久的期盼，化作今日相逢的喜悦。

看，阳光灿烂，那是新年绚丽的色彩。

听，金钟朗朗，这是新年动人的旋律。

今天，是节日的喜悦和欢乐让我们相聚在一起；

今天，是热情的缘聚和友情让我们相逢在一起。同时，感谢所有的来宾和朋友们，一起来参加这个元旦晚会，和我们共同度过这个快乐、祥和的夜晚。让我们用歌声和祝福迎接圣诞的钟声，愿明天更加美好，让我们为明天的平安和幸福虔诚祈祷、祝愿，尽情地高歌狂欢。伴着北国飞舞的雪花，伴着我们的欢声笑语，新年来了。在这欢乐的节日气氛里，带着来年新春的祝福，带着对幸福美好的憧憬。

伴着新年的钟声，伴着元旦快乐的歌声，愿每一个虔诚的祈祷和心愿在来年都能够实现。

你走来，我走来，我们走到一起来，带着新年的祝福，我们走到一起来。愿我们的友谊地久天长。

愿大家笑口常开，歌声常伴，爱永相随；

祝愿大家在新的一年里万事如意，好运常在，平安快乐！

让我们举起杯，为美好的明天祝福！愿世界更美好，生活更美好！

朋友们，带上此刻这份愉悦的心情，带上我们真挚的祝福，去迎接美好的明天吧！

因为相聚，让我们分享了这快乐的时光。

因为圣诞，让我们承载了无尽的祝福。

让我们真心地祝愿：happy new year！新年快乐！愿我们今晚许下的所有心愿来年都一一实现！我们来年再见！

今夜，我们欢聚一堂，载歌载舞；今夜，我们激情满怀，心潮澎湃；今夜，我们送去我们的祝福；带着祝愿，带着嘱托，埋藏已久的期盼，化作今日相逢的喜悦。

★★★

范例2：某酒店经理在元旦晚会上的讲话

背景介绍：在新一年的元旦晚会上某酒店总经理致新春贺词，总结了过去一年的成果，并提出展望。

关键词：喜悦 成绩 发展 幸福

各位同人：

喜悦满怀辞旧岁，憧憬在心迎新年。伴随着嘹亮的钟声，我们满怀胜利的喜悦和奋进的豪情，迎来了新年又一轮朝阳。在此，我谨代表××酒店，向全体员工致以新年的问候和祝福！

刚刚过去的一年，我们面临着外部市场竞争激烈、内部设备设施老化、员工队伍不稳等困难，但我们紧紧围绕××总公司的经营理念、管理理念、文化理念等重要思想，把发展作为酒店的第一要务，全面创新，努力朝着科学化、人本化管理的目标迈进，不但超额取得了年度经营业绩，顺利完成了××博览会等重大接待任务，成功实现了年初制订的经营目标。

××大酒店在发展和进步中所取得的每一分成绩，都离不开广大员工共同的努力和奋斗，离不开广大宾客对酒店的支持和帮助。

新的起点，新的征程。展望未来，我们××人充满希望！2010年将是我们抢抓新机遇，迎接新挑战，加快新发展，朝着既定目标奋进的一年。让我们满怀激情喜迎新春，与时俱进，共求发展！

最后，再次祝愿全体××大酒店有限公司员工新年快乐，阖家幸福！

喜悦满怀辞旧岁，憧憬在心迎新年。伴随着嘹亮的钟声，我们满怀胜利的喜悦和奋进的豪情，迎来了新年又一轮朝阳。

★★★

范例1：某政法大学副校长在法学院毕业晚会上的讲话

背景介绍：2011年7月，某政法大学法学院为即将毕业的研究生们举办毕业晚会，这是副校长在晚会上的发言。

关键词：毕业 包公 法律

即将毕业的研究生们：

晚上好！

在这个不能随便代表的时代，我不想代表别人，我就代表我自己，来跟大家说几句心里话。我给今天的讲话起了个小题目叫《丰满与骨感》。四年以前你们带着很好的理想到政法大学，那时理想很丰满。而四年以后，可能你们带着些缺憾离开政法大学，现实很骨感。而正是因为现实很骨感，我们的理想才必须继续丰满。

这是一个非常骨感的时代，但是正是在非常骨感的时代，理想才能飞翔，那么在这个时代，我对你们有什么期待？我知道北京大学的老师说："你们毕业十年以后，没有四千万，不要来见我。"在座的也有我的研究生，我不会说这样的话，我也不指望你们毕业以后做"包公"，我只希望十年以后你们谁敢"陷害忠良"，我就把你逐出师门，不让你进我的门。你做不成"包公"可以，但是你不能陷害忠良。这是一个必须遵守的最基本的底线。

你们毕业意味着什么？意味着在推动中国的民主和法制事业上我们有了更多的力量，所以我希望同学们要给力！在我们现在掌权的时候，我相信在某种意义上我还是一个法律人。我经常会在必要的时候，按照我的本意来说话。我希望将来等到你们掌权的时候，你们应该让我为你们鼓掌而不是遗憾。所以，我对你们有一个很简单的祝福。十年以后，当你们当权了，男人们你们要像男人。十年以后，你们女生掌权了，你们要像女人。谢谢。

你做不成“包公”可以，但是你不能陷害忠良。这是一个必须遵守的最基本的底线。

★★★

范例 2：某教师代表在元旦晚会上的讲话

背景介绍：某校举办元旦晚会，还特邀了教育局领导，这是一名教师代表在晚会上的讲话。

关键词：振奋 人生 教育

各位领导、同事、同学：

新年好！

首先，我代表全体教师向光临我们联欢会的各级领导表示衷心的感谢；向参加这次联欢会的全体师生致以节日的祝贺，愿大家在新的一年里，百尺竿头，更进一步！

各位同事，在新的一年里，真希望咱们人人都成为出色的向导，带学生到书山中去探路，到学海里去泛舟；让学生去采撷知识的花朵，去捕捉创造的火星儿，去丰富他们的情感，去净化他们的心灵，去描绘他们的人生。把素质教育逐步渗透到我们的教育教学工作中来，使教改的步伐越迈越稳，越迈越大，越迈越快。

各位领导，今后，希望你们更加重视和关心我们的教育事业，在改善办学条件、优化教学环境方面再做努力，并对我们的教育教学工作时时督查，多方指导。

同学们，人生有限，知识无穷。现在，你们正处在人生的黄金时代，但生命的蜡烛无时不在默默地燃烧，悄悄地变短。请珍惜青春，热爱生命吧！你们要爱学习，勤学习，会学习，全面发展，立志成才，尽快投身于我们祖国的现代化建设事业中。

这才是：重教育，育英才，树百年大计；爱学习，求真知，标一代新风。

最后，我预祝这次联欢会开得圆满成功，为欢乐的节日再添上光彩的一笔！

真希望咱们人人都成为出色的向导，带学生到书山中去探路，到学海里去泛舟；让学生去采撷知识的花朵，去捕捉创造的火星儿，去丰富他们的情感，去净化他们的心灵，去描绘他们的人生。把素质教育逐步渗透到我们的教育教学工作中来，使教改的步伐越迈越稳，越迈越大，越迈越快。

第二节 佳句荟萃

1. 纵目远眺，这块大地竟然是这样的美丽！这里的山山水水，我都是这样的熟悉，我闭起眼睛都能够想象出每一条田间小道。东边的工业园区，高楼林立，繁花围绕着工厂色彩斑斓的厂房；南边果树园林里，银杏果实累累，苹果和梨子压弯了枝条；西边的老山的花木场里，郁郁葱葱，繁花似锦，各种花木在秋天里争奇斗艳；北边是一望无际的金色世界，稻谷成熟了！这满地的黄金，随着山峦连绵起伏。哦，辛苦一年的农民终于有了收获，过不了几天，我就可以吃到新鲜的香稻米了。秋天不仅仅是馨香的季节，更是收获的季节！

2. 一元复始，万象更新；日月光华，旦复旦兮！

3. “天时人事日相催，冬至阳生春又来。”新春的到来给人们带来美好的憧憬，回首过去，我们豪情满怀；展望未来，我们信心百倍。让我们同心同德，扎实苦干，开拓创新，与时俱进，共同创造××美好的明天！

4. 佳节将至，新春新喜。我们欢聚一堂，载歌载舞，挥别旧岁，喜迎新春，共同畅想美好的未来。

5. 新的一年，涌动着新的春潮，孕育着新的生机，展示着新的希望。

6. 各位领导、各位来宾，我集团的核心价值观是：爱国——教育公司员工和其家人对国家要无限忠诚；拼搏——生命不息，拼搏不止；正义——要求自己堂堂正正，对别人讲义气；感恩——永远要有一颗感恩的心！我们致力于企业的长远发展，我们有打造百年××的信心和决心，无论遇到任何艰难险阻，我们都将一往无前，去实现我们的理想和目标。相信有社会各界一如既往的信任和鼎力支持，××的未来一定会更加辉煌灿烂。

7. 盛世抒正气，中兴舞升平。

8. 同志们，“雄关漫道真如铁，而今迈步从头越。”让我们继续发扬“五一”、“五四”自强不息的精神和团结拼搏的斗志，携手并肩，同舟共济，鼓足干劲，向着更高更远的目标奋进！××的明天一定会更加美好！

9. 明月生辉映美景，花灯吐艳庆佳节。今晚，我厂在此隆重举办“庆五一，迎五四”联欢晚会。热烈庆祝“五一”国际劳动节和“五四”青年节。我谨代表工厂总经理向辛勤工作在各个岗位上的全体员工和青年朋友们，致以亲切的问候和衷心的感谢！感谢你们为工厂默默无闻和兢兢业业的工作。感谢你们为工厂的辛勤劳动和无私付出。

10. 晚会的时间虽然短暂，但艺术的空间却是无限的。让我们将参加艺术节的热情转化为学习的动力，用知识开启理想之门，用才干塑造艺术人生。

11. 今天是圣诞节，据说西方人习惯在这一天用常青树象征永恒的生命。今天我们这个现场没有常青树，可置身于青年朋友中间，我深深地感到了生命的活力，青春的流光溢彩，在此我向大家送上一份最美好的祝福，祝大家爱情甜蜜，青春似火，身体健康，事业蓬勃！

第 12 章 庆功酒会演讲

第一节 范例集锦

★★★

范例1：党委书记在庆功会上的讲话

背景介绍：2012 年首季度，某公司营销策略取得了良好的成效，公司党委书记发表了讲话。

关键词：机遇 需求 祝贺 发展

各位同人：

大家上午好。

春风送暖，万物复苏，在这春意盎然，阳光明媚的大好时节里，你们紧紧把握市场，抢抓机遇，全力拓展营销业务，在市公司开展的“只争朝夕 扬鞭夺冠”营销业务竞赛中取得了良好的成绩。在此我谨代表市公司党委、总经理室，向你们表示衷心的祝贺。

在 2012 年的首季度，你们紧紧围绕年度工作目标，严把全年业务发展主动权，认清形势，瞄准市场，不等、不靠，顺应市场需求，使业务得到了快速发展，为公司实现全年任务目标奠定了坚实的基础,同时各位同人也得到了丰厚的回报，更好地回报了自己的家人。

截止到3月13日，全辖共实现营销新单保费收入5125万元，完成全年营销新单任务的50%。在还未满一个季度的时间里，我们营销新单保费已实现过半，为全年的工作开了个好头，这也充分证明了市场无限大，我们的营销队伍力无穷。

面对激烈的市场竞争，成绩只能属于过去，我们要以更加饱满的激情，高昂的斗志去迎接新一轮的挑战。我坚信：只要我们全员继续鼓足干劲、坚定信心、群策群力，团结一条心，拧成一股绳，2012年将是我们立大志、成大事，实现业务超常规、跳跃式发展的一年，做出无愧于时代的光荣业绩，谱写出××事业的崭新华章。

谢谢大家！

春风送暖，万物复苏，在这春意盎然，阳光明媚的大好时节里，你们紧紧把握市场，抢抓机遇，全力拓展营销业务，在市公司开展的“只争朝夕 扬鞭夺冠”营销业务竞赛中取得了良好的成绩。

★★★

范例2：agogo KTV××旗舰店开业庆功酒会主持词

背景介绍：某文化产业公司旗下的agogo KTV××旗舰店举办开业庆功酒会，这是主持人在酒会上的主持词。

关键词：agogo 音乐 拼搏 表演

女：尊敬的各位领导、各位来宾，

男：亲爱的agogo的朋友们：

合：大家晚上好！

女：我是主持人××。

男：我是主持人××。

女：今晚，来自agogo的朋友们相聚在××假日宴会厅，出席××文化产业公司旗下agogo KTV××旗舰店的开业庆功酒会。

男：今晚，我们相聚在这豪华的音乐殿堂，享受××娱乐带给我们的欢乐，享受这段美好的酒会时光。

女：今晚，绝对是一个充满意义的夜晚，让我们共饮美酒，来共同庆祝agogo××店的盛大开业！

男：回首agogo七年的发展历程，那是agogo人齐心协力、拼搏向上的七年,更是agogo与时俱进、开拓创新的七年！

女：在全体agogo员工的共同努力下,在社会各界人士的关心与支持下，今天的agogo正如一只翱翔在苍穹的雄鹰，搏击长空。

男：此刻，就在这觥筹交错的舞台，在这成功与喜悦交织的夜晚，

女：我们将用最美好的歌声咏唱agogo的成就与辉煌；用最精彩的表演秀展现agogo的风采；

男：下面我宣布2011年agogo全国自助连锁KTV开业庆功酒会

合：正式开始！

今晚，我们相聚在这豪华的音乐殿堂，享受××娱乐带给我们的欢乐，享受这段美好的酒会时光；今晚，绝对是一个充满意义的夜晚，让我们共饮美酒，来共同庆祝agogo××店的盛大开业！

★★★

范例1：在某矿业上市庆功宴上的讲话

背景介绍：某矿业在经过艰辛努力后在港成功上市，这是某自治区副主席在庆功宴上的讲话。

关键词：聚集 成长 快乐

各位来宾，女士们、先生们：

晚上好！

今天，我们欢聚一堂，在这里隆重举行××矿业在港主板上市的庆功晚宴，在此，我代表××自治区党委、自治区人民政府对××矿业的成功上市表示热烈的祝贺！对中银国际及各中介机构的大力支持和帮助表示衷心的感谢！

××矿业是中国××唯一一家集采矿、选矿、冶炼为一体，以镍为主的大型镍、铜企业，也是中国西部省区第一家在香港联交所主板上市的矿业公司。它的成功上市，对宣传××、介绍××、了解××将起到积极的推动作用！在此，我也向××矿业以××董事长为首的优秀管理团队所做出的努力表示衷心的感谢！

女士们，先生们，我们××是一个物华天宝、人杰地灵、发展潜力巨大、战略地位十分重要的中国西部边疆的重要门户。××的地缘优势、资源优势十分明显，石油、天然气、煤炭能源储量十分丰富，特色矿产及特色农产品都是××独有的优势产业！

××蕴含着巨大的财富，充满着极大的希望，昭示着发展的潜力。我们真心、热忱地欢迎各界朋友、各位同人、有识之士来××观光旅游、投资兴业！我们将以优惠的政策，博大的胸怀，优质的服务，浓郁的民族风情诚招四方宾客，宽待各界朋友，为共创美好的未来，构建和谐社会做出不懈的努力！

最后，预祝××经济繁荣、社会进步，各位来宾事业有成、身体健康、万事如意。谢谢！

我们将以优惠的政策，博大的胸怀，优质的服务，浓郁的民族风情诚招四方宾客，宽待各界朋友，为共创美好的未来，构建和谐社会做出不懈的努力！

范例2：某董事长在中通五十周年庆功宴上的讲话

背景介绍：中通集团在五十年华诞之际举办庆功宴，董事长在宴会上讲话。

关键词：感谢 发展 意义

尊敬的各位领导、各位嘉宾，同志们：

大家好！

今天是个好日子，我们在这里共同庆祝中通集团五十年华诞。在此，我谨代表中通客车及集团下属成员单位，向在百忙之中前来参加庆功宴的各位领导、各位来宾和新闻界的朋友们，表示热烈的欢迎和衷心的感谢；向为中通集团的发展做出贡献的历届老领导、老职工、老劳模，以及在岗的集团全体员工，表示深切的问候和崇高的敬意。

今天是一个值得纪念的日子，让我们共同分享中通五十年发展带来的喜悦，共同展望中通美好的发展前景。五十年栉风沐雨，半世纪成就辉煌。

今天，我们看到了一个艰苦创业、不断创新发展的中通。五十年来，中通人风雨兼程，历尽艰辛，执着追求，用勤劳和智慧的双手，铸就了中通今天的辉煌伟业！

今天，我们看到了一个面貌崭新，不断发展壮大的中通。并已彻底扭转了单一产业、低档次产品、地域型企业的形象，已经步入了集团化、产业化、规模化的发展道路，不断拓展壮大，并成功走向世界。

今天，我们看到了一个持续发展，具有永恒动力的中通。经过多年的努力，我们得到了社会的关注、领导的呵护、市场的认可、客户的信赖、员工的拥护，并焕发出新的青春活力和盎然生机。

五十年，是中通集团发展史上一个具有重要意义的里程碑，它标志着中通已经步入了一个具有较强竞争力、较强影响力和较强增长潜力的全新发展时期。当然，这些成绩的取得，极大地增强了我们建设“百亿中通、百年企业”的信心，坚定了我们建设国际化中通，打造世界知名品牌的决心。全体中通人都为这一辉煌成就感到荣耀和自豪！

我们将永远感怀和铭记，这些辉煌成就的取得，是各界朋友关心帮助、鼎力支持的结果。在中通的发展中，各供应商、经销商、广大用户和事业伙伴给予了我们极大的信任和支持，并与中通同甘共苦、风雨同舟，帮助中通在激烈的市场竞争中创造出了一个又一个的奇迹。我们将永远感怀和铭记，这些辉煌成就的取得，是中通集团四千多名员工不懈追求、艰苦奋斗、开拓创新的结果。

各位来宾，各位朋友，员工同志们！新的起点，新的征程，孕育着新的发展和辉煌。衷心希望各位领导、各位来宾、广大客户、供应商事业伙伴、新闻媒体以及社会各界的朋友们，一如既往地关怀中通的成长，关心中通的发展，支持中通的事业。我们将团结拼搏，再接再厉，加快发展，为将中通的事业推向新的辉煌而努力奋斗！

谢谢大家！

让我们共同分享中通五十年发展带来的喜悦，共同展望中通美好的发展前景。五十年栉风沐雨，半世纪成就辉煌。

★★★

范例 1：在珠峰登顶庆功宴上的讲话

背景介绍：中国搜狐登山队在××酒店举行了盛大的庆功活动，庆祝中国搜狐登山队成功登上珠穆朗玛峰。中国搜狐登山队副队长，搜狐公司董事长、首席执行官致辞。

关键词：意义 献礼 难忘

与队友们小别了两个礼拜，我提前下山回到北京。今天到成都来迎接2003 中国搜狐登山队的凯旋。这里其实是我初学登山的地方，去年我登了四川的四姑娘山，所以这个地方对我来说非常有意义。大家刚才说在 50 年之际，这个“之际”是非常准确的，今天是5月29号，正好是50年前希拉里和丹增登上珠峰的那一天。我看世界一些媒体都在报道这件事情，CNN是直播，尼泊尔全国都在欢庆这件事情。珠峰在我们中国境内，我们今年以这样一种隆重的方式庆祝是理所应当的，而且是做得非常成功的。

攀登也是对50周年纪念最好的献礼，50年前在没有很好装备的情况下，人类到达世界第三极，到达从来没有到过的地方。过去的两三个月里面，所有队友在高山协作人员，尤其是西藏登山学校的学生以及广大的赞助商、媒体的帮助下，度过了非常艰苦难忘的日子，这些会成为我们这些亲身参与的人一生难忘的经历。

我们每个人无论攀登到多高，其实在内心都攀登了一座人生的高峰。这次攀登跟世界其他登山队不一样，中国搜狐登山队是在媒体的强烈关注下，包括最先进的搜狐网络媒体以及央视，顶着巨大的压力，最后达到了目标。

××队长在海拔8848米的珠峰顶上发出了短信，这是另外一个伟大的创举。网络媒体和电视媒体的强烈关注，使得这次坚韧不拔的攀登精神能够广泛传播给全国数亿人民，让全国人民共同分享。

今天是一个幸福的时刻，一个凯旋的时刻，大家感到非常高兴，祝愿所有参加这次活动的人们在未来的人生旅途中成功地攀登一座座新的高峰。谢谢！

我们每个人无论攀登到多高，其实在内心都攀登了一座人生的高峰。

★★★

范例2：某区域总监在订货庆功宴上的讲话

背景介绍：某分公司举办订货庆功宴，这是区域总监在宴会前的讲话。

关键词：热情 支持 辉煌

尊敬的各位来宾，经销商朋友们：

大家好！“一年一度秋风劲，不似春光，胜似春光”；一年一度夏季热，不似热辣火焰，胜似热辣火焰。今天的××2010秋冬季订货庆功会在炎炎夏日召开，此情此景也正说明了我们大家是带着火热豪情来参加这次会议的。这里，我向前来参加本次会议的总代理、加盟商，各位朋友们表示热烈的欢迎和衷心的感谢！

引用墨子的一句话，“国有贤良之士众，则国家之治厚。”在全国各地，××得到如此多优秀商家的支持，销售业绩节节攀升，前景喜人。一分耕耘一分收获，这些成绩的取得，离不开广大经销商的支持，是与广大经销商的辛勤劳动和各位××人的忠诚敬业分不开的，我们用智慧和汗水共铸了今天的辉煌。在此，我再一次向大家表示衷心的感谢！

此外，为了庆祝我们大家努力的成果，我公司精心准备了今天晚上的欢庆晚宴，邀请了著名主持人和演艺团体前来助阵。借助轻松愉快的氛围，让各位朋友放松地体验我们的公司文化，进一步加强公司与各位的交流与合作，坚定我们发展××的信心和决心，将我们的市场做得更大更强。今晚请各位吃得开心，玩得痛快，让我们团结协作，同舟共济，奋力开拓，下半年争取更大的辉煌！

最后，祝各位财源广进，生意兴隆，万事如意。

一分耕耘一分收获，这些成绩的取得，离不开广大经销的支持，是与广大经销商的辛勤劳动和各位××人的忠诚敬业分不开的，我们用智慧和汗水共铸了今天的辉煌。

第二节　佳句荟萃

1. 感恩，会使心境变得平和；感恩，会使自己感到幸福。感恩，会使生活充满希望。拥有一颗感恩的心，才能理智地面对一切困难，从容地面对是是非非。

2. “千淘万漉虽辛苦，吹尽狂沙始到金。”公司的营销人员不断超越自我，实现自我，用辛勤和汗水浇灌出了今天骄人的成绩。

3. 岁月如梭地变迁，不变的是公司与广大营销人员的携手开拓。不变的是希望，升腾的是梦想，在收获之时我们采撷硕果，淋漓酣畅。“雄关漫道真如铁，而今迈步从头越。”让我们以自强不息的精神，团结拼搏的斗志去创造新的辉煌业绩和更加美好的未来！

4. 回首过去，我们热情洋溢；坚定现在，我们激情澎湃；展望未来，我们斗志昂扬。让我们在新的征程中张开腾飞的翅膀，向着更高的目标飞翔。让我们携手并肩，实现新跨越，再创新辉煌！

5. 我们今晚特在××楼顶燃放庆功焰火，共同庆贺今年高考的辉煌成绩，共同祝愿××的明天更加美好。同时，我也在此号召在座的××学子，勤奋学习，努力拼搏。希望大家都能考上理想的大学。

6. 我相信，到明年的今天，这些成绩将不再是纪录，新的纪录一定会被新的高三所创造！

7. 在此，我衷心感谢高三的全体师生，也期望高一、高二的全体师生能继承优良传统，团结协作，拼搏进取；不断创新，为学校的不断进步，为学校的再创辉煌而不懈努力！

8. 绚丽烂漫的焰火把一中校园装点得分外美丽，火树银花映照着人们的笑脸，流光溢彩中，震耳欲聋的炮声，激情的欢呼声，汇成欢乐的海洋。这是激动人心的时刻，这是人人同庆的时刻，一中人的点点心血，滴滴汗水，默默努力，不懈追求，在六月终定乾坤，今朝终笑傲高考创辉煌！

9. 今晚，庆祝胜利的礼花即将为我们绽放。朵朵礼花，绽放的是我们不畏困难、顽强拼搏的精神，绽放的是我们齐心协力、再创辉煌的信心，绽放的是我们锐意创新、不断进取的豪情。我要对我们高一、高二的同学们说，我预言我们明年、后年的礼花将绽放得更加灿烂。

10. 夏风习习，星光灿烂，华灯齐放，歌声阵阵。欢快的笑声表达不尽大家激动的心情，热情的赞歌唱不尽对母校的一腔深情。

11. 祝愿一中“年年喜唱丰收歌，明年再创丰收年”！

12. 当不同花型的大型礼花腾空而起的时候，美丽的一中成了欢乐的海洋。夏日的夜空百花齐放，被装扮得缤纷璀璨、异彩纷呈,天空中富丽娇艳的花朵象征着××一中的明天会更加美好！同学们激动地说：“无论天之涯，海之角，我们都会铭记今天这一时刻，铭记作为××人的骄傲与自豪！

13. 回顾过去，我们迈出了可喜的一步；展望未来，我们依然任重而道远。但撑起的风帆早已鼓足了劲风，前行的脚步将永不停息。

14. 男：时光荏苒，岁月如梭，我们风雨兼程。

女：日月轮回，斗转星移，我们激情满怀。

男：虎振雄风留浩气。伴着动人的旋律，我们即将送走硕果累累的2011年。

女：兔迎盛世启新程。踏着快乐的节拍，我们即将迎来生机勃勃的2011年。

男：今天，我们欢聚一堂，载歌载舞，共同庆祝××的又一个丰收之年。

女：今天，我们心潮澎湃，激情荡漾，共同庆祝新一年的到来。

15. 回首往昔，令人欢欣鼓舞；展望未来，备感重任在肩。相信在新的一年里，在××的正确领导下，××全体员工将同心同德，奋发大干，为夺取一次又一次的胜利，收获一次又一次的丰收，做出新的、更大的贡献。

16. 今宵难忘，难忘今宵。让我们共同举杯，祝愿××的明天更加美好！

17. 金秋送爽，丹桂飘香。带着喜悦的心情，载着殷切的希望，我们迈入了金色的绚烂秋季，迎来了丰收的欢乐9月。秋天是丰收的季节，9月是欢庆的时刻。今晚，在这个金色秋天里的良宵，我们欢聚一堂，共同庆祝我们项目部承建的××段工程顺利完工！

18. 曾几何时，我们辛勤劳作，挥汗如雨！曾几何时，我们栉风沐雨，废寝忘食！但是我们懂得天道酬勤，始终坚持“团结、自强、务实、高效”的企业精神，不怕困难、敢于拼搏，最终交出了一份优异的答卷。

19. 在今天这个庆功宴会上，我们为自己的努力奋斗而骄傲，为自己的拼搏进取而自豪，更为自己是××公司的一员而感到光荣和自豪。

20. 此时是欢庆的时刻，此刻是享受的时间。让我们把酒言欢，共同举杯，开怀畅饮。来，大家干杯！

21. 昔日的成功已经凝固成历史，明天的辉煌将与××品牌北京店开业一起来临。让我们再次以热烈的掌声感谢各位嘉宾的到来！也祝××品牌北京店如××品牌的名字一般红红火火、蒸蒸日上！也希望在座嘉宾能一如既往地支持××品牌未来的发展！谢谢大家！

第 13 章
年终酒会演讲

第一节　范例集锦

★★★

范例 1：某公司董事长在年终酒会上的讲话

背景介绍：某公司在辞旧迎新之际举办酒会，总结上一年的工作，并对员工提出要求。

关键词：繁荣　事业　品牌

各位同人：

紧张而富有收获的兔年过去了，充满希望和勃勃生机的吉祥龙年到来了。在这辞旧迎新的日子里，首先感谢各位同人在过去的一年的辛勤劳动，感谢大家为公司发展所做的重要贡献！

一分耕耘，一分收获。2011 年，我们的汗水换来了丰收，我们的拼搏换来了喜悦，我们的付出得到了回报，我们的希望得到了实现。去年我们有很多经验值得总结，有很多果实值得珍藏。比如……

但是，一个公司的发展不是一蹴而就的，公司的长久繁荣需要我们每个人精心呵护，来不得半点儿掉以轻心和糊里糊涂。战略决定方向，细节决定成败。我们公司要持续发展，需要我们每个人每天每月每年兢兢业业，同心同德，创新进取。在这里，我主要强调三个字：

第一个字——品。品就是品德、品质、品牌。

我们常说“做事先做人”，它就是指要成就一番事业，首先要有好的品德。古人说：“人之立身，所贵者惟在德行。”品格如同树木，名利如同树荫。我们常常考虑的是树荫，却不知树木才是根本。的确，学会做人是成事之道，人品人格是谋事之基。我们既然以“人”的身份在人世间生活，首先从本质上讲是“人”，所以一个人若要成功，首要问题就是学会做人，如果连做人都不会，怎么能把事做好呢？比尔·盖茨曾说过：“我把人品排在人所有素质的第一位，超过了智慧、创新、情商、激情等，我认为如果一个人的人品有了问题，这个人就不值得一个公司去考虑雇用他。”广东今日集团总裁何伯权说：“我们用人的原则是德才兼备，以德为先。打个比方说，品德就像火车的方向、路轨，才能就像马力。如果方向、路轨偏了，马力越大，造成的危害也就越大。”我相信，没有好的人品，是难以生产出好的产品的。

当然，我们公司绝大多数人都有好的品格。他们懂得尊重别人，懂得互谅互让，懂得爱护集体，懂得勤奋努力。不因小事而毁誉，不因私利而废公。比如……我们公司需要这样的人，欢迎这样的人，我们要造就更多这样的人！能力固然重要，人品同样不可或缺。品德好的人总是能赢得人缘和信任。有了人品做航标，你的人生之舟就能乘风破浪，到达成功的彼岸。

我们常说人品即产品，有了好人品就不怕生产不出好品质的产品。品质是什么？品质到底是怎样来的？有人说是检验出来的，制造出来的，设计出来的，管理出来的，习惯出来的。

那么，你的答案呢？其实，不论是怎样出来的，零缺点的品质目标才是我们想要的。但是，要达到零缺点这一目标，靠的是大家齐心协力、认真负责，也就是说品质是靠各位员工做出来的。我们生产产品要做到不良为零、浪费为零、故障为零、投诉为零，最终生产出一流的产品。“质量就是生命”，这句话不是老生常谈，而是千古不变的商海准则。

没有好品质，品牌就是无源之水、无本之木。有了过硬的产品，我们就要全力创品牌、创名牌。著名商人曾宪梓说过他是靠好质量、大广告取得成功的。现在，我公司产品已获××省名牌产品称号，但这还未达到我们的目标。我们下一步的目标是加大广告宣传力度，向中国名牌冲刺！

第二个字——赢。

赢，是指双赢。我赢你输，我输你赢，都不是赢。真正的赢就是双赢，是皆大欢喜，大家都获胜，大家都获益。这里包括三层意思：

1. 企业与客户双赢。客户是我们的衣食父母，客户的利益就是企业的利益，让客户赚到钱，我们才能赚到钱。你的工资不是会计发的，不是总经理发的，也不是董事长发的，是谁发的呢？是客户！我们的客户越多，我们的收入就越多。

2. 企业与员工双赢。企业要发展靠的是员工，仅有几个领导是不可能发展的。我开办企业的目的，其实不是我急于要赚钱，而是增加社会就业，让更多的人都赚到钱。只有大家齐心协力，努力工作，我们才能都有钱赚。

3. 企业与社会双赢。社会要发展，企业的贡献不可或缺。企业要对区域发展献一份力，要热心公益事业，支持环境保护，树立良好的社会形象。最终使社区更多的人拥护我们、支持我们。

第三个字——和。

和，就是和睦、和谐。有一首歌唱道：“团结就是力量，这力量是铁，这力量是钢，比铁还硬，比钢还强……”团结就是力量，这句话至今是许多企业的座右铭。团结就是力量，团结，一切困难都可以迎刃而解；团结，任何对手都可以战胜；团结就是力量，团结出凝聚力，出战斗力，出生产力，出社会活力。一个集体如果不团结就是一盘散沙。一滴水只有放进大海里才永远不会干涸，一个人只有当他把自己和集体事业融合在一起的时候才能最有力量。俗语说，人心齐，泰山移。只有心往一处想，劲儿往一处使，形成强大合力，经济社会才会持续、快速、和谐、健康发展。另外，要和睦，必须讲纪律，必须有纪律。我们的纪律表现就是集体的面貌，集体的声音，集体的动作，集体的表情，集体的信念。

和，主要注意以下三点：

1. 家庭要和睦。家庭是社会的细胞，和睦的家庭能使你安心愉快地工作。我们每天忙忙碌碌，回到家里却又吵吵闹闹，会使一个人身心疲惫，肯定会影响到工作。每个成功人士都有一个和睦的家。希望大家处理好家庭关系。

2. 班组要和睦。同事之间若有良好的关系，绝对有利于你的工作和健康。我建议有些员工用心处理好同事关系。闲谈莫论人非；静坐常思己过。在和同事相处的过程中，要始终以此为准则。同事之间还要互谅互让、互帮互助。相信你会和同事的关系相处得非常融洽。

3. 社会要和睦。人是社会的人，离开了社会，人是无法生存的。所以，我们要和社区搞好关系，让社区成为我们成长的土壤。

花放梅梢生意满，春归柳苑鸟声和。让我们在新的一年里，牢记“品”“赢”“和”这三个字，努力实现物质和精神双丰收！

最后，衷心祝愿全体员工及家属春节愉快，身体健康，阖家欢乐，生活美满！

一分耕耘，一分收获。2011 年，我们的汗水换来了丰收，我们的拼搏换来了喜悦，我们的付出得到了回报，我们的希望得到了实现。去年我们有很多经验值得总结，有很多果实值得珍藏。

★★★

范例 2：某税务系统干部在年终酒会上的讲话

背景介绍：某地税局圆满完成了全年的税务工作，在年终举办的酒会上，该局干部发表热情洋溢的讲话。

关键词：捷报 回首 起点

尊敬的各位领导、同志们：

值此辞旧迎新之际，我们欢聚一堂，品味丰硕成果，展望美好未来。在此，我代表××地税局向各位领导的到来表示热烈的欢迎，代表局党组向全局干部职工致以亲切的慰问和美好的祝福！

即将过去的一年是极不平凡的一年，是充满机遇和挑战的一年，也是税收工作捷报频传、再创新高的一年。一年来，在上级局和地方党委、政府的正确领导下，全体干部职工同心同德、众志成城，攻坚克难促发展、群策群力求突破。税收收入再创历史新高，科学化、规范化、精细化管理高效推进，税收征管质量深入巩固，税收工作效能显著提升，各项工作圆满完成。尤为可喜的是，在经济形势最为复杂的一年里，税收的增长幅度不仅没有下滑，而且实现了大幅度的提升和增长，这骄人的成绩令我们振奋，更令我们自豪。

回首即将过去的一年，我们不能忘记各级领导尤其是上级局和地方党委、人大、政府、政协等部门领导对我们的关心支持；不能忘记很多同志为了保证税款及时入库，经常加班加点、主动放弃休假而无怨无悔；有些同志干的最苦、最累、最难，但仍然坚持；有些老同志不顾年龄大，体力差，依然奔波在税收征管工作的第一线，这些都是我们学习的榜样。也正是有了大家无私的奉献，才有了我们今天的辉煌成绩。对此，我向大家表示衷心的感谢，并致以崇高的敬意！

新的一年我们将站在新的起点，开启新的征程。风正潮平，自当扬帆起航；任重道远，更需策马扬鞭。在新的一年里，让我们继续发扬老区干部职工敢打硬仗、能打硬仗、善打硬仗的工作作风，再接再厉，扎实苦干，以强者的姿态迎接更加辉煌的明天。

最后，我衷心地祝愿各位领导、同志们元旦快乐、身体健康、工作顺利、家庭幸福！

风正潮平，自当扬帆起航；任重道远，更需策马扬鞭。

★★★

范例1：马云在年终总结大会上的讲话

背景介绍：2010年伊始，马云在阿里巴巴的年终总结大会上讲话，总结过去一年的工作并对新一年的工作做出计划。

关键词：复杂 寒冬 奖金

各位阿里人：

过去的2009年对阿里集团来说是精彩、复杂、遗憾和兴奋交错的一年。我们幸运地在2008年提前对经济形势做了危机判断，并采取了一系列的措施，更由于大家一如既往地艰苦努力，迎接了一次又一次的挑战和变化，集团取得了很大的成绩。尽管还存在着很多问题，面临着越来越多的挑战，但我对我们的整体结果表示满意。今年我给集团打75分，不要觉得少，这已经是十年来很高的了。

今天，我想和大家谈谈我对2010年工资调整方案和奖金分配原则以及KPI的一些看法……

去年此时，尽管正处于金融风暴的寒冬，但我们逆势加薪以肯定所有阿里人艰苦付出和取得的卓越成绩。今年的年度绩效考核，经过集团管理层的讨论，我们做出以下决定：

关于2009年年终奖，今年的关键词是：奖罚分明，打破大锅饭，打破平均主义，奖金是对昨天工作的肯定和对未来工作的期望。今年的奖金方案已出台，我相信大家会觉得今年的奖金发放和往年有很大区别。今年，我们将严格执行271制度，旗帜鲜明地奖优罚劣。与以往相比，将特别突出“奖罚分明”，“愿赌服输”，打破大锅饭和平均主义。包括公司所有层级在内都将对top 20进行奖励提升，同时对bottom 10加强问责。这是对勤奋付出的同事的最大公平，同时也是激励所有阿里人去挑战更高的目标。

奖金不是福利，奖金是通过努力挣来的。它不可能人人都有，也不可能每个人都一样。它不是工资的一部分，而是因为你的业绩超越了公司对你的期望值（请特别注意这一点）。

今年的奖金分配原则将会进一步公开透明，我们将在内网上公布各个分公司的发放原则。我们希望每一个员工都能从自己的上级那里得到明确的信息，清楚自己的奖金为啥会多，为啥会少！

另外，以往年终奖都和基本工资挂钩，但从今年开始，年终奖不再与工资挂钩，而是根据员工对公司的贡献分配，它由所属子公司、部门还有每个人自己的绩效所决定。

在今天的经济形势下，我们判断明年的通货膨胀将不可避免，我们担心阿里普通员工的生活将会受到影响。2010 年也是我们全集团开展协同发展的第一年，我们对大家会提出更高的要求和期望。基于“员工第一”的原则，今年我们决定继续加薪！本年度的加薪幅度会不小，但我们还是必须严格执行 271 制度。

dream target 是我们共同奋斗的目标，是调配资源的指导。dream target 必须通过创新的方法才能实现，而不是简单地沿用现有的手段，拼命去挤牙膏。电子商务正在迎来井喷式的发展，我们必须超高速地成长，这样才能继续保持行业领先。我们要为我们的 mission，vision 和 dream 去奋斗，而不是为完成 KPI 任务，更不应该是为了奖金而努力。

各位阿里人，我相信绝大部分的同事会支持以上原则，但执行是难点，更是关键。我相信在执行过程中我们会有兴奋，会有沮丧，也会有痛苦、纠结甚至愤怒，但也许这就是我们每个人成长中一定会有的感受。要想创造新商业文明，必须有相适应的文化和组织能力。我们必须不断地改变和提升自己！

新的一年已经开始，阿里巴巴要在十年内实现“帮助一千万小企业发展，提供一亿就业机会，为十亿消费者提供服务”的目标。几乎每一年都会很艰难，都是关键。很多同事加入阿里巴巴的第一天，我就告诉过大家，阿里巴巴不承诺你会升官发财，但一定承诺你会有冤枉，有委屈。今天我要对 2009 年新加入的 6480 名新同事说同样的话，欢迎你们来阿里巴巴，这不是一份简单的工作，这是一个梦想，我们都必须要为此付出巨大的努力和代价！

过年了，带着你的家人，去好好玩，好好花钱吧。

认真生活，快乐工作！

替我向阿里家属亲人们问好！

过年了，带着你的家人，去好好玩，好好花钱吧。

★★★

范例2：某商场总经理在年终酒会上的讲话

背景介绍：某集团下属商场举行年终酒会，对一年来各方面工作进行综合评价，表彰先进，发现问题，为来年工作蓄势。这是在年终酒会上，商场总经理发表的讲话。

关键词：新年 进步 成就 行动

尊敬的各位领导、各位同事：

伴随着浑厚的新年钟声，鸡年已逝，祥犬升腾！在此辞旧迎新之际，我衷心祝福大家新春快乐，身体健康，事业进步，全家幸福！

××年对于我们××来说是不平凡的一年，更是具备战略意义的一年。一年里，××集团的各项事业都取得了长足的进步，商城的经营业绩更是节节攀升。经过一年的锤炼，我们的战略更加聚焦，思路更加明晰，基础更加扎实，管理模式更加完善，执行力更加增强！在所有××人的共同努力下，我们克服了种种压力和困难，不仅圆满地实现了集团各项预定目标，而且团队的素质、专业的精神、管理的层次都有了极大提升！所有这些成绩的取得与我们全体员工的共同努力是分不开的。这是每一位××人辛勤付出的功劳，更是每一位××人的骄傲！

激情和汗水成就过去，理性和坚强铸就未来！我们有足够的理由相信，××年将是更加激动人心的一年。我们将看到××各项事业的迅速推进，一起体验成功的激动时刻。集团和商城也将用智慧和业绩为大家创造更加广阔的发展空间和更多的发展机会。我们每位员工都将在××的飞速发展中实现最大的价值！

在这里，我代表集团和商城领导对各位一年来在各自的岗位上所付出的辛勤劳动，以及在工作中所表现出来的敬业精神表示衷心的感谢！更要向今天所有获奖的突出个人和团队表示真诚的祝贺！让我们行动起来，为事业的发展，为青春和梦想，贡献自己最大的热情和力量！愿大家在新的一年里为××的腾飞再接再厉，再创奇迹！谢谢大家！

激情和汗水成就过去，理性和坚强铸就未来！我们有足够的理由相信，××年将是更加激动人心的一年。我们将看到××各项事业的迅速推进，一起体验成功的激动时刻！

★★★

范例3：总经理在年终答谢宴会上的讲话

背景介绍：总经理在2010年年终答谢宴会上的讲话，总结了这一年的工作，并对2011年做出展望。

关键词：新春 努力 诚信 踏实

尊敬的各位来宾、亲爱的员工们：

一元复始，万象更新。在2011年新春佳节即将来临之际，我们满怀收获的喜悦欢聚一堂，共进晚餐，共叙友谊。首先，我代表××实业有限公司对出席今天宴会的各位来宾和所有同事表示热烈的欢迎！向在座的各部门领导，并通过你们向为××付出辛勤汗水的全体员工及其家人表示最大的谢意！

即将过去的2010年对××来讲是极不平凡的一年。公司全体员工在各自的岗位上兢兢业业，辛勤耕耘，使公司的各项工作得以顺利完成。特别是奋战在一线的员工，在工期紧、任务重的情况下，面对种种考验，发扬特别能吃苦、特别能战斗的精神，知难而上，顽强拼搏，表现出高昂的斗志和极大的工作热情，体现出良好的企业精神风貌，为公司各项任务的圆满完成做出了重要贡献，为公司品牌的提升做了可贵的努力。

在此，我向在座的各位道一声：你们辛苦了！同时，对一直顾全大局、无私奉献的员工家属表示钦佩和衷心的感谢！

诚信缔造伟业。虽然现在我们离梦想还有一段距离，仍需继续努力，但我们坚信只要坚持去实践，梦想成真将不远。我看到，各部门负责人在全力以赴，组织身边的同事，发挥大集体的智慧，以严谨互信的态度，推进新一年的工作，共创佳绩，分享成果。

所以，过去的2010年是我们公司蓬勃发展、不断开拓创新的一年，也是发展最快、效益最好的一年。作为××公司员工的代表，借此机会，我想说三个“感谢”。第一，感谢公司的领导在过去的几年里，始终关心我们的工作和生活，从多方面给予支持与帮助，为我们解决了很多实际的困难和问题。第二，感谢新老客户的厚爱。正是有了你们对××公司的信任和理解，才有了公司今天的成绩。第三，感谢公司里的同事。同为公司员工，对装修工作的脏、累、苦，我们都有切身的体会与感受，在这里，向长年辛勤工作的各位同事们说声“辛苦了”！

新的一年又将开始了，在这一年里，我们要继续踏实地做好每一件事，以最好的工作与最优的服务来回报公司和各位新老客户。在此，我代表公司全体员工做出两项承诺。一是服从公司的安排，认真完成每项工作，让公司放心；二是竭力满足客户的需求，用最优的服务让客户满意。

最后，给大家拜个早年，祝大家工作顺利，身体健康，万事如意！

诚信缔造伟业。虽然现在我们离梦想还有一段距离，仍需继续努力，但我们坚信只要坚持去实践，梦想成真将不远。我看到，各部门负责人在全力以赴，组织身边的同事，发挥大集体的智慧，以严谨互信的态度，推进新一年的工作，共创佳绩，分享成果。

第二节　佳句荟萃

1. 一年之计在于春，新春即将来临，让我们在省局和市委、市政府的领导下，珍惜眼前的幸福，把握现实的机遇，锁定未来的目标，坚定信念，众志成城，努力创造新的辉煌，我们的明天一定更美好。最后请大家举杯，为所有朋友新年快乐，为今天的精彩和明天的辉煌，干杯！

2. 我还要特别感谢的是与我风雨同舟，同甘共苦的兄弟姐妹们！是他们付出了所有的精力和心血，付出了青春伴随着××美容院一起成长，一起进步！所以，我要真诚地向我最亲爱的伙伴们道一声："谢谢你们，辛苦了！"

3. 一元复始，万象更新，在2007年新春佳节即将来临之际，我们满怀收获的喜悦欢聚一堂，共进晚餐，共叙友谊。

4. 即将要响起的不但是新年的钟声，还有那大地上整齐有力的马蹄声。和新年的太阳同时升起的还有千万匹骏马昂首扬鬃，奔驰迸发的雄姿！马年元旦，催人奋进，催人攀登事业的高峰，催人以无畏的精神和热烈的情怀去建树时代的丰碑，书写人生的壮丽！

5. 风风雨雨，××品牌已经经历了十二年，××公司能有今天的成长，并不是我一个人的功劳，而应该归功于那么多到场和不到场的朋友一直以来对我的帮忙和鼓励。我觉得你们不仅是我的客户，更是我的好朋友，看着我起步，看着我一点点进步，看着我一点点成长，是你们一直以来的支持和厚爱，一直在后方给我加油给我打气，才有了我们不断的发展壮大。千言万语无法表达我对你们的感激，所以今天我想对大家说一句：没有大家，就没有××公司的今天。谢谢，谢谢你们！

6. 风尘仆仆的人生脚步已将过去的一年淡出现实的地平线，给我们留下了经验与教训共存，欢乐和伤感同在的人生阅历和岁月记忆，站在新年旧岁交替的门槛，我感慨万千，人生其实是难得的缘分，人生的道路山高水长。

7. “元”起于一心耿耿创大业，“旦”就是朝气勃勃奔前程。马年我们的集团要像骏马一样四蹄腾空，一路奔突而去。马年我们要有骏马的英武和胆略，使我们的企业焕发出骏马的力量和生机。

8. 愿我们集团在新的一年里，千万匹骏马向着同一个目标进发，一往无前，勇猛刚毅。让我们大家共同举杯，为我们的集团像一匹骏马，迈着统一的步伐，向着宏伟的目标一路长嘶，一路挥洒，一路奔驰，一路顺风，马到成功，干杯！

9. 过去的2009年对××集团来说是精彩、复杂、遗憾和兴奋交错的一年，我们幸运地在2008年提前对经济形势做了危机判断，并采取了一系列的措施，更由于大家一如既往地艰苦努力，迎接了一次又一次的挑战和变化，集团取得了很大的成绩。尽管还存在着很多问题，面临着越来越多的挑战，但我对我们的整体结果表示满意。

10. 我们的创新还是遇到很多困难，但我们的目的是让每个人充满活力，而不是成为机器的附庸，使企业在多变的市场中，成为顶级企业并基业常青。

11. 在此，我代表公司领导班子全体成员向你们，并通过你们向你们的家人，向支持和关心我公司发展的所有同志表示诚挚的感谢！因为没有你们的努力工作，没有你们的家人的支持理解、没有客户的关怀信赖，就没有公司今天的美好前景。

第 14 章
升学宴会讲话

第一节　范例集锦

★★★

范例 1：某主持人在升学宴上的主持词

背景介绍：为庆祝儿子考上了理想的大学，父母特为其举办升学宴，这是孩子母亲的好友客串主持人的主持词。

关键词：收获　激动　十载

尊敬的各位来宾，女士们、先生们、小朋友们：

大家上午好！

金风送爽的八月，是一个阳光灿烂的季节，是一个喜获丰收的季节。就在新中国成立六十周年大庆、收获喜讯的前夕，我们的 ×× 同学也金榜题名。所以，我站在这里非常激动，也非常高兴能够担当 ×× 同学升学宴的主持人。

首先让我介绍一下今天的主人公。站在前面的这位聪明可爱、很有学者风度的就是××同学。站在他身边的是××同学的父亲××先生和他的母亲××女士。

今天前来祝贺的有××父母的亲属、战友、同事和朋友，还有××的老师、同学和朋友。大家能够在百忙中抽出时间前来祝贺，可以说，不论是大人还是孩子，你们每一位的到来都增加了今天的喜庆气氛。在此，请允许我代表××的父母及其本人向今天所有的来宾表示热烈的欢迎和衷心的感谢。

“宝剑锋从磨砺出，梅花香自苦寒来。”××同学经过十余载的寒窗苦读，勤奋学习，终于在今年的高考中，以优异的成绩考上了大学。让我们以热烈的掌声向他表示祝贺！

××同学能够取得如此骄人的成绩，可以说是他努力学习的结果，是他辛勤的汗水的结晶。十几载寒窗使他的身姿更加挺拔，丰富的知识使他的目光更加睿智，前行的岁月使他的容颜更加坚定，求学的道路使他的身影更加高大。不懈的努力将使××的前途更加光明！我想此时此刻，××心里一定有许多话要对他的父母和大家说，让我们再次以热烈的掌声欢迎××同学发表肺腑感言！

××同学的成功除了自己个人的努力，还离不开父母多年的精心培养。望子成龙、盼女成凤是每位父母的共同心愿。看着自己的孩子即将步入大学的殿堂，此时此刻他们的心中一定是感慨万千。父母为了儿子，早出晚归，辛勤地付出。虽然自己在一天天慢慢地变老，但最高兴的就是看着孩子一天天地长大，一点点地成熟，一次次地成功！可以说父母所做的一切都是为了孩子。父母十几年的辛勤付出终于有了回报，现在请××同学向自己的父母三鞠躬——

一鞠躬，感谢父母养育恩；二鞠躬，永记父母关怀情；三鞠躬，大学求学必有成。

××同学的成功还离不开亲朋好友的关心，离不开老师的教诲，离不开同学的帮助。可以说，他的成功也是大家的成功。此时此刻，他因为成功而高兴，我们大家也因为他的成功而更加高兴！现在请××同学向来宾三鞠躬——

一鞠躬，感谢大家百忙之中热心来祝贺；二鞠躬，祝愿各位工作百般顺利心情好；三鞠躬，希望小朋友考试百分金榜题名早！

今天每一位来宾的脸上都洋溢着笑容，这是对××成功的祝贺。我送上一副对联来形容今天的喜庆气氛：父母含辛茹苦儿子终成龙，亲朋衷心祝贺学业必有成。

大学是一座象牙塔，大学生活是丰富多彩的，在那里不但可以建立新的友谊，也可以收获更多的知识。××同学步入大学后，将离开父母独立生活，在大学求学生涯中一定要学会自己把握自己。把握了今天的自己，也就把握了自己日后的人生。作为主持人，我以一首诗作为我的祝福：

学子寒窗苦，半世父母恩。
吃得学涯苦，方为人上人。
金榜题名时，父母最开心。
亲朋来相贺，皆是有缘人。

好，现在，我宣布，××同学的升学宴会正式开始！请大家斟满酒，共同举杯，把我们美好的祝福都浓缩在这杯美酒中，让我们共同品尝生活的美好，共同分享××同学成功的喜悦！干杯！！

主人已为我们准备了丰盛的午宴，请大家慢慢享用。一会儿，××及其父母将为各位来宾敬酒，以对各位的光临和道贺表示感谢，同时也送去他们的祝福。

最后祝大家一年开开心心、一生快快乐乐、一世平平安安、一家和和睦睦；祝愿大家天天喜气洋洋、月月身体健康、年年财源广进、代代金榜题名！家家喜事频传！

谢谢！

学子寒窗苦，半世父母恩。
吃得学涯苦，方为人上人。
金榜题名时，父母最开心。
亲朋来相贺，皆是有缘人。

范例 2：考生的阿姨在某学生升学宴上的讲话

背景介绍：为庆祝儿子考上大学，承继家业学习建筑学，考生的阿姨客串主持人在升学宴上讲话。

关键词：祝福 喜悦 梦想

女士们、先生们，各位嘉宾、各位亲友：

大家晚上好！

北方的金秋，天高云淡，骄阳似火。今天，我们带着对××家族最诚挚的祝福，在这里欢聚一堂；在金秋的季节里分享这份收获的喜悦，我们很欣慰！

在此，我很荣幸地代表××，向十年来含辛茹苦，精心培养他成才而付出了心血和汗水的××夫妇表示真诚的感谢！同时，衷心地希望义无返顾地选择了与父母同一个专业的××同学步入大学后，不负众望，继续努力，以优异的成绩回报父母，回报各位老师，回报家乡，成为国家建筑行业的栋梁！我们期待着，并且有理由相信，天赋优越、聪明伶俐、好学上进的××同学一定会实现并超越这个梦想！

在这喜庆的日子里，××夫妇为答谢大家一直以来对孩子的关心、支持和牵挂，特备下了丰盛的酒宴以表谢意，希望大家吃得高兴，玩得开心！

我们期待着，并且有理由相信，天赋优越、聪明伶俐、好学上进的××同学一定会实现并超越这个梦想！

★★★

范例 1：某学生升学宴的主持词

背景介绍：为庆祝儿子考上大学，父母特为其举办升学宴，这是主持人在宴会上的主持词。

关键词：欢聚 祝贺 求索

……………………………………………………………………

高贵的女士，尊敬的先生，亲爱的来宾朋友们：

我谨代表党中央国务院，港澳同胞，海外侨胞，各界有识之士，向大家问好！

“海上生明月，天涯共此时。”今天，我们欢聚在××大酒店这方风水宝地，向一位18岁的花季少年表达由衷的祝贺。首先，请允许我代表中华人民共和国教育部庄严宣布：毕业于××县××中学的××同学在2011年的高考中，因成绩优异，已被我国高等学府——××学院录取，从此成为象牙塔里的天之骄子。现在让我们以热烈的掌声向××同学表示最诚挚的祝贺，祝贺他蟾宫折桂，金榜题名；祝贺他成为××家族又一颗耀眼的新星。请伸出各位的金掌、银掌、仙人掌，有请××闪亮登场！鸣炮，奏乐！

站在我身边的这位就是今天最耀眼的明星，一位帅气、智慧、善良、上进的花季少年，他有一个既正气又富有诗意的名字——××，想起××就让我想起了那千古名句“野旷天低树，江清月近人”。

有道是：宝剑锋从磨砺出，梅花香自苦寒来。正是十年的风雨岁月，磨炼了××求思、求索、求进、求胜的个性与精神；正是十年的寒窗苦读，换来了××今天的成功、快乐和喜悦。我想，此时此刻，××是无比兴奋和激动的，面对前来祝贺的师长、亲人、朋友，他内心也一定感慨万千，现在请××给大家三鞠躬，感谢父母、老师、同学们对他一路的支持和帮助。

为了表示对各位来宾的谢意，今天东道主特意在这里为大家备下了丰盛的酒席，希望各位来宾吃好喝好。同时我也祝愿各位来宾朋友们心想事成，事事顺利，步步走鸿运，天天发大财！

我宣布：酒宴正式开始！

站在我身边的这位就是今天最耀眼的明星，一位帅气、智慧、善良、

上进的花季少年，他有一个既正气又富有诗意的名字——××，想起××就让我想起了那千古名句“野旷天低树，江清月近人”。

★★★

范例2：考生家长的好友在升学宴上的主持词

背景介绍：在好友儿子的升学宴上担任主持人时的发言。

关键词：勤奋 祝贺 感谢

尊敬的各位来宾、各位朋友，女士们、先生们：

大家晚上好！

七月是开满鲜花的季节，七月是果熟瓜香的日子。七月更是莘莘学子收获成功的时刻……近一个月来，××先生和××女士就沉浸在他们的爱子××同学高考成功的无比喜悦之中，××同学经过12年的寒窗苦读，勤奋努力，终于实现了自己多年的夙愿，同时也圆了父母多年的梦想，即将步入××的殿堂。下面就请这幸福快乐的一家人闪亮登场，让我们以热烈的掌声向他们全家表示祝贺。

在以往的生活工作中，在座的各位来宾，各位朋友对××一家给予了很多的关心、关注和关爱，尤其今天能在百忙中光临他们爱子的升学宴，更令他们十分激动，十分感动。在此，我代表他们全家向在座的各位表示热烈的欢迎和诚挚的感谢！

看××先生，神采飞扬，满面红光；看××女士，彬彬有礼，典雅大方；再看××同学，更是青春活力，器宇轩昂。

亲朋与好友同聚，恩师与儒生同欢，看着这热闹感人的场面，××先生心情十分激动，下面就请××先生致答谢词，大家欢迎。

看××先生，神采飞扬，满面红光；看××女士，彬彬有礼，典雅大方；再看××同学，更是青春活力，器宇轩昂。

★★★

范例1：某学生在升学宴上的讲话

背景介绍：某学生在升学宴上致答谢词，对陪伴他一路走来的父母、老师、同学和朋友表示感谢。

关键词：感谢 父母 知识 贡献

尊敬的各位来宾：

大家好！

非常感谢大家在百忙之中抽出时间来参加我的升学宴，并预祝大家用餐愉快。

回想过去的12年，我感慨万分。从小学里天真的孩子，到初中叛逆的少年，再到高中稳重的青年，我将激情洒在了校园，用努力学习迎接未来的挑战。在这12年中，有很多人陪我一同走过，我要真诚地对你们说声"谢谢"。

首先我要感谢我的父母，不仅因为你们给了我生命，更是由于你们每时每刻都将爱注入我的心田。谁能想到，在12年中，面对我的叛逆与学习上的挫折，你们没有一句责骂，取而代之的是一句句鼓励的话语。正是这种爱的教育，让我信心十足地迎接着未来的挑战。我还要特别感谢我的奶奶，在我上高中期间，一直陪伴着我，您无微不至的关怀，让我备感温馨，您用智慧的爱让我认识了世间百态，教会我如何生活，如何做人。

我要感谢我的老师，你们是灵魂的传递者，不仅教给我知识，还教会我如何学习，而这比单纯学习知识更加重要，因为人的一生就是学习与探索的一生，只有自主学习，才能使生命更加充实。

我要感谢我的同学和朋友，我与你们共同学习，分享快乐，分担痛苦。一个个体是没有意义的，只有在群体中才能找到自己的价值。所以要感谢你们用真诚的友谊让我找到了价值，看到了未来的希望。

我还要感谢在座的所有支持我的叔叔阿姨们，谢谢你们多年来对我的关心和帮助。

因为有了你们，才让我顺利地走完高中，走向大学。今天不是我学习生活的终结，而是我人生新征程的开始。我马上就要成为一名大学生了，一只脚已经踏入社会，我会不断地用知识武装自己，“路漫漫其修远兮，吾将上下而求索。”我将用我所掌握的知识去贡献社会，报效祖国。再一次感谢大家的到来，祝愿叔叔阿姨工作顺利，各位同学健康快乐。谢谢！

回想过去的12年，我感慨万分。从小学里天真的孩子，到初中叛逆的少年，再到高中稳重的青年，我将激情洒在了校园，用努力的学习迎接未来的挑战。

★★★

范例2：某学生在升学宴上的感谢词

背景介绍：金榜题名的学生在升学宴上做了一番动人的演讲，感谢那些陪伴他成长的人。

关键词：祝福 支持 未来 誓言

尊敬的各位来宾：

时光荏苒，12年的光阴转眼即逝，今天是我求学路上的又一里程碑，人生的转折点，各位亲朋好友从四面八方聚集于此为我祝福，我谨代表我的全家感谢你们的到来和支持！

在我这12年的求学路上，我经历了许多，学会了许多，痛苦与欢乐常在，成功与失败并存，成功的背后总有勤奋的汗水，挫折过后总有自信的笑脸。

感谢您！我的老师，感谢您为培育我付出的那些汗水，是您用汗水浇灌我成长！感谢您！我的爸爸妈妈，感谢你们为养育我付出的那缕缕青春，是你们用青春哺育了我的幸福！感谢你！我的同学们，学习路上有你们的陪伴，让我的生活多了一份欣喜，少了一份苦闷。感谢你们，我成长道路上一直陪我走来的老师、父母、同学！因为有你们的支持和鼓励才造就了今天这样的我，才让我有机会站在这里讲出我的心声！

昨天的我还很任性叛逆，让我的父母为我操心，这二十年的悉心照料让我明白这世间最伟大的爱是父母爱，在此，我要说："爸爸妈妈我爱你们！"昨天的我还不够优秀，还不够成功，我会在以后的道路上有所突破，有所蜕变，给自己，给爸妈，给家人一个满意的答复！

今天的我还很年轻，我会用我的双手描绘理想，用艰辛的努力达到理想，这才是青春的摇滚，这才是年轻的本色与豪情。年轻意味着拥抱现在并最终占领未来，这就是我青春的呼喊，对青春的誓言！

最后，祝福与我一起飞出家乡打拼未来的同学们有一片属于自己的蓝天！也祝愿我们所有人的父母健康快乐，等待儿女们为你们送上甜蜜的幸福！谢谢大家！

今天的我还很年轻，我会用我的双手描绘理想，用艰辛的努力达到理想，这才是青春的摇滚，这才是年轻的本色与豪情。

★★★

范例3：某学生在升学宴上的发言

背景介绍：某学生金榜题名后，家人为其举办升学宴，这是他在宴会上的发言。

关键词：感谢 教导 操劳

在座的各位叔叔阿姨们、同学们、朋友们：

大家晚上好！

首先，我要感谢在座的所有人在百忙之中抽出宝贵的时间参加我的升学宴，在这里我的心里充满了感激，请先允许我给大家鞠一躬，表示对大家的感谢。今天我能够站在这里，与在座各位的支持，学校老师的教导，班级同学的帮助是分不开的。尤其离不开的两个人是我的父母，一对平凡但却是天底下最伟大的父母。为什么说他们平凡？那是因为他们同样是万千考生背后那些默默操劳的家长中的两位，说他们伟大，那是因为他们给予我的恩情我这一生也报答不完。所以，我想我不会在升入大学以后而有所懈怠，相反，我将以一颗感恩的心发奋努力，以更好的成绩来回报各位，回报老师，回报父母，回报社会。

谢谢。

为什么说他们平凡？那是因为他们同样是万千考生背后那些默默操劳的家长中的两位，说他们伟大，那是因为他们给予我的恩情我这一生也报答不完。

★★★

范例4：某学生在升学宴上致感谢词

背景介绍：某学生金榜题名后，家人为其举办升学宴，还请来了老师，这是他在宴会上的讲话。

关键词：悉心 呵护 相伴

尊敬的老师、亲朋好友们：

大家中午好！

金秋八月，我家喜迎八方宾朋；秋风送爽，众亲友齐贺金榜题名。

在这喜悦的日子里，大家接受我家诚挚的邀请，抛开了手中繁忙的工作，冒着酷暑前来参加我的金榜题名宴会，今天的宴会大厅因为你们的光临而蓬荜生辉，我和我们全家因你们的如约而至激动不已，在此，我们对各位专程远道而来表示最热烈的欢迎和最衷心的感谢！（鞠躬）

今天，我很荣幸请来了我的老师，是他们的悉心教育，授业解惑，才使我有了今天的成绩。名师出高徒，尽管我不是高徒，但他们却是名师。因此，师恩难以言尽，千言万语汇成一个字——敬。敬是真情，是感激，永藏在心底。我要把内心最真诚的谢意送给你们！（鞠躬）

今天，我还要特别感谢在我的成长中悉心呵护和照顾我的父母，这份深情我铭记于心。天下没有父母不疼爱自己的孩子，虽然他们平时都很忙，但是他们一直在背后默默地支持着我，关心着我，鼓励着我。无论他们的爱是鼓励还是批评，我的父母无时无刻不让我感受到他们是我身后最坚实的后盾，在这里我想说一声"爸爸妈妈，你们辛苦了！我永远爱你们！"

今天，有父母的亲朋好友同聚，衷心感谢你们的关心和爱护，你们的到来是我和我父母的骄傲。朋友就是财富，朋友就是力量，我为我父母有你们这些朋友而自豪，谢谢你们的到来。（鞠躬）

今天，在座的还有我很多同学，一日同学，百日朋友，那是割不断的情，那是分不开的缘。无论人生浮沉与贫富贵贱如何变化，同学间的友情始终是纯朴真挚的，就像我们桌上的美酒一样，越久就越香越浓。让我们的青春友情就像钻石一样永恒、久远。

今天，我要感谢的人还有很多，虽然我不能一一列举，但我会对所有的亲情，所有的友情，所有的关心和帮助，所有的鼓励与期待都铭记在心，我的父母也会铭记在心。

学海无涯，知识无边。我会以大学生活为新的人生起点，勤奋学习，刻苦钻研，争取早日成为国家建设的栋梁之才，以此来回报老师和同学、各位亲朋好友对我和我全家的关爱。最后，祝大家身体健康，万事如意。

谢谢！

无论人生浮沉与贫富贵贱如何变化，同学间的友情始终是纯朴真挚的，就像我们桌上的美酒一样，越久就越香越浓。让我们的青春友情就像钻石一样永恒、久远。

★★★

范例1：考入重点大学的学生升学宴主持词

背景介绍：某学生考入全国知名学府，现场主持人以充满哲理的主持词为宴会增色不少。

关键词：金榜题名 成就 爱 梦想

高贵的女士，尊贵的先生，亲爱的来宾朋友们：

大家好！

在这瓜果飘香的季节，在这深情荡漾的时刻，我们相聚在××餐厅，共同祝贺××先生、××女士的爱女××同学金榜题名！

首先，请允许我代表××同学的家人对各位来宾的光临表示衷心的感谢和热烈的欢迎！

下面，就让我们用掌声欢迎今天的主人公，我们的小公主××同学闪亮登场！

问：××，今天在座的大部分都是看着你长大的亲人们，可以说，你是我们大家的宝贝！请你用最响亮的声音告诉大家，你考入的是哪所大学？

答：××大学。

常言说得好：没有十年寒窗苦，哪得腊梅吐芬芳。××，你今天的成就，是天赋与努力的结合。我想此时此刻你的心情一定是非常地激动，面对如此场面，面对亲朋好友，你肯定有很多感言。让我们用掌声鼓励××发表感言。

……

××同学用了最深情的语言表达了自己的心情。的确是这样，一个孩子从呱呱坠地到长大成人，凝聚了父母太多的心血。无论孩子飞得多高、飞得多远，都离不开可爱的家，更离不开含辛茹苦养育自己的父母。现在就让我们把目光转向这里，有请××同学的父母上台向来宾朋友们致辞！掌声有请！

伟大的父爱来自最朴实的关注；圣洁的母爱来自最平凡的唠叨。父爱如山，母爱如歌，为了爱女学有所成，××夫妻俩一直默默地为她奉献着人力、财力和心血。如今的一切，让他们的心血没有白流，他们的爱女已经向人生的目标又迈进了一步！这——就是××同学给予父母最好的回报！各位朋友，让我们为××有这样优秀可敬的父母，再次举起您的双手向二位表示深深的敬意和祝贺！

数载寒窗终有报，春风得意马蹄疾。××即将离开父母独自去远方寻找梦想。让我们把祝福送给她！愿她在象牙塔内，增长学识，丰富阅历；愿她在求学路上，笑傲风雨，勇往直前，走出一片人生的新天地！在座的朋友们，让我们共同举杯，庆祝××一家共同的努力和成功！（端酒）

最后，我要送给大家一副对联——上联：吃，吃，吃，吃尽人间美味不要浪费；下联：喝，喝，喝，喝尽天下美酒不要喝倒。横批，赵本山的一句至理名言：吃好喝好，喝好吃好。

请××一家入席，酒宴正式开始！

伟大的父爱来自最朴实的关注；圣洁的母爱来自最平凡的唠叨。

★★★

范例 2：某学生在升学宴上的冷静发言

背景介绍：某学生如愿以偿地即将进入一所大学学习，父母特为其举办升学宴，这是她在升学宴上的讲话。

关键词：感激 幸福 新起点

尊敬的各位来宾，亲爱的叔叔阿姨们：

大家好！

很高兴邀请到各位参加我的升学宴。此时此刻我的心中充满了感激。

我要感谢我的母亲这 17 年来对我的辛勤养育，也让我深深地感受到做她的女儿是我最幸福的事。

我要感谢我的老师，感谢你们一直以来对我的教育，是你们的教育使我在学习的道路上留下了坚实的脚印。

我更要感谢在座的各位来宾，感谢你们这么多年对我的关心、照顾和支持，没有你们的帮助就没有我今天的成绩，真心地谢谢你们。

我要特别感谢我的朋友们，感谢你们陪我度过了人生中最美丽的时光，感谢你们对我的关心、帮助和爱护，我永远不会忘了你们。

大学不是高枕无忧的驿站，而是一个新的起点。在即将到来的大学生活中，我一定好好学习，努力充实自己，早一天报答关心我的人。

最后祝大家身体健康、工作顺利、学业有成、阖家幸福！

大学不是高枕无忧的驿站，而是一个新的起点。在即将到来的大学生活中，我一定好好学习，努力充实自己，早一天报答关心我的人。

★★★

范例3：某学生在升学宴上感谢亲友师长的讲话

背景介绍：某学生考入心仪的大学后，在升学宴上感谢各界的帮助。

关键词：诚挚 未来 铭记在心

各位来宾、各位朋友：

大家好！

首先感谢大家捧场，前来参加这次宴会。尽管我不是一个善于言辞的人，可我今天却想借此机会表达一下我心中最诚挚的感情。

我感谢我的父母，是他们给了我生命，养育我成人，教我为人处世的道理，又供我读书，让我可以拥有一个更加光明的未来。

我要感谢所有教过我的老师，是他们将我从一个懵懂的孩童变为一个有理想有学识的人，他们的谆谆教导我会永远铭记在心。

我还要感谢亲友们的帮助与关怀，我今天所能够取得的成绩也有他们的功劳在里面，所以，在这里我要真诚地向所有帮助过我，鼓励过我的人说一句“谢谢你们”！

我要感谢所有教过我的老师，是他们将我从一个懵懂的孩童变为一个有理想有学识的人，他们的谆谆教导我会永远铭记在心。

★★★

范例4：某学生在升学宴上致谢长辈时的讲话

背景介绍：某学生高考成功，顺利考入理想中的大学，这是她在升学宴上的答谢词。

关键词：隆重 心血 报答 期望

各位叔叔、阿姨：

大家好！

感谢大家来参加我的升学宴，为我庆祝。

我觉得今天这里好隆重，这个隆重不是指场面有多大，菜肴有多丰盛，而是今天来了这么多人为我庆祝，为我高兴，我觉得自己应该感到很荣幸。但在这个喜悦背后，我需要感谢太多人了，包括我的父母、家人和一直以来默默支持我、关心我的叔叔阿姨们。他们都是我坚强的后盾，我把他们称为“后援团”。尤其是我的父母，他们为我付出的太多了，对我倾注了全部心血，在物质上和精神上也倾其所有，让我没有后顾之忧。可以说在学业上没有老爸含辛茹苦的培养，我不可能获得今天的成绩，至少我不可能站在今天这个起点上。我的妈妈也放弃了很多物质上的享受。对于这份恩情，我觉得用语言来表达都是苍白的。我想，我更努力、更好地生活是他们最愿意看到的，也是我对他们最好的报答。

我应该感到很幸福，因为我身上凝聚了太多人的爱。这让我觉得在世界上人可以缺少金钱，缺少物质基础，但是不能缺少这份爱，因为它是我前进的动力。我承载这么多的爱，即将步入大学，它对我来说是一个新的领域，我把它当成新的起点，也期望自己能有更大的突破。

最后恭祝各位来宾事业蒸蒸日上，家庭美满幸福，身体健康，万事如意。

谢谢!

我觉得今天这里好隆重，这个隆重不是指场面有多大，菜肴有多丰盛，而是今天来了这么多人为我庆祝，为我高兴，我觉得自己应该感到很荣幸。

第二节　佳句荟萃

1. 千言万语，浓缩的是说不尽，道不完的万千感谢。的确，一个人的成长、成才、成功，除了个人的努力奋斗外，也离不开亲人的关怀和勉励。

2. 有××先生这样才华横溢的恩师的悉心栽培，才有××今天辉煌的成就，谢谢你，也谢谢所有无私奉献的孺子牛们。

3. 女士们，先生们，请聚焦你们的目光，调整你们的心情，预备你们的掌声，有请××小学校长××先生闪亮登场。

4. 如果说儿女是父母一辈子的产品，无疑，××今天已经成为一件优质的产品了。现在有请这件优质产品的原材料供应商××先生和这件产品的生产车间主任××女士幸福登场！

5. 父爱如山，母爱如歌，××曾经沐浴着父爱母爱快乐成长、茁壮成才。但明天，他将离开父母，独自去远方寻找梦想，我衷心祝愿××在未来的岁月中，传承龙马精神，融汇天地灵气，怡然自得，快乐生活；祝福他在四年的大学生涯中年年精彩、天天幸福、时时快乐；祝福他在人生的每个季节生活好、学习好、身体好，精彩人生好上加好！

6. 可以预言，今天的升学宴会将是一个新朋老友相聚的宴会，将是一个传递亲情的宴会，将是一个举杯庆功的宴会。××同学十余载的寒窗苦读，凝聚着他本人十年磨一剑的辛苦足迹，凝聚着××夫妇教子无悔的执着步履，凝聚着××家族和所有亲友的无尽期待。

第 15 章 生日宴会讲话

第一节　范例集锦

★★★

范例 1：老人八十寿诞来宾祝寿词

背景介绍：××老人以前的下属在他八十岁寿宴上的讲话。

关键词：八十大寿 纪念日 感谢 祝福

尊敬的各位领导、亲朋好友：

大家好！

今天，是××老爷子八十大寿，首先，对各位领导和亲朋好友前来贺寿表示热烈的欢迎和衷心的感谢，对××老爷子八十大寿表示衷心的祝福！

八十年的风雨历程，八十年的酸甜苦辣，八十年来历尽艰辛，养育了儿孙。如今子女们也开始承担起为人父、为人母的责任，更能体会老人的慈爱和养育子女的艰辛。如今，这位慈祥的老人、这位幸福的父亲、这位可敬的长者，已经四世同堂、儿孙绕膝了。接下来就有请子女代表××

和××为父亲献花，致辞，拜寿。一拜，祝老寿星福如东海，寿比南山；再拜，祝老寿星日月昌明，松鹤长春；三拜，祝老寿星笑口常开、天伦永享。

孙儿孙女们也要为爷爷奉上充满喜庆，充满祝福，象征着团圆甜蜜、吉祥长寿的生日蛋糕，点燃五彩缤纷的烛光，为爷爷祝福！

朋友们，××等儿孙们为了感谢大家，特在这里备下薄席淡酒，现在我提议，大家举杯，共同为××老爷子八十大寿祝寿！

八十年的风雨历程，八十年的酸甜苦辣，八十年来历尽艰辛，养育了儿孙。如今子女们也开始承担起为人父、为人母的责任，更能体会老人的慈爱和养育子女的艰辛。

★★★

范例2：奶奶的八十大寿祝寿词

背景介绍：孙女为八旬老人祝寿发表的讲话。
关键词：一生勤劳 智慧 牵挂 教诲

尊敬的各位长辈、各位亲朋好友：

大家好！

春秋迭易，岁月轮回。当壬辰新春以温暖的怀抱拥抱着我们的时候，我们欢聚一堂，为您——我敬爱的奶奶庆祝八十岁的寿辰。此时此刻，我们备感高兴，高兴的是奶奶依然身体健康，精神矍铄；今时今日，我们满怀欣慰，欣慰的是奶奶仍旧思维敏捷，睿智不减……

在我内心深处，悉心呵护我们的奶奶一直是我们尊敬的长者和学习的榜样。多年来，我们从奶奶那里得到的不仅是家庭的亲情，还有老人对晚辈的牵挂和谆谆教诲，更重要的是一种精神上的鼓舞和力量。

奶奶身上那种对幸福和未来坚定不移的追求，对蹉跎和磨难不屈不挠的抗争，以及她丰富的阅历，坚强的意志，拼搏的精神和充实的人生，对于我们来说，都是一笔最宝贵的精神财富，也永远是我们在人生旅途中取之不尽、用之不竭的力量和源泉。纵然，八十年的风雨历程已将奶奶的两鬓黑发染成了白霜，却无法抹去您那辛勤付出而结出的累累硕果。奶奶一生勤俭持家、仁爱贤良，她是我们全家的幸福和自豪！八十年风风雨雨，八十载生活沧桑。您把您一生的勤劳和智慧都献给了我们这个大家庭，留不住的时光使您走向人生至善，留得住的祝福将会伴随您幸福永远。

今天，这里亲朋满座，暖意融融，让我们一起祝福老人家福如东海，寿比南山，愿老人家生活之树常绿，生命之水长流。同时也祝愿在座的亲朋好友幸福安康，阖家欢乐，万事如意！

今天，这里亲朋满座，暖意融融，让我们一起祝福老人家福如东海，寿比南山，愿老人家生活之树常绿，生命之水长流。同时也祝愿在座的亲朋好友幸福安康，阖家欢乐，万事如意！

★★★

范例1：爷爷的八十大寿祝寿词

背景介绍：在八旬老人的寿宴上，孙子为爷爷贺寿的讲话。

关键词：八十 精神 传承 发扬光大

各位来宾：

古幽不忘岁月声，咸阳桥上英名留。

八十年来雪与风，沧桑过后心依旧。

曾几何起，爷爷步履矫健地穿梭于老家的果园里，除草，翻地，听广播。在与我们的谈笑间，岁月如风，吹走了属于岁月的东西。留下来的是生命中那些点点滴滴、不足为奇的回忆。

回忆中，让我们一起来品尝爷爷一路走来的坎坷，一起来回味爷爷生活的不易，一起来分享爷爷生命中的喜悦，一起来思考爷爷的人生哲学。

我们常常感叹：人活一辈子，不容易！八十年中的苦与甜，八十春秋的喜与忧，都化成爷爷额头与脸颊上纵横的皱纹，以及神态里透出来的那份从容与淡定。没有计较得失，没有权衡利益，只有静观风云的淡然。对于爷爷，我们没有了解太多，因为爷爷是一个不苟言笑的老人。

很荣幸我们的生命与这样一位老人一起迈向了新世纪，走进了更好的生活。他见证了我们两代人的成长，两代人的成熟。在岁月的恍惚中，他轻快，矫健，沉重，蹒跚地走向了老年，走到了今天的八十岁。

曾几何起，还在听长辈讲述着爷爷年轻时的故事。离奇，令人不可思议。都说性格决定命运，可是我们应该进一步思考是什么决定性格呢？毋庸置疑，是环境。在艰苦的年代，生命降到了脆弱的最低点。似乎什么都有可能，什么也都没有可能。爷爷就是在更多的不可能中创造了可能。那份突破生存环境的勇气增添了家族荣耀的光辉。可是我们没有人听到爷爷的抱怨声，没有看到爷爷自满的表情。因为我们都懂得爷爷在无言地抗争着，与生活的困难，与命运的逆境，与生存的压力无言地抗争着，而这其中的苦痛，我们又知晓多少呢？

待到儿孙满堂时，笑看风霜一瞬间。生命中苦与痛的过程，其实更像采蜜酿蜜的过程，在收获季节，我们才知道之前的付出都化作今昔的“蜜”，甜了自己，也甜了后来人。

我们没有理由不向这样的老人致敬。同时也向那些像爷爷一样无私酿蜜的老人致敬。我们尝到的不仅仅是蜜，更是一种无私的精神。我们也义不容辞地将这种精神传承下去，发扬光大。

到儿孙满堂时，笑看风霜一瞬间。生命中苦与痛的过程，其实更像采蜜酿蜜的过程，在收获季节，我们才知道之前的付出都化作今昔的“蜜”，甜了自己，也甜了后来人。

范例2：某孙辈在寿宴上的祝寿讲话

背景介绍：这是爷爷八十大寿的寿宴上孙子的祝寿讲话。

关键词：八十大寿 憧憬 希望 美好的时光

各位亲友、各位来宾：

你们好！

今天，全家人欢聚一堂，为爷爷庆祝八十大寿，在这里请允许我代表爸爸妈妈、姑姑姑父、叔叔婶婶及所有亲人向爷爷献上最真挚的祝福，祝您生日快乐，健康幸福，长命百岁。

八十年风风雨雨，老人含辛茹苦地把五个子女抚养成人，在老人的教导下，如今子女们都有了幸福和谐的家庭，在各自的工作领域内成为栋梁之才，然而沧桑的岁月在老人额头留下了很深很深的印记，儿孙们有千言万语想要对老人表达，希望他福如东海、幸福安康。我想爷爷应该是幸福的，因为看到自己的子女都已成为国之栋梁、家之荣耀，儿孙们对他更是百依百顺，尽心尽孝，爷爷付出的一切是值得的。

在缓缓流逝的岁月中，我们都怀着一份对未来的美好憧憬与希望，在这生日蜡烛点燃之际，让我们共同许下美好的心愿，让我们也一起祝老寿星春秋不老、松柏常青，让我们一起度过这美好的时光。

各位朋友、各位来宾，让我们高举酒杯共同祝老人福禄寿三星高照，健康长寿，欢度晚年，同时也祝我们张家一脉生活之树常青，生命之水长流，祝各位亲朋好友们户户有灵气，家家有财气，人人有福气！万事好运气！大家干杯!!

在缓缓流逝的岁月中，我们都怀着一份对未来的美好憧憬与希望，在这生日蜡烛点燃之际，让我们共同许下美好的心愿，让我们也一起祝老寿星春秋不老、松柏常青，让我们一起度过这美好的时光。各位朋友、各位来宾，让我们高举酒杯共同祝老人福禄寿三星高照，健康长寿，欢度晚年，

同时也祝我们张家一脉生活之树常青，生命之水长流，祝各位亲朋好友们户户有灵气，家家有财气，人人有福气，万事好运气！

★★★

范例1：某教师九十大寿寿宴的来宾讲话

背景介绍：为庆祝××九十大寿，来宾在寿宴上致辞。

关键词：欢迎 祝愿 感谢 支持 努力

各位亲朋好友、各位来宾：

春暖花开，阳光灿烂，万物复苏，欣欣向荣。在这个充满生机的春天里，××的九十大寿在××中学食堂举行。××书记要我讲几句话，我非常激动，也感到很荣幸，昨天晚上特意写了稿子，表达我的心意。

我想表达三个方面的意思，第一，欢迎；第二，祝愿；第三，感谢。

首先，我代表××中学对各位亲朋亲友、各位来宾的光临表示热烈的欢迎。希望××中学的环境让大家觉得还满意。希望各位吃得高兴，玩得开心。

第二是祝愿。每个母亲都抚养着自己的儿女。××膝下儿孙满堂，子孝孙贤。××书记在××中学勤勤恳恳工作了三十年，是我校的老领导，为我校的发展做出了重大贡献。××老师是××镇有名望的退休教师，也是我校的教师，他工作极为认真负责，能力突出。我所知道的××的儿孙，至少有三位是优秀教师，而他们又为我镇培养了很多学生。我认为这也是××老人为我镇做的贡献。

因此，对这样一位平凡、朴实、奉献、有福气的老人，我祝愿她老人家寿比南山，比不老松还高；福如东海，比东海之水还多。

第三是借这个机会感谢。学校的发展离不开各位父老乡亲的支持。这几年，我校教学质量一直居全县前列。去年××与××两所中学合并后，获得了“县基础教育先进单位”的称号，录取率居全县第二位。我们的目标是：办明星学校，当明星老师，做明星学生；我们的宗旨是：让家长满意，让家长放心。我们的教师都是兢兢业业、认真负责的好教师。因此，借××万寿之机，衷心感谢全镇的父老乡亲对××中学的支持，也感谢全体教职员工的努力。

最后，希望各位亲戚朋友、各位来宾酒喝好，不喝醉；祝××身体健康、长命百岁，越来越健旺、越活越精神。

谢谢大家！

因此，对这样一位平凡、朴实、奉献、有福气的老人，我祝愿她老人家寿比南山，比不老松还高；福如东海，比东海之水还多。

★★★

范例2：母亲八十大寿宴会上的讲话

背景介绍：儿子为母亲祝贺八十大寿在宴会上的讲话。

关键词：八十大寿 健康长寿 祝福

各位亲友、各位来宾：

今天是我母亲八十大寿，我们兄弟姊妹七人和大家相聚在此，共同祝贺母亲八十大寿。养育之恩如滔滔江水不绝，寸草之心难报三春艳阳光辉！值此母亲八十诞辰之际，我谨代表全家敬祝母亲健康如意，福乐绵长，春秋不老，耄耋重新。也向光临寿宴现场的各方宾朋致以衷心的感谢和崇高的敬意。

天底下最伟大、最无私、最崇高、最温暖、最实惠、最感人的爱是母亲缔造的！我的母亲同样具备这样神圣而平凡的品质！老人家思想开明、豁达大度、宽容忍让、和睦邻里、勤劳节俭、尊老爱幼，在最艰难的岁月里维护着我们家庭的团聚，在困苦的环境中完成了赡养长辈、哺育儿女的重任。她的一言一行感动着后辈，激励着大家，为家庭支撑起一片生活的蓝天，为儿女们铺建起幸福健康的道路。我们对她有报不完的恩，剪不断的情。现在八十高龄的母亲仍活跃在七个家庭中，操心着儿子儿媳。呵护着女儿女婿，关注着孙儿辈的健康成长！母亲晚年注重保健、不辍劳作、年高不忘奉献余热、播撒爱心，这样的美德是我们后辈最好的精神财富！也是我们赖以自豪和骄傲的传家之宝！我们坚信老人家今后的日子会更加幸福、安康、快乐！

这次生日宴是在我们儿孙们一再要求下才举办的。老人家再三要求我们不张扬、不奢侈、不给亲朋添麻烦。但我们想到大家庭现在的幸福祥和，看到第三代人的成长进步，目睹第四代的天真活泼，想借母亲诞辰这个契机，来回顾母亲的美德，弘扬长辈的风范，增进邻里的友谊，再叙亲朋情爱，同时共享老人家在时间年轮上的重大收获，反复酝酿终于决心诚邀今天的亲朋至交光临！借此机会，感谢各位亲朋好友以往给予我们家庭无私的关怀和帮助，我们永远记得你们的恩德。我在这里鞠躬，表达诚挚的谢意。

母亲，儿孙们敬爱您，陪伴着您，和您一起度过越来越美好的生活。

愿上苍保佑母亲，祝母亲健康长寿，天天开心。祝愿我们的大家庭兴旺发达、健康、平安、幸福！祝各位亲朋好友身体健康、万事如意！最后，再次感谢大家的光临，祝大家春华秋实、春风得意、和气生财、阖家幸福！

请大家举杯，为今天的老寿星，我的母亲祝福，干杯！

天底下最伟大、最无私、最崇高、最温暖、最实惠、最感人的爱是母亲缔造的！我的母亲同样具备了这样神圣而平凡的品质！老人家思想开明、豁达大度、宽容忍让、和睦邻里、勤劳节俭、尊老爱幼，在最艰难的岁月里维护着我们家庭的团聚，在困苦的环境中完成了赡养长辈、哺育儿女的重任。她的一言一行感动着后辈，激励着大家，为家庭支撑起一片生活的蓝天，为儿女们铺建起幸福健康的道路。

★★★

范例1：儿子在母亲八十寿宴上的讲话

背景介绍：儿子为母亲八十寿宴的宴会致辞。

关键词：八十华诞 真诚 温馨 祝福

尊敬的各位来宾、各位亲朋好友：

大家好！

今天是××年×月×日，我们欢聚在这里，为我的母亲共同庆祝八十华诞。值此举家欢庆之际，承蒙各位来宾前来为家母祝寿，在此我谨代表我全家及姐姐全家向在座的各位亲朋好友表示最热烈的欢迎，并致以最衷心的感谢！

我母亲是一个平凡的人，却又有着不平凡的经历。忆往昔，家母含辛茹苦，将我们姐弟抚养成人。在八十个春秋寒暑中，她经历离乱沉浮，阅尽世道沧桑，尝遍人间苦辣酸甜。幸遇伟大的中国共产党领导人民建立了新中国，才使得她老人家欣逢太平盛世，安度幸福晚年！没有共产党就没有新中国，没有改革开放就没有母亲幸福的晚年生活。

慈母给予我们的爱溢于言表，她那勤劳善良的朴素品格，她那宽厚待人的处世之道，她那严爱有加的朴实家风无不潜移默化地影响着我们；母亲的谆谆教导和殷切希望无时无刻不在鞭策和鼓励着我们。没有母亲也就没有我们的今天，母亲的爱恩重如山，我们为母亲感到骄傲和自豪。八秩筵开北堂萱绿，千秋佳节西母桃红。

今天，这里高朋满座，让这阴冷透凉的天气有了春天般的温暖。“谁言寸草心，报得三春晖。”最后让我们在这里向我母亲送上最真诚、最温馨的祝福，祝老人家福如东海，寿比南山，健康如意，福乐绵绵，笑口常开，益寿延年！

同时也祝福在座的所有来宾身体健康，工作顺利，阖家欢乐，万事如意！

为庆贺我母亲的八十华诞，为加深彼此的亲情友情，让我们共同举起长寿酒，喜进长乐餐。

没有母亲也就没有我们的今天，母亲的爱恩重如山，我们为母亲感到骄傲和自豪。八秩筵开北堂萱绿，千秋佳节西母桃红。今天，这里高朋满座，让这阴冷透凉的天气有了春天般的温暖。“谁言寸草心，报得三春晖。”

★★★

范例2：父亲在女儿生日宴上的讲话

背景介绍：女儿满一周岁，这位父亲难掩心中的喜悦，做了这番讲话。

关键词：祝贺 灿烂 天使 幸福

各位亲朋好友：

首先感谢诸位的光临，在我女儿生日之际有这么多朋友前来祝贺，我深表感谢！

大家提议让我讲几句,其实也没什么可讲的。你们从我一脸的灿烂足可以看出我内心的幸福。说真的，有女儿，我真的很幸福。再多的烦恼，再多的忧愁，只要一看到我女儿，一切都云消雾散了。她的笑声，比天堂唱诗班里天使的歌声还优美；她的哭声，比《马赛曲》还激昂，她的一颦一笑时时刻刻牵动着我的心。我这么多年的生活，好像就是为了等待她的到来，我在怀疑，我在怀疑我上辈子是不是欠她的。

我不是一个非常注重仪表的人，这么多年来基本没到商店给自己买过衣服，说句不怕大家见笑的话，我连商店的门朝哪边开都不知道。但是，为了给女儿买衣服，我几乎逛遍了所有的商场和地摊，尽管买来的衣服有喜欢和不喜欢的，但无论如何，我都把它看作是一种幸福体味。在为女儿大把花钱的同时，我要说：当爸爸的感觉真好！不多说了，让我们大家共同举杯，为我女儿一周岁生日干杯！

谢谢大家！

她的笑声，比天堂唱诗班里天使的歌声还优美；她的哭声，比《马赛曲》还激昂，她的一颦一笑时时刻刻牵动着我的心。

★★★

范例1：主持人在主持六十大寿寿宴时的主持词

背景介绍：主持人在主持某老人六十华诞的寿宴上的主持词。

关键词：铭刻在心 祝愿 安康

诸位朋友，各位来宾：

今天真是群贤毕至，鼓舞欢欣。前来祝贺的有老人的老同学、老同事、老朋友，还有不远百里从老家赶来的亲人们，感谢大家在百忙之中抽出时间前来赴宴、祝福。这正是：亲朋共享天伦乐，欢声笑语寿满堂。

下面掌声请出××的礼仪小姐将祝福的鲜花奉上。

老妈妈的夫君是××老先生，不知道大家注意没有，他们名字的最后两个字寓意就是荣华富贵，几十年前两位老人的牵手就已经注定了今天××家族的繁荣与昌盛。在这里，让我们共同祝愿两位老人家身体健康、天伦永享。

老人祖居××镇，在生活中相夫教子，孝敬长辈，含辛茹苦地将一子三女抚养成人。那真是：深情的目光照耀着子女们的成长，谆谆教导中透露着无比的慈详。六十年风风雨雨，六十载生活沧桑。岁月的泪痕悄悄地爬上了她的额头，将老人家的双鬓染成白霜。大千世界里，孩子们把心中的话语都洒向老人那宽厚的胸膛。严于律己，宽以待人，认真工作，发愤图强，这简单的话语，让儿女们铭刻在心，永记不忘。老人的辛苦没有白费，在她的教育下，子女们都已经走上了工作岗位，并在各自的岗位上不断拼搏、自强，为老人赢得了无上荣光。现如今是儿子能，儿媳孝，女儿贤，女婿强。就连在校学习的孙子孙女们也是聪明伶俐，成绩优异，捷报频传。

让我们端起这幸福的酒杯，恭祝老妈妈福如东海，日月昌明；松鹤长春，春秋不老；甲子重新，欢乐远长。

同时也祝愿每一位在场嘉宾的母亲幸福安康！最后祝各位嘉宾万事如意，心想事成，让我们共同度过这美好的时光。下面我宣布寿宴正式开始，谢谢！

六十年风风雨雨，六十载生活沧桑。岁月的泪痕悄悄地爬上了她的额头，将老人家的双鬓染成白霜。大千世界里，孩子们把心中的话语都洒向老人那宽厚的胸膛。严于律己，宽以待人，认真工作，发愤图强，这简单的话语，让儿女们铭刻在心，永记不忘。

★★★

范例2：主持人在老人八十大寿寿宴上的主持词

背景介绍：主持人主持老人八十大寿的寿宴，这是他的主持词。

关键词：寿诞 快乐 祝愿 生命 常绿

各位来宾，各位朋友：

新开甲子花，光耀长庚星；举杯祝长寿，德才人人称；为图强国计，辛勤沐耕耘；奋斗四十年，霜雪染双鬓；功高众人颂，遐迩有贤声；更觉性宽和，老幼仰清分；待我情谊厚，常感恩泽深；愿进万年觞，寿妃南极星。

快乐就是健康，幸福就是长寿，祝您福禄寿三星高照。

君颂南山是说南山春不老，我倾北海希如北海量尤深。

介寿值良辰春满蓬壶延晷景，引年征盛典筹添海屋祝长龄。

请谱南山筵开西序，樽倾北海彩绚东阶。

八十岁葆素全真自是申公迎驷马，五千言修身炼性须看老子跨青牛。

最后还是让我们献上最衷心的祝愿，祝福老人家生活之树常绿，生命之水长流，寿诞快乐，春辉永绽！

祝福在座的所有来宾身体健康、工作顺利、阖家欢乐、万事如意！

八十岁葆素全真自是申公迎驷马，五千言修身炼性须看老子跨青牛。

君颂南山是说南山春不老，我倾北海希如北海量尤深。

第二节　佳句荟萃

1. 我们的妈妈爸爸一生恪守恬淡的生活，他们没能住上高堂华宇，没能享受宝马香车，用他们的教育理念教出来的女儿，也没能嫁给高官、富翁，没能为父母带来物质财富和虚荣的满足。但是，爸爸妈妈带给了我们一笔无可比拟的精神财富，他们教我们自强、自立、自尊、自爱，使我们三姐妹如今在文学、艺术、绘画、摄影、心理学等方面都各有造诣，我们仨就是父母此生最大的财富！

2. 今天，高朋满座，觥筹交错，共同庆贺我母亲的生日。我们姐妹略备薄酒，恭请各位长辈、亲朋好友一起，共同祝愿我们的母亲天天幸福、天天快乐、健康长寿，直到永远！

3. 盛世太平天赐吉祥，生日庆典欢聚一堂；天增岁月人增寿，春满乾坤福满门。追寻着时间的脚步，踏入春暖花开的时节，我们共同迎来了平凡而又难忘的日子——公元××年×月×日，××的六十寿辰！

4. 今天××府群贤毕至，高朋满座。我们都怀着一样激动的心情，带着同样真挚的祝愿，同庆××老寿星的八十大寿。

5. 这正是亲朋共享天伦乐，欢声笑语寿满堂。在这个大喜的日子里，择此良辰吉时，我非常荣幸地宣布：××老寿星八十大寿庆典正式开始。

6. 在喜气洋洋的气氛中，我们今天的寿星可以说是迈着轻快的脚步，来到这庆寿的舞台上。今天是××老寿星八十大寿的喜庆日子，老人家如此高寿，身体如此健康，精神如此抖擞，真的应了一句俗话，叫“人逢喜事精神爽”呀。来，我们再次把掌声送给老寿星好吗？祝愿老寿星八十岁的年纪有三十岁的心脏。

7. 各位嘉宾，不知道大家注意没有，台前幕布上的这个金光闪闪的“寿”字，寓意就是福寿满堂、欢乐绵长。这不正是今天我们老寿星幸福生活的写照吗？俗话说：“人生八十为耄耋之年”，在八十年的风雨历程中，老寿星含辛茹苦、呕心沥血，将三子两女五个孩子抚养成人。八十载的酸甜苦辣，八十载的生活沧桑，历经岁月的磨砺，老寿星往日博爱高风，今日慈颜依旧。他一生中积累的最大财富是他那勤劳善良的朴素品格，他那宽厚待人的处世之道，他那严爱有加的朴实家风。这一切，伴随他迎来了今天幸福的晚年生活。在他的教育下，子女们都已经长大成人，有的成为国家干部、人民公仆，有的成为商界精英，还有的在欧美留学深造，为老寿星赢得了无上荣光。现如今老寿星一家是四世同堂，正可谓儿子能，儿媳孝，女儿贤，女婿强；就连在外工作、学习的孙子、孙女、外孙、外孙女也是聪明伶俐，成绩优异，捷报频传，真是后继有人啊。

8. 让我们一起恭祝老寿星福如东海，日月昌明。春秋不老，耄耋重新。

9. “朵朵鲜花颗颗心，心心相连情意深，祝愿寿星添福寿，寿似松柏万年青。”下面，我们隆重请出老寿星的孙子××和××登台献花，表达孙辈的祝福。来，掌声欢迎！

10. 子孙拜寿在台前，敬老爱老美名传，和谐家庭人长寿，潇洒快乐度晚年。

11. 一拜，祝老寿星福如东海、寿比南山；

二拜，祝老寿星日月昌明、松鹤长春；

三拜，祝老寿星笑口常开、永享天伦。

12. 喜看儿女站堂前，只愿家风代代传。让我们共同祝愿老寿星增福增寿增富贵，添光添彩添吉祥。

第 16 章

乔迁宴会讲话

第一节　范例集锦

★★★

范例 1：主持人在某乔迁宴会上的主持词

背景介绍：王××夫妇喜迁新居，为庆祝生活水平的提高，特举办乔迁庆典午宴，这是主持人在午宴开始前的讲话。

关键词：祝福　丰富　城市　希望

各位来宾，女士们、先生们：

大家中午好！

建华堂春风入座，迁新居高朋满堂。

今天，大家带着祝福，带着微笑，带着真诚，相聚在富山餐厅，一起参加王××夫妇乔迁庆典午宴。首先，让我们用最热烈的掌声对他们乔迁新居表示祝贺！祝贺他们：新居托北斗，家宅映朝阳，年年添喜庆，岁岁呈吉祥。同时我代表东道主，对大家的到来表示热烈的欢迎和衷心的感谢！

各位来宾，大家都知道，王××夫妻恩爱，携手并肩。勤俭持家，自立自强，经过十几年的艰苦创业，踏上了富裕之路，他们的住所由原来的砖瓦房到楼板房，今天又住进了宽敞明亮的楼房。在生活上，一年一个样，这正是芝麻开花节节高。

各位朋友，丰富多彩的城市生活，令人向往，令人陶醉！新世纪的曙光为农村通往城市的道路架起了幸福的桥梁！希望大家能早日享受到城市生活，共同走向繁荣富强。

各位来宾是朋友、是同学、是亲属，就要常联系，常沟通，常来往，联系可以记住你我，沟通可以增进友谊，来往才是情感的真谛！

为此，我们大家共同希望：幸福和快乐，荣华和富贵，平安和健康，永远伴随王××夫妇一生。

顺祝大家四季康宁，万事如意，财源广进，福寿无疆！

现在，我宣布王××夫妇乔迁庆典午宴开席！请大家斟满杯中酒，为大家都住上幸福之楼，为我们的明天更加美好，干杯！

祝贺他们：新居托北斗，家宅映朝阳，年年添喜庆，岁岁呈吉祥。

★★★

范例2：某销售人员在公司乔迁宴会上的贺词

背景介绍：某公司因销售业绩好，搬到了环境更好的办公室，为庆祝乔迁之喜特举办乔迁宴会，这是一名销售人员在宴会上的讲话。

关键词：回首 珍惜 畅想 感谢 辉煌

尊敬的女士们、先生们：

大家晚上好！

今天是一个特殊的日子，在蓝天高远、金秋收获的十月，我们相聚一起，携手欢庆，迎来了众人瞩目已久的大喜事——公司乔迁。

今天，各位同人、各位朋友欢聚一堂。难得的相聚，幸福的相聚。首先，我谨代表××全体干部职工，向从百忙之中抽空前来庆贺的××致以诚挚的谢意和美好的祝福。此时此地，此情此景，更让我们回首昨日，珍惜今朝，畅想明天！××虽然加入我们的时间不长，但销售精神令人佩服，销售业绩令人折服。××人老心不老，为我们××的销售事业做出了杰出的贡献，我代表××全体员工感谢他这么多年来辛苦的耕耘。

同时，感谢××给我们大家提供如此好的发展平台，创造如此美好的生活环境，我们每个人都要知恩惜福，以更好的成绩回报××，回报老总，祝愿我们公司业务迅速发展、规模不断扩大。回顾过去，令人欢欣鼓舞；展望未来，更是令人信心满怀。

过去已成为历史，从今天开始我们将翻开新的一页，迈出新的一步。面对机遇，面临挑战，面向未来，我们已经开始了新的生命里程。各位来宾，让我们相约，在新里程上肩靠得更近，手挽得更紧，心相连，情相系，昂首阔步，高歌猛进，走向辉煌的未来。最后祝大家身体健康，工作顺利，事业有成！

面对机遇，面临挑战，面向未来，我们已经开始了新的生命里程。各位来宾，让我们相约，在新里程上肩靠得更近，手挽得更紧，心相连，情相系，昂首阔步，高歌猛进，走向辉煌的未来。

★★★

范例3：主持人在某乔迁宴会开席时的讲话

背景介绍：某对夫妇举办乔迁庆典宴会，这是主持人在开席之前的讲话。

关键词：荣幸 打拼 理想

尊敬的各位领导、各位嘉宾，先生们、女士们：

大家中午好！

俗话说人逢喜事精神爽，月到中秋分外明；一处良宅双手成，一杯薄酒谢亲朋。在这充满激情的美好季节，我们怀着喜悦的心情欢聚一堂，迎来了×××先生和×××女士的乔迁之喜，承蒙东道主的厚爱，我很荣幸、更高兴地站在这里为大家讲话。

首先，我代表×××夫妇及全家向在座的从百忙之中抽空前来参加此次盛宴的朋友，表示最衷心的感谢和最热烈的欢迎！大家都知道，人生有四大喜，那就是：久旱逢甘霖，他乡遇故知，洞房花烛夜，金榜题名时。曾有人问：人生第五大喜是什么？据专家讨论研究，最后决定那就是新居落成乔迁之喜。今天，×××夫妇就迎来了这第五大喜，可以说是可喜可贺！既然如此，我就代表在座各位向他们全家表示最诚挚的祝贺！祝贺他们从“蜗居”转入“洋楼”，更希望他们从“洋楼”搬进“高堂”！

俗话说马无夜草不肥，人无横财不富。而我们×××夫妇作为人民教师，可谓情系教坛，爱洒学生，呕心沥血。他们既无夜草，更无横财，仅凭借勤劳之手，微薄的工资，省吃俭用，经过长期而艰苦的打拼才收获新居。他们今天的乔迁，就是他们心血的结晶，是党和人民给他们的回报！更离不开在座各位多年来对他们的关心、支持、帮助与厚爱。在此，我代表他们夫妇再次向你们表示最诚挚的谢意！并顺祝大家理想、梦想、心想，事事皆能成；公事、私事、心事，事事都称心；财路、运路、人生路，路路皆畅通；阴天、雨天、晴天，天天好心情！

为了表达对大家的感激之情，×××夫妇借××大酒店这块风水宝地，略备粗茶淡饭、薄酒素菜，不成敬意，还望大家海涵。

最后再次衷心地祝愿大家虎年快乐、虎年吉祥、虎年幸福、虎年安康！交好运、发大财，日子越过越红火，人生越走越亮堂！

现在我宣布：乔迁喜宴开席，鸣炮！

俗话说马无夜草不肥，人无横财不富。而我们×××夫妇作为人民教

师，可谓情系教坛，爱洒学生，呕心沥血。他们既无夜草，更无横财，仅凭借勤劳之手，微薄的工资，省吃俭用，经过长期而艰苦的打拼才收获新居。

★★★

范例1：主持人在某夫妇乔迁宴会上的主持词

背景介绍：某对夫妇举办乔迁庆典宴会，这是主持人在开席之前的讲话。

关键词：恭贺 感谢 开怀 祝愿

尊敬的各位来宾，女士们、先生们：

大家早上好！

阳光明媚，歌声飞扬，欢歌笑语，天降吉祥。成熟伴随着喜悦，收获带来了吉祥！在这金色的日子里，在这珍贵的大好时光，××先生与××女士喜迁新居。在这里，请允许我代表各位来宾恭贺他们乔迁之喜！同时我代表东道主夫妇，对前来贺喜的各位，表示衷心的感谢和热烈的欢迎！

来宾们，朋友们，娶妻生子，安家立业，是人生中重大的喜事。××先生和××女士，在工作上拼搏进取，积极向上；在生活上兢兢业业，勤俭持家；男的是模范丈夫，女的是贤妻良母。小日子过得红红火火，令人羡慕和尊敬。他们能取得今天的好成绩与自身的努力和在座来宾的大力支持分不开。在此我代表他们夫妻对来宾们历年来的支持和帮助表示感谢，谢谢你们！希望他们在今后的生活中，能继续得到大家的关爱和帮助。

来宾们，朋友们，人逢喜事精神爽，喜迁新居的二位，看到有这么多来宾捧场祝贺，喜在心里，笑在脸上，乐得嘴都合不上了。千言万语，万语千言，汇成一句话：不知说啥好。事先我问××先生，“喜迁新居你高兴到什么程度？”他说，“就跟当年入洞房一样高兴！”我说，“不是入洞房，是入新房，房子换新的了，‘屋里的’想换不？”他说，“想换，但是，有那贼心，没那贼胆。”开个玩笑。还是请东道主发表讲话，大家掌声欢迎！

各位亲友，各位来宾，今天的××酒店，大厅鼎沸，让我们高举金杯，开怀畅饮。共同祝愿××夫妇前程似锦！同时祝各位来宾，工作顺利，万事如意，发财交好运，谢谢各位！

来宾们，朋友们，人逢喜事精神爽，喜迁新居的二位，看到有这么多来宾捧场祝贺，喜在心里，笑在脸上，乐得嘴都合不上了。千言万语，万语千言，汇成一句话：不知说啥好。

★★★

范例2：客串主持人在乔迁宴会上的主持词

背景介绍：某对夫妇举办乔迁庆典宴会，这是客串主持人在开席之前的讲话。

关键词：欢迎 恭贺 高朋满座

尊敬的女士们、先生们：

大家晚上好！

今天是××先生与他的爱人××女士乔迁新居的大喜日子，首先，我代表他们夫妇二人，对今天所有光临本次宴会的来宾朋友，表示最热烈的欢迎和衷心的感谢！

大家都知道，××是我们××厂的厂长，我们大家都非常熟悉他，××同志这个人啊，性格憨厚朴实，为人谦和热情，工作能力强，事业心盛，无论是在同事，还是在朋友面前口碑都是极好的！而他的夫人××女士，又是一位能说会干的巧媳妇，不仅人长得漂亮，在生意场上也是叱咤风云，称得上是一位地地道道的女强人！他们夫妇无论是在生活上，还是在工作上，可以说是夫唱妇随、配合默契！二人经过十几年的辛勤耕耘、合力打拼，小日子过得红红火火，日新月异！

今天他们夫妇在我市××小区的西区购得一幢100多平方米的漂亮新宅子，在此，让我们以热烈的掌声恭贺他们夫妇的乔迁之喜！同时祝福他们夫妇的事业一日千里，生意兴旺发达，日子和谐温馨！

搬华宅勤劳依旧，迁新居气象更新！都说人逢喜事精神爽，此刻，××夫妇的心情也是特别激动，面对多年来一直关心、支持、帮助自己的同事、朋友、战友，××有许多感激的话要对大家讲，下面让我们以热烈的掌声请××同志说几句话……

朋友们，今天酒楼的宴会大厅胜友如云，高朋满座，热闹非凡。你们的到来，为这里增光添彩！为了报答这份深情厚谊，××夫妇为大家准备了丰盛的酒宴，在开席之前呢，我也借花献佛，祝愿所有来宾朋友，家庭幸福，身体健康，万事如意，心情朝阳！请大家今晚吃好、喝好、开开心心。——开席！

他们夫妇无论是在生活上，还是在工作上，可以说是夫唱妇随、配合默契！二人经过十几年的辛勤耕耘、合力打拼，小日子过得红红火火，日新月异！

★★★

范例3：同事在乔迁宴会上的贺词

背景介绍：××乔迁新居，这是他的同事在宴会上的讲话。

关键词：安全 贡献 港湾 幸福

各位来宾：

深冬白雪皑皑，吉日乔迁宝财（宝财花园）。在元旦即将到来之际，我的同事××迎来了他的乔迁之日，这是一个可喜可贺的日子。

首先，真诚感谢社会各界人士及亲朋好友的光临，我代表××同志对你们的到来表示热烈的欢迎！

我的同事××是我县安全生产战线上的一位老兵，从事安全生产工作十几年来，情系百姓，坚持“以人为本，安全第一”的工作理念，极大保护了人民群众生命财产的安全，为我县的安全生产工作做出了积极的贡献。可以说：

倾心为党三十年，

情系百姓抓安全。

五十二载闲庭步，

今朝始得安家园。

家，是男人的大本营，是女人的港湾！给人以幸福，给人以温暖。

××如今有了自己的家园，一改闲庭信步驻赏千家万户独我无居的窘况，十足令人欣慰！

今天是2010年12月26日，是一个伟大的日子，117年前的今天，一代伟人毛泽东出生，他给中国带来了光明，给世界带来了和平，给人类带来了理想和渴望！事实证明，这是一个喜庆的日子，是一个具有划时代意义的日子，更是一个诞生理想和创造奇迹的日子！××同志选择了今天就是选择了吉祥，选择了喜庆，选择了幸福和安宁！

那就请大家伸出温暖的双手以热烈的掌声为我的同事——××择吉乔迁表示由衷的祝贺！祝贺他：

吉日乔迁新居，

良辰纳福宝地。

常住宝财楼阁，

生活富富有余！

为答谢大家，××同志借亨泰龙华这块风水宝地，特备丰盛的午宴，诚请大家吃好喝好。

圣诞余热未尽，元旦即将来临。借××喜庆之时，我谨代表××及其家人，向在座的各位和你们的家属致以节日的祝贺！祝福你们在新的一年里心想事成，万事如意，家庭和美，吉祥有余！

现在我宣布：开席！

今天是2010年12月26日，是一个伟大的日子，117年前的今天，一代伟人毛泽东出生，他给中国带来了光明，给世界带来了和平，给人类带来了理想和渴望！事实证明，这是一个喜庆的日子，是一个具有划时代意义的日子，更是一个诞生理想和创造奇迹的日子！××同志选择了今天就是选择了吉祥，选择了喜庆，选择了幸福和安宁！

★★★

范例1：主人好友在乔迁宴会上的主持词

背景介绍：某对夫妇举办乔迁庆典宴会，这是他们的好友在开席之前的讲话。

关键词：喜庆 祝贺 感谢

各位来宾，女士们、先生们：

猴辞旧岁，鸡报新春。

在这辞旧迎新的喜庆日子里，我们欢聚一堂，共同祝贺××、××夫妇乔迁新居之喜，承蒙各位来宾的深情厚谊，我首先代表××先生与××女士对各位的到来，表示最热烈的欢迎和衷心的感谢！

××、××夫妇一生兢兢业业，勤俭持家，如今事业有成，家庭美满、幸福。所以，我在这里也要代表各位来宾，向××、××夫妇乔迁新居表示衷心祝贺！

为感谢各位来宾的深情厚谊，××夫妇在这里略设便宴，粗茶淡饭，薄酒一杯，不成敬意，望各位来宾海涵。

各位来宾，让我们举起酒杯，共同祝福××、××一家一帆风顺、二龙腾飞、三阳开泰、四季平安、五福临门、六六大顺、七星高照、八方来财、九九同心、十全十美！祝各位来宾，财运亨通，四季康宁。

现在，我宣布：鸣炮，开席。

各位来宾，让我们举起酒杯，共同祝福××、××一家一帆风顺、二龙腾飞、三阳开泰、四季平安、五福临门、六六大顺、七星高照、八方来财、九九同心、十全十美！祝各位来宾，财运亨通，四季康宁。

★★★

范例2：某庆典主持人在乔迁宴会上的主持词

背景介绍：某夫妇举办乔迁庆典宴会，这是他们邀请的专业庆典主持人在开席之前的讲话。

关键词：喜事 庆贺 祝福

尊敬的各位领导、各位嘉宾，先生们、女士们：

大家中午好！

在这瑞雪纷飞的11月，在这充满激情的美好季节，我们怀着喜悦的心情欢聚一堂，迎来了××先生和××女士的乔迁之喜，俗话说：人逢喜事精神爽，月到中秋分外明；一处良宅双手成，一杯薄酒谢亲朋。今天××先生在××酒楼略备薄酒，款待亲朋，在这里，我代表××先生对前来参加乔迁酒宴的亲朋好友表示衷心的感谢和热烈的欢迎！

与此同时也送上我们真诚的祝福。祝福各位理想、梦想、心想，事事能成；公事、私事、心事，事事称心；财路、运路、人生路，路路畅通；阴天、雨天、晴天，天天好心情！喝上一杯祝福的美酒，人是家乡的亲，酒是家乡的甜。用绰尔河水做墨，写不尽大家对××先生乔迁之喜的衷心祝贺，用二龙涛河水做彩，绘不尽锦绣前程的××先生对大家到来的感谢之意。

在这个吉祥的日子里，××先生乔迁新居，让我们再次衷心祝福他事业有成，财源广进，相信他们夫妇在今后的年月里，一定会有所作为，插上金色的翅膀，奔向更加美好的未来。请大家共同喝上一杯祝福的美酒。

在这喜庆的时刻，××先生喜在脸上，记在心里，千言万语难以表达他内心的感激之情，那么就由我代言，祝福在座的各位，在事业单位发展的朋友，飞黄腾达，鹏程万里；商界的朋友，买卖兴隆通四海，财源茂盛达三江；男士龙体安康，女士凤体呈祥。请大家端起酒杯，再次喝上一杯祝福的美酒。

本主持人倡议的几杯酒，难以表达各位对××先生的祝贺之情和××先生对各位的感谢之意，××夫妇为大家准备了丰盛的酒宴，那么就请各位开怀畅饮，共叙友情。

××先生邀请了乐队献唱，愿歌声的旋律伴随着大家，喝得开心，喝得尽兴，有请乐师、歌手闪亮登场！

下面有请××先生和××女士给各位亲朋满上两杯酒，同时祝福大家，家庭幸福，身体安康，万事如意，心情朝阳。在这里也让我们祝福他们小两口工作顺利，前程似锦，发财交好运！

今天的乔迁酒宴主持告一段落，希望有缘下次相见。用赵本山老师的一句话，大家吃好，喝好，喝好，吃好。谢谢大家！

在这喜庆的时刻，××先生喜在脸上，记在心里，千言万语难以表达他内心的感激之情，那么就由我代言，祝福在座的各位，在事业单位发展的朋友，飞黄腾达，鹏程万里；商界的朋友，买卖兴隆通四海，财源茂盛达三江；男士龙体安康，女士凤体呈祥。请大家端起酒杯，再次喝上一杯祝福的美酒。

哲理型

★★★

范例1：乡党委书记在派出所乔迁庆典上的讲话

背景介绍：××乡新建成标准化派出所，设备精良。这是乡党委书记在庆典上发表的讲话，对全体干警提出希望。

关键词：喜事 感谢

各位领导、各位来宾、同志们、朋友们：

天高云淡，金风送爽。今天我们欢聚一堂在这里隆重举行××派出所乔迁庆典仪式，这是××乡政治经济生活中的一件大事、一件喜事。在此，我谨代表××乡党委、政府对××派出所乔迁新址表示热烈的祝贺！向辛勤工作在第一线的××派出所全体干警和参与建设的××建筑公司的全体施工人员致以亲切的慰问！向参加今天乔迁仪式的各级领导、各位来宾、各位朋友表示最诚挚的欢迎和衷心的感谢！

××标准化派出所的建成，标志着我乡公安基础设施的进一步规范化、标准化。这是我乡公安建设史上的一件喜事，同时也是我乡群众多年翘首企盼的一件盛事。长期以来，××派出所一直承担着为××经济建设保驾护航和维护社会治安稳定的重任。尤其近年来，××派出所紧紧围绕全乡经济建设和社会发展的中心任务，积极开展环境整治活动，打击违法违规行为，促进了××发展环境的全面优化；全面完善了外来人口管理机制、强化了治安基础工作，维护了××社会的稳定；牢固树立了服务为民的理念，深入开展了基层矛盾纠纷排查调处工作，夯实了××平安和谐的社会基础。这些成绩的取得，××乡党委、政府历届领导班子有目共睹，全乡党员干部有目共睹，全乡11000多人民群众有目共睹。借此，我谨代表××乡党委、政府对××派出所历届干警的辛勤付出和无私奉献表示衷心的感谢！

××乡党委、政府历来十分重视公安事业的发展，在各方面全力支持其工作的开展，尤其在派出所新办公楼的建设上，乡政府专门抽调人员参与筹备、规划等工作。多次召开联席会议，解决出现的矛盾问题，完成了规划、选址及占地协调工作，确保了建设工作的顺利完成。××派出所新办公楼的建成，对改善派出所的办公条件，提升派出所维护社会稳定和服务发展水平，实现派出所工作的跨越式发展具有重要的现实意义。今后，××乡党委、政府将一如既往地关心××派出所的各项工作，为派出所履行职责提供必要的支持，努力使派出所在维护社会治安，促进社会稳定方面发挥新的、更大的作用。与此同时，一流的工作环境、一流的办公设施，对做出一流的工作业绩本身也是一个无声的要求。我坚信在新的环境中，××派出所的全体干警，在县公安局党委的正确领导下，能够进一步弘扬“精诚团结、艰苦奋斗、勤政为民”的优良传统，再接再厉，再立新功，创造出新的业绩、新的奇迹！

在整个工程建设过程中，各级领导倾注了大量的心血，为了搞好××派出所的建设，县委、县政府、县人大、县政法委领导给予了极为亲切的关心关怀；县公安局领导多次亲临现场视察，亲自协调各方关系。在此，让我代表××乡党委、政府，再次向一贯关心关怀支持××乡发展的各级领导和社会各届人士表示最衷心的感谢！

由于条件限制，今天对前来参加乔迁仪式的各位来宾、各位朋友难免照顾不周，敬请谅解。同时，祝愿参加今天乔迁仪式的各级领导、各位来宾、各位朋友：身体健康、工作顺利、家庭幸福、事事如意！

谢谢大家！

天高云淡，金风送爽。今天我们欢聚一堂在这里隆重举行××派出所乔迁庆典仪式，这是××乡政治经济生活中的一件大事、一件喜事。

★★★

范例2：乔迁夫妇在乔迁喜宴上的讲话

背景介绍：一对夫妇喜迁新居，为此举办乔迁宴会，这是这对夫妇在宴会上的讲话。

关键词：欣喜 支持 谢意

尊敬的各位领导，各位同事，各位亲朋好友：

大家中午好！

今天，是我们家乔迁新居的日子。各位领导、同事、亲人、朋友能够在百忙之中抽出时间、欢聚于此，是我们全家的荣幸。在此，请允许我们夫妻代表全家，对大家的到来，表示热烈的欢迎和衷心的感谢。

时光飞逝，岁月如梭，10年弹指一挥间。从最初的走出校门到后来的成家立业，从以前的身居陋室到现在的喜迁新居，我们的生活在不经意间发生了许多变化，我们虽然因此而欣喜，但我们却时刻没有忘记，我们的每一点进步、每一次成长，都离不开各位领导的关心与培养，离不开各位亲朋的帮助与支持。

今天，我们在此备下薄酒素菜，不仅是想把心中的这份喜悦与大家共同分享，更是想借此机会，对大家多年来的关心、关注与厚爱表示感谢。

千言万语难表心中谢意，在此，就让我们夫妻，真诚地为大家敬上一杯喜庆的酒、祝福的酒，愿尊敬的领导、同事以及所有的亲朋好友，在新的一年里，身体健康、心情愉快、心想事成、万事顺意！

我们在此备下薄酒素菜，不仅是想把心中的这份喜悦与大家共同分享，更是想借此机会，对大家多年来的关心、关注与厚爱表示感谢。

★★★

范例3：弟弟在姐姐家乔迁宴会上的贺词

背景介绍：弟弟在乔迁宴会上客串主持人，为姐姐和姐夫搬进新居贺喜。

关键词：喜庆 温暖 和谐

尊敬的各位来宾，女士们、先生们：

大家上午好！

今天是2009年12月21日，2009年是喜庆之年，今天是喜庆的一天，此时此刻是喜庆的时刻。我们在龙凤酒楼欢聚一堂，共同庆贺我姐夫××先生、姐姐××女士乔迁新居之喜，承蒙父老乡亲的厚爱，承蒙各位来宾的深情厚谊，我仅代表姐姐一家对各位的到来表示热烈的欢迎和最诚挚的感谢！

朋友们，成功伴着辉煌，收获带着喜悦。娶妻生子，安家立业乃人生中的大事。姐姐一家甚能持家。他们在事业上兢兢业业、勤勤恳恳，在生活中简简单单、持家有方。他们家既有搂钱的耙子，又有装钱的匣子。小日子红红火火、蒸蒸日上，今年又在××这块风水宝地购买豪华住宅一套，价格不菲。令人羡慕，更令人钦佩。

朋友们，家是温暖的港湾，家是幸福的源泉，家是你疲惫时最想去休息的驿站，家是你喜悦时分享快乐的乐园。每个人都向往有一个温暖、舒适的安乐窝，他们做到了。他们用智慧的头脑、勤劳的双手创建了幸福家园。愿姐姐、姐夫的幸福长长久久，日子红红火火，让热烈的掌声再次响起，用我们的掌声向他们的乔迁之喜表示真诚的祝贺！

在此，我要送上一副对联表示我对姐姐、姐夫的祝贺。

上联是：选佳日入华堂吉星高照

下联是：择良时居宝地紫气东来

横批是：五福临门

来宾们、朋友们，时值寒冬腊月，寒气逼人。各位宾客顶风冒雪，不畏严寒，从四面八方纷至沓来。此情，感人肺腑；此景，动人心弦。我要再次向诸位来宾表示感谢：感谢各位来宾放弃宝贵的工作时间，感谢各位放弃难得的休闲娱乐时间前来贺喜。你们的到来为喜宴增添了缤纷的色彩，你们的到来使氛围和谐融洽，你们的到来使喜悦溢满姐姐一家子的脸庞。

千言万语道不尽对各位来宾的感激之情，万语千言说不完对各位来宾的感谢之意。为了答谢各位，姐姐一家在龙凤酒楼设下酒席，摆下美味佳肴，备下玉液琼浆。此时，菜里飘荡情意，酒杯注满真情。来来来，让我们共同举杯，祝姐姐一家一顺百顺、万事如意；祝在座的各位心想事成，生活事业百尺竿头更进一步；同时，也要感谢龙凤酒楼的老板和员工热情周到的服务，愿龙凤酒楼楼如其名：龙腾虎跃，日日宾客满堂，天天彩灯高照。

这正是：一家喜来千家喜，乔迁之喜喜加喜；你乐我乐大家乐，无限情意在酒里。我宣布乔迁喜宴正式开席。

朋友们，家是温暖的港湾，家是幸福的源泉，家是你疲惫时最想去休息的驿站，家是你喜悦时分享快乐的乐园。每个人都向往有一个温暖、舒适的安乐窝，他们做到了。他们用智慧的头脑、勤劳的双手创建了幸福家园。

第二节　佳句荟萃

1. 吉星高照，福地呈祥；燕贺新禧，莺歌阳春。上林春色早，乔木知音多；仁风春日照，德泽福星明。新春迁新宅，福地启福门；春临福宅地，福载善人家。喜讯悄入户，金鸡早叩门；宝盖万年在，华厦千秋辉。祥云浮紫阁，喜气溢朱门；东风开画栋，旭日映华堂。

2. 为感谢各位来宾的深情厚谊，××府在这里略设便宴，粗茶淡饭，薄酒一杯，不成敬意，望各位来宾海涵。

3. ××一家，一直兢兢业业，勤俭持家。如今事业有成，家庭美满、幸福。今天又乔迁新居，在这里，我要代表各位来宾，向他们乔迁新居表示最衷心的祝贺！

4. 居卜风和仁是里，堂开景聚德为邻。地久天长门有喜，年丰人寿福无边。有福有寿勤俭户，无虑无忧康乐家。

5. 笑语声声共庆乔迁喜，腊梅朵朵同妆进取楼。华堂锦乡江山添异彩，甲第祥和农户乐重光。喜落成华构盈门秀色，庆乔迁新居满屋春风。

6. 人逢喜事精神爽，喜迁新居的二位，看到有这么多来宾捧场祝贺，喜在心里，笑在脸上，乐得嘴都合不上了。千言万语，万语千言，汇成一句话：不知说啥好。所以夫妇俩决定唱着说，给大家唱一首《夫妻双双把家还》，大家掌声欢迎！

7. 各位亲友，各位来宾，今天的××酒店，大厅鼎沸，来宾们张张笑脸，喜气洋洋，让我们高举金杯，开怀畅饮。共同祝愿××前程似锦！同时祝各位来宾，工作顺利，万事如意，发财交好运，谢谢各位！

8. 小院更新承德政，阖家祝福话天伦。四合宅院花馨满，五德人家笑语喧。民重农桑能富国，光增新第喜齐家。燕过重门留好语，莺迁乔木报佳音。基实奠定千秋业，柱正撑起万年梁。家居绿水青山畔，人在春风和气中。里有仁风春意永，家余德泽福运长。

9. 教师乔迁对联：××载育桃李，××年结舍庐；喜气长留书香家，福星高照翰墨宅；兢兢业业汗水浇灌梅兰开花香四海，勤勤恳恳心血栽培桃李结果献九州。

10. 阳光明媚，歌声飞扬，欢歌笑语，天降吉祥。成熟伴随着喜悦，收获带来了吉祥！在这金色（喜庆）的日子里，在这珍贵的大好时光，我们迎来了××先生与××女士的乔迁之喜。在这里，请允许我代表各位来宾恭贺他们的乔迁之喜！

11. 乔迁贺联：门对青山庭铺瑞雪，屋临绿水窗横腊梅；门迎百福，户纳千祥。

12. 移门欲就山当枕，迁居常将水作琴。旭日乍临家室乐，和风初度物华新。莺声到此鸣金谷，麟趾于今步玉堂。江山聚秀归新宇，奎壁联辉映画堂。

13. 门迎春夏秋冬福，户纳东西南北祥。红日高照新居户，喜花常开幸福家。迁居新逢吉祥日，安宅正遇如意春。门对青山千古看，家居旺地四时新。乔第喜迁新气象，换门不改旧家风。

14. 娶妻生子，安家立业，是人生中重大的喜事。××先生和××女士，在工作上拼搏进取，积极向上；在生活上兢兢业业，勤俭持家；男的是模范丈夫，女的是贤妻良母。小日子过得红红火火，令人羡慕和尊敬。他们能取得今天的好成绩与自身的努力和在座来宾的大力支持分不开。在此我代表他们夫妻对来宾们历年来的支持和帮助表示感谢，谢谢你们！希望他们在今后的生活中，能继续得到大家的关爱和帮助。

第 17 章
满月酒宴讲话

第一节　范例集锦

★★★

范例 1：客人在满月酒宴上的祝词

背景介绍：李家夫妇喜得贵子，特举办满月酒宴，这是来道贺的客人的祝福。

关键词：兴旺　喜事　分享　期待

尊敬的各位来宾，各位朋友：

爱情演绎续华章，家族繁衍人兴旺。亲友庆贺笑声起，推杯换盏喜气扬。今天是 2011 年 6 月 11 日，恰逢××、××的贵子满月之际，承蒙各位朋友前来捧场，给这场满月酒宴增添了色彩，增添了情谊，增添了吉祥！在此，请允许我代表主人向各位朋友表示热烈的欢迎和衷心的感谢！

人生，主要有两大内容：一是事业，一是生活。就生活而言，主要有两大喜事：一是美满的婚姻，一是喜添贵子。我们的朋友××、××，事业有成，生活美满，如今又喜添贵子，真是喜上加喜！让我们用掌声向他们表示最诚挚的祝福！

今天的满月酒代表了三层意思：第一是分享喜悦，宝宝的诞生给李家带来了无限喜悦，借此机会我们大家一起分享这份喜悦之情；第二是祝愿，我们大家欢聚一堂，祝小宝宝健健康康、快快乐乐地成长，早日成为栋梁之材；第三是期待，我们大家一起期待××、××夫妇再接再厉，想龙得龙、想凤得凤，在“造人”事业上再创佳绩！

路漫漫，岁月长，小宝宝未来的道路还很长，我相信，在家人的关爱下，他未来的路一定会很宽、很畅。而且，我相信，今天在座的各位也跟我一样，会在未来给予他最无私的关心和最真挚的祝福！最后，我代表所有来宾，再次向××、××夫妇表示祝贺，并再次祝愿小宝宝健健康康成长、快快乐乐生活，越长越聪明，越长越可爱！

谢谢大家！

爱情演绎续华章，家族繁衍人兴旺。亲友庆贺笑声起，推杯换盏喜气扬。

★★★

范例2：朋友在满月酒宴上的祝词

背景介绍：在女儿满月的酒宴上，东道主的朋友致祝词。

关键词：冬日 公主 漂亮

各位来宾：

今天是××的千金舒涵满月的大喜日子，承蒙各位百忙中前来祝贺，请允许我代表主人向各位的到来表示热烈的欢迎和衷心的感谢！

冬日寒意姗姗来，济济一堂好温馨。华堂设筵贺满月，公主舒涵会嘉宾。掌珠质朴人心舒，涵养修身成精英。温柔贤惠美人坯，平安幸福成栋梁。

古语云：养儿方知父母恩。虽然只有短短的一个月，深信××对这句古语有了更深刻的理解。我们应该怀着一颗感恩的心，感谢生养我们的父母，感谢爱护、关心、帮助我们的长辈和亲朋好友。面对父母、长辈和亲朋好友，让我代表小舒涵和××夫妇深深地鞠上一躬。请所有的父母、长辈和亲朋好友继续付出你们的呵护和关怀。

孩子的出生、成长不仅伴随着喜悦，更伴随着一份责任，相信他们小两口一定会不负众望，培养教育好接班人。我们大家的心愿只有一个，望女成凤，祝愿舒涵健康成长，长命百岁，越长越聪明，越长越漂亮，今天是喜星，明天成明星，光宗耀祖照门庭！

满月酒是亲人们的希望，满月菜是亲朋好友的祝福，喜庆的氛围给我们大家带来好运。希望大家喝得尽兴、吃得可口、玩得开心！

喜宴开始，来者都是上客，请大家开怀畅饮，一醉方休！

祝愿舒涵健康成长，长命百岁，越长越聪明，越长越漂亮，今天是喜星，明天成明星，光宗耀祖照门庭！

★★★

范例3：主持人在双胞胎满月酒宴上的主持词

背景介绍：一对夫妇喜得双子，特请专业礼仪公司承办满月酒宴，这是主持人的主持词。

关键词：平安 奢望 奇观

各位亲朋好友，女士们、先生们：

大家中午好！

今天是两位可爱宝宝的满月，是一个无比美好的日子，在今天这样一个特殊的日子里，我们欢聚一堂，共同祝贺两个可爱宝宝的平安降生及健康成长。我是××礼仪公司的金牌主持人××，今天我将和大家一起分享两个宝宝带给我们的欢乐。

花萼相辉开并蒂，埙篪齐奏叶双声。

朋友们，对于我们普通家庭来说，生养一个聪明健康的宝宝是我们共同的期盼，有谁敢奢望一胎得到两个聪明可爱的宝宝呢？××先生不同凡响，一个月前的今天，他喜得双子。据说当日的天边突现彩虹，长达两个小时，虽然是自然现象，但仍然堪称奇观。××的夫人凌晨破水，下午顺剖，母子平安，普天同庆。

时光飞逝，月嫂道别。一转眼，从两个宝宝平安着陆到现在已经过去一个月了。我们为他们欢呼，我们为他们祝福。我们共同祝愿两个小宝宝平安、幸福、健康、快乐。

花萼相辉开并蒂，埙篪齐奏叶双声。

朋友们，对于我们普通家庭来说，生养一个聪明健康的宝宝是我们共同的期盼，有谁敢奢望一胎得到两个聪明可爱的宝宝呢？

★★★

范例1：舅舅在外甥满月酒宴上的祝词

背景介绍：在庆贺宝宝满月的家宴上，舅舅致以幽默的祝福。

关键词：圈儿 聪明 健康

悟空画了一个圈儿，唐僧平安了；

小平画了一个圈儿，深圳富裕了；

宝宝画了一个圈儿，他又尿床了。

宝贝，我们都爱你！

祝你健康成长，长命百岁，越长越聪明，越长越乖，越长越漂亮；也祝孩子的爸、妈、爷爷、奶奶、外公、外婆、姑姑、叔叔等所有亲人愉快健康。

悟空画了一个圈儿，唐僧平安了；

小平画了一个圈儿，深圳富裕了；

宝宝画了一个圈儿，他又尿床了。

宝贝，我们都爱你！

★★★

范例2：父亲在孩子满月酒宴上的祝词

背景介绍：在庆贺宝宝满月的家宴上，父亲致以幽默的祝福。

关键词：感谢 表达 分享

各位亲朋好友：

大家好！

今天是我家小女的满月纪念日，各位尊贵的来宾都带着美好的情意前来祝贺，承蒙各位亲朋好友的关心厚爱，请允许我代表宝宝和全家感谢大家的光临。

此时此刻，我的心情非常兴奋和激动！在我媳妇刚生完孩子的时候很多人都问我，你现在什么心情？当时我的心情就像现在这样，很兴奋、很激动，还有点初为人父的不知所措。

我想借今天的满月酒表达三层意思：一就是分享喜悦，从孩子出生的那一刻起，我就是一个父亲了，对爸爸这个称呼我期盼了很久，我终于晋职了，在座的各位也一同升级啦！这个孩子的到来，为我们家增添了很多欢乐和喜悦，今天就是要将这份喜悦和大家共同分享！二就是感谢，对在座的各位表示最最衷心的感谢，我和我爱人从相恋、结婚到拥有小宝宝一共走过 13 年，每一步都得到了大家的关心和照顾，借此机会我代表我们全家对各位再一次表示最最衷心的感谢！三就是祝愿，祝愿我的宝宝健健康康、快快乐乐地成长，祝愿在座的各位身体健康、家庭幸福、万事如意！

略备酒菜，希望我家宝宝的爷爷、奶奶、姥姥、姥爷、姑爷、姑奶、大爷、大娘、叔叔、婶婶、舅舅、阿姨们吃好喝好。托各位的洪福，小女在你们的关心、照顾下一定会健康、快乐地成长。再次感谢你们，下面酒席开始！

从孩子出生的那一刻起，我就是一个父亲了，对爸爸这个称呼我期盼了很久，我终于晋职了，在座的各位也一同升级啦！

★★★

范例 3：爷爷在双胞胎孙子满月酒宴上的答谢词

背景介绍：一对夫妇喜得双胞胎，这是孩子的爷爷在酒宴上的答谢词。

关键词：降临 欢乐 感谢

各位来宾朋友，各位女士、先生：

感谢大家在百忙中前来为我孙子们的满月道贺。我代表我们全家向今天所有的亲朋好友表示热烈的欢迎和诚挚的谢意。

我可爱的孙子们来到我们中间已经整整一个月了，他们的降临给我们带来了无比的欢乐和幸福，同时也改变了我们全家人的生活方式。

自从双孙出生，日子过得焦头烂额，人也被折磨得心力交瘁。我们幸福地被上帝陷害了。

上帝以“有福气”为名，赐给我们一双宝宝，并送些别人羡慕的眼光，然而这却是个天大的设计周密的陷阱，环环相扣，步步为营。

我国基本国策，提倡“一对夫妇只生一个好”，我儿子却一不小心生了两个，虽没有公然违反国家政策，却有打擦边球的嫌疑！此前一贯的良好公民形象也瞬间坍塌。

这是句玩笑话，其实我们真的要感谢上帝，我们甘心为双孙的到来而改变，我们有能力、有信心培养好我们可爱的小宝宝们！请大家放心。

再次感谢大家的关心和爱护。祝各位天天都有好心情。

祝我们的小宝贝疙瘩们健健康康、茁壮成长。

谢谢诸位。

自从双孙出生，日子过得焦头烂额，人也被折磨得心力交瘁。我们幸福地被上帝陷害了。

上帝以“有福气”为名，赐给我们一双宝宝，并送些别人羡慕的眼光，然而这却是个天大的设计周密的陷阱，环环相扣，步步为营。

★★★

范例1：父亲在儿子满月酒宴上的讲话

背景介绍：父亲为庆祝儿子满月特举办满月酒宴，这位父亲的讲话透着掩不住的喜悦。

关键词：欢迎 厚爱 度过 谢意

各位领导、各位好朋友：

大家中午好！

今天是我儿子××出生的第30天，我们在这里为我儿子举办满月宴，感谢领导和朋友们百忙之中来到这里。在此，我和我老婆，当然也要代表我儿子，对大家的到来表示衷心的感谢和欢迎，谢谢大家！

今天在座的是我的好领导、好朋友，承蒙大家的关心和厚爱，我们家庭幸福，工作顺利，我们非常高兴和大家一起愉快而幸福地度过了许许多多难忘的时光。当年无忧无虑的少年，如今都已为人父为人母，当年敢想敢为的青年，如今已是各条战线上的骨干和中坚。我们在属于我们的年代，快乐地成长起来，我们收获了快乐，收获了成功，收获了幸福的家庭。

今天，我们的下一代也正在茁壮成长，他们的明天是美好的，他们的未来是充满希望的，我们有理由相信，在我们的真心关爱下，我们的下一代一定会超越我们，会成为孝敬父母、报效国家、创造辉煌的一代。

朋友们，此时此刻，我提议让我们以热烈的掌声，祝福我们的孩子健康快乐地成长，祝他们永远幸福！（掌声）

今天，我们在这里略备薄酒，表达我们一家人对各位领导、各位朋友的深深谢意，感谢大家的深情厚谊和真心关爱，祝大家全家幸福、快乐安康，谢谢大家！

请大家斟满杯中的酒，让我们共同举杯，为我们快乐的今天和孩子们美好的明天干杯！

请大家吃好喝好，谢谢！

我们的下一代也正在茁壮成长，他们的明天是美好的，他们的未来是充满希望的，我们有理由相信，在我们的真心关爱下，我们的下一代一定会超越我们，会成为孝敬父母、报效国家、创造辉煌的一代。

★★★

范例2：郭姓父亲在儿子满月宴会上的讲话

背景介绍：父亲在儿子满月酒席上的讲话，虽是拿着稿子讲，却真诚深情。

关键词：激动 艰辛 感谢

尊敬的各位嘉宾、各位亲朋好友：

大家中午好！

今天是我儿子郭××的满月宴，承蒙各位前来祝贺，我代表全家向各位的到来表示热烈的欢迎和衷心的感谢！昨天晚上想了几句话，怕今天心情太激动不记得，所以特地带了张稿子上台。

××年××月××日晚8点，我的妻子××顺产生下七斤二两的男孩，我做了爸爸。这是我们家的一件大事。虽然做父母只有一个月的时间，可我俩对“生身轻易养身难”这句话有了切身的体会，我既体验到了做父亲的快乐，也体会到了为人父的艰辛。在这里我向我和妻子双方的父母大人表示感谢，也特别为我老婆××在生产过程中忍受的巨大痛苦和这种奉献精神向她表示感激。从小××呱呱落地的那一天起，一个月以来我们全家忙得不亦乐乎，但每个人的脸上都带着笑容。巨大的幸福感洋溢在我们家每一个人的心里！在我的心中，也有了为奶粉钱拼命的责任感！以往30年的经历可能都不及这一个月的变化，我经常都在想：“妻子、孩子，一个小家的平淡生活就这么真实地开始了。感谢上天把这么一个帅气可爱的孩子赐给我们！”

现在，面对着小宝宝，我想说：“孩子，你是幸运而且幸福的！有爱着你的爸爸妈妈，有这么多关心你的亲人，你一定会天天生活在阳光与欢笑之中！”每位父母对子女都有美好祝愿，大家前后为小宝宝想了十多个名字，最后决定宝宝的大名叫郭××。×字的本义是德才兼备，×字有一言九鼎的意思。希望宝宝以后能做一个德才兼备、一言九鼎的男子汉。

最后还要感谢我们的亲朋好友和各单位的领导。正是有了各位的支持、关心、帮助，我们的生活才更加甜蜜，工作才更加顺利。也衷心希望大家能一如既往地支持我们、帮助我们。今天在座的各位都是自己人，所以希望大家不要拘束，尽情地吃，尽情地喝，谢谢啊！

巨大的幸福感洋溢在我们家每一个人的心里！在我的心中，也有了为奶粉钱拼命的责任感！以往30年的经历可能都不及这一个月的变化，我经常都在想："妻子、孩子，一个小家的平淡生活就这么真实地开始了。感谢上天把这么一个帅气可爱的孩子赐给我们！"

★★★

范例3：父亲在宝宝满月酒宴上的讲话

背景介绍：父母为庆贺宝宝满月特举办酒宴，这是父亲在开席前的讲话。

关键词：感谢 支持 祝愿

各位来宾、亲朋好友：

大家好！

此时此刻，我的心情是无比激动和高兴的，为表达我此时的感情，我要向各位三鞠躬。

一鞠躬，是感谢。感谢大家能亲自到××酒家和我们分享这份喜悦和快乐。

二鞠躬，还是感谢。我和妻子有了宝宝，升级做了父母，这是我们家一件具有里程碑意义的大事。固然做父母只有一个月的时光，可我们对"不养儿不知父母恩"有了更深的理解，也让我们有了感恩的心。除了要感谢生我们、养我们的父母，还要感谢我们的亲朋好友、单位的领导同事。正是有了各位的支持、关心、赞助，我们的生活才更加甜美，工作才更加顺利。也衷心希望大家一如既往地支持我们、赞助我们、关注我们。

三鞠躬，是送去我们对大家最良好的祝愿。祝大家永远快乐、幸福、健康。

今天，我们在此略备酒菜，希望大家吃好、喝好。如招呼不周，请多多包涵！

固然做父母只有一个月的时光，可我们对"不养儿不知父母恩"有了

更深的理解，也让我们有了感恩的心。

★★★

范例4：外公在外孙满月酒宴上的讲话

背景介绍：外公代表家人给满月的外孙送上祝福。

关键词：天使 祝福 自豪 亲情

尊敬的各位领导、来宾、亲朋好友：

晚上好！

今天是公元××年××月××日，是一个喜庆、欢乐的好日子！一个可爱的小生命，一个幸福的宝宝，一个快乐的小天使，一个聪明的小帅哥降生到雷家大院，宝宝的到来给雷家带来了无限的喜庆和幸福。今天是宝宝满月的日子，各位尊贵的来宾都带着美好的情意前来祝贺，承蒙各位亲朋好友的关心厚爱，请允许我代表宝宝及全家感谢大家的光临。下面让所有的祈祷和祝福都化作热烈的掌声，来共同欢迎宝宝××来到人间。

××夫妇家庭幸福、事业有成，而今又喜得贵子，真为你们高兴，为你们自豪，希望你们以后继续努力养育好宝宝。

祝福我们的宝宝××健健康康成长，快快乐乐生活，越长越聪明，越长越可爱，越长越乖，越长越帅！亲情和爱使宝宝幸福，亲情和爱永远陪伴着他。请上苍赐给这孩子健康与聪慧吧！

宝宝今天满月了，外公恭喜恭贺了，祝宝宝健康成长，长命百岁，也祝宝宝爸、妈、外婆、奶奶、姑姑、叔叔等所有亲人愉快健康。你们在满月宴上多吃点啊！

祝福我们的宝宝××健健康康成长，快快乐乐生活，越长越聪明，越长越可爱，越长越乖，越长越帅！亲情和爱使宝宝幸福，亲情和爱永远陪伴着他。请上苍赐给这孩子健康与聪慧吧！

范例5：满月酒宴上妈妈答主持人问

背景介绍：一位母亲喜得两子，这是主持人问这位母亲是否幸福时她的回答。

关键词：天使 金色 阳光

在产房里，当我听到一阵阵响亮、清脆的啼哭声时，我的宝贝们就像天使一样牵手来到这个世界上，尽管躺在冰凉的手术台上，可是我好像拥有了整个世界！我不知道，这算不算幸福。

我从一个小媳妇儿荣升为两个孩子的母亲，一开始，我真的有些措手不及。每天就像进入了流水线一样，喂奶、换尿片、洗澡……就这样白天重复着夜晚，夜晚延续着白天。外面的世界好像一下子不再属于我了，蓝的天、白的云、丝丝的暖风、灿烂的阳光……都不再属于我，我只属于他们，他们两个就是我的全部！在这金色丰收的季节里，我收获了他们，累并快乐着。我不知道，这算不算幸福。

有时候，在他们睡着的时候，我常常闭目遐想：等他们再长大一点，等他俩能够手挽手走在阳光下，等他们能够在餐桌上大口吃饭，等他们会一起搂着我的脖子说“妈妈我爱你”的时候，我会多么快乐。这样的想象，总会使我笑出声来。我不知道，这算不算幸福。

我想这大概就是幸福吧。

当我听到一阵阵响亮、清脆的啼哭声时，我的宝贝们就像天使一样牵手来到这个世界上，尽管躺在冰凉的手术台上，可是我好像拥有了整个世界！

范例6：主持人在满月酒宴上的主持词

背景介绍：一对夫妇喜得贵子，特举办满月酒宴，这是主持人在酒宴开始前的主持词。

关键词：冀望 祝福 美满

尊敬的各位亲朋好友：

大家晚上好！

时间过得真快，××已经满月了，曾经有过太多的期待、太多的冀望，如今已在我们眼前发生了。今天的××酒店高朋满座，张灯结彩，欢乐中带着喜庆，喜庆中透着吉祥，我们在此欢聚一堂，和几年前××夫妇大喜之日一样，我们带着无尽的喜悦而来，带着无数美好的祝福而来。几年来，在亲朋好友的关怀与帮助下，××夫妇的小日子是和和美美，红红火火，犹如芝麻开花节节高。正所谓良缘成佳偶，好事配成双。在亲友们急切的企盼中，在小两口共同的努力下，夫妻俩终于如愿以偿，喜得爱子，甜蜜的爱情结出了丰硕的果实。幸福的家庭又增添了一份和谐美满，美好的生活又孕育了新的希望，一个活泼可爱的小生命降临到我们中间，成为欢乐的源泉。朋友们，让我们把最热烈的掌声再次献给××夫妇，以此表达我们最真诚的祝福与祝愿。

朋友们，让我们共同举杯，祝愿我们的小宝宝幸福成长，比妈妈靓，比爸爸帅，今朝最可爱，明日更聪明；祝我们的小××，在父母的精心呵护与培养下，健康成长，早日展翅高飞；也祝在座的诸位在新的一年里，身体健康、工作顺利、阖家欢乐、万事如意！

酒宴正式开始。谢谢大家！

幸福的家庭又增添了一份和谐美满，美好的生活又孕育了新的希望，一个活泼可爱的小生命降临到我们中间，成为欢乐的源泉。

哲理型

★★★

范例1：父亲在双胞胎女儿满月酒宴上的讲话

背景介绍：一位父亲喜得两位千金，给两个女儿取小名为娇娇、奥奥，这是他在女儿满月酒宴上的讲话。

关键词：快乐 艰辛

尊敬的各位来宾，各位同人，各位亲朋好友：

大家中午好！

今天时逢我女儿满月，承蒙各位前来祝贺，首先请允许我代表全家向各位的到来表示热烈的欢迎和衷心的感谢！

一个月前的今天，也就是××年××月××日，农历××月××凌晨2时26分，本人正式升级。我妻子很伟大，平安生下一对双胞胎女儿，大的六斤，小的五斤半，她们现在都很健康，她们的到来使我既体验到了做父亲的快乐，也感受到了做父母的艰辛，我现在才明白“不养儿不知父母恩”的真实含义。每位父母都望子成龙，因此，我给她们取了小名，叫娇娇和奥奥，也就是希望她们成为我们的骄傲，也希望是在座所有人的骄傲！

今天的满月酒有三个意思：

第一是答谢，首先是感谢大家的大红包，更重要的是感谢在座各位对我全家一直以来的关心、帮助、支持与厚爱，在这里略备薄酒，为表谢意，我先敬大家一杯。

第二是分享喜悦，宝宝的诞生给我全家带来了无比的喜悦，借此机会和大家一起分享，也希望能给大家带来快乐，为了这个高兴的日子，我再敬大家一杯。

第三是祝愿，祝愿所有的小孩子都能健健康康、快快乐乐地成长，早日成为栋梁之材。同时也祝各位身体健康，家庭幸福，财源广进，万事如意!为了美好的明天，我再敬大家第三杯。来，干杯！在座的都是我们家最亲近的人，所以希望大家不要拘束，粗茶淡饭，不成敬意，请大家慢慢享用，谢谢大家！

她们的到来使我既体验到了做父亲的快乐，也感受到了做父母的艰辛，我现在才明白“不养儿不知父母恩”的真实含义。每位父母都望子成龙，因此，我给她们取了小名，叫娇娇和奥奥，也就是希望她们成为我们的骄傲，也希望是在座所有人的骄傲！

★★★

范例 2：父亲为儿子办满月酒时的讲话

背景介绍：一位父亲喜得贵子，给儿子取名××，这是他在儿子满月酒宴上的讲话。

关键词：感慨 健康 清淡

各位领导、各位亲朋好友：

新年好！

首先对大家今天光临我儿子的满月酒宴表示最热烈的欢迎和最诚挚的谢意！此时此刻，我站在这里，心情很激动，这么多的亲朋好友齐聚一堂为我儿子满月庆祝，我感慨颇多。

为人父母，才知辛劳。在过去的 30 天中，我和妻子尝到了初为人父、初为人母的幸福和自豪，但同时也真正体会到了养育儿女成长的无比辛劳。今天在座的有我的四位父母，对他们 30 年的养育之恩，我们无以为报，借今天这个机会向他们四位老人深情地说声：谢谢了！并衷心地祝他们健康长寿！

助我者朋友也。这些年来，在座的各位朋友曾给予我们许许多多无私的帮助，让我们感到无比温暖，人们常说：“亲戚是命中注定的，朋友是自己选择的。”“财富不是朋友，朋友却是财富。”今天，我和妻子为有这样一笔宝贵的财富而骄傲和自豪。在此，我代表我们一家三口向在座的各位亲朋好友表示万分的感激！

今天以我儿子××满月酒的名义相邀各位至爱亲朋欢聚一堂，菜虽不丰，但是我们的一片真情，酒虽清淡，但是我们的一份热心，若有不周之处，还盼各位海涵。

祝各位新年吉祥、万事如意！谢谢。

今天以我儿子××满月酒的名义相邀各位至爱亲朋欢聚一堂，菜虽不丰，但是我们的一片真情，酒虽清淡，但是我们的一份热心，若有不周之处，还盼各位海涵。

★★★

范例3：母亲在女儿满月酒宴上的讲话

背景介绍：一对夫妇喜得千金，这是母亲在女儿满月酒宴上的答谢词。

关键词：感谢 喜悦 包涵

尊敬的各位长辈、各位亲友、各位领导、各位来宾：

大家好！

今天是我女儿顺顺满月酒的日子，承蒙各位亲朋好友百忙之中抽出时间前来祝贺，我谨代表全家向大家的到来表示热烈的欢迎和衷心的感谢！

女儿的诞生给我的家庭带来了无比的喜悦，给我们的生活增添了无限的欢乐，我希望在座的各位今天和我一起分享这份喜悦。同时，祝愿家里有孩子的，小孩能健康快乐地成长，早日成为栋梁之材；还没生小孩的，祝愿你们想龙得龙、想凤得凤！

养儿方知父母恩，虽然为人父母只有短短一个多月的时间，但我也深感做父母的艰难和责任的重大。让我们怀着感恩的心感谢生养我们的父母，祝愿他们身体健康、万事顺心！

我怀孕期间，很多长辈、亲戚、朋友送来了土鸡、鸡蛋等营养滋补品；××日报社的领导们更是在工作上给予了很多关照，让我能安心在家养胎、带小孩。大家对我的这份关心和厚爱，我都将一一铭记在心！今天在这里请大家吃顿便饭，以表谢意，不周之处，还请多多包涵！

最后，祝愿在座的各位吃了我女儿的满月酒后，生活就像蛋糕一样甜甜蜜蜜，事业就像红蛋一样红红火火！谢谢大家！

祝愿家里有孩子的，小孩能健康快乐地成长，早日成为栋梁之材；还没生小孩的，祝愿你们想龙得龙、想凤得凤！

★★★

范例4：父亲为女儿办满月酒时的讲话

背景介绍：一对夫妇喜得爱女，父亲在宝宝满月酒宴上畅谈自己初为人父的感受。

关键词：责任 鼓励 奢望

首先对各位领导长辈、亲戚朋友、兄弟姐妹的到来，表示感谢。今天是我小孩的满月酒，在此只想谈两点感受：

第一点感受，俗话说“不养儿，不知父母恩；不当家，不知柴米贵”。虽然我的小孩刚刚满月，虽然在过去的一个月中我并没有完全尽到一个父亲的责任，大量的工作都由家人来完成了，特别是我太太，但是我真切地体会到了为人父母的不容易，真切地体会到了父母把我们养大付出了怎样的艰辛与努力，在我们成长的过程中给予了我们多少关爱。所以第一个感想就是感谢我远在故乡的父母，感谢我的岳父岳母，谢谢他们把我和我太太抚养成人。

第二个感受，也是感谢，感谢在座的每一位嘉宾，你们有的是一直关心我们进步和成长的老首长、老领导，有的是看着我们长大的长辈，有的是远道而来的好朋友，有的是兄弟姐妹和同事。我和我太太能够有今天，离不开你们的帮助、支持、鼓励。在以后的岁月中，也真诚地希望大家继续关心帮助我们，我们也有信心把小孩抚养成像你们一样充满爱心、事业有成、助人为乐的人。

孩子是父母生命的延续，每位父母都希望自己的子女有出息，而我觉得健康是福、平安是宝，我作为孩子的父亲，并不奢望将来她能出人头地、飞黄腾达、位高权重，但我希望她是一个有爱心的人，一个对社会、对他人有用的人。

最后，祝在座的各位嘉宾吃好喝好，家庭和美，生活愉快，工作顺利，万事如意，干杯！

孩子是父母生命的延续，每位父母都希望自己的子女有出息，而我觉得健康是福、平安是宝，我作为孩子的父亲，并不奢望将来她能出人头地、飞黄腾达、位高权重，但我希望她是一个有爱心的人，一个对社会、对他人有用的人。

第二节　佳句荟萃

1. 在××得子之日，我前来贺喜，愿新生的小宝贝给你们带来数不尽的快乐！祝小宝贝：身体健康，茁壮成长！

2. 喜逢今日满月庆，细品宝宝怀中抱。欲听逗人啼笑声，共享天伦骨肉情。全力塑造美男（女）子，精心启蒙小神童。子辈娃儿健为俏，娇儿定是国梁栋。

3. 小家伙真可爱，眼睛长得像妈妈，鼻子长得像爸爸，嘴巴长得像妈妈，脸型长得像爸爸。小小的手，小小的脚，小小的身子，让人不得不感叹生命的奇妙，当然，还有母亲的伟大。看着初为人父的××先生开心的样子，我们不禁也替他高兴。掌声有请××先生和××女士谈谈兴致勃发、兴高采烈、兴家立业、兴云布雨、欢天喜地、欢欣若狂、欢娱嫌夜短而一鼓作气、劳苦功高的感想。

4. 以上为××总本人肺腑之言、感恩之心、欣喜之情而流露于胸的真心话、实在语。

5. 尊贵的先生们、高贵的少爷们、贤惠的女士们、漂亮的小姐们：现在，掌声响起来，有请××先生和××女士精心打造的爱情结晶——××宝宝与各位见面。

6. 恭喜恭喜，真是德门生辉啊！你梦想中的儿子终于降生了，相信你们家以后会有享不尽的天伦之乐！兴奋之余，别忘了给太太多一点关爱体贴哦！

7. 此刻，好想分享你的快乐幸福。恭喜你，在这个深情的季节，辉增彩悦，喜得贵子！

8. 现在的你应该比小时候过年还要高兴几万倍吧？是啊，当爸爸的那种幸福感觉，应该是想挡都挡不住的，相信你们家以后会有更多的欢声笑语！

9. 为人父母方知父母之艰辛，在此我们也向我们的爸爸妈妈，宝宝的爷爷奶奶、外公外婆说一声谢谢！感谢你们带我们来到这个世界，感谢你们把我们养育成人，感谢你们让我们体会到了做父母的幸福和欢乐！

10. 谢谢各位长辈和朋友的关心，这个小生命是上天赐予我们的礼物。初为人父母，我们的心中有太多的激动和兴奋。我们愿和在座的各位一起，把最美好的祝福送给我们的宝宝，愿他茁壮成长，幸福平安！

11. 各位亲朋好友，大家好！感谢大家在百忙之中抽出时间参加小儿（女）的满月宴。在此，我们夫妇对各位深表感谢！（鞠躬）托各位的洪福，小儿（女）在你们的关爱、祝福下诞生了。我们相信，小儿（女）在各位的关心厚爱下，一定能健康成长。同时也祝在座各位，身体健康，家庭幸福，阖家欢乐！

12. 非常感谢大家出席今晚我女儿××的满月宴会，希望喜悦的气氛能够感染在座的每一位。成为父母是人生中一大幸福、难忘的时刻，这一刻，我特别想感谢给予我生命的父母，感谢我的妻子。希望我的女儿快快长大，描绘出属于自己的美丽风景。

13. 本人上月喜得贵子，幸上天眷顾，我儿仪表堂堂、身体健康。借此机会邀众亲朋好友在此欢聚，略备薄酒，一来是感谢大家，二来也希望大家在席间广交朋友。朋友在此相聚，大家都是朋友，请大家开怀畅饮，一醉方休，谢谢大家！

第 18 章 竞选与竞聘演讲

第一节　范例集锦

★★★

范例 1：竞选处长的竞选词

背景介绍：某管理处就处长一职举行公开竞选，这是原处长竞职的演讲。

关键词：竞争 推介 经验

尊敬的领导，各位评委：

大家好！

最近，我在反复思考：要不要参加处长的竞选呢？竞争者，“并逐曰竞，对辩曰争”。就是说，竞争当是在同一起跑线上的赛跑，在更高层次上的夺标。我自 1994 年起担任管理处处长，到现在已经有 6 年多时间，现在还去争当处长，有何必要呢？“水流心不竞，云在意俱迟”，保持平和的心态，与世无争，岂不更好？

可是，现在党和国家正大力推进人事制度改革，实行干部竞争上岗，这是党的政策。因此，竞争处长本身并不重要，重要的是作为党的干部，理应带头执行党的政策，以积极的态度、高度的政治责任感和自觉性，支持改革、投入改革、推动改革健康而顺利地进行!

为此，我才提起精神，壮着胆子，站到这个庄严的讲台上，不叫演讲，而是给大家做个简要的自我推介吧。

既然要争当处长，那么，我有哪些继续当处长的条件和优势呢？就基本的条件和能力来说，处长的实践足以说明，我完全有条件和能力当好处长，因为这已经是不容置疑的事实了；而现在的我，应当说更具备当处长的条件和优势。何以见得呢?

其一，历练成熟，经验丰富。

这可以从我的工作经历来看。读大学之前，我当过几年人类灵魂的工程师；大学毕业后的十多年间，我先后担任过秘书，市委宣传干事，省委××厅团委书记，机关党委副书记，副处级研究员，厅督察室副主任等职务。我曾自嘲：纵四横四。纵四者，省、市、县、乡四级都任过职；横四者，一、二、三、四办公楼都办过公。由此观之，我可谓“何意百炼钢，化为绕指柔”，经过上下左右多方位的锻炼，我已经是经验丰富、老练成熟了。

其二，有德有才，能文能武。

党的干部政策历来是“德才兼备，任人唯贤”。当干部，首先应当有德。我是有20多年党龄的共产党员，在党的阳光雨露下成长，在共和国的旗帜下前进，与伟大的党和伟大的祖国患难与共，风雨同舟，息息相关，感情甚笃。热爱党，热爱祖国，热爱社会主义；讲学习，讲政治，讲正气。政治上始终与党中央保持一致，坚决贯彻执行党的路线、方针和政策。工作勤勤恳恳，兢兢业业，一心一意，为党为民。实践已经而且还将继续证明，我政治可靠，旗帜鲜明，尽职尽责，奉献人民。这可以作为我在德能方面的注脚。我可以坚定地向党和人民保证：我永远是党和人民的忠诚战士!永远是领导和同志们的真诚朋友!

当干部，其次要有才。我虽然谈不上才高八斗，但也称得上是可文可武。从综合素质看，总的说比较高，因为我从事过秘书、文字、宣传、政工、党务、青年、教学等工作，具有多方面的工作实践和经验。文字能力比较强，曾给省、市、县、乡的领导机关和领导同志，起草过大量的文件、文章、讲话等材料。

其三，以身作则，严于律己。

不论在工作中，还是在生活中，我对自己一向要求严格，以身作则，以“堂堂正正做人，老老实实干事”为自己的座右铭。工作中，要求人家做到的，我自己先做到、做好；既抓大事，又做小事，主张自己多动脑、动手、动脚。对各项规章制度，首先自己严格遵守，并要求比别人做得更好些。在××厅工作的几年里，我没有回老家过过一个春节，除母亲过世外，基本上没有请过事假、病假。平时，我为人正直，公道正派，对同志宽容、尊重和关心。比如，五年多来，在厅领导的关心下，我处有四位同志得到提拔，一位同志连续三年评优加薪，这里也有我的一份关爱；今年我处有六位同志出国、出省考察学习，我自己可以出去但没有出去，同志们都比较感激。所以，“三讲”中群众对我就有“以身作则”的赞誉。

其四，强筋健骨，大度乐观。

毛主席曾说身体好，学习好，工作好。身体好是第一位的。我不敢说自己的身体健壮如牛，但也算得上是强筋健骨，吃得、喝得、跑得、做得。俗话说，“健康写在脸上”，你们看我的身体是不是还不错呢？从性格看，总的来说我比较乐观，心胸比较开阔、坦荡；“一点浩然气，千里快哉风”，我在任何时候、任何境遇中，都希望自己能够享受到苏东坡那样的快意雄风。因此，就我现在的身体状态和精神面貌看，担负处长的工作责任是绰绰有余的。

以上讲了这么多优点，是不是说我就没有缺点了呢？非也。“金无足赤，人无完人”，我既有许多优点，也还有不少缺点，主要是心直口快，性情急躁。古人说：“树直有人砍，人直无人逢。”当然，我并不是无人逢者，在座的各位我都是可以逢的；但是，性格直爽、急躁，就难免有伤同志的感情，甚至产生不必要的误会，给自己带来政治上、工作上的损失。这是十分需要重视的。

梁启超说过："男儿志兮天下事，但有进兮不有止。"为了党的事业，如果这次竞争不上处长，我今后无论在何岗位，也还要继续奋斗，永不止步；如果还能继续当处长，我一定把工作搞得更好、更活、更漂亮，百尺竿头，更进一步。

"金无足赤，人无完人"，我既有许多优点，也还有不少缺点，主要是心直口快，性情急躁。古人说，"树直有人砍，人直无人逢。"

★★★

范例2：竞聘护士长时的演讲

背景介绍：某医院一科室护士长职位空缺，以下是一位竞聘者的演讲。

关键词：响应 工作思路 工作目标

尊敬的领导，各位评委：

大家好！

在这里我以平常人的心态，参与护士长这个岗位的竞聘。首先应感谢领导为我们创造了这次公平竞争的机会！此次竞聘，本人并非只是为了当官，更多的是为了响应人事制度改革的号召，在有可能的情况下实现自己的人生价值。我现年××岁，中共预备党员，大专文化程度，××职称。

几年护理工作的锻炼，使自己各方面素质得以提高，获得了××荣誉。参与这次竞聘，我愿在求真务实中认识自己，在积极进取中不断追求，在拼搏奉献中实现价值，在市场竞争中完善自己。我深知护士长工作十分重要，这主要体现在以下三个方面：一是为院领导当好参谋，二是为护理姐妹们当好主管，三是为一线员工当好后盾。具体说就是摆正位置，当好配角；胸怀全局，当好参谋；服从领导，当好助手。我也深知，护士长工作非常辛苦，正如社会流传的那样：我们的同志就像忠诚的狗，老实的羊，受气的猪，吃草的牛，忙碌的马。可是他们像蜡一样，燃烧自己，照亮别人；他们像竹一样，掏空自己，甘为人梯。

如果我竞聘成功，我的工作思路是：以“三个服从”要求自己，以“三个一点”找准工作切入点，以“三个适度”为原则与人相处。“三个服从”是个性服从党性，感情服从原则，主观服从客观。做到服务不欠位，主动不越位，服从不偏位，融洽不空位。“三个一点”是当上级要求与我们实际工作相符时，我会尽最大努力去找结合点；当科室之间发生利益冲突时，我会从政策法规与工作职责上去找平衡点；当于领导之间意见不一致时，我会从几位领导所处的角度和所表达的意图上去领悟相同点。

“三个适度”是冷热适度，对人不搞拉拉扯扯，吹吹拍拍，进行等距离相处；刚柔适度，对事当断则断，不优柔寡断；粗细适度，即大事不糊涂，小事不计较。做到对同事多理解，少埋怨，多尊重，少指责，多情义，少冷漠。刺耳的话冷静听，奉承的话警惕听，反对的话分析听，批评的话虚心听，力争在服务中显示实力，在工作中形成动力，在创新中增强压力，在与人交往中凝聚合力。

如果我竞聘成功，我的处事原则和风格是，努力做到严格要求，严密制度，严守纪律，勤学习，勤调查，勤督办。以共同的目标团结人，以有效的管理激励人，以自身的行动带动人。努力做到大事讲原则，小事讲风格，共事讲团结，办事讲效率。管人不整人，用人不疑人。我将用真情和爱心去善待我的每一个同事，使他们的人格得到充分尊重，给他们一个宽松的发展和创造空间。我将用制度和岗位职责去管理我的同事，让他们像圆规一样，找准自己的位置；像尺子一样，公正无私；像太阳一样，给人以温暖；像竹子一样每前进一步，小结一次。

如果我竞聘成功，我的工作目标是：以为争位，以位促为。争取领导对我们的科室工作的重视和支持，使科室工作管理制度化，服务优质化，参谋有效化。让我们的科室成为领导的喉舌，沟通员工与院里领导之间关系的桥梁，宣传精神文明的窗口，传播护理文化的阵地，培养人才的摇篮，连结护患的纽带。我愿与大家共创美好的未来，迎接我们大家庭——辉煌灿烂的明天。

谢谢大家！

参与这次竞聘，我愿在求真务实中认识自己，在积极进取中不断追求，在拼搏奉献中实现价值，在市场竞争中完善自己。

★★★

范例1：林肯总统竞选词的结束语

背景介绍：1860年，亚伯拉罕·林肯为竞选总统发表了竞选词，这是他幽默的结束语。

关键词：银子 妻子 你们

有人问我有多少银子，我告诉他们我是一个穷棒子。我有一位妻子和四个儿子，他们才是我的无价银子。我租了一间房子，房子里有一张桌子和三把椅子。墙角一个柜子，柜子里的书值得我读一辈子。我的脸又瘦又长且长满胡子，我不会发福而挺着大肚子，我没有什么可以荫庇的伞，唯一可以依靠的是你们！

唯一可以依靠的是你们！

★★★

范例2：某同学在竞选班干部时的讲话

背景介绍：高中某班班干部竞选，一名同学的竞选演说词。

关键词：荣幸 友谊 青春

××老师、同学们：

今天，很荣幸走上讲台，和那么多乐意为班级做贡献的同学一道，竞选班干部。我想，我将用旺盛的精力、清醒的头脑来做好班干部工作，来发挥我的长处，帮助同学和班集体共同努力进步！

我从小学到现在一直是班干部，但我一身干净，没有“官相官态”“官腔官气”；少的是畏首畏尾的思虑，多的是敢作敢为的闯劲。工作锻炼了我，生活造就了我。我相信，凭着我新锐不俗的“官念”，凭着我的勇气和才干，这次竞选演讲给我带来的必定是下次的就职演说！

我会在任何时候，任何情况下，都首先“想同学之所想，急同学之所急”。我决不信奉“无过就是功”，恰恰相反，我认为一个班干部“无功就是过”。因为本人平时与大家相处融洽，人际关系较好，这样在客观上就减少了工作的阻力。我将与风华正茂的同学们一起，指点江山，发出我们青春的呼喊。当师生之间发生矛盾时，我一定明辨是非，敢于坚持原则。特别是当教师的说法或做法不尽正确时，我将敢于积极为同学们谋求正当的权益。如果同学们对我不信任，随时可以提出“不信任案”，对我进行弹劾。你们放心，弹劾我不会像弹劾克林顿那样麻烦，我更不会死赖不走。

既然是花，我就要开放；既然是树，我就要长成栋梁；既然是石头，我就要去铺出大路；既然是班干部，我就要成为一名出色的领航员！

流星的光辉来自天体的摩擦，珍珠的璀璨来自贝壳的眼泪，而一个班级的优秀来自班干部的领导和全体同学的共同努力。

我自信在同学们的帮助下，我能胜任这项工作，正是由于这种内驱力，当我走向这个讲台的时候，我信心百倍。

你们拿着选票的手还会犹豫吗？谢谢大家的信任。

如果同学们对我不信任，随时可以提出“不信任案”，对我进行弹劾。你们放心，弹劾我不会像弹劾克林顿那样麻烦，我更不会死赖不走。

★★★

范例1：某公务员在竞职时的讲话

背景介绍：某公务员参加单位领导职务竞选，他的年龄刚刚接近三十。一旦获选，其领导的对象即下属将普遍比他年长，面对评委的提问与质疑，他这样回答。

关键词：法治 制度 人格

各位评委：

大家好！

我认为，一个正常的国家机关依靠的是法治，是以制度管人，而不是人治，不是以人管人。所以面对这种情况，我走上领导岗位后准备注重三个方面：

一是要靠工作制度管人。首先要完善一系列机关管理制度，以便大家都能遵守，而且彼此之间又要互相尊重，加强沟通。

二是要靠自己的人格魅力服人。《领导艺术》中讲，领导的权威来自两个方面，一是来自制度设计的法定权威，叫领导权力；另一种是来自领导的个人魅力，叫非领导权力。面对比我大的长者下属，我如果过度依赖领导权力则会引起他们的不满或不服，因此我必须依靠领导的个人魅力，具体说来就是身教重于言传，感化重于说教，鼓励重于批评，监督重于惩罚。己所不欲，勿施于人，要求别人做到的，自己首先带头做到。用人格魅力征服下属。

三是靠先进典型引人。上任后，我将通过调研，抓住工作中的正反两方面典型加以奖励和告诫，通过先进典型的标杆作用引导人。

己所不欲，勿施于人，要求别人做到的，自己首先带头做到。用人格魅力征服下属。

范例 2：某实习生在医院竞聘护士时的演讲

背景介绍：某学生在医院做实习护士，希望成为医院的正式员工，这是她的竞聘演讲。

关键词：护理 敬业 满意

尊敬的各位领导、各位代表：

大家好！

我叫××，现年 27 岁，中专文化，护理专业。××年 7 月毕业于××市卫生学校，××年××月到本院实习。今天很高兴能站在这里参加岗位竞聘！

我竞聘护士有以下几方面的优势：

1. 热爱护理工作，爱岗敬业，具有为护理事业献身的崇高思想和较高的政治素质。

2. 有一定的临床护理经验。

3. 有健康的身体和充沛的精力。

4. 有较强的组织、协调能力。

我的任期目标是：

1. 以病人为中心，提高病人的满意度。

2. 加强护理管理，提高护理质量。

3. 增收节支，提高经济效益。

让病人满意是医院工作的核心，病人满意度的提高，实质上是建立病人与医院的信任关系，只有病人满意，他们才能成为医院的忠诚顾客。通过他们的口口相传，可以提升医院形象，扩大医院的知名度，影响其他病人，随之而来的是患者复诊率和就诊率的提高，由此医院的市场份额才能稳定。怎样提高病人的满意度？关键在于能否提供高超的医疗技术和优质的服务。

首先，要给病人以人文关怀，一切从病人的需要出发，建立关心人、尊重人的理念。

其次，以热情、亲切、温暖的话语，理解、同情病人的痛苦，使病人感到亲切、自然。用住院须知的形式，介绍医院的环境、各种规章制度、病人应有的权利和义务。加强与病人的沟通，通俗易懂地解释疾病的发生、发展，详细介绍各种检查的目的、医嘱用药的注意事项，仔细观察病情变化，配合医生抢救急危病人，掌握病人的心理状态，制定人性化、个性化的护理措施，及时评估护理效果。让病人参与到治疗、护理中，消除他们的紧张、焦虑情绪，使病人产生安全感。

我的演讲完毕，谢谢！

让病人满意是医院工作的核心，病人满意度的提高，实质上是建立病人与医院的信任关系，只有病人满意，他们才能成为医院的忠诚顾客。

★★★

范例1：竞选中心法庭庭长的讲话

背景介绍：某县人民法院举行公开竞选，这是一名副庭长竞选中心法庭庭长的讲话。

关键词：庭长 正义 捍卫 完善

尊敬的各位领导、尊敬的各位同事：

你们好！非常感谢领导和同事们给我这次展示自我的机会，我鼓足了勇气来接受领导和同志们的考察和挑选，我竞争的岗位是中心法庭庭长职务。在此，我将自己的一些想法和思路向大家汇报一下，请大家批评、指导。古希腊哲学家亚里士多德曾说：“理想的法官就是正义的化身。”法律的精神是正义，法官的灵魂是公正，只有拥有一身凛然正气的法官，才能不唯权、不唯上、不唯情、不唯钱，不折不扣地执行国家法律，勇做法律的忠诚捍卫者。在××县人民法院的大家庭里，涌现出许多优秀的人民法官。他们用自己的实际行动践行国家法律和神圣的法官职责。这种精神不断激励我要成为一名人民法官。竞争中心法庭庭长是我职业生涯的另一个起点。法庭庭长需要承担更多的责任和压力，但正是这种压力促使我更加努力工作，用辛勤的汗水来满足辖区人民群众日益增长的法律需求。神圣的职业追求和实现人生价值成为了我竞争中心法庭庭长的动力。

通过这次竞争上岗，我愿在今后的工作中，立足本职，勤奋工作。力争在求真务实中认识自己，在积极进取中塑造自己，在拼搏奋斗中奉献自己，在岗位竞争中完善自己。

最后，我真诚地希望在座各位领导、同事，相信我，支持我。因为我的每一步成功，都离不开你们的支持和鼓励。谢谢大家！

古希腊哲学家亚里士多德曾说："理想的法官就是正义的化身。"法律的精神是正义，法官的灵魂是公正，只有拥有一身凛然正气的法官，才能不唯权、不唯上、不唯情、不唯钱，不折不扣地执行国家法律，勇做法律的忠诚捍卫者。

★★★

范例2：某科员竞选办公室主任的演讲

背景介绍：电信系统举行竞聘选拔活动，这是某负责文字综合管理的科员竞选办公室主任的讲话。

关键词：文学 信念 构想

冬天来了，我也来了！难道春天还会远吗？在座的各位领导、各位评委、各位同事，大家好！请伸出各位宝贵的双手，时不时给点掌声表示鼓励！在我们电信系统工作的这几年来，我当过维护员、统计员、管理员。除了干好本职工作外，我还参加了函授本科的学习。因而，可以说技术和业务与我形影相伴，而文学和网络则是我的好朋友！

我来自农村，纯朴自然、崇尚品德、爱好文学和富于创意是我的特点。我没有过人的聪明才智，也没有大起大落的坎坷经历，更没有轰轰烈烈的豪迈事迹。我有的只是坚韧不拔的精神和矢志不移的信念，以及对学习和工作的满腔热情！以天下兴亡为己任是孟子的思想，以电信兴亡为己任是我的理想！对一位有强烈责任感的职工来说，我参加今天的竞选演说，是不需要理由的，不参加才需要理由！前面的竞选者都谈了很多，到我这里，我只想说两点，这是我对综合办公室工作的认识、构想与建议：

第一就是要只求所得，不求所有！有人说，办公室工作可用八个字概括，即：参与政务，管理事务。形象地说是上管天文地理、下管鸡毛蒜皮。的确，办公室的工作是苦、是累、是默默无闻！每天埋头于琐碎小事，风光与荣誉总擦身而过。台下十年功，台上一分钟，深夜的伏案写作，常常只换取匆匆一瞥！因而，树立正确的义利观对办公室工作很重要。我想，作为办公室的一员应该多牺牲一点个人利益，用×总的话说，就是只求所得，不求所有！先天下之忧而忧，后天下之乐而乐是仁人志士的追求，更应该是办公室人员的人生目标！

第二就是开拓进取，永无止境！物理学上的万有引力定律告诉我们，要想增加吸引力，就得增加自身的质量。同样，若要增加社会、群众和上级领导对××电信分公司的关注和价值认同，就得加速我们的企业文化建设步伐，提升我们文化管理的含金量，不知满足，不断进步！

在座的各位领导、各位评委、各位同事，通过以上一系列的思考，这次竞选是胜是败，我想，对我个人而言无关紧要。最重要的是，作为中国人，我永远忠诚于自己的祖国！作为电信人，我永远热爱自己的事业！作为竞选者，我相信××电信的明天会更好！谢谢！

我没有过人的聪明才智，也没有大起大落的坎坷经历，更没有轰轰烈烈的豪迈事迹。我有的只是坚韧不拔的精神和矢志不移的信念，以及对学习和工作的满腔热情！以天下兴亡为己任是孟子的思想，以电信兴亡为己任是我的理想！

第二节 佳句荟萃

1. 不管结果如何，我都会坦然接受。因为自然界没有风风雨雨，大地就不会有春华秋实！我也把这句话送给在座的各位同事。

2. 要以共同的目标团结人，以有效的管理激励人，以自身的行动帮助人，在以人为本的和谐氛围中开创工作的新局面。

3. 人自身的能力都是有限的，雷锋同志曾经说过，“一滴水只有放进大海里才永远不会干涸，一个人只有当他把自己和集体的事业融合在一起的时候才最有力量。”我以最诚挚的态度寻求大家的帮助和支持。给我一次机会，我将不负众望！

4. “给我一次机会，我将还您十分精彩！”这就是我永恒不变的信念和这次竞聘的诺言。

5. 记得拿破仑曾说过，“不想当将军的士兵不是好士兵！”我不是士兵，更当不了将军。但我信奉“海阔凭鱼跃，天高任鸟飞”这句话，此番竞聘的目的在于通过这次竞聘去实现人生的价值，再创中年的辉煌！

6. 今天，我是以参赛者的身份出现的，此时的我，就像运动员出现在运动场上一样，只有尽力地拼搏，尽力去赢得比赛的胜利，才能算是一个合格的运动员。这里，我所做的演讲，虽然都是实话，也都是事实，但也难免会有一些不够理性、不够妥帖的地方，在此，敬请各位领导、各位同人予以谅解。

7. 既然是花，我就要开放；既然是树，我就要长成栋梁；既然是石头，我就要去铺出大路；既然是学生会主席，我就要成为一名出色的领航员！各位代表，你们所期望的学生会主席，不正是敢想敢说敢做的人吗？我十分愿意做你们所期待的公仆。你们握着选票的手还会犹豫吗？先谢谢大家的信任！

8. 地以广著称，因为它无所不能负载；天以高闻名，由于它无所不能覆盖。我想，无论这次竞岗结果如何，我都会以端正的态度容纳和承受，因为从某种意义上讲，参加竞选本身就是一个历练，就意味着一种成功。

9. 现正是赤日炎炎似火烧的七月天，万物焦渴地盼望雨水的降落：小草在渴望，山花在渴望，参赛的同志们在渴望，在座要求进步的同志们也在渴望！

10. 参加竞争，我一无成绩，二无资历，三无根基，优势无从谈起。倒是拿破仑的那句“不想当将军的士兵不是好士兵”激励着我斗胆一试，响应组织号召，积极参与竞争。我不敢奢求什么，只想让大家认识我、了解我、帮助我，抑或喜欢我、支持我。

11. 最后以一首自编的对联来结束我的演讲，上联是“胜固可喜，宠辱不惊看花开”，下联是“败亦无悔，去留无意随云卷”，横批是“与时俱进”。谢谢大家！

12. 没有激流就谈不上勇进，没有山峰就谈不上攀登。

13. 我想我们都应该当个实干家，不需要那些美丽的词汇来修饰。假如我落选了，说明我还有许多缺点，我将继续自我完善！工作锻炼了我，生活造就了我。戴尔·卡耐基说过：“不要怕推销自己，只要你认为自己有才华，你就应该认为自己有资格提任这个或那个职务。”

14. 我真诚希望大家相信我，支持我，给我展示能力的机会。我将在这片属于我们的天空中挥洒青春的汗水，为大学校园的明天绘出一幅美好的蓝图。我相信我们班的明天会更加美好！

第 19 章
就职与离职演讲

第一节 范例集锦

★★★

范例 1：某技术人员的离职讲话

背景介绍：某技术人员即将离职，同事为他订了一桌宴席，这是他在酒宴上的讲话。

关键词：机遇 支持 祝福

各位同人：

我因个人原因，即将离开××了。

感谢××带给我的机遇与挑战！

感谢各位领导对我的关心与支持！

感谢各位同事对我工作的支持与帮助！

能够来到××，是我的荣幸，能够和大家一起工作，是我的骄傲，在这里学习了很多，感受了很多，和去年刚从学校出来的时候相比，也成熟了很多。

在××的一年，对我来说是一生中一段重要的经历。在这里我经历了失败，也取得了成绩，有过郁闷，也有过欢喜。失败是刻骨铭心的，它将成为警钟，鞭策我不断进取；成绩是另人欣喜的，它会幻化成为一个个新的目标，指引我前进的方向。

作为一名技术人员，我渴望看到自己的技术力日渐娴熟，也明白××这样的环境一定能够给我提供历练的机遇，只是有些客观矛盾我还不知道如何解决、如何避免，一道单选题，二选其一，必定要有所取舍。

天下没有不散的筵席，沧海、桑田之间的变换是自然，送给各位同事的只有祝福与期待，祝我的同事们一切顺心，期待我们的××一帆风顺！

天下没有不散的筵席，沧海、桑田之间的变换是自然，送给各位同事的只有祝福与期待，祝我的同事们一切顺心，期待我们的××一帆风顺！

★★★

范例2：学生实训超市总经理就职演说

背景介绍：某学生表现突出，被任命为学生实训超市总经理，这是他的就职暨动员演讲。

关键词：挑战 梦想 感恩

尊敬的各位领导、老师，亲爱的同学们：

大家下午好！

今天，我被任命为学生实训超市的总经理，这对我来讲是一种挑战，更是一种责任，我为我能有机会为实训超市的工作尽一点绵薄之力而深感荣幸。

刚才大家都听了各层领导对超市的详细介绍和热情洋溢的动员。不知大家此时是怎样看待这个实训超市的。想不想听一下我对学生实训超市的态度和心里话？其实也很简单，就一句话：手捧阳光，笑容晴朗，怀着感恩的心，为梦想而战！现简单阐述一下吧。

手捧阳光。我喜欢阳光，因为它代表了光明和希望。我信赖即将成立的学生实训超市，因为它富有阳光般的朝气和蓬勃发展的生命力。所以我会入 20 股，相信在全体实训工作人员的努力和广大师生的支持下，我手中的阳光支票会不断升值。

笑容晴朗。作为总经理，我深知超市的发展也许不会是一帆风顺的，但无论遇到多大的困难和挫折，我都会从容淡定，以微笑去处理一切难题。另一方面，学生超市也将努力打造“微笑服务”的品牌，我们决定每学期都评选出一些“微笑大使”进行奖励。当然还会有其他的评优和综合测评加分来激励我们这个实训大家庭中的成员。

怀着感恩的心。生活中充满了恩赐，我们要懂得感恩。今天我们这个动员大会能顺利进行，离不开我们辛勤的工作人员。我们是否应给他们一些掌声呢？感恩是双向的，在此，我也代表全体工作人员向到场的老师、同学对实训超市的关注和支持表示衷心的感谢。你们才是英雄，你们才是铸造实训超市成功的重要力量。我们超市将实施“感恩计划”，将在特别的节假日以特别的优惠回馈我们的顾客。

为梦想而战。最近，我积极投身于超市的策划和筹备工作，真的很忙很累，但也很充实。因为我有一个信念：别人通过我的努力而得到实际的好处和方便的一天，便是我最欣慰的一天，我相信这一天不会遥远。请大家为我们共同的梦想——为需要的人打造一片天堂而战，只有同心同德，激情才会常驻，美梦才会成真！

综上所述，“手捧阳光，笑容晴朗，怀着感恩的心，为梦想而战！”传达了我对学生实训超市前景的看法，描述了我对超市管理的一些理念，表明我的工作态度和决心。今天我已通过言语与大家分享了我对超市的态度、信心和信念，下一个流程是入股和竞聘岗位报名，期待大家用行动来把自己对超市的态度、信心和信念展现出来，好吗？

我想问一下大家：假如你做了实训超市的总经理，你会怎样做呢？或者你竞选上了总监、部门经理或职员，你会如何计划你的工作呢？机遇是留给有充分准备的人的，大家用心去思考一下，相信大家会有很好的idea，而一个个好的idea往往是超市发展和创新的动力。既然今天是总经理就职演说，所以接下来，我就简单谈一下我的工作设想。

三大努力。努力做到在服务中显示实力，在工作中形成动力，在创新中增强压力，在与人交往中凝聚合力。努力做到严格要求，严密制度，严守纪律，勤学习，勤调研，勤督察。以共同的目标团结人，以有效的管理激励人，以自身的行动带动人。努力做到大事讲原则，小事讲风格，共事讲团结，办事讲效率。管人不整人，用人不疑人。

三大计划。我将用真情和爱心去善待我的每一个同事，充分尊重他们的人格，给他们一个宽松的发展和创造空间。我将用制度和岗位职责去管理我的同事，让他们像圆规一样，找准自己的位置；像尺子一样公正无私；像太阳一样，给人以温暖；像竹子一样每前进一步，小结一次。我将会注重培训和分享，让每批实训人员从培训中获取真知，从分享中取长补短。

我没有拖沓繁复的规划，我的所有计划都会从实际着手。我承诺得不多，但是我所说的一切，我都会尽力去做。我可以许诺：此刻，我所说的一切永远都不会只是一张空头支票。

最后，我把下面的话作为演讲的结束和新生活的开始，作为对大家的祝福。

最美丽的语言是，很幸运能和你们共度这个美好的下午。

最温暖的语言是，无论你扮演哪个角色，我们都在关注你。

最甜美的语言是，我们永远心心相连。

最可爱的语言是，我们共同努力去把握机会。

让我们共同努力，在实训中增长才干，收获友谊，在不同的岗位上把握机会，勇往直前！

谢谢大家！

手捧阳光，笑容晴朗，怀着感恩的心，为梦想而战！

★★★

范例1：某连队指导员在就职大会上的讲话

背景介绍：某连队新到任的指导员走马上任，这是他在就职大会上发表的讲话。

关键词：礼品 谢谢 责任

各位战友，我一到这里，就收到了不少“礼品”！（战士们惊讶、疑惑）而且现在，准确地说，就在我说话的时刻，许多战友还在源源不断地送来。

大家可能要纳闷：我没送什么给你呀。其实，大家确实送了，只不过没有在意，或者说不自觉罢了。这“礼品”就是你们的目光。（笑）

目光？是的。我发现，大家向我投来了各种各样的目光：有信任的，有期待的，有疑惑的，也有无所谓的……我觉得，大家的这些目光，就像是为我这个指导员走马上任而准备的一堆礼品：有玫瑰，有玉兰，有仙人掌，有霸王鞭……（大笑）不管什么样的目光，不管怎样的“礼品”，我都愿意收下，我都收下了！（热烈鼓掌）并且，我还应说上一句：谢谢大家！（再次鼓掌）

来到这个连，我深感责任重大。要解决大家一直牵挂的那些难题，实非易事。不过，从大家信任、期待、疑惑的目光里，我看到了希望之所在，意识到压力之所在、责任之所在；从少数同志无所谓的目光里，我也觉察到了阻力之所在，障碍之所在。（笑）压力也好，阻力也罢，我很自信，相信自己，相信战友，相信大家的力量和智慧，相信阻力终究能变成动力！（鼓掌）

大家可能要纳闷：我没送什么给你呀。其实，大家确实送了，只不过没有在意，或者说不自觉罢了。这“礼品”就是你们的目光。

范例2：某中学年部主任在离职时的讲话

背景介绍：某中学年部主任即将调任，在原学校为其举办的欢送会上，这位主任发表了讲话。

关键词：美丽 光荣 友谊

尊敬的各位老师：

大家好！

接到校长的电话，我就明白，分别的时刻已经来临。没开欢送会，就可以自欺欺人地认为自己还是××人，仿佛与××还可以有许许多多的牵连；而开了欢送会，也就意味着，从此，我就不再是××的人了，我是真正地“被”××欢送出来了。（听众笑）

五年的时光匆匆流逝。这五年间，我们一起备课，一起赶补各种材料，几乎总是救火般地忙完这个忙那个；我们一起搞科研，一起开展各项活动，任何比赛都团结协作，什么都要争第一，总让其他学校“胆战心惊”。（听众笑）

在这里，我度过了一生中最美丽的年华；在这里，我得到了一生中最有益的锻炼；在这里，我结交了一生中最重要的良师益友。在以后的人生中，我会始终因能有这样的一段经历而感到光荣。

相聚不知珍惜，离别才感情重。不坐到欢送席上，没有成为被欢送者，很难体味到此刻的心情，体会到此时的眷恋。就像去年，欢送××时，虽然也是擦鼻涕抹眼泪的，但毕竟，只是伤感，不是哀痛离开一个红红火火的团队的哀痛。还好，××和我们××不远，我会常回家来，我会永远祝福××，祝福你们，你们也不要忘记我。让我们的友谊地久天长！

谢谢大家！

我们一起搞科研，一起开展各项活动，任何比赛都团结协作，什么都要争第一，总让其他学校“胆战心惊”。

★★★

范例1：工会主席就职演说

背景介绍：某工会举行换届，这是新当选的主席发表的就职演讲。

关键词：精神 代表 凝聚力

各位同人：

因为想超越自我，我们才会不断进步。因为人们的要求越来越高，工会需要做的事也越来越多。今天承蒙大家的信任，有幸走上这个岗位，我会尽快进入角色，将我全部的热情投入到工作中。年轻的时候就觉得自己特别适合工会工作，刚参加工作的我曾经在工会组织的演讲“温暖的家”中胜出，进入市决赛。我喜欢把别人的事情当自己的事来对待。我加入义工联接听心理热线，参加春风计划帮助遭受性侵害的人除去阴影等等，一次又一次听别人诉说烦恼，为一个个陌生人送去心灵的慰藉。在帮助他们把烦恼变成快乐的时候，我自己的心也明亮了，这让我更加确信自己的血液中有助人的精神。但是，作为一个工会主席，不仅仅是要做一个好人，更要进入角色，那就得努力学习，吃透工会工作的精髓。

工会组织是职工利益的代表，维护职工利益是工会组织义不容辞的责任。在新形势下，面对新格局和新的利益关系，和谐成为社会健康发展的重要保障。工会必须以维护职工利益作为基本职责，以调整职工与学校管理的关系作为工会工作的关键。作为工会主席，和谐之本就是正确处理个人与集体、与自然、与社会、与单位和与他人的关系，修炼眼界、气度、胸怀和事业心。必须在对本单位党员干部行使权力、贯彻民主集中制和对党风廉政建设责任制的落实情况进行检查和监督的同时，将关心职工生活、维护职工利益、保护职工的积极性作为工作的前提；将教育职工、凝聚职工、作好思想政治工作、增强工会的吸引力和凝聚力作为调动职工积极性的重要保证。我想，我们新上任的一届委员，我们这些被选出来的代表，都应该朝着下面这些目标努力：

1. 密切联系群众，成为职工依赖的“自家人”和“娘家人”，关心教职工生活，积极向党支部、校行政部门反映他们的意见、愿望、要求和建议，为他们排忧解难。

2. 主动向党支部汇报工作，协助党支部抓好党风廉政建设和党风廉政建设责任制的贯彻实施；协助开好党政领导干部专题民主生活会；并协助党支部调动教职工积极性，当家做主，参与学校管理，齐心协力办好学校。

3. 建立健全监督制约机制，确保工会维权工作取得实效。依靠法律、法规和制度的进一步完善，最大限度调动和发挥广大职工的积极性，在学校实施长远规划的实践中建功立业。从我校的实际出发，深入开展不同形式的竞赛活动和合理化建议活动，巩固和发展教职员工教育创新成果。深入开展学习先进活动，及时总结和推广先进经验，组织引导会员参加政治、业务活动，立足本职，争创一流，多做贡献。联合教导处科研室切实抓好教育教学和后勤服务技术的培训，不断提高队伍的素质。

4. 关心离退休教师，做好本单位困难职工基本生活保障工作，加强同广大职工群众，特别是困难职工群体的联系，体察他们的疾苦，倾听他们的心声。深入开展送温暖活动，在帮扶特困职工上承担“第一责任人”职责。

5. 办好“教工之家”，积极开展健康向上的文体活动，增强工会的凝聚力。

同志们，你选择了我，我选择了你，让我们一起风雨兼程，一同迈向健康发展之路，把工会办成教职员工最温馨的家。

再次感谢各位对我的鼓励与支持，谢谢大家！

你选择了我，我选择了你，让我们一起风雨兼程，一同迈向健康发展之路，把工会办成教职员工最温馨的家。

范例 2：电气公司党委副书记的离职演说

背景介绍：电气公司党委副书记因为一些原因即将离职，这是他在和职工们告别时诚恳的讲话。

关键词：服从 感谢 希望 记忆

各位同人：

作为受组织培养多年的领导干部，我理解、服从上级的决定和安排，我将迅速调整好心态，认真总结分析工作中存在的不足和问题，今后不论组织安排什么工作，我都将踏实努力，不辜负领导的托付。

在我 22 年的职业生涯里，工作岗位的变动也有近十次了，以这种不太体面的方式和同志们告别还是第一次，所以简单谈三点感受。

一是感谢。

昨天，我最后一次去车间巡视，和工友们道别。一位我叫不出名字的保洁女工，悄悄地把我拉到角落关心地问："书记是不是真的要走了，是不是高升了。"我告诉她："工作没做好，是下岗！"她叹了一口气说："那书记以后的生活怎么办？"马上又安慰我："书记想开点吧，这个厂还是好人多，不要忘了我们。"这只是近些天来我经历的无数小事中的一件。

所以我真的很感谢大家。我感谢××电气干部职工一年来对我工作的支持，感谢大家对我事业的帮助，感谢大家对我生活的关照。特别要感谢的是大家对我工作方式方法上面存在的问题的包容。

二是希望。

作为直面市场的制造型企业，××电气的生存和发展面临诸多困难，但是我们有自己的市场资源，有上级领导的支持，有朋友们的帮助，外部的困难从来不可怕。从我来公司的第一天开始，我就希望做好企业的军师、行政的参谋，率三军将士攻城拔寨，克服困难，不断前进。今天，我就要离开这里了，但我衷心希望继任者在我们离任者身上，特别是在公司十年发展中总结经验和教训，坚持以人为本，推进民主管理，强化规则意识。借班子调整之势，迅速扭转局面，实现公司发展，不辜负领导之重托，不辜负职工之厚望。

营销应该是公司的工作中心，做好营销可以保证公司生存，公司发展则要靠新产品、新项目。为提高开关柜的功能，我在做一个计量装置远程监测校验系统开发方案，方案正在完善之中，我会尽快交给大家，希望对公司有所帮助。

三是记忆。

来公司工作刚刚一年，时间不是很长，但是留下了很多难忘的记忆。我记得职工上访时义愤的眼神，一年前职工上访，我拦也拦不住，劝也劝不回，我记得职工说："书记当不了家，我们不回厂。"我记得6·13事故时大家眼中流露出的无助的目光，我记得职工对我们班子曾经寄予的希望，记得食堂的罢餐。我也记得，职工把鸡蛋砸到公司领导头上，蛋液洒湿了老婆给我买的一条崭新的裤子。

我当然记得××主席给大家拍的一张张笑脸，我记得，由于经常和上访职工谈心，大家慢慢变成了朋友。我记得×书记在调研会上对我们的批评和鼓励，记得×主任代表人事部与我们谈心。我还记得很严厉地批评过一个职工，事后那个职工找到我说："××书记，我错了，我真的错了，但是我不会再错了。"我记得春节联欢会的欢歌笑语，记得市公司篮球赛我们一场比一场打得好、捷报频传，记得"三个表率"的倡议，记得所有的一切。

我记得对××电气的感情，就是：我们可以一天骂它一百次，但是不允许别人骂它一次。所以，不论今后我在哪里工作，都会怀念一年来的工作场景，并把它作为人生的一部分。为了这些记忆，我祝依然工作在××电气的战友们好运，祝××电气好运。

我记得梁实秋在《雅舍小品》的书里写过这样一段话："缘在，人聚。缘尽，人散。"同志们，再见了。

作为受组织培养多年的领导干部，我理解、服从上级的决定和安排，我将迅速调整好心态，认真总结分析工作中存在的不足和问题，今后不论

组织安排什么工作，我都将踏实努力，不辜负领导的托付。

★★★

范例 1 ：某大学院系协助管理员的就职演说

背景介绍：某学生当选院系协助管理员，这是他当选后发表的就职演讲。

关键词：责任 关系 奋斗

各位老师、同学：

首先，非常感谢辅导员给我这个机会，让我来为九班同学服务。

各位同学，大家应该都知道日本和以色列吧。两个发达国家，两个颇具争议的国家，今天我们不看它们的负面影响，俗话说看人要看别人的长处，我们来学学它们的优点。这两个国家的成功有相似性，跳过外部因素——美国的扶持与支持，这两个国家得以昌盛还有其内部因素，我个人认为内部因素有两点至关重要，第一是民族危机意识，第二是国民教育与责任感的灌输。

大到国家如此，小到个人也如此。

在座的诸位，不知大家是否思考过自己与父母的关系，在此我把我个人的思考与大家分享。跳过血缘关系、亲情关系，我们与父母从经济学的角度讲还有利益关系。父母支持我们上大学，就像是我们的股东，试想一下，我们的表现如果让父母彻底失望的话，现在父母突然撤资，在座的诸位，有谁还能笑得那么灿烂，整天混日子？我想大家此时会深切地体会到生存危机。值得庆幸的是，正因为有血缘关系、亲情关系，我们的父母不会这么做，但大家有没有想过，一旦断粮，大家要如何应对呢？

如果你是一个企业的老板，我是你的职员，我每天都在消耗你的财富，而不是在为你创造财富，你会毫不犹豫地让我失业。

世界是属于我的，也是属于你们的，但归根结底世界是属于有能力的人的。同学们让我们一起奋斗吧！为我们明天的幸福生活，为我们明天的世界，从现在开始奋斗吧！

我的治班理念是：同学的正当利益是第一位的，辅导员是第二位的，我是第三位的！

借此机会我为我的团队说两句吧，我是一个严肃的人，在工作当中非常严厉。我可能让你们不喜欢我，但我肯定会让你们回忆大学生活的时候记起我！至于八班，我能做的就是给你们创造一个好邻居。

谢谢！

世界是属于我的，也是属于你们的，但归根结底世界是属于有能力的人的。

★★★

范例 2：原市委书记在离任时的讲话

背景介绍：这是××省省委组织部在宣布调任决定后，被调离原岗位的××市委书记的离职发言。

关键词：组织 萦绕 意志 坚定

尊敬的各位领导、同志：

这次组织上安排我到省里工作，我坚决拥护中央和省委的决定。因为我深深地知道，个人的命运是由国家、民族和人民的命运所决定的，个人的作用只有依附、融合于党和人民事业的发展才能得以发挥。我个人工作的变动，不仅是中央和省委对我的培养、信任和关怀，更重要的是它体现了中央、省委对××工作的肯定，对××领导班子的肯定，对××干部队伍的肯定，体现了中央、省委对××事业的高度重视、大力支持和关心厚爱。

物换星移十载逝，两河两湖情悠悠。1996 年 8 月 11 日，我从省级机关来到××，参与××地级市的筹建，转眼已和同志们朝夕相处了九年零八个多月的时间。伴随着离别日子的一天天临近，我的心情也越来越难以平静。连日来，××的山山水水，××的父老乡亲，××的广大干部和一起奋斗的事业，时刻萦绕在我心头、浮现在我眼前，一幅幅画卷、一幕幕场景，是那么清晰，那么难忘，那么令我眷恋。

十年来，我与广大干部从不相识到相识、相知、相勉，大家朝夕相处，同甘共苦，风雨同舟，为着××的发展、人民的幸福，一起担负责任、承受压力，一起殚精竭虑、用力使劲，一起加班熬夜、通宵达旦，一起分享喜悦、庆祝成功。共同的事业、共同的目标和共同的奋斗，使我们成为很好的同志、同事和朋友，这种情谊将是我一生中最为宝贵的财富，这种志同道合的同志之情比手足之情要珍贵得多，这种真诚质朴的同志之谊比金兰之义要高尚得多。我将倍加珍视并永远记住在××工作的这段美好时光，倍加珍视并永远记住各位同志的支持帮助，倍加珍视并永远记住与××同事结下的深情厚谊。

在××工作的十年时间里，我深深地感谢××人民的倾情奉献。天下者天下人的天下，××者××人的××。××历史悠久，文化灿烂，风光秀美；××人民勤劳智慧，朴实善良，吃苦耐劳。这是一个令人向往，也令人留恋的好地方。我在××工作近十年，深情地爱上了这片土地；我儿子在××读书近六年，留下了浓浓的××口音；我爱人在××工作及退休近五年，深沉地眷恋着她的同事；我们赡养的三位高龄老人在××生活近四年，她们执着地喜欢××的宁静；更有我永久助养的六位××孤儿使我们不能割舍××情结，我的全家已经融入××，已经成为真正的××人！

广大的××人民，始终以坚韧不拔的意志克难制胜，始终以勇于创新的品质开拓进取，始终以无私忘我的精神顾全大局。他们不仅以自己的汗水浇灌着这块土地，还在需要的时候舍小家、顾大家，凝聚成万众一心的合力。所有这些都深深地感染了我、熏陶了我、教育了我。是他们，赋予了我科学决策的智慧；是他们，支撑着我挺过了人生中最艰难的岁月；是他们，帮助我度过了一生中最难忘的时光；是他们，给了我工作的激情和创新的冲动。只要想起这些，我就会有使不完的劲儿，累不垮的精神，干不厌的工作，折不挠的毅力。在这十年中，就我个人来说，有过痛苦、劳累、茫然和等待，但更多的是欢乐、轻松、自信和坚定，这是××人民使然，是××人民所赐。××人民的殷殷深情已经溶入我的血脉之中，使我更加清醒地认识到肩上的重任，也必将成为我今后为党和人民更好工作的力量源泉。

十年，对宇宙变迁是不值计量，对世界变化是长河一瞬，对经济发展是弹指一挥，对社会进步是过眼云烟。但对我个人来说，却是不短的人生履历、社会阅历、政治经历。我本来自农村，出身农民，是组织的培养和信任，是××人民的理解和支持，是许多老领导、老同志、老同事甘为人梯、甘当铺路石，才使我走上了重要领导岗位。我经常提醒并告诫自己，一地政权，一域发展，一方稳定，百万百姓，责任重于泰山，不可有丝毫懈怠。回首这段岁月，感到欣慰的是，我没有虚度光阴，在××这块充满活力和希望的土地上，我倾注了全部的追求和心血，融入了所有的甘苦与忧喜；回首这段岁月，虽然付出超常的辛劳和汗水，尽管已眉梢添雪、风霜日重，但我心甘情愿、无怨无悔；回首这段岁月，虽然也曾经历坎坷和曲折，也曾遭遇意想不到的艰难和险阻，但我从未有过丝毫的懈怠和退却。十年来，我时刻铭记组织的重托、人民的期盼，尽心、尽力、尽责，试图以行动报答党和人民的哺育之恩和舐犊之情。但是，由于能力和水平的局限，尽管本人在主观上做出了很大的努力，但仍然还有许多没有做好的事，存在着一些解决得不及时、不妥当的问题，留下了一些不足与遗憾。我觉得，如果我在学习上再刻苦一些，决策水平和工作质量或许会更高一些；如果我在工作中能更深入一些，接触群众更广泛一些，考虑问题或许会更全面一些；如果我的性格再温和一些，领导艺术再讲究一些，或许就会避免因工作苛求太多、批评人较多而伤害少数同志的感情，造成个别同志的误解。虽然过去的一切不能让我们重来，我们也不能挽留住岁月，但我们可以挽留住岁月留给我们的借鉴、启示、激励和鞭策，以便我们把今后的工作做得更好。今天也借此机会，对十年来因我个人原因，留给××的遗憾，留给同志们的抱怨，向大家表示深深的歉意！

人事有代谢，往来成古今。我相信，由××同志主持市委工作，由××同志主持市政府工作，一定会比我做得更好，一定能够继往开来，不断谱写××新的篇章，再创××新的辉煌。

在学校读书时，我就一直喜欢艾青先生的诗句："为什么我的眼里常含泪水？因为我对这土地爱得深沉。"今天，在这里，我和同志们、同事们深情告别，和××人民深情告别，和这方热土深情告别，我更读懂了它所蕴含的深情！今后，无论我走到哪里，××，这块给我太多感动和真诚的土地，我都会永远回忆和珍藏。××的每一步发展，我都会关心、支持；××的每一点变化，我都会高兴、喜悦；××的每一个胜利与成功，也都会带给我无穷的动力和无限的鼓舞。

最后，让我由衷地说上三句话：

我衷心地感谢××人民！

我深深地眷恋××这块热土！

我真诚地祝愿××的明天更美好！

虽然过去的一切不能让我们重来，我们也不能挽留住岁月，但我们可以挽留住岁月留给我们的借鉴、启示、激励和鞭策，以便我们把今后的工作做得更好。

第二节　佳句荟萃

1. 胜则举杯相庆，败则拼死相救。只为成功想办法，不为失败找理由。狭路相逢勇者胜，烧不死的鸟就是凤凰！当我们的生命燃烧成熊熊大火时，我们公司的事业已如日中天。我们可以骄傲地说："我们今生无怨无悔!"

2. 我引用《中国企业家》杂志社社长刘东华的话与各位同人共勉："在沙漠里，在高原上，在繁华的都市，在贫瘠的农村，等着我们的都是困难。"我们营销团队的责任就是披荆斩棘，用生命、热血去铺筑我们公司未来的发展之路。

3. 我相信：只要公司人上下心连心、手拉手、肩并肩、同荣辱、共奋斗，我们公司就一定能成为管道行业的航母。

4. 还记得在竞选后，我经过我们系洗手间，听到一个同学在那里说，"我就选了××一个人"，我真的好感动。我们上一任主席对我说："××，你的票数是最高的。"我再一次感动，真的很感动。因为一张选票就代表着一份支持、一份信任与一份期望。现在我当选了，我还有什么理由不努力做好呢！

5. 时刻牢记民不敬吾能，而敬吾公的古训；不忘吏不畏吾严，而畏吾廉的名言。我深信，做任何事情，公开是前提，透明是关键，公正合理是目的。我将认真贯彻这一原则并首先从自己做起，同时要求全校各部门、各级领导都在工作中认真贯彻这一原则。

6. 我愿意为我崇尚的绿色事业而奉献自己的年华，我愿我们的家乡山更青、水更绿、天更蓝，愿我们的母亲河不断流而更加安澜。

7. 回顾过去的一年，这几日我辗转难眠，有太多的感慨和留恋，依依不舍之情常常浮现在眼前！这里有我朝夕相处的同事，有给予我无私帮助的朋友，有关怀爱护我的各级领导，有以大局为重、支持理解我的同志，借此机会，我要向你们致以诚挚的谢意，谢谢你们！

8. “人非草木，孰能无情”，如今将要离去，真可谓“别有一番滋味在心头”！但是我想，无论走到哪里，今后，××都将是我魂牵梦绕的地方，我将时常想起它。即使在此时此刻，我想起同志们对我工作的大力支持和对我个人的鼎力相助，我就深受感动，并将永志不忘！

9. 在此，我也诚恳地希望各位人大代表支持、监督、帮助政府的工作。没有大家的支持，我们将一事无成。最后一句话：尽管能力有限，我将尽我所能。

10. 人的生命是有限的，精神是无限的；官位是有限的，为人民谋利益是无限的；权力是有限的，权威是无限的；机遇是有限的，促进发展是无限的；一届完成的事是有限的，一届接着一届干事业是无限的；一个人的智慧和能力是有限的，团结一班人共同工作是无限的。只有用尽有限，追求无限，我们的事业才能不断发展。

11. 光阴似箭，来××工作已经八年多了。八年时间，在岁月长河中只是弹指一挥间，但在我个人的人生经历中却是一段最美好、最难忘、最值得眷恋的时光。这些天来，回想起与大家心手相连、并肩工作的日日夜夜，我百感交集，思绪万千。

12. 多情自古伤离别，工作的需要不以我个人的意志为转移。

13. 此时此刻，我备感我们的友谊难舍难分！我离不开可敬的领导、可佩的老师和可爱的学生啊！是你们把我送上了一个新台阶！

第 20 章

欢迎与欢送演讲

第一节 范例集锦

★★★

范例1：新员工欢迎会上的讲话

背景介绍：某集团举办新员工入职欢迎会，在会上集团的高层发表欢迎讲话。

关键词：规划 定位 共同努力

各位新员工：

大家好！

首先欢迎大家来到××集团，成为我们××这个大家庭的一员。你们的到来为我们公司注入了新的血液，增添了新的希望。我谨代表公司对你们的到来表示热烈欢迎！

你们离开了自己生活四年的校园，来到了××。从此，你将不再是一名学生，你在生活中扮演的角色将由学生转变为公司的一名职员，你不能再靠父母的生活费来维持生存，你要承担起社会赋予你的责任与义务，做好公司交给你的工作。十几年的寒窗苦读，铸就了你们的学识与自信，相信你们在自己未来的岗位上都能有所作为。工作本身其实没有好坏之分，更没有贵贱之说。一个有理想有抱负的人，即使在最平凡的岗位上也能做出不平凡的事业，也会受到大家的称赞；相反，一个没有理想、没有责任感的人，即使是在大家认为很好的岗位上，也将碌碌无为地过完一生。

大学校园里走出来的你们，都是天之骄子，相信你们对自己未来的生活都有一个长远的规划，知道通过自己的努力要实现什么样的人生目标，这是很值得庆幸的，说明你们都能对自己有一个正确的定位。现在的你们就像是初升的太阳，含苞待放的花朵，充满了活力。明天的太阳能升多高，花儿能开多艳，这就看你们的潜力到底有多大了。××集团是一个有着三万多名员工的大型企业，这里有足够大的舞台可以让你们尽情展现才华。作为你们的长辈，我有一句话想告诉大家："成功是没有捷径的，只有脚踏实地，一步一个脚印地走才能离成功越来越近。"走上工作岗位，你们就要做好长跑的准备，不能好高骛远，要知道"一分耕耘，一分收获"，如果你们觉得自己得到的不够多，那就说明你们付出的还不够。

我们都是来自五湖四海的人，能聚到一起就是缘分。走进××，你们就不再是身处他乡，无依无靠的孩子，从此以后你们同三万多名员工一样，有了共同的名字——××人。在以后的生活、工作中，也许你们会遇到各种各样的问题，但请记住，现在你们已经不再是一个人独立去面对困难，你们有很多兄弟姐妹，他们会在困难时伸出援手，会让你感觉到××这个大家庭的温暖。在困难面前，我希望你们都能像弹簧一样，受到的压力越大，蹦得越高。希望你们发扬××人团结拼搏的奋斗精神，并告诉自己："我们是任何困难都打不倒的××人。"

在以后的道路上，我希望我们都能做到团结拼搏、互帮互助，共同去克服困难，迎接挑战。我之所以强调挑战，是因为我希望你们每一个人都是有着顽强拼搏精神的人，每克服一个难题，就告诉自己，"我是最棒的，任何困难都打不倒我"。就像我们公司一路走来所留下的脚印告诉我们的道理一样——“艰苦创业，团结拼搏”，在困难面前，我们勇敢的××人靠着这八个字走了过来，我希望我们的新员工，也能继承并发扬这种拼搏精神。当你不断克服困难，你会发现你的能力在不断增长，你所得到的也会逐渐增多。学无止境这句话说得很有道理，社会竞争激烈，你必须要求自己每一天都有所学习、有所收获，要不然你就会被后面的人赶超过去，你就会逐渐落后并且将会被这个社会淘汰。海鸟知天风，力欲争上游，希望你们每个人都能有一种紧迫感，不断提升自己。

公司的发展来自所有员工的共同努力，为了公司的未来更加繁荣昌盛，希望大家同舟共济，荣辱与共，把公司当成自己的家，共同把公司的明天建设得更加美好。

谢谢大家！

现在的你们就像是初升的太阳，含苞待放的花朵，充满了活力。明天的太阳能升多高，花儿能开多艳，这就看你们的潜力到底有多大了。

★★★

范例2：退休教师欢送词

背景介绍：一位德高望重的教师即将退休，学校为其举办欢送会，这是学生代表的欢送词。

关键词：岁月　桃李　眷恋

岁月承载着历史的步伐，天地积淀着文明的精华，又是一载流光溢彩，又是一季桃李芬芳。我们的××老师在教育一线兢兢业业、勤勤恳恳工作了35年，马上就要退休了。尊敬的××老师，今天我们全体师生怀着无限崇敬的心情，特为您举行欢送会。

××老师，您用知识的甘霖滋润着学生的心田，您用青春的热血传承着人类的文明，您用无悔的青春演绎着诗意的人生，您用35年的执着选择了淡泊，您用35年的平凡造就了伟大，您用35年的高尚摒弃了功利，您用35年的微笑勾画着年轮……

35年来，您始终默默无闻，无私奉献；35年来，您在工作中一直乐于吃苦，敢于挑重担；35年来，您不但坚持教主要课程，而且长时间任学校出纳。无论教学工作，还是出纳工作，您都用崇高的使命感和高度的责任感去对待，您都能一丝不苟地出色完成任务。您任出纳多年，票据整理得整齐而且规范，账务、财务料理得明明白白；您担任主课，不管是教语文，还是教数学，每年学生统考成绩都能居于中上游，从来没有为学校抹黑。临近退休了，您仍然教主课，还带68人的一个班。不管分内分外事，您都能挺身而出却不计报酬。去年，您白天上课，晚上还要负责留守学生的就寝管理。您管理留守学生认真仔细，不厌其烦。您管理留守学生一年来，吃苦了，费力了，却无怨无悔；您为留守中心，立下了汗马功劳，却从来不邀功请赏。

尊敬的××老师，您是一位出色的教师，您是一位模范班主任，您是一位优秀的出纳，您是一位勤奋的学生管理员。您就要离开三尺讲台了，聚也依依，散也依依。千言万语，万语千言，道不尽我们对您的无限眷恋之情。

我们相信，您即使离开了讲台，也仍然会心系校园，关注教育。我们真诚邀请您退休后经常光临办公室，经常提出您的合理化建议，经常献一献您的锦囊妙计。让我们同心聚首描绘双溪教育壮丽的画卷，让我们真诚祝愿，祝愿您青春永驻！祝愿您在每一个红红火火的日子里，都有一份好心情！祝愿您快乐幸福，安康永远！

您用知识的甘霖滋润着学生的心田，您用青春的热血传承着人类的文明，您用无悔的青春演绎着诗意的人生，您用35年的执着选择了淡泊，您用35年的平凡造就了伟大，您用35年的高尚摒弃了功利，您用35年的微笑勾画着年轮……

★★★

范例1：导游的特色欢迎词

背景介绍：一行人刚下火车，导游负责接待，这是在去餐馆的大巴上导游的欢迎词。

关键词：特色 保镖 把式

大伙儿吃了没？啊，没吃啊，没吃就让刘导我带您吃去吧！我就知道您几位刚下火车，一路上奔波劳碌，肯定没吃，其实早给您安排好了，我们这会儿马上就要去我们最有名的特色餐馆——××，让您品尝中华五千年饮食文化的精华风味，让您先从味觉上感受一下我们××人的热情！

光顾着说吃了，还没自我介绍一下呢，我呢，叫刘××，××旅行社的导游员，土生土长的××人，也许有的人觉得我们××男人比较粗犷，不太适合做导游这种细致的工作。其实不然。经过联合国教科文组织29名专家120余天的科学论证，得出结论——俺们××这儿出导游！

您看您别着急鼓掌啊，您得让我给您说出个一二三来不是？为什么说我们××男子最适合当导游呢？原因有三：一、我们××人实在，热情，没有坏心眼，这个是全国公认的。所以说我们××导游的服务在中华大地上肯定是一流的，因为我们热心肠啊！二、导游是个重体力劳动，起早贪黑不说，每天东跑西颠的，没个好身体可不行，不说别的，您几位游客光玩还累呢，何况是我们导游了，对不对，所以说这就是我们××人适合做导游的第二个原因。三、我们的宗旨就是用心导游、用情服务。您瞅准了——××男导游！

您可能会说了，小刘你这说得都对，你们××男导游是有这些优点，不过别的地方的导游就不热情了吗？他们身体也不错啊。而且南方的一些漂亮的导游MM不用说话光看着，就能让人舒服——你行吗？要说这个我真不行，不过我们××导游还有她们比不了的一点好处呢！什么啊——我们××导游个个都是兼职保镖！您看您又不信了，哦，说我长得这么单薄，还当保镖哪。这您就有所不知了！有句话叫：人不可貌相，海水不可斗量！不瞒您说，我还真是个练家子！

这外练筋骨皮，内练一口气，打小我就在××少林寺学艺，一练就是数十年哪，您就没发现，我这印堂放光，双目如电？真不是和各位吹，什么刀枪剑戟，斧钺钩叉，鞭锏锤抓，镋棍槊棒，拐子流星；带钩儿的，带尖儿的，带刃儿的，带刺儿的，带峨眉针儿的，带锁链儿的，十八般兵刃我是样样——不中！您看您别乐呀。我这是谦虚，我说十八般兵刃我样样精通——那是不知道天高地厚，这人外有人，山外有山，就连天外还有天呢。人嘛，得谦虚，练得好了让别人说，你自己说那就没意思了。您看我这么多兵刃自己全会，我和谁说了。是不是？

把式把式，全靠架式！没有架式，不算把式！光说不练，那叫假把式；光练不说，那叫傻把式！连说带练，才叫真把式……行了不说了，我们的饭店到了，您跟我下车去吃饭吧，用餐后我带大家去闻名中外的××！

把式把式，全靠架式！没有架式，不算把式！光说不练，那叫假把式；光练不说，那叫傻把式！连说带练，才叫真把式……行了不说了，我们的饭店到了。

★★★

范例 2：内蒙古导游的欢迎词

背景介绍：一队游客来到内蒙古，当地的导游致欢迎词并简要介绍了内蒙古的情况。

关键词：欢迎 草原 敦厚

各位团友，女士们、先生们、小朋友们：

大家早上好！请允许我代表××旅行社全体员工，对大家的光临表示热烈的欢迎！请让我用蒙古语向前来内蒙古旅行的每一位朋友深情地问候

一声“他，赛白呶”！——这句蒙古族日常礼仪用语的确切含义是“您好”！（边说边微笑、鞠躬示意）

中国有句古话，记得是孔子说的吧——“有朋自远方来，不亦乐乎。”确实，有自五湖四海、七洲四洋的中外宾朋来内蒙古，好客的内蒙古人真是感到无比欢欣。内蒙古自治区简称内蒙古，是中国成立最早的省级蒙古族聚居自治地方，内蒙古草原面积8666.7万公顷，其中可利用草场6818万公顷，是世界四大草原之一，居全国五大牧场之首。“天苍苍，野茫茫，风吹草低见牛羊。”——脍炙人口的北朝民歌《敕勒歌》所描述的以古代敕勒川（今呼和浩特平原）为代表的内蒙古草原的壮美景观，千百年来不知令多少人心驰神往、痴迷陶醉。

“东林西铁，遍地矿藏”，更为内蒙古现代化建设提供了充实的资源保障。蒙古族是地球人都知道的伟大民族。这个民族有着悠久而辉煌的历史、淳朴憨厚的风格和热情好客的传统。成吉思汗、忽必烈、阿勒坦汗、孝庄文皇后、明安图、蒲松龄、李四光、乌兰夫等，都是这个民族杰出的代表人物，而斯琴高娃、腾格尔等，则又是当今妇孺皆知的蒙古族明星。而今，借自治区成立60周年的东风，蒙古族同胞正与各民族兄弟姐妹一道奋笔谱写共建和谐进步的内蒙古之英雄史诗。

朋友们，内蒙古的蓝天碧野、天堂草原，大漠驼铃、神奇响沙，苍茫林海、锦绣山河和魅力青城、动感钢都等充满诱惑力的旅游景观和休闲度假胜地在等待着您的光顾，请您无拘无束地投身到大自然的怀抱和都市现代化的潮流中去，圆您一个内蒙古之旅的美梦吧。在欣赏雄浑奇丽的草原风光、体验独特浓郁的民族风情的同时，游客朋友们还可尽情体味内蒙古悠久灿烂的历史文化。

位于呼和浩特东郊的“大窑文化遗址”是一处旧石器时代至新石器时代的古人类文化遗存，是世界现存最古远、规模最大的石器制造场，这证明在五六十万年前，我们中华民族祖先的一支就已繁衍生息在内蒙古中南部这块神奇的土地上。鄂尔多斯出土的河套人化石，赤峰出土的“中华第一龙”碧玉龙和“中华第一凤”陶凤杯，也再次证明了内蒙古是中华民族和中国古代文明的发祥地。这些都进一步增添了内蒙古作为中国北方最具特色的旅游目的地的诱人魅力。

朋友们，你们中间有不少人是初来乍到，也有一些人是旧地重游。不管您属于哪种类型，我们迎宾有一个原则，就是结识新朋友，不忘老朋友，都是好朋友，一样格外亲。大家来内蒙古定会有宾至如归的感觉，无论住在哪里、吃在哪里、游在哪里、玩在哪里，您都会感受到家一般的温馨，感受到亲人般的关爱。我们将最大限度地满足您此番内蒙古之旅期间求新、求异、求知、度假观光、一饱眼福口福、尽情愉悦身心等正当要求，保您不虚此行。好了，为了回报大家对内蒙古的青睐和对内蒙古人的信任，请允许我用蒙古语道一声“塔勒儿哈拉”——即“谢谢”！（鞠躬示意）最后，祝大家在内蒙古的这几天，在“休闲大草原、激情蒙古风”的生活旋律与人文氛围中，行得安全、游得尽兴、住得舒适、吃得香甜、购得物有所值、玩得热闹开心！愿大家旅途愉快，收获多多，心想事成，万事如意，谢谢大家！

朋友们，你们中间有不少人是初来乍到，也有一些人是旧地重游。不管您属于哪种类型，我们迎宾有一个原则，就是结识新朋友，不忘老朋友，都是好朋友，一样格外亲。

★★★

范例1：乡党委书记欢迎下乡慰问演出人员的讲话

背景介绍：瑶山举办瑶族传统佳节“讨僚皈”暨首届花瑶山歌对唱大赛，并一同迎来了省祁剧院的下乡慰问演出，这是乡党委书记在大赛上的讲话。

关键词：希望　弘扬　恩德

各位领导、来宾，朋友们、乡亲们：

八月流火，丽日当空，在这迷人的季节，在洋溢着希望与笑脸的千年古寨，我们有幸汇聚一堂，纪念瑶族同胞的传统佳节“讨僚皈”暨首届花瑶山歌对唱大赛，并一同迎来了省祁剧院的下乡慰问演出！首先，谨让我代表乡党委、人大、政府、政协对瑶族同胞致以节日的祝贺，对各位的莅临表示最热烈的欢迎！

古树石瀑金银花，百里瑶山多姿多彩；夜晒打蹈拦门酒，千年风情美奂美轮。这是对瑶山丰富的自然人文资源的精辟概括，也是瑶山今后得以振兴发展的基础。近年来，各级领导及社会各界人士对瑶乡厚爱有加，××三任市委书记在我乡挂点扶贫，县几家领导对瑶乡高看一眼、厚爱一层，各级各部门倾注了大量的财力物力，这一切均为古老的瑶乡注入了生机与活力，瑶山正发生着翻天覆地的变化，千年古树正在绽放青春的嫩芽。这次山歌对唱大赛暨慰问演出必将对弘扬民族文化，开发旅游资源产生深远的影响，也将会为广大人民群众提供一份美好的精神食粮，在此，我对多年来一贯支持瑶乡发展的各级领导及社会各界人士表示衷心的感谢！

明年是我乡50周年华诞，当前各项准备工作正在紧锣密鼓地进行。乡党委、政府号召全乡人民一定要有民族团结的正气，不甘落后的勇气，迎难而上的锐气，敢为人先的豪气，早奔小康的志气，立足本地资源，发展特色经济，从我做起，从现在做起，为50华诞献上一份满意的答卷。同时，我也诚恳地请求各级领导、各位来宾朋友能对瑶山一如既往地予以关怀和支持，瑶乡的父老乡亲一定会乘势而上，用最优异的成绩回报各位的恩德！我们相信，只要上下一心，团结一致，瑶山致富奔小康指日可待！

最后，祝首届花瑶山歌对唱大赛暨省祁剧院慰问演出圆满成功！祝各位领导朋友身体健康、万事如意！祝瑶山的父老乡亲们阖家欢乐，财源广进，幸福平安！

古树石瀑金银花，百里瑶山多姿多彩；夜晒打蹈拦门酒，千年风情美奂美轮。

范例2：老兵欢迎新兵时的发言

背景介绍：新兵来到军营，某老兵作为代表在新兵欢迎会上发表讲话。

关键词：心系国防 战斗集体 适应 楷模

亲爱的新战友们：

在这万象更新，阳光明媚的日子里，你们胸怀祖国，心系国防，积极响应祖国的召唤，从五湖四海、天南海北应征入伍，风尘仆仆地来到了你们渴望已久的军营，来到了我们的连队，你们的新家。首先，我代表连队党支部和全连的官兵对你们的到来表示热烈的欢迎，向大家问候一声“一路辛苦了”！

今天，我在这里以一名老兵的身份欢迎你们的到来，你们来到了这个有着光荣历史的战斗集体，这个集体将成为你们百炼成钢的熔炉，希望你们在这个集体里以你们身边的老战友为榜样，学习他们雷厉风行的作风，学习他们百折不挠的意志，学习他们刻苦耐劳的精神，学习他们雷打不动的纪律观念，虚心求教，刻苦训练，尽快实现由普通青年到合格军人的转变！

今天，我在这里也以一名兄长的身份欢迎你们的到来，你们来到这个连队，这个连队就是你们的家。在你们身边的战友，你们的班长、排长、连长和我本人都是你们的亲人，你们可信赖的朋友，在你们遇到困难的时刻，到处都会有热情的手，有了这些无私的帮助，一切困难都将不再是难题，希望你们树立以连为家的观念，谦虚谨慎，自立自强，尽快适应军营团结、紧张、严肃、活泼的生活，齐心协力把连队这个家建设好，续写连队光辉的新篇章！

今天，我还以组织的名义欢迎你们的到来，你们来到这个连队，这里就是你们发奋成才的学校，希望你们不负家乡父老的重托，不负亲人的期望，不负这美好的青春年华，刻苦钻研政治、军事和科学文化知识，熟练掌握手中的武器，争当跨世纪的军人楷模！

“正是一路好春光，快马加鞭更奋蹄。”战友们，人民因为有了你们而安宁，祖国因为有了你们而骄傲！

希望你们在这个集体里以你们身边的老战友为榜样，学习他们雷厉风行的作风，学习他们百折不挠的意志，学习他们刻苦耐劳的精神，学习他们雷打不动的纪律观念……

★★★

范例1：部长欢迎新录公务员的讲话

背景介绍：某部新录取了13名公务员，这是部长在欢迎大会上的讲话，告诉大家在基层好好锻炼。

关键词：收获 谦虚 理想

同志们：

在这秋风送爽、丹桂飘香的时节，我们迎来了13名学业有成、风华正茂的年轻同志，在这里，我谨代表中共××市委××部向大家的到来表示诚挚的欢迎！对大家经过激烈竞争和层层选拔成为一名光荣的公务员表示热烈的祝贺！你们的到来，为××党政干部队伍注入了新鲜血液；你们的到来，也必将为党的事业增添新的力量。

刚才听了大家的自我介绍和三位同志的发言，感到非常高兴，也很受鼓舞。大家的发言充分表明，当代大学生是有理想、有抱负的一代青年，是充满朝气、大有作为的一代青年，从大家身上我们感受到了创业的热情，看到了事业的希望。

“三春不赶一秋忙”，秋天是收获的季节，当你们身处充满丰收喜悦的金秋，迎来人生的转折点，即将踏上新征程的时候，心里一定充满收获的渴望，渴望收获成功，渴望收获硕果，渴望收获希望。但收获不可能从天而降，它离不开雨露阳光，也离不开艰辛与拼搏。借此机会，我想以“收获”为题和大家谈谈心、说说心里话。

当兵人有一句话，不想当将军的士兵不是好士兵，那么我们公务员不想获得成功就不是一名优秀公务员。要收获成功，要收获硕果，一靠土壤，二靠种子，三靠锻炼，四靠耕耘。

收获需要肥沃的土壤。蓬勃发展、日新月异的××不仅是聚集人才的洼地，也是砥砺人才的赛场，更是优秀人才施展才华、干事创业的沃土。各行各业特别是党政干部队伍急需补充新鲜血液，引进优秀人才，这就为你们提供了施展才华的巨大空间，提供了培育果实的希望土壤，每个人都可以找到展现自我的广阔舞台。

收获需要优良的种子。常言道：“苗好谷一半。”在座的每一位同志都是播撒到基层的种子，能否生根发芽，能否茁壮成长，既取决于土壤环境，更取决于种子的质量，只有优良的种子，才能结出丰硕的果实，长成参天大树。希望大家都能做一粒优良的种子，以种子的张力、毅力和生命力，茁壮成长。

做一粒优良的种子就要志存高远。理想是翱翔的翅膀，责任是奋进的动力。知识和能力固然十分重要，但比知识和能力更重要的是一个人的理想、信念和责任。大家既是一名普通国家公务员，也是党的干部生力军。作为新生力量，你们将被委以重任，条件成熟时，还有可能走上领导岗位。因此你们不仅要埋头拉车，更要抬头看路，坚持高起点、高标准、高效率，创造性地思考问题，创造性地解决问题，目光远大，放眼未来，做一名有较强政治敏锐性和社会责任感的年轻人，只有这样，才能逐步成长为符合党和人民需要的、经得起实践检验的优秀干部。

做一粒优良的种子就要谦虚谨慎。谦虚使人进步，骄傲使人落后。大家到基层去，首先要把自己由一个大学生变成一个社会“小学生”，从零开始，从头做起。要把自己当作基层的一部分，以平等身份与基层干部交朋友，虚心向基层学习，甘当“小学生”，不能认为自己学历较高，又是省里招考的公务员，就高人一等。实际上，你们周围的许多同志，特别是一些乡镇干部，工作经验丰富，处理复杂问题办法多，解决基层矛盾的能力强，非常值得大家学习。

做一粒优良的种子就要防微杜渐。千里之堤，溃于蚁穴。再优良的种子，一个小小的虫眼，就会让你逐渐发霉、变质，最终失去成长的希望。大家一定要严格要求自己，时刻警示自己，大到党纪国法、小到规章制度，都要牢记在心，严格遵守，千万不要犯规，否则就可能得红牌。要注重自身修养，规范日常言行，做到自重、自省、自警、自励，勤奋工作，多做贡献，既塑造个人品格，又维护组织形象。

收获需要风雨的锤炼。未经一番寒彻骨，哪得梅花扑鼻香。基层是广阔的天地，基层是人生的大课堂，基层是培养青年干部的主阵地。在基层艰苦环境中磨炼，是年轻干部成长的必由之路。

收获需要辛勤的耕耘。耕耘是收获之本，付出是成才之道。从美丽的城市校园，到艰苦的农村基层，等待大家的将是新的岗位和新的要求，今后的人生道路怎么走，走得好不好，关键要看工作表现。我相信，是金子在哪里都会闪光，农村基层不会埋没人才。大家要真抓实干。基层工作突出一个“实”字，大家要充分发挥年轻人视野开阔、接受信息快和敢想敢干的特点，始终保持旺盛的工作热情和严谨认真的工作态度，以“初生牛犊不畏虎”的气势，沉下身子，积极投入新岗位、新工作，在短时间内摸清情况，适应所在单位的工作环境，理清工作思路，把握工作特点，发挥自身优势特长，扎扎实实地干好每项工作。要增强事业心和责任感，有时领导可能会给你安排一些比较重要的工作，让你参加一些重要活动，有时可能只是让你端茶倒水、打扫卫生、收发文件、守守电话。不论事大事小，都要认真对待，须知大事情里也有小细节，小事情也能反映大问题，莫因事大而畏惧，莫因事小而嫌弃，做到大事体现能力，小事精益求精，把工作的每一个环节虑细做实，施展才干，做出成绩。不要以为成为公务员就端上了“金饭碗”，进了“保险箱”，可以悠闲工作，安逸生活。要知道逆水行舟，不进则退，物竞天择，优胜劣汰，如果不努力工作，就会被事业所淘汰。

同志们，能够成为一名国家公务员，是人生的重要转折点，也是一次难得的机遇。希望大家珍惜大好时光，不负市委重托，不负群众期望，努力拼搏，奋力开拓，在工作第一线施展才干、建功立业，在基层广阔天地间接受考验和洗礼，在建设实力、诚信、生态和谐新××的伟大实践中大显身手，做出自己应有的贡献！

千里之堤，溃于蚁穴。再优良的种子，一个小小的虫眼，就会让你逐渐发霉、变质，最终失去成长的希望。

★★★

范例 2：师范学院院长欢迎新生入学的讲话

背景介绍：院长以独特的方式向 1997 级 1200 名新同学致欢迎词，给人留下了深刻印象。

关键词：门 追求 栋梁

同学们：

你们好！首先，我谨代表全院教职员工，请 1997 级的新朋友们——猜个谜语。谜面嘛，是说这是一件大家非常熟悉、一辈子都离不开的东西。再穷的人家也至少拥有一个它，每天少不得几十次、上百次地同它打交道。但是，人们往往对它漠然置之，熟视无睹。请问：这是什么？很遗憾，大家都没有猜中，那只好由我自己亮谜底了，它就是我今天演说的题目——门！

不是吗，再穷的人家也至少拥有一扇门。世界上最有名的门是法国的凯旋门，中国最有名的门是天安门。我们今天不讲凯旋门，不讲天安门，只说一说咱××师范学院的大门。这座门线条流畅，姿态优雅，造型别致新颖，号称××高校第一门。那么它的造型有何深刻的寓意？

我院十个教学系的教授都有不同的看法——中文系：汉语教授——这个造型代表“××师范学院”的第一个字“×”的汉语拼音首字母“×”。它表示，当你踏进这座大门，你就成为××师范学院的一员，成为一名光荣的大学生。在此，我代表全院 1015 名教职员工对 1997 级1200 名新同学表示最热烈的欢迎！文学教授——校门的上半部分是浪温主义的诗歌，下半部分是现实主义的散文，因此它是革命的浪漫主义与现实主义结合的产物！

数学系：代数教授——字母“X”。在数学王国里X代表未知数，昭示着我们要不断探索，对社会、科学、人生各种各样的方程式去求解求根，但永远没有尽头。它告诉我们，科学与真理没有终点，因此要不断地攀登，不懈地追求！

物理系：力学教授——这是一条抛物线。它的寓意是：学如逆水行舟，不进则退。声学教授——声波振动示意图。它的寓意是：人生如波如潮，有起有落，胜不骄败不馁才算真英雄。

化学系：无机化学教授——这是最新合成的第109号化学元素的原子结构模型。有机化学教授——这是酒精灯与烧瓶的模型，正在做有机物的化合与分解反应实验。

外语系：英语教授——这是由两个“S”组成的图案，S是英文“科学”的第一个字母，说明这是一座科学的大门。俄语教授——它是俄语单词“哈拉索”的第一个字母“X”，“哈拉索”是好的意思，它告诉你××师院天好地好环境好，山好水好人更好！

政治系：哲学教授——它代表哲学上对一分为二与合二为一两种理论命题的探讨。经济学教授——一高一低，代表工农业产品的价格的剪刀差。

历史系：中国史教授——这是两件著名的青铜器模型的组合。上半截是四羊方尊，下半截是后母戊鼎。世界史教授——这是一座凯旋门，祝贺你们，高考战场的凯旋英雄！

地理系：自然地理教授——这是地球结构的剖面图，高的是喜马拉雅山，低的是马里亚纳海沟，中间是地壳，底下车水马龙人来人往是岩浆涌动的地心。经济地理教授——像稻穗，像鱼跃，说明××是鱼米之乡。

艺术系：美术教授——这是一件抽象派的艺术雕塑。音乐教授——这是五线谱中的一个标志符号。

生物系：植物学教授——细胞一分为二。动物学教授——像只老母鸡在下蛋，也像蛋壳里孵出小鸡。它代表生物学上一个永恒争论的话题，世界上到底是先有蛋，还是先有鸡?

咱们校的大门寓意深邃，真可谓仁者见仁，智者见智。这是一座幸运之门，这是一座光荣之门，这是一座科学之门。你们从三湘四水踏进这座校门，你们是时代的骄子，社会的宠儿；2011 年你们步出校门奔向五湖四海时，你们将是社会的栋梁，中国的希望！希望你们在门内的四年勤奋刻苦，门门功课优秀，为校大门添砖加瓦；跨出校门后献身科学，献身教育，争当中国的爱因斯坦、门捷列夫，为校大门增色添彩，谢谢大家！

咱们校的大门寓意深邃，真可谓仁者见仁，智者见智。这是一座幸运之门，这是一座光荣之门，这是一座科学之门。

第二节 佳句荟萃

1. 谷中春日暖，渐忆啜茶英。欲及清明火，能清醉客心。再次欢迎各位，感谢大家!

2. 春来谁作韶华主，总领群芳是牡丹。在阳光明媚、东风盛装的四月牡丹盛会期间，××公司快件运输分公司成立大会隆重召开!

3. 虽然时处寒冬，但新战士沸腾的热血让我们始终感受到的是振奋，是热情！此时此刻，我和新战士们的心情一样，是如同潮水般的激动与高兴。

4. 各位首长、家长同志，请你们放心，我们决不会辜负你们的期望，我们会带着父老乡亲的重托，对你们的子女给予兄长般的关怀，严格要求，严格管理，严格教育，一定把他们培养成为对国家、对社会、对人民有用的栋梁之材。

5. 一年前的今天，像你们一样我们负载着希望与梦想踏入了××中学这个年轻的学校。校园里，新鲜的泥土散发着沁人心脾的芬芳，坚硬的台阶记载着我们的前进和成长，平坦的操场迸发出年轻学子的激情与豪放。一年里，琅琅书声时刻洋溢在整个校园，整齐划一的晨操、课间操彰显××中学人的魅力与气魄。又是在今天，又是在这里伴着秋风的和弦，朝阳迎接着你们，我们和××中学期待着你们。

第 **21** 章

赛会演讲

第一节　范例集锦

★★★

范例1：某市委宣传部部长在读书演讲比赛开幕式上的讲话

背景介绍：某市举办读书演讲比赛，这是该市市委宣传部部长在赛前的讲话。

关键词：复苏 爱 祖国 父母

各位领导，同志们、同学们：

大家好！

在这春江水暖、万物复苏的季节里，由××举办、××具体承办的第17届全市青少年爱国主义读书演讲比赛在这里拉开序幕。在此，我代表市委宣传部向多年来大力支持和积极组织读书教育活动的相关部门和各位老师表示衷心的感谢，向经过层层选拔最后脱颖而出的同学表示真诚的祝贺！

今天我们在这里隆重聚会进行演讲比赛，旨在讴歌祖国60年的沧桑巨变，抒发同学们对祖国的无比热爱之情，激励同学们成长为更有智慧、更加坚强的一代社会主义新人。

歌颂祖国对我们来说，最好的表现就是一个字——爱！

在这里我想和同学们说，我们一定要做到：爱祖国、爱老师、爱父母。

那么我们如何才能做到这个“爱”呢？作为学生，我们最好的途径就是热爱读书，好好学习，打牢基础。

同学们，读书可以改变命运，知识可以增值。作为新世纪的青少年，你们担负着创造未来、改变世界的重任，你们一定要珍惜在学校的学习时光，把一切的精力都用在打基础、学本事上。课外，我们要养成热爱读书的好习惯。书是开启人类智慧之门的金钥匙。书是人类进步的阶梯。我们只有多读书，读好书才能掌握更丰富的知识。我们才有资本、有能力说爱祖国。

说起爱祖国，同学们可能会说，我们还小，不知道怎样才是爱祖国。坦率地说，像你们这么大的时候我也不知道。

那么我们首先从爱父母说起。

有一首歌这样唱道：“你入学的新书包有人给你拿，你雨中的花折伞有人给你打，你爱吃的三鲜馅有人给你包……”这个人是谁呢？这个人就是娘，这个人就是妈！父母给了我们生命，含辛茹苦把我们抚养大，对我们无任何所求，父母不值得我们爱吗？我们常把祖国比作母亲，爱我们的父母就是爱我们的祖国。

有一种人，人们常常把他们的职业比作红烛，燃烧了自己，照亮了别人，人们常常把他们比作辛勤的园丁，整天不辞辛苦地忙碌，却只是为了把我们培育成祖国的花朵。这个人是谁呢？——老师！老师教我们读书，教我们做事，教我们做人，这个人不值得我们爱吗？我们常把老师比作母亲，爱老师即是爱母亲、爱祖国！

同学们！你们生在新时代，长在阳光下，你们衣食无忧，幸福快乐，这一切是谁给予的？——我们的党，我们的祖国！可是，60年前我们的祖国山河破碎，千疮百孔，我们的祖辈过着流离失所，缺衣少食，当牛做马的生活，是伟大的中国共产党带领我们建立了新中国，让我们过上好日子。60 年弹指一挥间，60 年沧桑巨变，我们从建国初的一穷二白到现在的丰衣足食，我们最应该感谢的就是我们的祖国，所以，我们更要热爱我们的祖国。也许你们会说：一个人的爱是渺小的。但是，当我们把这份爱乘以 14 亿时，就会形成一股无坚不摧的洪流，还有什么困难我们克服不了呢？

天空没有翅膀的痕迹，但鸟儿肯定是飞过的。花开的声音我们听不见，花却把芬芳带给了世界。亲爱的同学们！让我们乘着歌颂祖国辉煌 60 年读书演讲比赛的东风，人人养成爱读书、爱学习的良好习惯，爱祖国、爱家乡、爱老师、爱父母从你做起，从现在做起。

人间四月芳菲尽，山寺桃花始盛开。亲爱的同学们，愿你们能点燃激情，放飞梦想，尽情发挥，展示自我，赛出成绩，赛出水平，成为这个舞台上最灿烂的桃花，尽快成长为建设家乡、报效祖国的栋梁之材。

最后预祝比赛圆满成功！

谢谢大家！

天空没有翅膀的痕迹，但鸟儿肯定是飞过的。花开的声音我们听不见，花却把芬芳带给了世界。

★★★

范例 2：某副区长在地税局羽毛球赛上的讲话

背景介绍：某区地税局举行职工羽毛球比赛，副区长受邀发表了讲话。

关键词：支持 代表 建设 贡献

尊敬的各位领导、各位来宾、裁判员、运动员、同志们：

值此冰雪消融、万物复苏的初春季节，××区地税局羽毛球邀请赛在这里拉开帷幕，这是我区干部职工文化体育生活中的一件喜事。在此，我谨代表区委、区政府向前来参加比赛的各位运动员、裁判员和全体工作人员表示热烈的欢迎和真挚的问候！

近年来，在区委、区政府的正确领导下，按照“构建和谐、平安、诚信××”的发展思路，区域经济取得长足发展，全区社会政治稳定，人民群众安居乐业。这些成绩的取得，离不开地税系统广大同志的大力支持与密切协作，借此机会，我代表区委、区政府向你们表示诚挚的谢意！

今天，我们在这里举行职工羽毛球邀请赛，就是为羽毛球运动爱好者搭建平台，让大家有展示球艺的机会，锻炼身体，强健体魄，以更饱满的精神状态投入到工作之中，投入到××区建设之中。在此，我真诚地希望全体运动员发扬“更高、更快、更强”的体育精神，顽强拼搏，奋力争先，以高昂的斗志，高超的球艺，赛出友谊，赛出风格，赛出水平。同时，希望全体裁判员忠于职守，公正裁判，努力营造公平、有序的竞赛环境。我相信，在大家的共同努力下，在承办单位的精心组织下，本次竞赛活动一定会取得圆满成功。

同志们，让我们牢固树立终身体育锻炼的观念，用良好的心态、强健的体魄，为我区经济发展做出更大的贡献！让我们共同祝愿全区各项事业更加繁荣昌盛，兴旺发达！

最后，预祝此次羽毛球赛取得圆满成功，谢谢大家！

我真诚地希望全体运动员发扬“更高、更快、更强”的体育精神，顽强拼搏，奋力争先，以高昂的斗志，高超的球艺，赛出友谊，赛出风格，赛出水平。

★★★

范例1：经理在篮球赛上的讲话

背景介绍：某产品研发部举办“交流杯”篮球赛，这是研发部经理在赛前的讲话。

关键词：天使 慷慨 发扬

值此秋高气爽、丹桂飘香的季节，我们研发部积极响应中国共产党“生活要小康，身体要健康，发展体育运动，增强人民体质”的号召，积极提高员工身体素质，经过一段时间的精心准备，我们研发部“交流杯”篮球赛今天在这风景秀丽、山清水秀、专产帅哥和美女的地方，此处省略100字，正式开幕了！

我相信大家都是天使，回不去天堂只是因为体重，请允许我给大家一个支点，勇敢地去撬篮球吧。告别上今天的班，睡昨天的觉，花明天的钱的无味生活，上帝给了你一双会动的手，你怎么忍心不去打篮球？当然高手中永远还有高手，人生不如意事十常八九，老天做的事通常都不会尽如人愿。一个人若是做了天下第一高手，也许反而比别人死得快些，不管你们信不信，反正我是信了。但正所谓一山不容二虎，除非一公和一母。所以，视金钱如粪土的部门哪，就慷慨地争夺第五吧！视金钱如命的部门啊，勇敢地来争夺第一吧！

言归正传，我殷切地希望，全体队员能本着“友谊第一，奖金第二”的宗旨，发扬更高、更快、更强的体育精神，顽强拼搏，奋力争先，此处再省略N个字。同时，希望全体裁判公正执裁，努力营造公平、有序的竞赛环境。最后感谢全体员工积极参与和配合我们的比赛，祝本次“交流杯”篮球赛取得圆满成功！

要成功，先发疯，脑袋一蒙向前冲！球场如戏，看的就是你的演技！Let's go!

我相信大家都是天使，回不去天堂只是因为体重，请允许我给大家一个支点，勇敢地去撬篮球吧。告别上今天的班，睡昨天的觉，花明天的钱的无味生活，上帝给了你一双会动的手，你怎么忍心不去打篮球？

范例2：某市烹饪协会副会长在厨艺大赛开幕式上的讲话

背景说明：某大酒店举办厨艺大赛，推动本市餐饮业的交流与进步。这是市烹饪协会副会长在大赛开幕式上的讲话。

关键词：厨艺 欢迎 赞叹

今天我们在这里隆重举行第×届××杯厨艺大赛，作为主办方，我们首先对各位嘉宾的到来表示诚挚的谢意！同时也对各位参赛选手致以最热烈的欢迎！

说老实话，这个比赛真是让我们的各位评委很为难，因为我们必须评出个胜负来，可是我们又真是觉得，每位参赛者的手艺都太棒了！其实我们肚子里的馋虫想给你们统统颁发一等奖，可我们买不起那么多奖杯，只好优中选优了！（笑）

记得前一阵子我将去年比赛的情况和实拍的照片挂进了我的博客，引来了许多朋友的赞叹，他们打电话对我说，在网上看到这些菜肴照片就大流口水，并问我他们能不能做××杯厨艺大赛的特邀评委，我的回答是："你们没有机会了，评委工作不是一般人能够胜任的，那是要有一定级别的人，要懂这一行的人，如我们的厨师长、各店经理，要有一定的专业水平才能公正、合理地评选出美味佳肴。"朋友们当然很失望，不过还是希望我能每年拍出精美的图片挂在网上，好让他们随时随地地流口水。

我想精美的佳肴是做出来的，而不是拍出来的。今天我们的选手一定会创造出比去年更好看、更精致、更可口的菜肴，以便让我挂到网上去，馋死那些馋鬼……

最后预祝大赛圆满成功！

其实我们肚子里的馋虫想给你们统统颁发一等奖，可我们买不起那么多奖杯，只好优中选优了！

★★★

范例1：学院辅导员在模拟课堂大赛上的讲话

背景介绍：某学院举办首届研究生模拟课堂大赛，这是学院辅导员在赛会上的讲话。

关键词：悠久 作用 期望

各位来宾，各位老师，同学们：

大家晚上好！

今晚，我们欢聚一堂，隆重举行××学院首届研究生模拟课堂大赛。首先，请允许我代表学院向进入决赛的各位同学表示衷心的祝贺！××大学是国家“211工程”重点建设学校。××学院，作为曾经的××师范大学的旗帜学院更是秉承了悠久的政教传统、深邃的学术思想和厚重的师范底蕴。回首往昔，政治与公共管理学院秉承“博学笃行，明道立德”的院训，以“做人做事做学问，尽心尽力尽责任”为办学理念，在几十年的办学历程中，坚持发扬“至公至正，求真务实”的学院精神，经历了半个多世纪的风雨历程，不仅在教学、科研、社会服务等各方面取得了突出的成绩，还为社会输出了一批又一批优秀教师人才。

××学院首届研究生模拟课堂大赛在丰富校园生活，引领校园文化，加强我院研究生的实践性教学环节等方面起着重要的作用。同学们，希望你们以此次大赛为契机，努力培养和提高自己的职业技能，提升自己的综合素质。今天的比赛两个多小时后就会结束，而你们自己职业技能锻炼的道路，是永远没有终点的。作为一名师长，我在此对有志于师范工作的研究生同学提出几点期望：

第一，希望同学们立志高远。改革开放30多年，你们生逢盛世、风华正茂。在当前新的历史机遇下，在科学发展观的指引下，我希望你们能够充分领悟“含弘光大，继往开来”校训之精义，治经世致用之学、立振兴中华之志，将自己与时代紧密结合，与中国教育的发展结合，担负起培养优秀的接班人，构建和谐社会，促进国家繁荣、民族富强的历史重任！

第二，希望同学们注重品格修养，人品、水平和文凭同步推进。以身作则是教师职业品德的重要内容，也是教师教育力量之所在，教师的一言一行、政治态度、思想作风、道德品质、治学精神、行为习惯，都对学生有很深的影响。希望同学们不仅注重提升自身的知识水准，更着力锤炼自身的品格修养。当你们与他人观点不和或意见相左时，你们应当学会引导、宽容；当你们面对邪恶和社会不良现象侵蚀的时候，你们应当学会批判；但对于一切优秀的传统、优秀的品质，你们一定要学会全面继承和发扬，好去影响你的学生。

第三，希望同学们坚持博览群书，教学相长。学习是一种态度，一种理念，一种生活方式，一种思维习惯。对于你们，学习就意味着接受新思想、吸纳新观点、开拓新视野、探索新方法；学习就意味着求真务实、谦虚谨慎、刻苦努力、只争朝夕。只有拥有了丰富的知识，老师才能给学生以有益的启迪。

百年大计，教育为本，希望今天的这场比赛可以成为对我们研究生的师范风采和讲课水平的一次检阅，进一步营造重视师范生素质、提高就业能力的学习氛围，同时我们鼓励广大研究生投身教育事业，积极钻研教学，改进方法，不断创新，不断发展，为中国的教育事业贡献自己的力量。在此祝愿各位参赛的同学在比赛中取得好成绩！同时也借此机会代表学院预祝前来观看比赛的各位领导、各位嘉宾、老师们五一劳动节快乐，谢谢！

希望同学们坚持博览群书，教学相长。学习是一种态度，一种理念，一种生活方式，一种思维习惯。

★★★

范例2：某宣传部长在第八届全国舞蹈比赛开幕式上的讲话

背景介绍：第八届全国舞蹈比赛在湖北举行，某宣传部长在开幕式上讲话。

关键词：舞蹈 生机 文明

……………………………………………………………………

尊敬的各位领导，各位艺术家，各位来宾：

晚上好！

今夜，在白云黄鹤的故乡，在高山流水的琴台，我们迎来了第八届全国舞蹈比赛的隆重开幕，湖北人民即将领略全国2000多名舞蹈新秀的风采，欣赏122个中国舞蹈的优秀作品。在此，我谨代表中共湖北省委、省政府对第八届全国舞蹈比赛的举办致以最热烈的祝贺！向出席第八届全国舞蹈比赛的各位领导、艺术家和来宾表示最诚挚的欢迎！向关心、支持湖北文化事业的各级领导和社会各界人士表示衷心的感谢！

全国舞蹈比赛是我国舞蹈艺术领域的最高赛事。比赛自1980年创办以来，在近30年的发展历程中，积累了一大批经典的舞蹈艺术作品，发现、培养了一大批优秀的舞蹈创作、表演人才，有力地促进了我国舞蹈艺术事业的繁荣发展。第八届全国舞蹈比赛是继第八届中国艺术节之后，我省承办的又一项全国性重大文艺赛事。文化部再一次把全国性重大文艺活动交由湖北承办，既是对湖北文化宣传工作的肯定，也是对湖北文化宣传事业的激励。我们有理由相信，全国性重大文艺活动一次又一次在湖北举办，必将加快湖北文化强省建设步伐，推动湖北文化大发展、大繁荣，对兴起文化建设新高潮产生重大的促进作用。

各位领导，各位艺术家，各位来宾，武汉素有“九省通衢”之称，是一个历史悠久、文化灿烂、风光旖旎、充满生机的地方。我们诚挚地邀请各位领导、各位艺术家、各位来宾在汉期间，能够抽出时间，走一走，看一看，在欣赏舞蹈家优美舞姿的同时，饱览荆楚大地的湖光山色、人文风情和现代文明。

最后，祝第八届全国舞蹈比赛取得圆满成功！祝各位领导、各位来宾和艺术家工作顺利、生活愉快！

谢谢大家。

各位领导，各位艺术家，各位来宾，武汉素有“九省通衢”之称，是一个历史悠久、文化灿烂、风光旖旎、充满生机的地方。我们诚挚地邀请各位领导、各位艺术家、各位来宾在汉期间，能够抽出时间，走一走，看一看，在欣赏舞蹈家优美舞姿的同时，饱览荆楚大地的湖光山色、人文风情和现代文明。

★★★

范例1：“我与事故告别”主题演讲

背景介绍：某化工厂事业部开展安全生产月活动，举办“我与事故告别”主题演讲比赛，这是一名老员工的演讲词。

关键词：生命 繁荣 昌盛

各位领导、各位员工：

大家好！

“我与事故告别”这一主题，既鲜明，又沉重。我是一名从事化工行业多年的老兵，一次次事故叫人扼腕长叹，叫人刻骨铭心。

世界上最宝贵的东西是生命。无论你是高贵还是低贱，是富裕还是贫穷，是伟大还是渺小，生命对于你来说都只有一次。不管生命处于何种状态，悠长或短暂，平静或起伏，我们都要善待这一次，美丽这一次，灿烂这一次。因为生命没有回头路，生命没有倒行车，生命没有重拍戏。虽然，生命的价值不能用时间的长短来衡量，但生命的意义告诫我们：要珍惜人生，关爱生命，不做无谓的牺牲。因为生命不仅属于你自己，还属于爱你的人和你爱的人，属于工友，属于企业，属于社会。

有句成语叫“谈虎色变”，老虎，百兽之王，凶残无比，但人若不去靠近它，它多半不会伤人。然而在我们的日常工作中，却有一只令人防不胜防的老虎——违章，时常伴人左右，随时会出口伤人，吞噬我们的生命。

一会儿，大家会看到各位参赛选手的精彩演讲，大家也会列举违章，回顾事故。我们要清醒地认识到安全的重要性及消除违章的紧迫性。

对全体员工来说，尤其对一线的岗位操作者来说，一定要牢固树立“我要安全”的理念，认真落实安全责任，自觉执行各项岗位标准和制度，切实履行好岗位职责，进一步提高自我安全、自我约束、自我防范意识。在这里，我要特别提醒广大员工在日常工作和生活中，一定要做到对自己负责、对亲人负责、对同事负责。对自己负责，就是要珍爱生命，保护自己的生命权力；对亲人负责，就是要珍爱家庭，保护亲人的幸福。工作不注意安全、不讲安全，就是对家属、对亲人的不负责任。对同事负责，就是要关爱同事的生命和家庭幸福，对身边的违章、违规现象，每一名员工都要敢于拒绝，敢于制止，敢于纠正，在员工队伍中努力营造出“互相关心，互相爱护，互相监督”的良好氛围。同时，要利用各种宣传途径，进一步强化员工的安全教育，使广大员工变“要我安全”为“我要安全”，进一步增强安全意识，这样告别事故、告别违章才不再是天方夜谭。这次事业部工会与安全环保部共同举办“我与事故告别”主题演讲比赛，非常及时，很有必要，对于进一步提高广大员工的安全意识具有非常重要的意义，也希望演讲比赛为“安全生产月”活动的开展，开好头，起好步，愿各位参赛选手比出成绩、比出风格，愿我们的企业繁荣昌盛、平安和谐。

谢谢大家!

世界上最宝贵的东西是生命。无论你是高贵还是低贱，是富裕还是贫穷，是伟大还是渺小，生命对于你来说都只有一次。不管生命处于何种状态，悠长或短暂，平静或起伏，我们都要善待这一次，美丽这一次，灿烂这一次。因为生命没有回头路，生命没有倒行车，生命没有重拍戏。虽然，生命的价值不能用时间的长短来衡量，但生命的意义告诫我们：要珍惜人生，关爱生命，不做无谓的牺牲。

范例 2：校长在书画比赛颁奖大会上的讲话

背景介绍：某中心学校书画大赛已评出结果，这是校长在颁奖大会上的讲话。

关键词：祝贺 汉语 传承

全体领导、各位师生：

大家好！首先，我要向以上获奖的学生以及获得优秀指导老师称号的班主任，表示最诚挚的祝贺，在这次活动中你们付出了辛勤的劳动和汗水；向参与、关心本次活动的班主任、老师、学生以及组织本次活动的领导、工作人员表示崇高的敬意。你们在这次活动中，默默无闻、四处奔走、不辞辛苦、不计报酬，为这次活动的成功举办做出了积极的贡献。本次活动还得到了××市交通眼镜超市老板的大力支持与赞助。交通眼镜超市的老板在自己事业成功时，不忘记回馈社会，不忘记关心下一代的成长。希望同学们以此次书画比赛为契机，不虚度光阴，努力学习，成为有用的人才，报效社会。

同学们，汉语是世界上使用人数最多的语种，汉字是汉语的表意工具和符号，而书法艺术是东方古老文化的精粹和瑰宝。正确使用、书写规范化的汉字是我们炎黄子孙义不容辞的责任。今天，我们学校举行了首届学生书画比赛，目的是要同学们把书法艺术永远传承下去，让书法艺术继续发扬光大，通过比赛活动活跃学校气氛，增强××中心学校的文化底蕴，为××中心学校多出人才、出好人才而努力奋斗。

谢谢大家！

汉语是世界上使用人数最多的语种，汉字是汉语的表意工具和符号，而书法艺术是东方古老文化的精粹和瑰宝。正确使用、书写规范化的汉字是我们炎黄子孙义不容辞的责任。

第二节　佳句荟萃

1. 问渠那得清如许，为有源头活水来。本届儿童书法绘画大赛的成功举办，让我们再一次看到了下一代的成长，看到了社会的希望，也触摸到了未来社会发展的源头活水。源头活水就是这些孩子，就是这些孩子内在的创新创造精神。这也是我们感到由衷欣慰的地方。我们希望参赛的孩子们，能够以这次比赛为新的起点，向着更高的目标迈进！

2. 在孩子们的作品中，我们可以体会到他们纯洁的心灵如××淡蓝的天空一般纯净，如闪光的蓝宝石一样晶莹，又如泛着绿波的白浪河水一样清澈。每个孩子都有许多美丽的梦想，有的想成为科学家，有的想成为工程师，有的想成为作家，有的想成为宇航员……他们每个人都憧憬着长大后成为有用之材。这些，都在他们的作品中淋漓尽致地展现出来了。

3. 舞蹈如同音乐，是人类超越语言的特殊符号。人类的演化进程，蕴藏肢体和灵魂的解放，正是这种力量，催化了人类肢体和谐运动的最高境界——舞蹈的诞生。人类的花样年华，由此舞动出更多奇迹。人类需要奇迹，如同芭蕾舞者脚尖踮起的那一刻，世界浓缩成一个点，撑起最优美的曲线。这就是奇迹，人类精神感动升华的奇迹。

4. 跳跃的音符，演奏着青春的活力。动感的舞姿，展示着青春的魅力。校园舞蹈大赛现在开始。

5. 我们的艺术节就为同学们搭建了一个让我们尽情舞动的平台，在这里，大家可以毫无顾忌，尽情舞动青春，挥洒风采！让我们赶快动起来吧！伴随着动感的旋律，展现我们轻盈的舞姿，让我们的舞步快乐飞旋！

6. 各位运动员要遵守纪律，服从裁判，要发扬吃苦耐劳，顽强拼搏，重在参与，“友谊第一、比赛第二”的精神，做到胜不骄、败不馁，在擂台上比思想、比作风、比纪律、比技术，赛出风格、赛出友谊、赛出团结、赛出成绩，充分展现我们武术界的精神风貌。

7. 我们这次比赛的宗旨就是引导和激发广大员工立足本职岗位，学习技术业务，争当岗位能手，推动岗位训练和技术练功活动的开展，强化员工特别是营业人员的业务素质，提高对公司形象和综合实力的认识。使我们在今后的工作中能够准确、详细、充分地宣传和解释各种移动业务，更好地为客户服务，培养更多品德高尚、技术精湛的人才，提高整体服务水平，不断为用户提供优质高效的服务，大家要通过这次比赛切磋技艺，交流经验，共同提高。

8. 这次活动，培养了同学们的集体荣誉感，形成了坚强的班级凝聚力，这是一笔宝贵的精神财富。希望同学们用这笔精神财富建设好自己的班级，让班级更文明、更和谐。

9. 在刚才的比赛中，同学们动作标准，整齐划一，充分展示了青年人应有的朝气和活力。希望同学们以本次比赛为契机，把这种精神面貌带到平时的锻炼中去。要继续发扬团结协作的集体主义精神，努力拼搏的奋斗精神，不服输、不厌弃的执着精神，并把这种精神带到生活、学习中去。

10. 同学们，号角已经吹响，帷幕即将拉开，青春早已放飞，风采继之绽放，希望同学们能鼓起你们的勇气，拿出你们的斗志，展现你们的激情，尽情地投入到大赛中来吧，我们都相信你们是优秀的、你们是最棒的。

第 22 章 纪念缅怀演讲

第一节 范例集锦

★★★

范例1：纪念改革开放三十周年演讲

背景介绍：政府举办纪念改革开放三十周年演讲比赛，这是一位基层人员题为《××的明天更美好》的演讲。

关键词：欢聚 改善 发达

尊敬的各位评委、各位领导，女士们、先生们：

大家好！

岁月如梭，夷水东去；金岭巍巍，逝者如斯！今天，我们欢聚一堂，回顾××县改革开放三十年来所取得的伟大成就，畅想××科学发展、富民强县的美好未来。此时此刻，我自信，我自豪，我深情地畅想，畅想改革开放三十年来××县发生的翻天覆地的变化，畅想××在风雨兼程中铸就的无比辉煌。那么，我今天演讲的题目是《××的明天更美好》。

“八山半水一份田，半份道路和庄园”，“穿城一里七、围城三里一”，这是三十年前的××和三十年前的××县城的真实写照。在1949年10月××县和平解放后起先的30年里，××的经济发展一直较慢。十一届三中全会胜利召开后，××走上了经济快速发展的道路。勤劳、勇敢的××儿女在县委、县政府的正确领导下，励精图治，共建家园，经过三十年的艰苦努力，硬是把这个地理位置极其偏僻的山区小县，建设成了一个环境优美、经济发展、社会安定、民风祥和、产业兴旺、客商向往的投资宝地和旅游观光胜地！如今的××，交通、水利、电力、通信明显改善，工商业兴旺发达，经济迅速发展，社会全面进步。昔日的通乡公路由泥路、砂石路变成了柏油路、水泥路，就连农村也通了水泥路；堡口、大龙等一大批小水电站相继建成；程控电话和移动电话飞入了寻常百姓家；脐橙、烤烟、竹木、药材、双孢菇成为全县的主导产业；城乡差别逐步缩小，三星、杨桥、石湾、联合等一批新农村令城里人向往；满师傅食品、家家红、南方电子、山立水电、创新木业等工业企业发展迅猛；2007年，全县财政收入突破1.7亿元。改革开放三十年，××仿佛经历了几个世纪的沧桑变迁。有谁会想到，××镇这样一座楼房林立、街道纵横、绿水环绕、山峦耸翠的秀丽山城在三十年前就只有北门那一隅？有谁会知道，那危崖突兀、峡谷幽深、树木苍翠、夷江如练的××国家风景名胜区在三十年前还养在深闺无人知？又有谁会料到，眼前的这一切，仅仅只有三十年的历史？

短短的三十年啊，朋友们，这是一个多么了不起的变化啊，为实现这个富民强县的梦想，县委、县政府带领全县各族人民付出了多少心血，流过了多少汗水，这是一代又一代的××儿女心血和汗水的结晶，这是党的改革开放政策在夫夷大地撒下的种子，结出的硕果。

××因水而柔韧婀娜，因山而秀美富饶。我爱××成就辉煌的昨天，更爱××发展势头强劲的今天。新一届县委、县政府坚持“旅游立县、工业强县、产业兴农、开放搞活”的发展思路，解放思想，创新理念，抢抓机遇，加快发展，使××迎来了前所未有的发展机遇和空间。如今，从广袤乡村到繁华城镇，到处都涌动着改革开放、经济发展的春潮。回龙大桥、207国道及邵新公路改造、园区建设、旧城改造、新区开发、招商引资、产业发展、莨山风景区建设和申遗等工作紧锣密鼓、方兴未艾。最近又传出国家规划的××县至××县的高速公路将经过××的喜讯。机遇和挑战并存，风雨和收获同在。

今天，我们在这里深情地畅想××的未来，朋友们，生活在这样飞速发展的好时代，你能不深深地爱这片热土吗？你能不从心底里迸发出一种创业的激情与豪情吗？朋友们，××经济发展美好的蓝图已经绘就，正待我们解放思想，更新观念，立足实际，扎实工作，科学发展，扬帆远航。我们有理由相信，在县委、县政府的正确领导下，在60万××儿女的共同努力下，××，这颗镶嵌在湘西南的绿色明珠，未来一定会耀眼夺目、辉煌灿烂，××的明天一定会更加美好！

谢谢大家！

××因水而柔韧婀娜，因山而秀美富饶。我爱××成就辉煌的昨天，更爱××发展势头强劲的今天。

★★★

范例2：纪念人民公仆演讲

背景介绍：教育局举办以纪念人民公仆牛玉儒为主题的演讲比赛，这是一名年轻的机关干部的演讲词。

关键词：丰碑 孺子牛 旗帜

尊敬的各位评委、朋友们：

大家好！

今天我演讲的题目是《一面旗帜，一座丰碑》。

看，绵绵细雨中，数万群众长街相送，送的是一位人民的好书记；听，神州大地上，响彻同一种追忆的声音，忆的是一位人民的好公仆。他究竟有什么魅力吸引了全国人民的眼球为之转动？他又有什么作为感动着成千上万的群众为他的离去而悲痛？

他，就是呼和浩特市市委原书记——牛玉儒同志，一位人民爱戴的好书记。多好的名字，比鲁迅笔下的孺子牛更加高洁、更加无私、更加鞠躬尽瘁；多好的书记，先人民之忧，后人民之乐，把一生交给了人民。

为了城市的繁荣富强，他拼命工作，4 天可以跑 5 个城市，住的却是普通的房间，饿了在小饭馆草草填饱肚子；为了解老百姓的酸甜苦辣，他经常步行或乘出租车到大街小巷、居民小区等地方体察民情。他经常说："执政为民就是要让老百姓得到实惠，享受到成果。"从城市绿地的规划建设，到公园的免费开放；从解决下岗失业人员再就业，到油盐酱醋米等市场供应，牛玉儒总是竭尽全力为群众办实事、办好事。

活着，是一面旗帜！逝去，是一座丰碑！

此时此刻，我想起了臧克家的一首诗：骑在人民头上的，人民把他摔垮；给人民作牛马的，人民永远记住他！牛玉儒就是用辛勤与汗水为呼和浩特人民筑起一座安定的丰碑；用生命与智慧为"三个代表"做出一个具体的诠释；用赤诚与执着给世人留下一个鞠躬尽瘁的"孺子牛"形象；用燃烧的激情为共产党人"执政为民"的旗帜，又添上了一抹耀眼的亮色。

牛书记的事迹在我们这片红土地上被广为传颂，牛书记的精神正催开杏坛万紫千红，广大教育工作者正踏着牛书记的足迹，昂首阔步，勇往直前。他们时刻以党的事业为重、以大局为重、以群众利益为重，有用心浇灌满园芬芳的大一小副校长××；有刻苦钻研，积极推进新课改，努力提高教学质量的赣二中教师××；有一心扎根偏远山区教育，愿做绿叶勤奉献的水西镇石甫小学教师××……还有一大批默默耕耘、无私奉献的辛勤园丁。

作为教育系统上一名年轻的机关干部，牛玉儒的精神将感召着我前行，在自己的工作岗位上，求真务实，埋头苦干，奋发进取，以自己的实际行动向牛书记学习。从小事做起，从现在做起，从一点一滴做起，以无私作词，用奉献作曲，高歌一首新世纪的公仆赞歌！

牛玉儒是一面旗帜，鲜红夺目，催人奋进！牛玉儒是一座丰碑，昂然耸立，催人向上！

让我们一起用行动回答：牛书记，我们跟上来了！谢谢大家！

此时此刻，我想起了臧克家的一首诗：骑在人民头上的，人民把他摔垮；给人民作牛马的，人民永远记住他！牛玉儒就是用辛勤与汗水为呼和浩特人民筑起一座安定的丰碑；用生命与智慧为“三个代表”做出一个具体的诠释；用赤诚与执着给世人留下一个鞠躬尽瘁的“孺子牛”形象；用燃烧的激情为共产党人“执政为民”的旗帜，又添上了一抹耀眼的亮色。

★★★

范例3：纪念五四诗歌朗诵

背景介绍：某校举办以五四为主题的演讲大赛，这是一名同学以诗歌的形式所做的演讲。

关键词：光荣 爱国 胜利

翻开厚重的历史
我们仿佛看见
那勇往直前的人群
正潮水般地涌向天安门
我们仿佛听见
那激越高昂的呼声
飞越八十年的时光隧道
正清晰地响在耳边
还我青岛　拒签和约
内惩国贼　外争国权
祖国母亲岂容蹂躏
中华大地哪能踏践
这是一群热血青年正义的呐喊

这是一群爱国志士光荣的宣言
似一座岩浆迸发的火山
似一柄刺向黑暗的利剑
似一股奔涌而来的洪流
似一只搏击风浪的海燕
痛打卖国贼人心大快
火烧曹家宅义愤冲天
血腥镇压何所惧
我以我血轩辕荐
这是一场反帝反封建的伟大胜利
这是一个非同寻常的历史转折点
这是一面永远高扬的旗帜
我是一首永恒的爱国诗篇
翻开五月的日历
我的思绪飘飞得很远很远
翻开五月的日历
我的心里又添了几许忧患
伊拉克上空仍笼罩着战争的阴云
科索沃大地正弥漫着浓烈硝烟
霸权主义者随意干涉他国内政
日本右翼分子矢口否认侵华历史
世界和平的交响乐不和谐的旋律时隐时现
漫长的人类社会呀
演绎了多少苦难的岁月
悠久的历史文明啊
又有多少悲剧频频上演
无数个铁的事实告诉我们
愚昧就被欺凌
落后就要挨打

翻开五月的日历
我的信心倍增
干劲冲天
信念是坚固的堡垒
理想像燃烧的火焰
和平的呼声早响彻全球
友谊种子已扎根心田
时代的号角已在大江南北响起
改革的春风正在沭阳大地吹遍
年轻的朋友们
让我们高扬五四鲜红的旗帜
团结一心　务实苦干
奋起直追　自强不息
去拥抱新世纪
去拥抱辉煌灿烂的明天

似一座岩浆迸发的火山
似一柄刺向黑暗的利剑
似一股奔涌而来的洪流
似一只搏击风浪的海燕
痛打卖国贼人心大快
火烧曹家宅义愤冲天

★★★

范例4：纪念母亲逝世三周年的讲话

背景介绍：在一位母亲去世三周年之际，她的儿女及亲人去墓园扫墓，这是她的女儿在墓前的讲话。

关键词：长眠 思念 意志 勤劳

三年前，在那个秋风乍起、枫叶飘落的季节，有一位老人在这里长眠不醒了，她，就是我们的母亲！

三年来，我们做儿女的无日不思，无日不想，无时无刻不怀念她老人家的养育之恩，盼望重新聚首。纪念她的这三年是那么漫长，比过三十年、三百年还令人煎熬。

三年后的今天，我们亲朋好友聚集在这万泾归宗、人文初祖的桥山之上、沮水之滨，一起回顾她平凡而伟大的一生，缅怀她的功绩，寄托我们无尽的思念和永远的感激之情，不由得心潮起伏，感慨万千，泪如泉涌。

松涛阵阵催人泪，翠柏迎风诉衷肠。

——母亲敢作敢为、信念执着。母亲出身于富裕家庭，受过较好的教育，从小聪明、果敢、生活信念坚定，16岁便在舅家当家。她不畏权势，不怕任何艰难险阻，有着超乎常人的意志和信念，她和父亲一起在逆境中奋斗，从逆境中崛起，变逆境为顺境。经过多年努力，把家从××市农村带到了××县城镇，使我们家由世代相传的农耕之家一跃成为城镇之家、城市之家、职工之家、干部之家。这是她人生的一大功绩。支撑她的就是对生命的顽强信念和对美好生活的执着追求。

——母亲诗书传家、追求卓越。母亲出生于××市××镇一个经济富裕、家教良好的大户人家，舅家有着良好的家风，即重视教育、诗书传家、豁达向上、乐善好施，她把这些良好的家风和中华民族的传统美德带到我们家。她认定知识就是力量，天生我材必有用，因此她“咬定青山不放松”，在我们幼儿时期就十分重视教育，望子成龙，对我们言传身教，不论自己吃多大的苦，都和父亲一起大力支持我们求学上进，培养国家栋梁，终于在20世纪80年代中期她的三女、四子都考取国家名牌大学，轰动一时，传为佳话。此后，我们家也由世代相传的农耕之家变成了知识分子家庭。这是母亲的又一大功绩。她为一百多口人的×氏家族争了头功，至今仍让众人感慨不已。二伯家的××姐曾多次感慨道：“你们兄弟的聪明要感谢我六婶给你们良好的遗传基因，要感谢六婶对你们良好的早期教育！”

——母亲勤俭善良、操劳一生。有一首赞扬蜜蜂的唐诗："不论平地与山尖，无限风光尽被占。采得百花成蜜后，为谁辛苦为谁甜?"这首诗用来形容母亲的一生再恰当不过了。母亲年青时在××农村和男劳力一样，起五更，打连班，上工地，干重活；中年到××上山下乡，带孩子，干农活，养家禽，忙家务；后来到酒厂干杂活，上街做生意，捡煤块，盖楼房，种菜栽树，栉风沐雨；老年忙搬迁，照看儿孙等等。她一生含辛茹苦，勤俭持家，像蜜蜂一样努力酿造我们甜蜜的生活。她随父亲一生搬家20多次，走到哪里都是好邻居、好街坊，离开时左邻右舍总是恋恋不舍，念叨她好长时间。

——母亲性格坚强、迎难而上。有首歌颂松树的诗："大雪压青松，青松挺且直。要知松高洁，待到雪化时。"母亲就具备松树的性格和品行，一生行得端，走得正，爱憎分明，不依赖别人，能独当一面地挑起家务的沉重担子，给父亲减轻了许多负担，使孩子们能安心上学、干工作，没有后顾之忧。她一生吃尽苦中苦，受尽累中累，遍尝人间酸甜苦辣，却少有怨言。可以毫不夸张地说，古有花木兰、穆桂英，今有我母亲；古有四大贤母，今有我们可敬的母亲！

——母亲乐观向上、热爱生活。不论遇到什么困难，母亲总是从容对待，处之坦然，沉着应付，她总是说："山高高不过太阳，云黑遮不住光明。再长的黑夜也会过去，再大的乌云也会消散，总有云开日出的时候……"我们家先后在农村、城镇、城市生活，曲曲折折，坎坎坷坷，母亲的乐观总是我们战胜困难的强大精神动力。母亲十分热爱生活，母亲走过乡间小路，走过城市大街，走过苦难的过去，走过幸福的晚年，一针一线缝满爱，万水千山总是情。她关爱生命，装扮生活，提高生活品位和生命质量。她总是在我们住过的庭院里种花养草，开荒种菜，先后栽植过桃树、苹果树、椿树、杏树，养殖过九月菊、君子兰、玫瑰、黄花、仙人掌、夹竹桃等花卉，还种植过南瓜、豆角、辣椒、西红柿等蔬菜。在她辛勤汗水的浇灌下，栽花开花，栽树结果，种竹成林。在她的努力下，我们家真是庭院深深，曲径通幽，三季有花，四季常青，春色满园。记得在××镇七丰村六组居住时，她精心养殖的九月菊打破了"花无百日红"的纪录。她热爱文艺，喜欢听《上花轿》等唢呐乐曲，她特别欣赏《穆桂英挂帅》《杨门女将》《花木兰从军》等豫剧名曲。同时，在她和父亲的努力下，我们×家这一支在××也打破“独木不成林”的老话，成为了拥有二十多口人的家族。

——如今，骑着白鹿、乘着仙鹤翩跹而去的母亲啊，天堂里有这么多奇花异草吗？您还那样精心照料它们吗？您还在忙碌吗？

“落红不是无情物，化作春泥更护花。”母亲虽然去了，但她的精神永存，和我们一起永享太平盛世，“待到山花烂漫时，她在丛中笑。”

世上再没有比母爱更伟大的爱了。沐浴在永远浩荡的母爱的春风里，我们坚信，没有比头更高的山，没有比脚更长的路，没有比腿更深的河流，没有比心胸更宽广的蓝图，没有比实现母亲夙愿更迫切的理想和愿望。让我们从母亲留下的精神财富中汲取力量吧，愿母亲在天之灵呵护我们，让我们一起奋斗、奋斗、再奋斗，让我们的各项事业发展、发展、再发展，让我们的生活富裕、富裕、再富裕！

这，便是对母亲最好的纪念！

伟大的母亲永垂不朽！

伟大的母亲永远活在我们心里！

“落红不是无情物，化作春泥更护花。”母亲虽然去了，但她的精神永存，和我们一起永享太平盛世，“待到山花烂漫时，她在丛中笑。”

★★★

范例1：向雷锋同志学习纪念演讲

背景介绍：某校在3月5日组织学雷锋做好事活动，这是活动开展前一名学雷锋的老师的动员演讲，题为《雷锋精神永恒》。

关键词：雷锋 榜样 高尚 学习

今年3月5日，是伟大领袖毛主席“向雷锋同志学习”题词发表××周年纪念日。每逢3月5日，我的心情就格外激动。××年前我在上小学，正赶上毛主席号召全国人民学雷锋那个火红的年代，我积极响应毛主席他老人家的号召，在一位雷锋式的解放军战士引导下步入了学雷锋行列。从那时起至今，一学就是××年，一做就是万余件好事，并写了××年道德修养日记，约有××万字。多年来历经风风雨雨、坎坎坷坷，但我不后悔！相反倒觉得十分充实。名利如同粪土，无私奉献是我追求的最高境界！

我之所以坚持不懈学雷锋，真心实意地像雷锋那样做人做事，源于我对雷锋精神的理解，雷锋精神是伟大的，雷锋精神是永恒的。雷锋精神是中华民族传统美德与时代精神相结合的产物，是我们民族精神的重要组成部分，是全国人民宝贵的精神财富。

学雷锋就要抓住本质学，否则就会偏离正确的轨道。形式主义那套东西，真是害死人，败坏了学雷锋活动的开展，对雷锋精神是一种歪曲、贬损，它破坏了雷锋在人们心目中的形象。对此我很有想法、很有意见。由于认识明确，我的行动更加自觉。××年来学雷锋取得了一定的成绩，近些年来，有关我的事迹先后有××多家新闻媒体做了报道，已引起了社会的广泛关注。对此我感到欣慰。这不仅是对我前半生学雷锋的肯定，更重要的是对雷锋精神的弘扬。

“一花独秀不是春，百花齐放春满园。”从教××年来，我坚持组建学习雷锋课外小组××多个，经常带领学生开展学雷锋活动，并取得了一定成效，受到了学校、社会的赞誉和好评。“让雷锋精神在我们的行动中发扬光大”，这是雷锋纪念馆原馆长、全国学雷锋标兵×××同志给我们的赠言。它一直在激励我们师生学雷锋、做雷锋。

雷锋，我很崇拜、十分敬仰。不仅是我一人这样，上个世纪60年代，雷锋就是那个时代青少年心目中的明星。××年过去了，雷锋的名字及雷锋精神穿越时空，在当代的影响也是巨大的。我前半生的努力，就是想使雷锋成为今日人类学习的榜样和心目中的明星。问题在于教育引导，在于舆论导向。

学雷锋就要大力提倡：像雷锋那样把有限的生命投入到无限的为人民服务之中去；像雷锋那样发扬爱国主义精神，树立集体主义思想，坚定社会主义、共产主义信念；像雷锋那样艰苦奋斗、勤俭创业；像雷锋那样发扬“钉子”精神，努力学习革命理论和科学文化，用知识武装自己，提高自己，完善自己；像雷锋那样做好本职工作，创一流业绩，在全面建设小康社会的伟大事业中做一颗永不生锈的螺丝钉。

一个只有22年短暂生命的普通共产党员，能够赢得亿万人民如此崇高和长久的敬意；一个普通的战士所表现的高贵品质，能够激励几代人的健康成长；一个群众性的活动，能够在几十年历史进程中延续不断，影响一个时代的社会风尚，这表明雷锋精神对于我们这个民族过去具有、现在仍然具有重大价值和时代意义。我们学雷锋，这是时代的需要、人民的期望。历史已经证明、现实正在证明，雷锋精神已经成为推动社会进步的一种最有影响的精神力量。雷锋精神已经跨越民族和时代，为整个人类所关注。

一个只有22年短暂生命的普通共产党员，能够赢得亿万人民如此崇高和长久的敬意；一个普通的战士所表现的高贵品质，能够激励几代人的健康成长；一个群众性的活动，能够在几十年历史进程中延续不断，影响一个时代的社会风尚，这表明雷锋精神对于我们这个民族过去具有、现在仍然具有重大价值和时代意义。

★★★

范例2：学生在清明扫墓仪式上的发言稿

背景介绍：清明节，某校组织学生到烈士陵园献花圈，这是一名学生在墓前的讲话。

关键词：激荡　不朽　光辉

亲爱的老师们、同学们：

今天我们怀着沉重的心情来到这里，一个埋葬着无数英雄的地方，这矗立在我们面前的烈士丰碑，诉说着英雄们光荣而无悔的事业，岁月的风尘早已在它身上刻下斑驳的印记，让我们无法不回想起那段沧桑沉重的往事。

动荡岁月中的战争成为一曲激荡人心的军歌，在这令人激昂的旋律中，跳跃着一个个赤色的音符，他们——便是我们的英雄。在那艰苦不堪的岁月中，人民整日受着压迫与剥削，不仅有来自统治阶级的压迫，还有帝国主义的压迫，我们的英雄就在这时奋起，他们可以忍受自身所受的一切苦难，却无法接受他们所爱的人民受到身心折磨。为了解放中国，解放人民，让人民都生活在和平自由的环境中，他们选择了庄严而伟大的革命事业，经过他们坚持不懈的努力，我们才有了今天。这些英雄，或许，在他们选择革命的那一刻，就已经准备好放弃肉体和躯干的生，但同时也选择了精神与灵魂的生。他们放弃了短暂的生，选择的却是长久的、不朽的生！所有的人民英雄放弃的是自己的生命，却换来了更多人民的生命。无名烈士，你们倒下的身躯为后来的革命者筑成了坚韧的基石，你们的鲜血激活了祖国的山川河流，你们的忠骨养育了神州大地的青青芳草、殷红花朵，我们永远怀念你们！

看吧，英雄们的光辉映着云彩，暮鸦的回归演奏着怀念的哀歌，风将晚霞洒向角角落落，告诉每一个人：他们不是传说！

陈列馆中的一幅幅威严的肖像会让你感到和蔼可亲。他们眼神里蕴藏着含蓄的威严和坚不可摧的革命斗志。他们是中国革命夺取胜利的精英，他们是中国人民的父辈，他们是现代中国人无与伦比的楷模。因为在整个中国共产党领导的几十年的革命战争中，战胜艰难险阻，为中国革命夺取胜利，为救广大人民于水深火热之中，他们不顾自己和家人的安危，他们不是为了当将军而战斗，他们不是为了报酬而升官。他们是真正的中国共产党人的杰出代表。

站在这些伟大的、放弃了生而坚定地选择了死的烈士面前，你们是否在与他们的鲜明对比下觉得自己微不足道，甚至羞愧难当？或者因为他们那伟大的选择而激昂振奋？又或者为失去如此多优秀的战士而伏案恸哭？

无论你感受怎样，都应当意识到：我们需要反省，需要学习。看看现在的自己吧，我们在跟父母顶了嘴之后，除了感到片刻的快意，是否想到了父母的感受？我们在成绩下滑之后，接受了老师的批评，为何无动于衷？醒醒吧，朋友，我们需要多想想咱们的英雄，想想他们如何在那样艰苦的环境中艰难地攻下一个又一个阵地，想想他们如何在敌人威逼利诱时显得那样镇定坚决。他们顽强不屈、坚持不懈、视死如归、精忠报国，这都是我们该学的。拥有了这些大无畏的爱国精神，我们何愁找不回方向和意志？有了这些艰苦奋斗的英雄品质，我们何愁国家不能富强，民族不能兴旺？

烈士们走了，他们所做的一切，在历史车轮的滚动下似乎淡去了。不，我们分明看见，在烈士的墓碑上，在鲜艳的五星红旗下，英雄们的灵魂连同精神正熠熠生辉！先烈们坚定的信念，执着的追求，为真理而流血，为祖国解放事业而献身的民族精神，激励着子孙后代去开拓更加美好的未来。你们用自己的鲜血染红了国旗的颜色，你们用自己的身躯筑起了万里长城，请你们相信你们的后代一定会继承你们的遗志，为把新中国建设得更加强大而努力！

清明节里祭忠魂，先烈豪气耀昆仑。但使前辈英灵在，化作细雨润乾坤。热血抛洒，终换得江山如画；我辈矢志，再铸光辉中华。

清明节里祭忠魂，先烈豪气耀昆仑。但使前辈英灵在，化作细雨润乾坤。热血抛洒，终换得江山如画；我辈矢志，再铸光辉中华。

★★★

范例3：纪念去世教师演讲

背景介绍：一名乡村教师逝世，这是一名教师在国旗下缅怀这名老师的演讲，题为《永恒的事业，无悔的青春》。

关键词：讲台 事迹 奉献

童话《红舞鞋》里说有一种红舞鞋，只要穿上它，就能跳出最美的舞蹈，可是不能停下来，要一直跳下去，谁要是领略了这跳舞的快乐，谁就会一生一世都喜欢这双红舞鞋。×教师就是一位“红舞鞋”的痴迷者，只不过她的舞台是三尺讲台。

而今，物是人非。听到××老师去世的消息，我落泪了，老师们落泪了，学生们落泪了，家长们落泪了。想着××老师的感人事迹，想着与自己朝夕相处、忘我工作的同事们，我备受鼓舞，而更多的是为我从事的高尚事业而自豪。我是一名普通的教员，就任于××二中，这是一所位置偏僻、条件较差的乡村中学，而成绩却自1987年建校至今，一直在区里名列前茅。条件与成绩的反差更折射出每一位二中人爱岗敬业、无私奉献的精神，细细品味，就是××老师的精神。

众所周知，在历史的沧桑巨变中，教师承担着教化民众，推动社会发展的重任。正如江总书记在谈话中所说：“教师是人类灵魂的工程师；不仅要教好书，还要教好人，各个方面都要为人师表。”因此，我们要做好当代的教育工作，不仅要有精深的知识和较强的教育教学能力，还应具备良好的职业道德。伟大的教育家徐特立先生说过：“教师是有两种人格的，一种是‘经师’，一种是‘人师’。新时代的教师，不应仅仅是传道、授业、解惑的严师，更应是拓展心灵智慧的人师。”而把师德修养放在首位的××老师，正是以其高尚的人格感染人，以文明的仪表影响人，以和蔼的态度对待人，以丰富的学识引导人，以博大的胸怀爱护人，用生命谱写了一首荡气回肠的教师礼赞。

××老师虽然不是演员，但却以高尚的师德赢得了大批崇拜的观众；她虽然不是雕刻家，却精心雕琢出了大批优秀的精品人才；她虽然不是伟人，却以自己的无私奉献和敬业精神博得了学生、家长和社会的尊重。忠诚于事业才能忘我，忠诚于国家才会尽责。敬业者的政治本色和优秀品质是一脉相承的，而××老师正是这其中杰出的代表，她用高尚的灵魂铸就了一座不朽的时代丰碑。

泰戈尔说，“果实的事业是尊贵的，花的事业是甜美的，但还是让我在默默献身的阴影里做叶的事业吧！因为她总是谦逊地垂着绿荫的。”纵然时光带走了我们的青春，但我们无悔今生。

××老师的去世不免让我们伤怀失落，而前方的路依然在脚下延伸。请相信，在这条路上，你我并非孤独的旅人，这里有被粉笔染白双鬓的老者，也有青丝如黛的年轻人。我们坚信，在这条路上，一定会收获新的风景。因为这里有你，有我，更有美好的明天！

泰戈尔说，“果实的事业是尊贵的，花的事业是甜美的，但还是让我在默默献身的阴影里做叶的事业吧！因为她总是谦逊地垂着绿荫的。”纵然时光带走了我们的青春，但我们无悔今生。

★★★

范例1：一二·九运动的纪念演讲

背景介绍：12月9日，某校组织学生到一二·九运动纪念碑前缅怀先烈，这是一名老师在碑前的讲话。

关键词：和平 纪念 历史 光明

“今天，我来了，一手拿着橄榄枝，一手拿着保卫橄榄枝的枪，不要让橄榄枝从我手中滑落，请注意不要让橄榄枝从我手中滑落。”这是已故巴勒斯坦解放组织领导人阿拉法特的一句名言。

和平，是人类永恒的追求，任何阻碍和平发展的人或组织都将被正义的力量所消灭。正如阿拉法特所说，当受到外界压迫的时候，人们将会拿起手中的枪去捍卫这即将滑落的橄榄枝。

可以说，阿拉法特是伟大的，其伟大之处就在于他为了和平而奋斗终生。同样，我国的那些为了祖国的和平而抛头颅、洒热血的烈士也是伟大的！

69年前，也就是1935年12月9日，爱国学子为了祖国的未来，为了打击日本帝国主义的侵略，联合起来向当局请愿，希望当局用枪来保护祖国的橄榄枝。可惜，当权者为了一己的私利，将黑洞洞的枪口对准了无辜的学生。

从那以后的69年中，我华夏大地经历了日本铁蹄的蹂躏，内战的洗礼，也经历了中华人民共和国成立的兴奋，十年动乱的摧残以及改革开放的喜悦。

此时，我站在这里是为了纪念“一二·九”，今天，我们大家坐在这里也是为了纪念“一二·九”。这使我不由得想起，鲁迅先生为了纪念左联五烈士而写的《为了忘却的记念》，而我们现在所做的就是为了那“忘却的记念”。我们的纪念日很有限，从“五四”到“五卅”，从“八一”到“一二·九”。可是我们只有在纪念日上，才会想起那些为了革命，为了新中国的建立而牺牲的人；只有在纪念日上，一些有良知的人才来体味今天的生活来之不易；也只有在纪念日上，我们才会总结历史，赞扬今天的美好，展望自己的未来，要为祖国做贡献等等。可当纪念日过后，我们还会有多少人去思考，还会有多少人去回忆呢？

纪念碑是用来帮助我们记住历史、缅怀先烈的地方，可讽刺的是不仅是历史，恐怕连纪念碑我们都快要忘干净了吧？

遗忘是可悲的，而遗忘自己国家的历史不但可悲，更是可耻。

到有纪念碑的地方去走走吧，你定会看见，纪念碑孤零零地伫立在那里，它的处境十分尴尬，原来安静的小镇变成了繁华的都市，一座座拔地而起的高楼替代了一间间低矮的平房，而纪念碑的面前却依然是那么冷清。有谁会在纪念碑前思念那些付出了汗、血，乃至生命的战士，有谁会在纪念碑前思念那些在黑暗中寻找光明的革命志士，又有谁会在纪念碑前真诚地告慰他们的在天英灵呢？

“今天，我来了，一手拿着橄榄枝，一手拿着保卫橄榄枝的枪，不要让橄榄枝从我手中滑落，请注意不要让橄榄枝从我手中滑落。”这是已故巴勒斯坦解放组织领导人阿拉法特的一句名言。

范例2：某学生清明节缅怀先烈的演讲词

背景介绍：清明节，某校组织学生到烈士陵园献花圈缅怀先烈，这是一名学生在墓前的讲话。

关键词：祭奠 奉献 崇高

老师们、同学们：

又一个清明节，又一个缅怀先烈的日子。我们来到了烈士的墓前，祭奠长眠在这里的先烈的英灵。

站在烈士墓前，我们心潮起伏，思绪万千。革命先烈们有的为了民族独立和国家尊严献出了宝贵的生命；有的为了彻底埋葬旧世界，建立社会主义新中国而前赴后继，英勇作战，抛头颅、洒热血；也有的在和平建设时期，为了祖国的繁荣富强而献出青春和热血。

先烈们，在中华民族生死存亡的危险时刻，是你们用自己的血肉之躯筑起了钢铁长城，与日本帝国主义侵略者进行了殊死搏斗。你们倒下了，但成千上万“不愿做奴隶的人们”站起来了，他们高唱着《义勇军进行曲》，去继承你们未竟的事业。先烈们，是你们把对国家、对劳苦大众的爱化作战斗中同敌人拼杀的精神力量，不怕牺牲，勇往直前，以摧枯拉朽之势，宣布了蒋家王朝的灭亡，建立了人民当家做主的新中国；先烈们，在社会主义建设最需要的时刻，又是你们抛弃了家庭和个人的一切，毫不犹豫，挺身而出，把宝贵的生命无私地献给了祖国和人民，把满腔的热血洒遍祖国大地。面对你们，我们怎么能不肃然起敬？你们的辉煌业绩，将彪炳史册、万古流芳！你们的英名将与日月同辉，与江河共存！我们敬慕你们，无私奉献的英雄！正是因为有了你们这些革命先烈，有了你们的崇高，有了你们的无私，才有了今天的和平环境，才有了祖国的繁荣昌盛。

战争的年代造就了烈士们的勇敢与坚强，和平美好的环境为我们提供了学知识、长才能、成栋梁的机会。我们有信心，因为我们有榜样！同学们，我们是时代的幸运儿，我们应该懂得幸福生活来之不易，我们更应该懂得所肩负的历史责任和历史使命。我们要爱自己，更要爱祖国，我们要发奋学习，为她增光，为她添彩！同学们，让我们继承先烈的遗志，为家乡的建设、为祖国的繁荣富强而努力学习，共创美好明天！

先烈们永垂不朽！

你们的辉煌业绩，将彪炳史册、万古流芳！你们的英名将与日月同辉，与江河共存！我们敬慕你们，无私奉献的英雄！正是因为有了你们这些革命先烈，有了你们的崇高，有了你们的无私，才有了今天的和平环境，才有了祖国的繁荣昌盛。

★★★

范例3：纪念五四运动主题演讲

背景介绍：某机关举办纪念五四运动演讲比赛，这是一名参赛者的演讲稿，题为《敬业就是爱国》。

关键词：敬业 爱国 业绩

各位评委，各位领导，朋友们：

大家好！

纪念五四运动××周年之际，我们××青年欢聚一堂，面向21世纪，共抒情怀。21世纪，我要对你说，敬业就是爱国。

五四运动走入了记忆，今天，当我们在本世纪最后一次沐浴她的光芒的时候，重温那黑暗分娩光明的一瞬，内心充满涅槃般的圣洁。

五四运动走入了记忆，然而，她留给我们的财富是丰厚而且深邃的，在这巨大的文化宝库中，爱国主义和创新精神，始终闪耀着熠熠光芒!那么，何谓爱国？如何发扬五四精神，致力民族振兴大业?这，是我们每一位青年都应该思考的问题。

我认为，敬业就是爱国，要用敬业精神去体现爱国之情。从古至今，大凡成就伟业者，无一不是从敬业开始。鲁迅先生崇尚“俯首甘为孺子牛”

的精神，使敬业的内涵上升到民族的振兴大业；20 世纪 60 年代的雷锋更是敬业的楷模，干一行、爱一行，以“螺丝钉”的精神，把青春献给了祖国最壮丽的事业；今天，又一个响亮的名字伴随着伟大的抗洪精神，传诵于大江南北，他，就是新时期英雄战士李向群。李向群家富未敢忘报国，立志从军，选择了一条与艰苦为伍、以奉献为乐的人生之路。当人民的生命财产安全受到洪魔的威胁时，他和战友们挽狂澜于既倒、置生死于不顾，用生命书写了自己的爱国之情和报国之志。他们生长在不同的时代，但是，他们却以相同的敬业精神谱写了如许的爱国之歌。雷锋、李向群并不孤单，千千万万的雷锋、李向群依然存在，否则，几十万官兵何以能在 1998 年抗洪斗争中战胜洪魔？祖国改革开放的宏伟大业何以能乘风破浪，不断前进？他们，是民族的中坚；他们，是时代的楷模！站在新世纪的门槛，遥望未来世纪曙光的时候，我们看到的是：世界科技的飞速发展，经济全球化趋势的日益呈现，综合国力的竞争日益激烈。科技革命与知识经济使中国面临更严峻的挑战。从国力强弱这个意义上来说，80 年前五四运动所面临的情势，今天的中国青年同样面对。所以，我们纪念五四运动、学习李向群的敬业精神，就是要发扬五四“萦民族危亡于襟怀”，树立“国家兴亡匹夫有责”的使命意识，学习李向群“捧给战友的尽是爱，献给人民的都是情”的奉献情结。为使国家在科技革命大潮中立于不败之地，我们要立足本职岗位，敬业爱岗，努力在平凡的岗位上做出不凡的业绩。爱国当先敬业，敬业就是爱国。这就是我们对青春使命的最好答卷！

艰辛知人生，实践长才干。朋友们，新世纪的曙光即将照临我们的额头，让我们挽起手来，用青春和智慧书写灿烂的时代篇章，开拓辉煌壮美的未来。

今天，当我们在本世纪最后一次沐浴她的光芒的时候，重温那黑暗分娩光明的一瞬，内心充满涅槃般的圣洁。

五四运动走入了记忆，然而，她留给我们的财富是丰厚而且深邃的，在这巨大的文化宝库中，爱国主义和创新精神，始终闪耀着熠熠光芒！

第二节　佳句荟萃

1. 青少年朋友们，各个时期的革命烈士都是时代的先锋、民族的脊梁、祖国的功臣，他们的精神光照千秋，永垂青史。我们要弘扬先烈的崇高精神，革命传统要牢牢记在心头，以此激励我们、警示我们，要珍惜革命先烈用鲜血和生命换来的今天社会安定祥和、经济持续增长、人民安居乐业的美好生活。

2. 你们风华正茂，在你们身上寄托着国家和民族的希望，党和人民殷切期望。你们能树立远大理想，坚定爱党、爱国、爱社会主义的信念，珍惜美好时光，勤奋学习文化科学知识，掌握报国本领，加强自身的思想道德建设，培养优秀品德，锻炼强健体魄，努力成为社会有用之材，准备着为全面建设小康社会贡献自己的智慧和力量。

3. 站在烈士墓前，我们心潮起伏，思绪万千。这里长眠着为了民族独立和国家尊严献出宝贵生命的革命先烈们，长眠着为了彻底埋葬旧世界，建立社会主义新中国而前仆后继、英勇作战，抛头颅、洒热血的英雄战士们，也长眠着在和平时期为了祖国的繁荣富强而献出青春和热血的功臣们。

4. 战争的年代造就了烈士们的坚强与勇敢，和平美好的环境为我们提供了学知识、长才能、成栋梁的机会。我们有信心，因为我们有榜样！我们是时代的幸运儿，我们深知肩负的历史责任和使命，我们要爱自己，爱祖国，发奋学习，为她增光，为她添彩。

5. 继承先烈遗志，弘扬英烈精神，不怕苦和累，勤奋学习，追求真知，只争朝夕，立志成为适应未来激烈竞争的高素质人才，成为祖国建设需要的有用人才。

6. 很多人在清明时节会想到杜牧的“清明时节雨纷纷，路上行人欲断魂”。会想到苏轼的“十年生死两茫茫，不思量，自难忘”。而我却总想起“我自横刀向天笑，去留肝胆两昆仑”。

7. 在感激先烈的同时，我更感激那些在和平年代无私奉献青春的战士。他们或许默默无闻，他们的青春，他们的热血，甚至是他们的生命都全部奉献给了一句承诺、一个信念、一种信仰——“对党绝对忠诚，精干内行。”

8. 年轮随日光积累，清明来了又去了，留下我们这一代人，在这个山花烂漫的季节里寄托我们的哀思和感激。不为别的，只为让我们对现在的一切倍加珍惜和努力！

9. “青山绿水长留生前浩气，苍松翠柏堪慰逝后英灵。”历史的长河记载了多少英雄的事迹，有多少人为了保卫祖国和家乡献出了宝贵的生命，烈士们走了，但他们的事迹会幻化成永不磨灭的丰碑高高矗立在我们后人的心中。

10. “魂魄托日月，肝胆映河山。”是你们使我们过上了幸福的生活，给我们创造了一个和平的环境，你们是祖国的优秀儿女，你们是我们学习的楷模。

11. 让我们庆祝每一个生命特有的璀璨吧，让英雄的故事作为时代的缩影在世间永远流传。苍天在上，英魂永存！

第 23 章
法庭辩护演讲

第一节　范例集锦

★★★

范例 1：约翰·布朗在法庭发表的辩护词

背景说明：本文是布朗被判死刑后，在法庭上发表的即席辩护演说。

关键词：处罚　证明　真实　奖赏　正义

诸位陪审团先生：

首先，除了我始终承认的，即我的解放奴隶计划之外，我否认一切其他指控，我确实有意完全消灭奴隶制。如去年我曾做过的，当时我到密苏里，在那里未放一枪便放走了奴隶，最后把他们安置在加拿大。我还计划着扩大这一行动的规模。这就是我想做的一切。我从未图谋杀人、叛国、占领私有财产或鼓励、煽动奴隶造反、暴动。

我还有一个异议，那就是，给我这样的处罚是不公平的。我在法庭上所承认的已经得到相当充分的证明，我对于证人提供的大部分事实和其公允性是表示认同的。但是，假如我的作为，是代表那些富人，有权有势、有才智者，即所谓的大人物，或者是代表他们的朋友——无论是其父母、兄弟、姐妹、妻子、儿女或其中任何人的利益，并因此而受到我在这件事上所受到的痛苦和牺牲，那我就会万事大吉。这法庭上的每个人都会认为，我的行为不但不应受罚，而且值得奖赏。

我想，这法庭也承认上帝的法律是有效的。我看到这里有一本你们读过的书，我想是《圣经》或者至少是《新约全书》。它教导我：要人怎样待我，我也要怎样待人。它还教导我：记着在缧绁中的人们，就如同和他们监禁在一起一样。我努力遵循这训条行事。我说，我还太年轻，不能理解上帝是会偏袒人的。我相信，我一直坦率地认为上帝为穷苦子民所做的事，并没有错，而且是正确的。现在，在这个奴隶制的国家里，千百万人的权利被邪恶、残暴和不义的法制所剥夺。如果认为必要，我应当为了贯彻正义的目的付出我的生命，把我的鲜血、我子女的鲜血和千百万人的鲜血流在一起，我请求判决，那就自便吧！

请让我再说一句。

我对这次在审讯中所受到的处置感到完全满意。考虑到各种情况，它比我所料想的更为宽大。但是，我不认为我有什么罪。我开始时就已经说过什么是我的意图，什么不是我的意图。我从未想过要去破坏别人的生活、要去犯叛国罪、去煽动奴隶造反或发动全面起义。我从未鼓动任何人去这样做，却总是打消这种想法。

请还允许我说一句那些与我有关的人们所说的话。我听到他们中有人说我引诱他们联合，但事实恰恰相反，我这样说并非要伤害他人，而是深为他们的软弱感到遗憾。他们与我的联合没有一个人不是出于自愿的，而且他们中大部分是自费与我联合的。他们中间有很多人直到来找我的那天，我才与他们见第一面，之前没有和他们交谈过。这就是为了我已经阐明的目的。

现在我的话已经说完了。

我想，这法庭也承认上帝的法律是有效的。我看到这里有一本你们读过的书，我想是《圣经》或者至少是《新约全书》。它教导我：要人怎样待我，我也要怎样待人。它还教导我：记着在缧绁中的人们，就如同和他们监禁在一起一样。我努力遵循这训条行事。

★★★

范例2：商鞅为自己变法主张的辩护

背景介绍：商鞅与政敌，秦国官僚甘龙等人关于是否实行变法的论战。

关键词：国家 习俗 教化

秦孝公：承袭君位应不忘国家，这是做君王的道理，执行法制、努力宣扬君主的功德，这是做臣子的责任，现在，我准备变更法制以治理国家，改革礼制以教导百姓，但担心世人会议论我。

商鞅：我听说行动犹豫，一事无成；处事犹豫，劳而无功。君主应当迅速决定变法的措施，不要顾忌世人的议论，况且，超出一般人所能理解的行动，本来就会被世人反对，有独到见解的人，必傲视民众。俗语说，愚蠢的人不明白事物是怎么发生的，聪明的人能看到事物的未来。不能与一般百姓商议事业的开创工作，只可以与他们共享事业的成果。俗话说，讲究至上道德的人，不与世俗同见；成就大事业的人，不与民众共议。法，要爱民；礼，要便事。所以，圣人使国家强盛，不效旧法度；要有利民众，不遵守旧礼制。

甘龙：不然，我听说圣人不改变民俗来施行教化，智者不改变法制而治理。根据民众的习俗去施行教化，不费力就能成功，依法而治，官员熟悉，民众安乐。现在如果变法，不遵循秦国的旧的典章制度，改变礼制去教导民众，我担心世人将会议论君主，希望仔细考虑。

商鞅：你所说的，是世俗之言，平常的人安于旧习俗，有学问的人局限于自己的见闻。二者使人们拘守官职、墨守成规，他们所谈论的与变法不相干。三代不同礼而统治天下，五霸不同法而称雄天下。所以，智者制定法度，而愚者则为法度所约束。贤能的人变更礼制，不贤者则拘泥于礼制。拘礼的人，不值得与他商讨国家大事。为旧法制束缚的人，不值得与他谈论变法，君主不必疑虑。

杜挚：不是非常有利，就不能变法；没有十足的把握，也不能变法。我听说，效法古制没什么过错，遵循旧礼不会出偏差，请君主斟酌。

商鞅：以前各代都有不同的教化，哪有什么古法可效？各朝帝王都不重复旧制，哪有什么古礼可循？伏羲、神农，教化百姓不用刑罚；黄帝、尧、舜，对百姓用刑，但不株连妻子儿女；到了文王和武王，各顺应时势而立法，根据情况而制定礼制。法礼应按时势要求而制定，法令应顺应实际需要，武器设备要方便使用。所以，我说治理天下不能用一个道理，有益于国家的不必效法古代。商汤、周武统治天下，没有效法古代而兴盛；夏朝亡国不是因为变更礼制。违反古制的人未必可非议，遵循旧礼的人未必值得称颂。请君主不要再有疑虑了。

秦孝公：听说偏僻小巷里的人少见多怪，知识片面的人喜欢争辩，愚蠢的人所高兴的，正是聪明的人认为可悲的，狂妄的人所快乐的，正是贤能的人认为应该忧伤的。拘泥世俗的议论，再不能使我疑惑了。

以前各代都有不同的教化，哪有什么古法可效？各朝帝王都不重复旧制，哪有什么礼可循？

★★★

范例1：法国乔治·雅克·丹东在革命法庭上受审时的自我辩护

背景介绍：1794年4月2日，法国乔治·雅克·丹东被捕后在革命法庭上受审时的自我辩护演说。

关键词：尊敬 幸福 无价

朋友们：

太虚不久将是我的居处。至于我的名字，你们可以在万神殿里找到。人民将永远对我的头颅表示尊敬，因为它是在刽子手的屠刀下掉下来的。

让我讲话，我要叫你们大家都羞得无地自容！如果法国人民确实像他们应有的那样，那我还得向他们祈求原谅我的原告呢。

我的声音曾经千百次为人民的幸福，为保护和支持人民的利益而回响，现在也不难驳倒诽谤者。

诽谤我的胆小鬼敢当面控告我吗？让他们站出来，我要当场羞辱他们，使他们罪有应得。这是我的脑袋，它对一切负责。

一个人待人粗暴无礼，这在革命中不但是被容许的，甚至是必要的。我曾多次做出这方面的示范，我曾多次借助这来为人民服务，我为这自豪。当我看到有人这么残暴、这么不公平地指控我时，我能压下心中燃烧着的对诽谤者的怒火吗？难道能够希望我这样的革命家做不痛不痒的辩护？

我卖身？我？我这样的人是无价之宝，是任何人都买不起的。这样的人额上用火烙着自由和共和的印记！

你们指控我匍匐在卑鄙的暴君之下，说我一向是自由党派的敌人，要我在不可逃避的、不许求饶的公正裁判前做出回答！

我完全有意识地向我的原告挑战，请他们和我较量一下，让他们到这里来，我要把他们送进十八层地狱，叫他们永世不得翻身！卑鄙的诽谤者，你们都站出来呀！我要撕下你们不受社会鞭笞的伪装！

虚荣和贪婪从没有主宰过我，从来没有支配过我的言行，这种情欲从来没有使我背叛人民的事业。我对我的祖国赤胆忠心，我把我的生命都献给了她。

法庭已经和丹东较量了两天，明天他希望能长眠在光荣的怀抱里，他从不乞求怜悯，你们将要看到他问心无愧，泰然地昂首走上断头台。

我完全有意识地向我的原告挑战，请他们和我较量一下，让他们到这里来，我要把他们送进十八层地狱，叫他们永世不得翻身！卑鄙的诽谤者，你们都站出来呀！我要撕下你们不受社会鞭笞的伪装！

★★★

范例 2：苏珊·安东尼的自我辩护

背景介绍：本篇是苏珊·安东尼在庭审时的自我辩护。

关键词：妇女 公民 自由 幸福

朋友们、公民们：

今晚我站在你们面前，被指控在上次总统选举中，因没有法定权利参加投票而犯有所谓的选举罪。今晚我要向你们证明，我参加这次选举，不但无罪，相反只是行使了我的公民权。我国宪法保证我和全体合众国公民拥有公民权，任何一个州都无权剥夺。

联邦宪法的序言写道：“我们，合众国的人民，为建设一个更完善的联邦，树立正义，保障国内安宁，筹设共同防务，增进公共福利，确保我们自己及子孙后代永享自由幸福，特为美利坚合众国制定本宪法。”

组成联邦的是我们人民，不是男性白人，也不是男性公民，而是全体人民。我们组成联邦，不是为了给什么人自由幸福，而是确保自由幸福；不是仅为了给我们中的一般人及子孙后代中的一半以上的人以自由幸福，而是为了确保全体的自由幸福——女人和男人都包括在内的自由幸福。参加投票是这个民主共和体所提供的、确保自由幸福的唯一手段。因此，一方面奢谈妇女享有自由幸福，另一方面又剥夺她们的投票权，这是一个莫大的讽刺。

任何州政府，如果把性别作为参加选举的资格，必然导致人口中的整整一半被剥夺选举权。这等于通过一项剥夺公民权的法律或一项具有追诉效力的法律，使妇女及其后代中所有女性永远被剥夺自由幸福。对妇女来说，这个政府就是得不到被统治者赞同的可憎的专利，可恶的性别独裁，是地球上迄今为止最可恨的专利。因为，富人统治穷人的富人独裁，有教养者统治无知者的劳心者独裁，甚至盎格鲁—撒克逊人统治非洲人的独裁，人们或许能忍受；而这种性别独裁，却使每家每户的父亲、兄弟、丈夫、儿子，成为母亲、姐妹、妻子、女儿的统治者，使所有的男人至高无上，使一切妇女沦为奴婢，因而给全国每家每户带来不和、纷争和反叛。

韦伯斯特、伍斯特和布伟尔都认为，所谓合众国公民，就是有权投票和有权供职的美国人。

现在唯一要解决的问题是：妇女是不是人？我相信，任何反对我们的都不敢斗胆说妇女不是人，妇女既然是人，那么就是公民。任何州都无权制定某种法律或重操某种旧法律，来剥削妇女的特权和豁免权。因此，今天法律中所有歧视妇女的条款，正如所有歧视黑人的条款一样，都是无效的。

联邦宪法的序言写道："我们，合众国的人民，为建设一个更完善的联邦，树立正义，保障国内安宁，筹设共同防务，增进公共福利，确保我们自己及子孙后代永享自由幸福，特为美利坚合众国制定本宪法。"

★★★

范例3：苏格拉底的自辩词

背景介绍：公元前399年，苏格拉底因不信城邦诸神和败坏青年的罪名而被判死刑，他的徒弟柏拉图记录下了他的法庭辩护词。

关键词：真话 论证 谎言

好吧，先生们，我必须开始申辩了。我必须试着在我可以说话的短暂时间里，消除多年来我在你们心中留下的虚假印象。但愿最后我能够达到这样的结果，先生们，因为这样的结果对你们、对我都有益；但愿我的申辩是成功的，但我想这很难，我相当明白我的任务的性质。不过，还是让神的意愿来决定吧，依据法律我现在必须为自己辩护。

那么，让我们开始，请你们考虑使我变得如此不得人心，并促使美勒托起诉我的指控到底是什么。还有，我的批评者在攻击我的人品时说了些什么。我必须把他们的誓词读讲一遍，也就是说，他们就好比是我法律上的原告：苏格拉底犯有爱管闲事之罪，他对地上天上的事物进行考察，还能使较弱的论证击败较强的论证，并唆使其他人学他的样。他们的讼词大体上就是这样。你们在阿里斯托芬的戏剧中已经看到，戏中的苏格拉底盘旋着前进，声称自己在空中行走，并且胡言乱语，而我对此一无所知。如果有人真的精通这样的知识，那么我并不轻视他，我不想再受到美勒托对我提出的法律起诉，但是先生们，事实上我对这种知识毫无兴趣。更有甚者，我请你们中的大多数人为我做证，听过我谈话的人很多，我呼吁所有曾经听到过我谈话的人在这一点上都可以向你们的邻居查询。你们之间可以说说看，是否有人曾经听我谈论过这样的问题，无论是长是短，然后你们就会明白事情真相，而其他关于我的传闻也是不可信的。

事实上，这些指控全是空话；如果你们听到有人说我想要收费授业，那么这同样也不是真话。不过，我倒希望这是真的，因为我想，如果有人适宜教人，就像林地尼的高尔吉亚、开奥斯的普罗狄科、埃利斯的希庇亚一样，那倒是件好事。他们个个都能去任何城市，劝说那里的青年离开自己的同胞去依附他们，这些青年与同胞交际无须付任何费用，而向他们求学不仅要交学费，而且还要感恩不尽。

还有另一位来自帕罗斯的行家，我知道他来这里访问。我偶然碰到一个人，他在智者身上花的钱超过其他所有人的总和，我指的是希波尼库之子卡里亚。卡里亚有两个儿子，我对他说："卡里亚，你瞧，如果你的两个儿子是小马驹或小牛犊，我们不难找到一位驯畜人，雇他来完善他们的天性，这位驯畜人不外乎是一位马夫或牧人。但由于他们是人，你打算请谁来做他们的老师？谁是完善人性和改善他们的社会地位的专家？我想你有儿子，所以你一定考虑过这个问题。有这样的人，还是没有？”

他说：“当然有。”

我说：“他是谁？从哪里来？他要收多少钱？”

他说：“苏格拉底，他是帕罗斯来的厄文努斯，收费五个明那。”

如果厄文努斯真是一位这种技艺的大师，传授这种技艺而收费又如此合理，那真是可喜可贺。如果我也有这种本事，那我肯定会为此感到自豪并夸耀自己，但是事实上，先生们，我不懂这种技艺。

也许你们有人会打断我的话，说：“苏格拉底，你在干吗？你怎么会被说成这个样子？无风不起浪。如果你老老实实，规规矩矩，那么这些关于你的谣言绝不会产生，你的行为肯定有逾越常规之处。如果你不想要我们自己去猜测，那么给我们一个解释。”

这在我看来是一个合理的要求，我会试着向你们解释是什么原因使我蒙上如此恶名。所以请你们注意听。你们中有些人也许会想我不是认真的，但我向你们保证，我要把全部事实真相告诉你们。

先生们，我得到这种名声无非就是因为有某种智慧。我指的是哪一种智慧呢？我想是人的智慧。在这种有限的意义上，我好像真是聪明的。我刚才提到的这些天才人物拥有的智慧可能不只是人的智慧。我不知道还有什么其他解释。我肯定没有这种智慧的知识，任何人说我有这种知识都是在撒谎，是故意诽谤。现在，先生们，如果我好像是在口出狂言，请别打断我，因为我将要告诉你们的这些话并非我自己的看法。我将向你们提起一个无可怀疑的权威。这个权威就是德尔斐的神，他将为我的智慧做证。

我会试着向你们解释是什么原因使我蒙上如此恶名。所以请你们注意听。你们中有些人也许会想我不是认真的，但我向你们保证，我要把全部事实真相告诉你们。

第二节　佳句荟萃

1. 你们判我有罪，我并没有感到难受，这有很多原因，其中有一个是我早就预料到这个判决了，使我感到惊讶的倒是通过这个判决的只是这样微弱的多数，判决的内容是死刑，我自己也提出大致上应得到的判决，我抛却了对己对人都没有好处的世俗事务和野心，为的是要通过私人交谈的方式使每个人得到益处，劝他首先注意自己，注意如何使自己变得最优秀最聪明，然后再来注意那些世俗事务，我也想用同样的方式来奉劝整个城邦。对我最恰当的报酬是把我当作大恩人供养在迎宾馆。

2. 先生们，我不知道我的原告对你们有什么影响，但对我来说，我几乎要被他们弄得发昏了，因为他们的论点是多么令人佩服啊！不过，另一方面，他们说的话几乎没有一个字是真的！

3. 在他们的连篇假话中有句话尤其使我惊讶，我指的是他们对你们说，你们一定要小心，别让我把你们给骗了，言下之意就是说我是一个娴熟的演说家。我要对你们说，讲这种话而不脸红的人真是极端厚颜无耻，因为他们一定知道这种话很快就会遭到事实的驳斥，我显然并不具备当一名演说家所需要的最基本的技巧，当然啦，除非他们所说的娴熟的演说家指的是讲真话的人。如果他们讲的是这种意思，那么尽管我和他们不是同一类型，我仍会同意我是一名演说家。

4. 我说了，我的原告几乎没讲一句真话，或者干脆说，一句真话都没讲，而从我嘴里你们听到的将全部是真话，先生们，我可以向你们保证，这不是因为我会像他们那样流利地使用语言和精心修饰词句。不，你们听到的话将是直截了当、脱口而出的，充满着正义的自信，我不想要你们中间有人会对我的话另作他想。

5. 先生们，要我这把年纪的人使用一名初出茅庐的演说家那样矫揉造作的语言几乎不可能是适宜的。不过，有件事我确实得求你们。如果你们听到我在申辩中用了我经常在城里的公共场所或别的地方使用的语言，请别感到奇怪，也不要打断我的话，你们有许多人在那些公共场所听过我说话。让我提醒你们，我活了70岁，这是第一次上法庭，所以我对这个地方的辞令完全陌生。如果我真的是来自另一个国家，用我自幼习得的方式和方言讲话，你们当然得原谅我，所以我现在向你们提出这个我认为并不过分的请求，讲话的方式有好有坏，但请别在意我的讲话方式，而要集中精力考虑我说的话是否是谎言。这是法官的首要责任，正如抗辩人的首要责任是说真话。

6. 担任法官的先生们，我的恰当步骤是，首先对付那批最早的控词及原告，他们对我进行了虚假的指控，然后再对付后来的指控。我之所以要这样区分是因为多年来你们已经听到有许多人对我进行指控，这些指控没有一句话是真的，但是我对这些人的害怕胜过害怕阿尼图斯及其同伙，尽管阿尼图斯等人也是相当可怕的。

7. 先生们，这些人是这些谎言的传播者，是我凶恶的原告，因为那些听到这些谎言的人，会假定研究这些事情的人一定是个无神论者。此外，这些原告人数很多，他们对我的控告已经有好多年了。

8. 要把他们带到这里来接受盘问是不可能的，我只好对着一个看不见的对手进行申辩，因为，没有人会进行回答。所以我请你们接受我的陈述，把批评我的人分成两类，一类是我现在的原告，另一类是我提到的从前的原告，而你们当然会认为我将先针对从前的原告为自己辩护。你们毕竟很久以前就听到他们对我的辱骂，他们比我最近的原告要凶狠得多。

第 24 章 述职演讲

第一节　范例集锦

★★★

范例 1：某学生会理论社团部长述职报告

背景介绍：某学院团委学生会理论社团部长即将卸任，这是他的述职报告，总结他一年的工作并给继任者一些建议。

关键词：社团　履行　建议

2010 年 4 月，我正式成为 ×× 大学电子信息学院分团委学生会理论社团部长。在校团委、×× 大学中国特色社会主义理论体系学习研究会以及院团委的指导、监督和帮助下，在基层组织的积极配合和广大会员的大力支持下，我认真履行了自己的职责，完成了自己的工作任务，实现了自己的工作目标。现汇报如下：

一、实事求是、脚踏实地办好事。

在任职的将近一年的时间里，我秉着实事求是的态度，脚踏实地地做好每一件分内的事，为全方位地发展理论社团而不懈努力。

1. 确定社团发展核心，坚持“理论联系实际”的原则。

2. 优化资源配置，争取做到效率最高化。如在理论社团分出的四个组中，将性格互补的成员分在一组。

3. 脚踏实地，认真完成任务。在任职期间，我认真对待每一件分配下来的任务，对校团委和分团委下达的各项指令坚决执行，积极响应学校的号召。

二、任期内的工作。

在任期内，我们社团一面自己组织各种活动，一面和校团委还有校理论研究会合办一些比较有意义的活动，来提高大家理论联系实际和把理论应用到实际的能力。

1. 时事新闻宣传海报。为了使广大学生能对当前国内国际发生的各种重大新闻有个比较全面的了解，我们制作了一期时事海报，受到了大家的好评。

2. “中国印、青年心”爱国爱校主题演讲。在××大学西迁 70 周年、建校 115 周年之际，××大学分团委副书记联系会决定在全校范围内开展一场爱国爱校主题演讲比赛。我们理论社团组织了电子信息学院的初赛，并从中选取了两名优秀选手参加学校的复赛。

3. “弘扬乐山精神，再铸×大辉煌”越野挑战赛。为了弘扬与传承×大乐山时期艰苦奋斗、自强不息的精神，增进同学们对×大西迁乐山历史的了解，我们积极响应校团委的号召，组织了一支队伍参加校团委组织的这次越野挑战赛，并获得了优异的成绩。

三、工作中的不足。

虽然在任期内我认真负责地管理理论社团，积极响应组织的号召，并开展了一系列活动，但是由于理论社团是个新型的特别的部门，再加之我工作经验不足，能力有限，有很多地方考虑不周，所以在工作中还有很多不足的地方。

1. 活动形式不够多样化，没有太多创新的活动。

2. 活动范围比较小，和学校还有各个院系联系不够紧密。

3. 和学生会其他部门合作不是很多，影响力有限。

4. 因为成员之间能力高低不同，所以总是习惯性地将一些工作交给能力较突出的部委。

四、对以后工作的建议。

1. 坚定宗旨，以人为本，以思想政治教育与全面素质教育共同推进的思路开展工作。

2. 发展一些创新性的特色活动，如联系××大学中国特色社会主义理论体系学习研究会开展如求是论坛、红色影展等活动，改变大家对理论社团只是研究枯燥乏味的理论知识的认识。

3. 大力加强社团高层组织与基层组织在组织、学习、服务和资源调配等多层面上的沟通与协调。

最后，感谢学院老师对我的指导，感谢主席团和各兄弟部门对我的支持，感谢理论社团各位同事和学生会的所有工作人员对我的信任，谢谢大家！

在基层组织的积极配合和广大会员的大力支持下，我认真履行了自己的职责，完成了自己的工作任务，实现了自己的工作目标。

★★★

范例2：某官兵述职报告

背景介绍：某消防官兵在年末向上级汇报这一年的工作收获，这是他的述职报告。

关键词：学习　提高　责任

各位首长，各位战友：

一年来，在领导干部和战友们的关心支持下，本人立足本职工作，踏踏实实干好了上级交给的各项工作任务，受到了领导干部和战友们的好评。

现将一年来的工作汇报如下：

一、加强学习，提高个人理论素养和道德修养

通过不断的学习，加强理论积累，积极主动地改造自身的世界观、人生观、价值观，特别是通过认真参加“弘扬公安消防精神、忠诚履行职责使命”主题教育，“纪律教育学习月”活动和“忠诚可靠、服务人民、竭诚奉献”学习实践活动等多项思想政治教育活动，打牢了思想基础。并积极将学习的理论运用到现实工作中，正确对待工作中碰到的困难和挫折，正确看待个人利益与集体利益及得与失的关系，从而不断提高个人的思想道德修养，使自己时刻保持正确的心态和良好的人生观念，努力使自己具备一名军人应有的良好道德修养。

同时，我能够做到尊重领导，关心爱护战友，虚心学习，在各类教育学习活动中，能够积极开展调研学习工作，深入理解教育内容，并精心制作课件为中队官兵授课。并在支队举办的演讲比赛中获得第三名；在总队举行的救护培训班中表现突出，成绩优异；在今年 9 月份顺利从一名预备党员转为正式党员。

二、勤学苦练，在实践中提高自身综合能力

本人通过在日常工作中不断学习，从各方面锻炼提高自身的综合能力。今年以来，在坚持学习业务理论的同时，注重在战训理论和政治理论等方面的学习，不断提高自身各方面的能力。本人能克服今年以来工作比较繁忙的不利因素，抓住可以利用的时间加紧学习，勤学勤问，在各级领导和同志的帮助下，通过自身的努力，自己的综合业务能力得到了充分提高，并于 10 月份顺利通过了总参谋学院学习的第一学期考试。

在上级领导的关心支持下，通过自己的努力，本人取得了一定的成绩，较好地完成了各项工作任务，尽到了自己应尽的职责。但由于客观原因，本人也存在很多不足。在今后的工作中，本人一定戒骄戒躁、扬长避短、精益求精，争取再创佳绩，不辜负领导的期望。

正确对待工作中碰到的困难和挫折，正确看待个人利益与集体利益及得

与失的关系，从而不断提高个人的思想道德修养，使自己时刻保持正确的心态和良好的人生观念，努力使自己具备一名军人应有的良好道德修养。

★★★

范例3：软件工程师述职报告

背景介绍：一名大学生毕业后到某公司任软件工程师一职，这是他对这份职业的理解。

关键词：企业文化 工作项目 感想

尊敬的各位领导，同事们：

作为刚从学校出来的应届毕业生，来到××，我深深地被这个企业的文化所感染，很认同××的企业文化，××的企业精神“统一，专一，事业第一”体现了这一行业优秀企业的特点。在这三个月的学习与亲身感受下，我更加坚定地要使自己成为一名合格的××人，我对自己有信心，对××更有信心。

作为一名技术岗位的职员，要具备一定的专业知识，不断地充实自己，在不断的工作、学习与研究中成长，要有很好的团队协作精神，有很强的执行力，能真正为企业做实事。在××上班的三个月里，我主要完成了以下工作项目：

一、刚来的两个星期，由于网站工作的需要，在师傅的指导下，一边熟悉工作环境，一边学习 ASP。用了两个星期，系统地学习了从未接触过的 ASP语言，为接下来一个月的工作打下了坚实的基础。

二、接下来的时间，主要对网站先前 ASP的后台管理系统进行某些功能优化与系统维护工作。先后完成了销售管理模块的最新注册企业查询、把职位推荐给求职者、把求职者推荐给企业、会员职位刷新、职位刷新统计等几个模块的功能修改与优化，解决了业务员带权限控制的查询、推荐时间的控制与查询速度优化、企业职位刷新时的权限控制与企业职位时效性的控制以及完成了对各销售组成员的职位数统计和职位刷新数统计的功能设计。还完成了客服管理模块中后台开通资料查询的改进，企业管理、个人管理模块查询功能的改进等。期间还修正了部分功能错误，如校园招聘管理图片不能上传、文章类别不能修改、文章不能删除等。

三、目前新版是用JSP开发的，在这三个月里，我进一步对JAVA、JSP进行了深入学习，了解了MVC模式开发。在这阶段的学习中，我以一个小商务系统的开发作为学习任务。还对当前流行的JIVE代码与开发思想进行了初步的学习研究。

四、作为一名系统开发与维护工作者，当然不能忽视对数据库知识的学习，在这段时间我也进一步对SQL语句进行了深入的学习，对SQL语句的查询进行了分析，通过这阶段的学习，我把这些知识与方法运用到了对后台管理系统会员查询的速度优化功能上，在实际工作中实践运用。

五、新版网站开发方面，主要为新版做了几个数据库对照表。

六、还参加了新版网站的第二轮测试工作，主要以后台管理系统为主做测试，还参与了前台个人管理与企业管理的流程测试，测出了不少关键性的缺陷。

七、入职以来，还担负网站部群发邮件的工作。三个月内完成了好几批邮件群发的工作，每天定时定量地给在无忧无虑网站上注册的企业或会员群发几十万封邮件。

在网站技术部工作的三个月里，我有很多感想。首先，作为刚从学校出来的毕业生，在实际开发中的经验不足，还需要在工作中不断提升自己。其次，要进一步提高自己的开发技能，使自己的技能满足今后的需求，主动获取并学习当今最新技术信息，平衡自己的知识结构，在不断的学习中提高自己。然后，要加强与同事们的沟通，融入团队，互相学习，相互提高，在团队中不断完善自己。

我相信，通过努力，我一定能成为××的优秀员工，一定会在优秀成绩之上提升自己。同时我希望公司能根据情况给我培训深造的机会，也希望部门内能有经常性的专业技术学习。在此，我要感谢我的师傅×××对我的指导，感谢×经理、×主管以及网站部的同事们对我的关心与帮助，感谢公司提供我发挥自己才能的机会。

作为一名技术岗位的职员，要具备一定的专业知识，不断地充实自己，在不断的工作、学习与研究中成长，要有很好的团队协作精神，有很强的执行力，能真正为企业做实事。

★★★

范例1：某学校晚间辅导员述职报告

背景介绍：一名学员经过一段时间的学习争取到晚间辅导员的资格，这是他为这份工作所做的述职报告。

关键词：光荣 锻炼 优秀

尊敬的学校领导、老师：

非常感谢你们能给我这次述职的机会，我对自己充满信心，希望能成为晚间辅导员中的一员。众所周知，进入我校晚间辅导员这个团体对每个学员来说都是一次难得的锻炼机会。我希望能够加入到晚间辅导员这个优秀的团体中，为这个团体的发展添砖加瓦，尽自己的一份力量；同时也给自己一次锻炼的机会，提高自己的综合素养。

作为××的一员，我深刻感受到了××文化积淀喷薄出的新的生命以及学校焕发的青春气息。这一切，都深深地吸引和激励着我加入到晚间辅导员这个集体中去，为学校的发展贡献自己一份微薄的力量。

我们在求知的岁月里都品尝过挑灯苦读的艰辛，甚至曾经徘徊在放弃的边缘，在战胜了彷徨与挫折，经历了一番磨砺后，我们稳稳地踏上了××这片沃土！这里有我们渴求的IT知识，有我们企盼的行业鸿儒，更有我们向往的开拓进取、勇于创新之精神！大浪淘沙，方显真金本色；暴雨冲过，更见青松挺拔！我相信经过××的培养我们将更加成熟、稳重而自信。进入S2的学习后，我心中更是充满了期待：期待着更多的机遇与挑战，期待着加入晚间辅导员团体，期待着更为丰富的学习生涯。在以后的学习中我要努力巩固知识结构，钻研理论内涵，丰富实践经验，在竞争激烈的IT行业中乘风破浪，展现××学子的风采！

我们要开拓创新，与时俱进，不断发展，开创辉煌。新的学期里我们要继往开来，及早筹划，确立目标，开拓创新。成绩属于昨天，第一届晚间辅导员已经为我们树立了一个标杆，新的一届晚间辅导员需要超越，需要统一认识，树立“全心全意为学员服务”和“今天我以学校为荣，明天学校以我为荣”的意识，我相信我们都是学校的未来，我们都会迸发出那份属于××人的光彩！

自信和执着是我的原则，沉着和乐观是我处世的态度，爱好广泛使我更加充实。我相信我能胜任晚间辅导员这份工作。古语云：“世有伯乐，然后有千里马。”我不敢自认已是千里马，但争做千里马的决心和信心一直鼓满心胸，我相信，给我一个能够发挥的舞台，我必能以出色的表现来证明自己。因为年轻，便有好多好多离奇的思绪；因为年轻，便有好多好多动人的作为。或成功，或失败，或从失败到成功，又失败，再成功，这一幕幕都由年轻人上演。年轻的翅膀好绚丽，年轻的翅膀好想飞。即使被生活的风霜雨雪剥蚀得遍体鳞伤，甚至撕扯得支离破碎，也不改美好的初衷，也不改年轻的勇锐，更不辱年轻的使命。真心希望学校能让我加入晚间辅导员这个优秀的集体，让我们新一届的晚间辅导员以更新的理念，更新的姿态，更加扎实的行动，去书写更加壮美的篇章，一同走向更加灿烂辉煌的明天！

最后祝各位领导身体健康，阖家欢乐；祝老师们万事如意，工作顺利！

自信和执着是我的原则，沉着和乐观是我处世的态度，爱好广泛使我更加充实。我相信我能胜任晚间辅导员这份工作。

范例2：某基层医生2011年度述职报告

背景介绍：某医生到基层卫生院工作锻炼，这是他年末的述职报告。

关键词：职责 医疗 踏实

一年来，我在院领导的指导下，在同志们的热心帮助下，在自己的不懈努力下，在思想上、业务水平上都有了很大的提高。我以“服从领导，扎实工作，认真学习，团结同志”为标准，始终严格要求自己，较好地完成了各项工作、学习任务，并取得了一定的成绩，全面履行了医生的岗位职责。这一年来，我遵守劳动纪律、按时上下班、不随便脱离岗位，以保证患者及时得到诊治。我遵守医务室制订的工作制度，按医院和医务室的要求完成工作任务。坚持正常出诊，对病人进行认真的检查、诊断和治疗。严格按药性和剂量使用药品，遵守有关医疗规程，给病人开写处方，书写门诊病历记录。随时听取门诊病人的意见，做好病人的思想工作。

本人能够认真并负责地做好医疗工作，在工作中，我深切地认识到一个合格的基层卫生院医生应具备的素质和条件。努力提高自身的业务水平，不断加强业务理论学习。为了使自己的业务水准得到全面的提高，我于2011年参加了全国执业医师考试并取得了执业助理医师资格，于2011年4月至10月在县中医院内儿科进修，其间也曾在××县卫校进行了为期七天的“西学中用，中医经典”的培训。通过学习极大地开阔了视野，很好地扩大了知识面。并且经常通过网络学习，坚持用新的理论技术指导业务工作，能熟练掌握基层卫生院的常见病、多发病诊治技术，能熟练诊断处理一些常见病、多发病。工作中严格执行各种工作制度、诊疗常规和操作规程，一丝不苟地接待并认真负责地处理每一位病人，在最大程度上避免了误诊误治。参加工作一年以来，本人认认真真工作，踏踏实实做事，很少发生差错事故，也从未同病人发生一起纠纷。

一年来，在各级领导的支持和同道们的帮助下，无论是思想方面，还是业务方面，都取得了一定成绩，并得到上级领导和广大村民的一致好评。

但与自己的目标还有差距，自己尚须进一步加强理论学习，并坚持理论联系实际并为实际服务的原则，学以致用，用有所成。在今后的工作中，我仍将一如既往地对待工作认真负责，对待学习一丝不苟，对待患者热情周到，尽自己最大努力，更加扎实地做一名合格的医生。

与自己的目标还有差距，自己尚须进一步加强理论学习，并坚持理论联系实际并为实际服务的原则，学以致用，用有所成。

第二节 佳句荟萃

1. 报纸是喉舌，担负着重要责任，工作的好坏，直接取决于队伍素质。因此提高觉悟、增强政治责任感和敏锐度就显得尤为重要。

2. 由于年龄的原因，自己在基础知识、教育教学理论等的学习方面有所放松，没能坚持不懈，持之以恒，内心深感不安，今后一定注意改正，不负人民之重托。

3. 一年来自己能用共产党员的标准严格要求自己，工作勤恳，认真负责，敢于坚持真理，敢于严格实施管理，为提高教学工作质量、提升学校的整体工作质量贡献了自己的绵薄之力。

4. 作为一名领导干部，一要“慎权”。做到正确对待和行使手中的权力，淡化“官念”和权欲，用平常心看待官位，用责任心看待和运用权力，做到立党为公，执政为民，即做到了“慎权”。二要“慎欲”。从未谋取规定以外的特殊利益，不放纵自己的欲望，不贪吃喝、不贪钱财、不贪享乐、不贪图名利地位，堂堂正正地做人，明明白白地工作。不为声色犬马、灯红酒绿的生活方式所动，艰苦奋斗，俭以养德，保持了良好的品行和高尚的情操。三是做到了“慎微”。做到时时刻刻从大处着眼，从小处着手，见微知著，防微杜渐。力争做到大事不糊涂、小事不马虎，自觉增强“守一”意识，不越雷池一步，在防微杜渐上下功夫，追求党性和道德修养的高境界。四是做到了“慎独”。在廉洁自律上做到了表里如一，任何时候、任何情况下，都自觉以党性原则和道德规范衡量、约束自己，没有人前一套、人后一套，严格进行自我监督。

5. 应坚持做到勤学、精学、终身学，做到自觉加强学习、接受教育、不断进步。

6. 顾客是商城的“上帝”，顾客的满意度是商城在竞争中生存发展的命脉。而从今以后，我要直接负责为“上帝”服务的环节。这就意味着每一天，我都将直接面对成千上万个“上帝”的考核。

7. 提升值班经理素质，树立“四有”形象。我这里所说的“四有”是指：有知识、有涵养、有耐心、有热情。值班经理作为管理人员，不仅肩负解决顾客投诉，维持卖场秩序的任务，更为重要的是，他们是商城形象的浓缩。他们的举止言谈，接人待物，员工看在眼里，顾客也看在眼里。大家都在拿他们衡量商城的水平。我希望值班经理多接受传统文化的教育，熏陶儒雅之风，了解诸如“老吾老以及人之老”的精髓。

8. 多沟通，多谈心，不让年龄与级别成为鸿沟。他们年轻，年轻总免不了会急躁。尤其顾客林林总总，什么样的人都有，每天好听难听都听了，很可能就烦了。烦了，是干不好工作的。

9. 我想我们不仅要为顾客创造良好的购物环境，也要为员工创造良好的工作氛围。让员工心情平和、愉悦地工作，让他们因工作感到压力与挑战，同时也感到自信与荣耀，这样才能够协助营业部管理者调动员工积极性。

第 25 章 自我介绍与事迹介绍

第一节　范例集锦

★★★

范例 1：某毕业生面试时的自我介绍

背景介绍：这是某播音主持专业的大学毕业生在电视台面试时的自我介绍。

关键词：开朗　充实　声音　能力

敬爱的领导：

早上好！很荣幸能有这样的一个机会，让我站在这里向各位领导介绍一下我自己。在这里表示感谢！

我是××，毕业于××大学播音主持专业。在校期间，学习成绩优秀，获得全国大学生英语竞赛三等奖。我性格开朗，稳重，诚实守信，有较强的团队合作意识及集体荣誉感；在生活中严于律己，勤于动手。我的中文录入速度在每分钟 80 字以上，并且取得了大学英语四级证书。能够熟练运用办公室软件进行高效的办公室日常工作。

我是一个爱好广泛的女孩。我从小就有一个愿望，长大后一定要做一名优秀的播音主持人，岁月流逝，花开花落，我也慢慢地长大了，而这种愿望却愈加强烈，我对播音主持这一工作也愈加痴爱了。在求学的 12 年中，我在学好文化课的同时，又不断地从知识的海洋中广泛汲取营养，去充实自己，增强自己的能力，提高自己的认识，以更好地把握自己的未来，实现自己的理想。就像歌者用曼妙的歌声去表达自己的感情，就像舞者用轻盈的舞步去阐释自己的信念，而我将用我的声音去传递我对播音主持的热爱。

在大学里，我还担任过学生干部，有良好的管理能力、组织能力、协调能力和强烈的集体主义精神，注重团队合作。在这些活动和工作中，我培养了自己快速高效的做事能力，也养成了良好的思想品格。平时我喜爱读书、写作、摄影、音乐等。我真诚希望贵团队能够给我一个机会。

在外地求学的四年中，我养成了坚强的性格，这种性格使我克服了学习和生活中的一些困难，积极进取。如果我被录用的话，我一定能够在工作中得到锻炼并实现自身的价值，争当工作精英，做合格的员工。同时，我也认识到，人和工作的关系是建立在自我认知的基础上的，我认为我有能力，也有信心做好这份工作。

就像歌者用曼妙的歌声去表达自己的感情，就像舞者用轻盈的舞步去阐释自己的信念，而我将用我的声音去传递我对播音主持的热爱。

★★★

范例 2：某学生在大学开学时的自我介绍

背景介绍：开学伊始，某校播音主持专业的新生轮流到讲台前做自我介绍，这是某学生的自我介绍。

关键词：梦想 美好 故乡

大家好！我叫××。幼年时曾做过许多色彩斑斓的梦，当个播音员或电视节目主持人是我最大的梦想。于是，我利用一切机会学播音，练演讲，说相声，打快板，表演舞蹈，主持节目。我曾参加爸爸所在部队的春节文艺晚会，我表演的快板书受到战士们的热烈欢迎。我深深地知道，做一名合格的播音员或者电视节目主持人是一件非常不容易的事情，成长的道路上会有成功的喜悦，但更多的是失败的沮丧；会有收获的幸福，但更多的是耕耘的艰辛。但我有勇气、有决心去面对这一切。于是，今天，我站在了同学们中间。我和在座的同学们一样，渴望展翅高飞，渴望将来有更大的发展空间，有更广阔的施展才华的天地。我想，有耕耘就会有收获。在未来的四年里，有各位老师的倾情传授，我们一定会有无限美好的未来。

好诗好画好山水，乡曲乡音乡情美，一曲龙船调，回绕洞庭北。两江汇流，三镇鼎立，九省通衢。我的家乡是湖北省的省会——美丽的江城武汉。亲不够的是巍然屹立黄鹤楼，看不够的是晴川芳草鹦鹉洲，唱不够的是长堤画廊铺锦绣，爱不够的是东湖碧波荡温柔。

故乡不仅美丽，而且深邃。挥却世纪的风烟，掀开岁月的史册，美丽的江城，孕育了多少民族的精英、革命的先辈；谱写过多少传世的诗章、不朽的赞歌。在她的身边，辛亥革命的钩刺挑落了封建君主最后一顶皇冠；在她的胸前，无产阶级的铁锤迸出罢工怒潮的钢花铁火。浩浩荡荡的长江啊，是中国近代革命史最权威的见证。看不尽那里沧桑的叠映，讲不完那里历史的厚重，那截江流曾载走多少不屈的呐喊，那片土地曾淹没多少不死的英灵。那里曾飘走惆怅万千的孤帆远影，那里曾响起捣毁帝制的激烈炮声。那里的人民曾倾城出动，和祖国一起迎来新生；那里的人民曾充满豪情，欢呼改革大潮澎湃汹涌。今天，那里的大地已是硕果累累，那里的蓝天已是万里碧空，那就是我可爱的家——武汉。

各位老师、同学，我的叙述，可使你们心驰神往？我的描绘，可使您心情激动？欢迎您到我的故乡去做客，欢迎您去游览江城的美景。我会为您唱起家乡的小曲，让您尽情领略淳厚的武汉风情：

正月是新年（哪咿呦喂），

妹娃子拜年（哪喂）！

金哪叶儿梭银哪叶儿梭！

阳雀叫（哇咿呀喂子哟，那个咿呀喂子哟）！

（白）：妹娃要过河哇，哪个来推我嘛？

（鼓动同学喊）：我就来推你嘛！

谢谢！

好诗好画好山水，乡曲乡音乡情美，一曲龙船调，回绕洞庭北。两江汇流，三镇鼎立，九省通衢。我的家乡是湖北省的省会——美丽的江城武汉。

★★★

范例 1：导游的自我介绍

背景介绍：某导游接待远道而来的旅游团，为了消除距离感，他做了这样一番幽默的自我介绍。

关键词：千年一遇 活跃气氛 尽兴

游客们：

大家好！

欢迎光临我们的××，先自我介绍一下，我就是千年一遇的，旅游界最富有才华的，英明神武，智慧与美貌并重，英雄与侠义的化身，人见人爱、车见车载，为司机师傅可以两肋插刀，为客人可以插师傅两刀的××。

跟大家开个玩笑呀，活跃一下气氛。我叫××，是大家本次在××的导游，大家可以叫我小×，很高兴能在这茫茫的十几亿人口中与大家相遇，这是我们的缘分，俗话说百年修得同船渡，咱们也是百年修得同车缘。既然大家在××遇见我为大家服务，我一定会让大家玩得开心、玩得尽兴。希望我们的服务会给你们带来在家千日好、出门也不难的感觉。

现在我以一首歌来开始我们的行程啦。大家请鼓起您的金掌、银掌、仙人掌，为我小小地鼓鼓掌。

我就是千年一遇的，旅游界最富有才华的，英明神武，智慧与美貌并重，英雄与侠义的化身，人见人爱、车见车载，为司机师傅可以两肋插刀，为客人可以插师傅两刀的××。

★★★

范例2：某导游的幽默自我介绍

背景介绍：某导游接待一个外地旅行团，这是这位男导游的自我介绍。

关键词：导游 多才多艺 幸运

各位朋友：

大家好！

有一首歌叫《常回家看看》，有一种渴望叫常出去转转，说白了就是旅游。

在城市里待久了，天天听噪音，吸尾气，忙家务，搞工作，每天柴米油盐，吃喝拉撒，真可以说是操碎了心，磨破了嘴，身板差点没累毁呀！（众人笑）

所以我们应该出去旅旅游，转一转比较大的城市，去趟铁岭都行啊，到青山绿水中陶冶情操，到历史名城去开阔眼界。人生最重要的是什么？不是金钱，不是权力，我个人认为是健康快乐！大家同意吗？（众人会意）

出去旅游，一定要找旅行社，跟旅行社出门方便快捷，经济实惠呀。

但找一个好的旅行社，不如碰到一个好导游，一个好导游能给您带来一次开心快乐的旅行。大家同意吧！

但找一个好导游，不如找个女导游，在青山绿水之中，还有一位红颜

知己相伴，这种感觉何其美妙呀，大家同意吧！（众人笑）

但找一个女导游，不如找一个男导游，男导游身强力壮，不但能给您当导游，而且还是半个保镖，碰到紧急情况，咱背起人来就走了。

找一个男导游，不如找一个多才多艺的男导游。

找一个多才多艺的男导游，不如找一个多才多艺、能歌善舞的男导游。

找一个多才多艺、能歌善舞的男导游，不如找一个多才多艺、能歌善舞、能说会道的男导游。

找一个多才多艺、能歌善舞、能说会道的男导游，不如找一个多才多艺、能歌善舞、能说会道、玉树临风的男导游。

找一个多才多艺、能歌善舞、能说会道、玉树临风的男导游，不如找一个多才多艺、能歌善舞、能说会道、玉树临风、潇洒漂亮的男导游！

各位知道中国现在有多少个导游吗？我告诉大家，中国现在有35万导游。

但在这35万导游中，有25万女导游，只有10万男导游。

这10万男导游中，能称得上多才多艺的男导游只有1万人。

这1万多才多艺的男导游中，能称得上是多才多艺、能歌善舞的男导游也只有1000人。

这1000个多才多艺、能歌善舞的男导游中，能称得上是多才多艺、能歌善舞、能说会道的男导游也只有100人。

这100个多才多艺、能歌善舞、能说会道的男导游中，能称得上是多才多艺、能歌善舞、能说会道、玉树临风的男导游也只有10个。

这10个多才多艺、能歌善舞、能说会道、玉树临风的男导游中，能称得上是多才多艺、能歌善舞、能说会道、玉树临风、潇洒漂亮的也就1个。

35万导游中，我们出门能碰到一个称得上是多才多艺、能歌善舞、能说会道、玉树临风、潇洒漂亮的男导游，概率太小了。

但今天，各位非常幸运！鄙人正是，我叫××。

在城市里待久了，天天听噪音，吸尾气，忙家务，搞工作，每天柴米油盐，吃喝拉撒，真可以说是操碎了心，磨破了嘴，身板差点没累毁呀！

★★★

范例1：大学生村干部事迹介绍

背景介绍：某大学生当村官一年多的时候，因其优秀的表现，被选为村委委员，这是他在先进人物事迹报告会上的发言。

关键词：村官 复杂 群众 蜕变

我叫××，经过笔试、面试与考核等层层筛选，于××年××月就任××市××镇××村的村委主任助理一职。转眼间，我的“村官”生涯已经近一年时间了。一路走来，基层工作使我学到了很多，经历了磨炼，经历了坎坷，我慢慢变得成熟起来。从刚工作时的那种新鲜和盲目到现在对农村工作思路的渐渐清晰和明朗，我对农村工作已经产生了难以割舍的情感，这种情感促使我保持旺盛的激情，从而使我做了很多很有意义的工作。虽然平凡但非常值得回忆，让我感触很深，体味到了很多人生的意义。

我选择，我不悔。

虽说我满腔热情，可农村工作的烦琐复杂性仍出乎我的意料。为了更快地投入工作，找到切入点，上任之初，我就调出村级资料，详细了解本村情况，制订工作计划，走访各组村民，制造机会和村民沟通，加强相互了解，让村民能够认识并接受我。××村由××个村民小组组成，由于人口都分布在沟两边，较分散，所以每次走访总累得腰酸脚痛。对一个女孩子来说，我的“疯跑”显得有些另类，可村民的微笑和热情让我知道自己是对的。每天我坚持第一个到村委会办公室，日常工作中主动向老村干部们请教工作方法，并对实际问题提出自己的意见。他们都是本村成长起来的干部，对问题的看法和处理都有独到之处，这些对我的成长有很大的指导作用。

认真细致，扎实工作。

“把群众呼声作为第一信号，把群众需要作为第一考虑，把群众满意作为第一标准”，在工作中，我始终牢记群众利益无小事，一直努力践行这一开展农村工作的基本原则。××年12月5日，村委会换届选举工作圆满完成，我被选为村委委员。

回首过去，艰辛与欢乐同在，付出与收获并存。一年来，我一直信奉着这样一条工作原则：工作要用心、用情、做实、做细。如果说认真只能把工作做对，那么，用心才能把工作做好。正是因为有了这样一种态度，我才能在平凡的工作岗位上，投入全部的时间和全部的精力，勤勤恳恳、扎扎实实工作。“村官”虽小，干的事也很简单和平凡，但我认为，只要怀着一颗服务的心、一颗奉献的心，把这些事情干好了，也就不简单、不平凡了。当“村官”的经历，锻炼了我的才干，磨炼了我的意志，增强了我与群众的感情，使我受益匪浅。在未来的日子里，我会扎根农村，奉献百姓，更好地实现新时期大学生村干部的人生价值！

“村官”虽小，干的事也很简单和平凡，但我认为，只要怀着一颗服务的心、一颗奉献的心，把这些事情干好了，也就不简单、不平凡了。当“村官”的经历，锻炼了我的才干，磨炼了我的意志，增强了我与群众的感情，使我受益匪浅。

★★★

范例2：会计师面试自我介绍

背景介绍：某大四学生即将毕业，这是他在应聘一家公司的会计师职务时的自我介绍。

关键词：开端 自学 坚强 憧憬

敬爱的女士们，先生们：

你们好！

我是××大学的一名大四学生，即将踏入社会的我对未来充满期待，我相信“Well begun is half done.”（好的开端是成功的一半。）我希望贵公司就是我成功的起点，我希望能有幸同贵公司一起共创明日的辉煌。

在校期间我一直担任班内团支书一职，负责召开班内团日活动和给入党同志出具团组织意见等工作，有很强的交流能力和组织协调能力；我在校期间曾多次获得校内优秀团员称号、优秀班干部称号、三好学生称号。

在外地求学的四年中，我养成了坚强的性格，这种性格使我克服了学习和生活中的一些困难，积极进取。如果我被录用的话，我一定能够在工作中得到锻炼并实现自身的价值，争当工作精英，做合格的员工！同时，我也认识到，人和工作的关系是建立在自我认知的基础上的，我认为我有能力，也有信心做好这份工作！

即将毕业的我，虽然缺少工作经验和社会阅历，但我将在以后的实践工作和学习中不断提高！我深信机遇定会垂青有准备的人，我憧憬着美好的未来，时刻准备着！

我深信机遇定会垂青有准备的人，我憧憬着美好的未来，时刻准备着！

★★★

范例1：某下岗职工创业事迹介绍

背景介绍：一名下岗职工艰苦创业并在成功后不忘回馈社会，为多名残疾人提供就业机会。这是对她创业事迹的介绍。

关键词：下岗 辛劳 展望

她20世纪80年代毕业于省粮校，在我市粮食部门工作；她曾在广州一家私营企业任财务经理，还有一份不错的收入；她回乡历尽艰辛成功创办蛋鸡养殖厂，去年又投资20万元将规模做成全市最大，并为多名残疾人提供了就业机会。她就是粮食部门下岗职工×××。

为了生活，不惑之年外出务工。

××年，年近40、工龄快20年的×××成了一名下岗职工。虽突然间有点难以接受，但×××只是淡然一笑：没什么，有一双手就能养活自己。于是，她踏上了外出打工之路。

外面的世界很精彩，但也很无奈。一个中年女人，想找份收入高点的工作很难。经人介绍，×××来到广州市，开始时她月薪不足1000元，还要自己掏钱住宿、吃饭。为了立住脚，她起早摸黑，勤奋工作，总是提前上班，延后下班。她不但认真干好自己的工作，而且在力所能及的情况下多做分外事。由于她工作认真肯干、责任心强，三个月后，老板就每月发给她1500元。半年熟悉业务后，她一人干起了两人的活，由于勤奋敬业，不到一年，她的工资增加到了2500元，并从出纳升任主办会计。一年之后，月薪又涨至3000元，并升任财务经理。

为了创业，历尽艰辛回乡办鸡厂。

××年底，在广州有一份不错工作的×××做出了一个令大家不可理解的决定——辞职回家办养鸡厂。此言一出，家人和朋友无一人赞成，打定主意的她谁劝也没用。在亲友处筹措了几万元钱，一天鸡也未养过的她，靠啃书本、拜师学艺，在白杨镇檀山村办起了自己的企业——××蛋鸡养殖厂。

一般人只知道养殖业脏、累、苦，苦到什么程度，只有业内人自己知道。鸡苗出壳当天就要被运到鸡厂，开始时要30多度的室温。装空调是省事，但成本太高划不来，她就用烧柴来保温。开始十几天，她吃住在鸡舍，日夜与小鸡相伴，因为烧柴火要时刻添柴。若偷懒，一下子添很多，火太旺，温度就会太高，只得日夜守护，丝毫不敢怠慢。这样她每天被热浪熏得口干舌燥，半个月下来，鸡是稍微长大了，可以适应自然环境了，但人却瘦了一大圈。为了节省开支，×××一个人既要购料进料，又要喂水喂料，挑粪出粪，忙得不可开交。丈夫要上班，所以她总是一个人默默辛劳硬撑着。

如果说苦和累还可以顶过去的话，那么意外风险就令人难以承受了。××年，由于鸡苗紧张，原来一家种鸡厂老板的鸡苗供不应求，他就从山东进了一批鸡苗给×××。谁知这批鸡苗品种不行，刚到产蛋高峰期，产量就急剧下降，越养越亏本。无奈之下，她只好把鸡卖掉，一次足足亏了4万多元。家人劝其就此打住，她却坚决要沿着这条路走下去。

为了梦想，扩大规模发展事业。

每个人都有自己的梦想，×××的梦想就是办一家属于自己的企业，为家庭也为社会做点事情。虽然养鸡厂办起来了，并初尝成功，但她并不满足。××年，×××又努力扩大养殖量，继续她的“辛苦之旅”。这既是因为她的事业梦想，也是形势所迫。如今办养殖厂，苦、脏、累不说，还竞争激烈、利润微薄，唯有做大做强才能生存下去。三年的摸索实践，她经历了风险，也积累了经验，在家人的积极支持下，×××为自己的养鸡厂规划了一个万羽规模蓝图。说干就干，她一个月就东拉西借凑了20万元资金，并将原来的鸡舍全部推倒重建。经过三个多月的日夜操劳，一个万羽新型规模化养鸡厂建好了，并成为我市蛋鸡养殖业规模最大的养殖厂。目前，养殖厂还安置了多名返乡残疾农民工就业。

回首过去，××十分感慨。展望未来，她更加信心满怀。下一步，她将用心把养殖厂办好，为把事业做大做强、为×××科学发展做出更大的努力。

外面的世界很精彩，但也很无奈。一个中年女人，想找份收入高点的工作很难。

★★★

范例2：某语文教师应聘时的自我介绍

背景介绍：某语文教师欲到另一个学校任教，这是他的自我介绍。

关键词：汉语 总结 时代

浸润在中国古代的书香中，我常常忘记了自己；陶醉在师生轻舞飞扬、心有灵犀的生命课堂中，我常常把自己感动；语言的精美，文学的气质，是我一生追求的梦想。缘于对语文的痴爱，缘于对生命相约的感叹，缘于对天道酬勤的人生价值的理解，我在教育的广阔天地里寻找自我。总结从教几年来的经验，我发现我的意识与理念得到了极大的飞升，对于教育的理解，我想说那就是一次温暖而百感交集的人生之旅。经验来源于实践，在教育教学中，我把自己缩小、缩小，然后放大、放大；在与学生的交流中，在与文字的交流中，在与生命的交流中，我发现每一个个体生命都有其存在的位置，他们的尊严建立在师生毫无挂碍的碰撞里。尊重人、关注人、理解人、服务人，也许是这个时代赋予每一个教育工作者最神圣的使命。

时代是一个变化的时代，时代是一个信息的时代，当奶酪散发出气味之前，我们就应该嗅到它的芳香。当代教师不仅要勤奋，更重要的是学而不厌，创新教学，难难难！要想给孩子一杯水，你就必须有一条奔流不息的河流，这个比喻真是太好了。我的奋斗目标是：用快速的学习方法，来饱尝终生学习的大餐；厚积薄发，登高望远，做一个不被淘汰的终生阅读者！

时代是一个变化的时代，时代是一个信息的时代，当奶酪散发出气味之前，我们就应该嗅到它的芳香。当代教师不仅要勤奋，更重要的是学而不厌，创新教学，难难难！要想给孩子一杯水，你就必须有一条奔流不息的河流，这个比喻真是太好了。

第二节 佳句荟萃

1. 人往高处走，水往低处流。前两份工作因没有太大的发展潜力，故我辞职，以谋求更好、更有发展前途的工作。

2. 只有你踏踏实实地干了，你才能发现问题、才能去解决问题；问题解决了，你也就进步了；等你进步到了可以往上走一个岗位的时候，领导自然就会把你放在那里了。我想告诉大家一句话，那就是：人生道路上难免会遇到困难，你可以选择成功，可以选择失败，但绝不能选择放弃！

3. 她经常起早贪黑，以工作需要为己任，以工作需要为自己最大的快乐，以干好工作为目标，以为全行职工服务为荣耀。从没有怨言，兢兢业业，扎扎实实地工作。作为办公室主任，她严格要求自己，做到不该花的钱一分不花，不该报的账一分不报，不该用的物一次不用。在日常生活中，她以身作则，以“小中见大，平中见深”的境界来约束自己。

4. 她从解读人的思想入手，利用业余时间和同志们在一起交流思想，从中化解内部矛盾，调动大家工作的积极性，有针对性地培养员工高尚的职业道德。

5. 作为办公室主任，她总是以身作则，事无巨细，要求别人做到的自己首先做到。她的工作宗旨是，永远走在时间的前面。

6. 在工作上，她脚踏实地、求真务实，对银行事业，对自身的工作有高度的责任感和强烈的事业心，以一名共产党员的标准严格要求自己，规范言行。生活中，她始终保持着严谨的生活作风，艰苦朴素，勤俭节约，平易近人，朴实大方，竭尽所能帮助大家。单位同事无论谁家有个大事小情，她总是跑前跑后，张张罗罗，倾己之力，为他们排忧解难。

7. 由于她工作细致，思想工作做得到位，广大干部职工时时刻刻都能感受到领导的关心、组织的关怀、集体的温暖，这使党组织的凝聚力和向心力得到了加强。

8. “路漫漫其修远兮，吾将上下而求索。”在已经取得的荣誉和成绩面前，××同志没有骄傲和自满过，也没有拿此来炫耀过，更没有在成绩面前沾沾自喜、固步自封、停滞不前。反而，她觉得脚下的路更宽了，一系列的荣誉和成绩只会不断地激励和鼓舞着她，进一步做好自己的工作，完善自我。

9. “把荣誉看淡一点，把自己看小一点，把眼光放远一点”这是她的立足点，她正是以她的人格魅力、奉献精神，感染着大家，激励着大家，为××的明天而不懈努力着。

10. 一名成功的医生总是善于在自己未知的领域不断学习、不断拓展、不断尝试，×××就是这样一名医生，他总是不断地学习，不断地创新，并且勤于分析，善于总结，在他的带领下，科室内的诊疗项目不断增加，诊断符合率高，无因差错引起的医疗纠纷。

11. 在行风建设上，×××主任恪守医德、廉洁奉公、对服务对象一视同仁，坚决不收病人红包、礼品，为病人服务温馨、诚信、周到，深受服务对象的信赖。

12. 雷锋说过：人的生命是有限的，而为人民服务是无限的，我要把有限的生命投入到无限的为人民服务当中去。这也是我对公务员工作的最好诠释。

第 26 章

正式会议演讲

第一节　范例集锦

★★★

范例1：某副科长在工作交接总结会议上的发言

背景介绍：某局一名老处长即将退休，这是他的一名部下在工作交接总结会议即将结束时的发言。

关键词：君子　享受　贵人

为老处长离职退休举行热烈庄重的座谈会，我非常高兴，大家也应该一样高兴！为什么我们要一反常态呢？

第一，他40年的革命工作生涯很辛苦，在身体尚强壮、生理功能尚健全的56岁，卸下肩头的责任，拥有一定的自由，往返于××与××之间，有时间享受天伦之乐和游览祖国河山美景。这是人生一大幸事。

第二，他能实现离职退休，平安软着陆，而且获得级别的晋升、待遇的提高。这是人生第二大幸事。

第三，他今天离职退休是在政策的引导下自主自愿的，非被动地硬性地一刀切掉。我们很欣喜地看到他心情从容，心态平和。他经常吟诵富有哲理的“早退晚退早晚都得退，早死晚死早晚都得死——早退晚死” 对联式的格言，也深悟《三国演义》主题歌中“是非成败转头空”、“古今多少事都付笑谈中”两句歌词的含义，没有失落感。这是一种心态，更是人生的一种境界！此乃第三大幸事。

我们能不高兴吗？因此，高兴是我代表单位为今天座谈确定的感情基调，说到动情处也不能哭。

下面谈一下我俩共事、配合 14 年的感受，概括起来就是四个字——君子、贵人。

首先，从公众、同志、同事的角度评价，他是“君子”：

1. 善，为君子也。善良是君子的第一个标准，内心完善是成为君子的前提。咱们的处长面善心更善，手不长心不黑，为人厚道，关怀下属。从不苛责别人，反而包容别人很多失误或过错，能设身处地站在别人立场上想问题、处理问题、解决问题。

2. 谦谦君子，正人君子。“君子坦荡荡，小人长戚戚。”咱们的处长胸怀坦荡，磊落正直，为人谦逊和气，不疾言厉色，不摆官架子，很容易跟所有人走到一起，融到一起——不分男女老少、退休在职，还是干部与平民。这一君子特征在他身上的体现大家都有目共睹。

3. “君子周而不比，小人比而不周。” “君子和而不同，小人同而不和。” “周”就是能够团结照顾到很多人； “和”即和气、和谐。所以，他以道义为准则与人交往，在工作的单位有很多志同道合的同事，并由此发展成知心朋友，使他在同事、朋友中像空气里的氧气一样，让人感觉受到了照应，感到很舒畅，很踏实，很欢欣。这一点大家是有共鸣的。

4. 君子“不以物喜，不以己悲”。不把个人的得失记在心上，是咱们处长一个显著特点。他面对得失心平气和，冷静对待。

5. 君子“先行其言而后从之”，“讷于言而敏于行”。一个君子不会把要做的事、要达到的目标先说出来；而往往是等把事做完了，目标达到了，才淡淡地说出来。表面上可能是木讷、少言寡语的，但内心是无比坚定、刚毅的，不怒而自威。这一鲜明的性格特点大家都深深体会到了。

在他的身上符合君子品质的特点与实例还很多，不一一枚举。当然，事物都是辩证的。坦诚地讲，咱们处长虽近乎完美，但也不是一个完美的人。性格的缺陷、工作中的缺点也是有的。但是，那是美玉之瑕疵，瑕不掩瑜。

其次，从我们搭档、个体对个体角度评价，他是我职业选择的贵人，我人生路上的贵人，我工作上的贵人，我身心健康的贵人。

总之，这 14 年我在处长领导下收获了情感友谊，收获了心智处世的提升，收获了身体心灵的健康，更收获了人生一段至为宝贵的美好回忆。

以上是我的角度。在座的每个人都有自己的感受，有自己的心里话，接下来都可畅所欲言。

最后，衷心祝愿老处长退休生活丰富多彩，心灵阳光，身体安康！

他经常吟诵富有哲理的“早退晚退早晚都得退，早死晚死早晚都得死——早退晚死”对联式的格言，也深悟《三国演义》主题歌中“是非成败转头空”、“古今多少事都付笑谈中”两句歌词的含义，没有失落感。这是一种心态，更是人生的一种境界！

★★★

范例 2：某大学教授在文联工作展开会议上的讲话

背景介绍：某市举办文联工作展开大会，商讨文化工作的开展，这是一位大学教授在会议上的讲话。

关键词：公民精神　真善美　奇正相生

尊敬的各位同学及文联的各位领导：

很荣幸、很高兴、很感激今天能给我这个机会，让我在这里说上几句，尤其是那位不厌其烦地用短信通知我活动并认真给我回复短信的 ×× 副会长。

我今天想要交流的关键词有两组，第一组是“真、善、美”，第二组是孙子兵法中所讲的“奇正相生”。

文学是什么？文学应追求什么？每个文学爱好者都有自己的看法，而个人的看法将会影响自己的创作原则。我的看法是，文学是真、善、美的载体，它的最终目的是使人类获得幸福。“真、善、美”是人类无法完全定义的终极词汇，它们分别对应哲学、道德、情感，其内涵和外延随着社会的变化不断变化，因此它们所引领的这三类范畴在不断地变化，共同引领着文学。因此，文学没有永远统一的、亘古不变的标准，会不断地随着人类的变化而变化。目前对于“真、善、美”的定义只能被那些学术界人士和哲学家所理解，对于大多数人而言，则以之为空洞或无意义。对于多数人而言，需要的不是准确的定义，而是判断的标准。而我的标准是：真是不损害他人利益而追求自己，善是追求自己却更要懂得奉献自己于社会和别人，美是懂得去爱这个世界，爱周围的人。因此，文学的追随者，不要在追求自我的时候去制造知识垃圾，而形成泛知识污染，献出自己的时间去追随它，不要让心中的牢骚和怨言掩盖了对世界的博爱。我们对文学要有真诚的态度，良好的欣赏角度。如果你可以选择的话，你可以选择为其奉献自己，因为这也是你的意志自由。

我所说的第二组关键词是“奇正相生”。

这是兵法，也是文法。任何艺术形式，做事原则，科学研究，在一定的程度上，都有契合点，这就是艺术会给军事、科学发现带来灵感的原因。文学的形式，或以正生，或以奇胜。对文学的审美，也应求同存异，不能有失偏颇，因为美本身是多元的，单调是不能构成美的。中国画，或泼墨为云，或铁笔勾线，或色彩斑斓，或清逸遁形。而文学的手法，可平淡隽永，可波澜壮阔，可气势如虹，可妙若金蝉脱壳。但是不管如何去变，对文学“真、善、美”的原则不能变，即正义不变，良知永在，爱情永恒。文学要纯粹一些而不能成为粉饰虚荣的工具，文学要脱离低级趣味而去弘扬高尚，文学要有益于周围的人们。

今天，我看到年轻而富有朝气、执着而充满向往的面孔，想起多年以前“鲁院”那些天才般的少年所带给我的希望，虽然尚未取得卓越的成就，但我相信，有诸位年轻的同志，如果不因背弃理想而感到惭愧，如果在这片天地中不断求索，如果能至少为此加油、呐喊、助威，去成全文学的话，我想，多年以后，社会主义文学将再度繁荣。那时侯，我们不可能是摘得桂冠的人，那时候我们已经老去，但我们会因为和天才生于一个时代而感到骄傲。由一群人花很长的时间去完成的事情，就叫作大事。

但愿我今天的发言没有形成太多的知识污染，这还要靠诸位公正的法官去审判。谢谢。

美本身是多元的，单调是不能构成美的。中国画，或泼墨为云，或铁笔勾线，或色彩斑斓，或清逸遁形。而文学的手法，可平淡隽永，可波澜壮阔，可气势如虹，可妙若金蝉脱壳。

★★★

范例1：某辅导员在工作总结会议上的讲话

背景介绍：某校新来了几名辅导员，学校为了让他们尽快进入状态，特举办交流会让一名有经验的辅导员传授经验，这是这名辅导员的讲话。

关键词：心态 关系 良心

诸位同事：

刘处长让我来发言，既是信任也是命令，我只能硬着头皮讲了，但同时也要了点滑头。讲感想嘛，这个题目是务虚的，务虚的好处就是允许胡扯、乱讲，只要你敢想就会有感想。所以也没做PPT，大家轻松点，我瞎讲你们瞎听就对了。

今天我讲的内容总结起来就是：摆正一种心态，处好三类关系。下面我分别跟大家汇报一下。

首先是摆正一种心态，安于本职、乐于本职的心态。辅导员工作烦琐、辛苦是众所周知的，但待遇、地位却好像一般，甚至偏低。有个故事大家可能都知道，说三个建筑工人，有人问他们在干什么，有一个头也不抬地回答："我正在砌一堵墙。"第二个建筑工人回答："我正在盖房子。"第三个工人的回答是："我在为人们建造漂亮的家园。"若干年后，当年的第一个建筑工人还是建筑工人，仍然像从前一样砌着他的墙；而在施工现场拿着图纸的设计师竟然是当年的第二个工人；第三个工人成了一家房地产公司的老板，前两个工人正在为他工作！所以我觉得心态很重要，开心要做，带着情绪也要做，而且带着情绪做会做得更累，效果更不好，最后更不开心，很快你就倦怠了，何苦呢？所以我的观点是至少要在其位谋其政，只要我在这个岗位一天，我就要认真地做好，如果还能爱上这份工作的话是最好的了。

我们再看看处好三类关系。

第一类是我们辅导员与各个职能部门的关系。辅导员平时要跟很多部门打交道，学生处、招就办、团委就不用说了，其他部门也很频繁。关系好了，很多东西都好说；如果关系不好，就算你说的是对的，你的提议是很好的，人家可能也不理你。如果关系好了，就算你有哪些做得不到位、犯了什么错，人家也会善意地理解，甚至想方设法帮你弥补过来；而关系不好的话，说不定整天就盼着你倒霉，在背后等着看你笑话。另一方面，我们在与各职能部门打交道时，也要注意保护我们辅导员这个团队、学生工作这个团队的利益。

第二类是我们和专职教师的关系。辅导员工作，没有专职老师支持是做不好的。专职教师能帮学生解答专业上的问题，而我们不能，我们学校有很多学生在专业上是很迷茫的，不知道自己能学什么，毕业之后能干什么。最近新生入学须知上留了我的电话，当有人咨询专业上的事情时，我最多只能简单介绍点培养目标、教学计划之类的东西，再问下去我就无语了，所以很多东西还是要和专职教师请教。

第三类是我们和学生的关系，这应该是我们最重要的关系。处理好和学生的关系，我觉得首要的是你要真心地去关爱他们，为他们答疑解惑，解决实际困难，替他们争取应得的利益和荣誉。有什么事情问到你、找到你不要一副很不耐烦的样子，我一向认为，我们的学生虽然高考成绩不大好，但人很朴实、很纯真，你真心对他好，他是能感受到的，他不是不通情理的。你只有在学生中有这种亲和力，你才能在学生中有一定的感召力。我们高校辅导员被人戏称为高校救火队员，意思就是学生出什么事或者学生有什么抵触情绪，甚至是聚众闹事，辅导员马上就要去救火。那你试想一下，如果一个辅导员没半点亲和力，在学生中没半点感召力，学生一见你就更来气的话，那不是火上浇油吗?

这些就是我今天要跟大家分享的内容，我们以后交流的机会还有很多，希望以后大家合作愉快，谢谢!

刘处长让我来发言，既是信任也是命令，我只能硬着头皮讲了，但同时也耍了点滑头。讲感想嘛，这个题目是务虚的，务虚的好处就是允许胡扯、乱讲，只要你敢想就会有感想。所以也没做PPT，大家轻松点，我瞎讲你们瞎听就对了。

★★★

范例2：在艺术节的城市文化品牌形象研讨会上的发言稿

背景介绍：市委宣传部举办艺术节，这是办公室主任在其城市文化品牌形象会议上的讲话。

关键词：艺术 魅力 精神

艺术节作为城市的集中性公关事件，将艺术观光、艺术展览、艺术交流、艺术品交易等活动综合于一段时期密集进行，是一种重要的城市营销方式。如爱丁堡国际艺术节、威尼斯双年展等都对城市发展产生重要的影响。

艺术节对城市发展的重要影响主要表现在以下三点：

1. 对塑造一个城市的文化品牌形象和整合城市资源起到至关重要的作用。可以展示城市魅力，强化地方意识，提升地方声誉。

2. 举办艺术节是文化旅游战略的一项重要内容。艺术节对发展文化旅游，提高城市魅力和推动城市经济发展具有重要作用，可以延长旅游目的地的生命周期，促进旅游目的地文化艺术设施的建设，增加消费模式的多元化。××是我国重要的海滨旅游城市，这种经济影响显得更为重要。

3. 艺术节从某种程度上影响了公众对于城市艺术空间的认知。艺术节的举办和开展涉及城市空间的各项场馆设施，特别是艺术场馆，这些设施分布在城市的各个区域，通过不同的时空组合，呈现出自身的完整形态，大众在参与艺术节的同时，获得城市意象的艺术空间感知。

前几年××提出了建设“艺术之城”的目标。××各项文化艺术事业迅速发展壮大，投资建设了国内一流的文化艺术中心等文化公共设施和场馆。与此同时，××也举办了多项艺术节和赛事，如××国际钢琴艺术节、世界合唱比赛、××国际马拉松赛等，提高了市民的人文素养，展示了××的城市魅力。但是，很可惜的是视觉艺术的大型艺术节在××是缺席的，这需要我们在座的各位共同努力。

我们要在工作中发扬四种精神：一是“钉子”精神，就是要锲而不舍，不达目的不罢休；二是“傻子”精神，就是要默默奉献，不计个人得失，做到口稳、身稳；三是“气坛子”精神，就是要沉得住气，受得了气，甘当别人的“出气筒”；四是“滑轮子”精神，就是要灵活，善于做承上启下、协调各方的工作。

发扬四种精神：一是“钉子”精神，就是要锲而不舍，不达目的不罢休；二是“傻子”精神，就是要默默奉献，不计个人得失，做到口稳、身稳；三是“气坛子”精神，就是要沉得住气，受得了气，甘当别人的“出气筒”；四是“滑轮子”精神，就是要灵活，善于做承上启下、协调各方的工作。

★★★

范例1：某教育局局长在区校长会议上的讲话

背景介绍：某区各中小学校长换届后，教育局举办了这次会议，讨论未来教育的发展方向，这是局长在会议上的讲话。

关键词：实施 矛盾 要求

同志们：

今天借这个机会，和大家交流一下想法，共同探讨。

这次校长会议开得很好，会议形式有创新，气氛很热烈，同志们都在积极思考，提出问题和想法，感觉就像“春雷涌动”，这是我们教育迈向新台阶的很好的征候。我相信我区的教育能够做好。

首先是教学工作取得了很大成绩，成绩来之不易，我代表区委区政府向为我区教育事业做出辛勤努力和卓越贡献的同志们表示衷心感谢和崇高敬意。

成绩说明过去，未来工作更加艰巨。我们面临严峻形势，有几个方面需要大家思考，这也是我们面临的几组矛盾：

第一，建设现代化大都市中心区要求一流教育与教育水平还不高的矛盾。市委书记×××来调研，建议把我区建成可以和国际一流大都市媲美的现代化大都市中心区。那么我们就要思考把教育放什么位置，怎样适应这个要求。我们要对教育现状、我们的水平和我们各方面的工作有一个清晰的认识，要“百尺竿头，更进一步”。

第二，人民需要优质教育与优质教育不足的矛盾。我们现在的高中，由于缺少优质教育资源，一千多优质生源流失到东山区。我们心里很沉重。这是一种压力，也是一种动力，如何增加更多优质教育资源，解决这一矛盾，是对我们教育工作者提出的一个很严峻的问题，迫使我们思考如何做好我们的工作。

第三，现有教育资源与教育发展需求的矛盾。有矛盾，要开动机器，协同努力，化解矛盾，求得提高。要积极地想方设法，而不是等、靠、要。我们教育系统的同志任务很多，大家要共同努力想办法，逐步改善教学条件和教师待遇。

这里也对我们的教育工作提几点要求：

第一，紧紧抓住提高教育质量这个核心。“三个臭皮匠，顶个诸葛亮”，“一人计短，二人计长”，校长、老师相互间要多交流经验，不要小家子气，只顾自己的“一亩三分地”。要在竞争中携手进步提高，要打破校际、学科间的封锁，开拓视野，以开放的思维、开放的心态办学校，在竞争中协同发展。

再一个就是环境聚人。要营造一个好的工作、生活环境，随着经济的发展，逐步提高老师的福利待遇。要形成良好氛围，发挥老师的积极性。为学生创造一个爱生、育才的环境，老师要把教育当成志愿、事业，用爱心培育下一代。

总之，区委区政府将会一如既往地把教育工作摆在突出的位置，全力支持教育的发展。

“三个臭皮匠，顶个诸葛亮”，“一人计短，二人计长”，校长、老师相互间要多交流经验，不要小家子气，只顾自己的“一亩三分地”。要在竞争中携手进步提高，要打破校际、学科间的封锁，开拓视野，以开放的思维、开放的心态办学校，在竞争中协同发展。

★★★

范例2：文秘专员在集中学习会议上的专题发言

背景介绍：某机关为提高办公室运作效率，特组织文秘人员召开学习会议，这是一名资深的文秘专员对调查研究经验的传授。

关键词：调查 立意 质量 时效

调查研究是谋事之基，成事之道。毛主席说：“没有调查，就没有发言权。”邓小平同志说：“我们办事情，做工作，必须深入调查研究，联系本单位的实际解决问题。”陈云同志曾指出：“领导机关制定政策，要用90%以上的时间做调查研究工作，最后讨论决定，用10%的时间就够了。”

可见调查研究对于我们推进工作的重要性。作为为领导决策起到参谋服务作用的文秘人员，调查研究应该是我们的看家本领，调研水平的高低，直接体现我们工作能力的大小。

一、调查研究既要注意选题，又要注重立意，贵在立意高远。

一是选题要准。准，就是要抓住当前经济和社会发展中的普遍关心的问题。二是选题要新。新，即新颖独特，以自己独特的眼光发现和分析问题，并提出解决问题的办法。三是选题要实。实，就是我们通常所说的摸实情、说实话、想实招，不实则空，空则无用。四是选题要集中。集中，即瞄准某一个或某一方面的问题做文章，集中“火力”把它说深说透，而不能把题目所涉范围搞得太大，不能面面俱到。

立意贵在高远，一是要在宏观和微观的结合上找“制高点”，要高屋建瓴、寓意深远；在全局与局部的结合上找“融合点”，要立足局部，总揽全局；在战略与战术上找“制胜点”，要立足当前，着眼长远；在理论与实践的结合上找“最佳点”，要立足实践，升华理论；在领导和群众的结合上找“共振点”，要群众关注，领导关心。

二、调查研究既要注重调查，又要注重研究，贵在研究深。

调查过程要突出“深、全、真”。一是调查必须“深”。调研人员要把身子放在基层，把心思扎在基层，通过听、看、调查、比较等手段取得详实的资料，才有可能形成有价值的调研。二是调查必须“全”。调查的范围不广，涉及的面不宽，调查的素材不丰富，所形成的调研就仅是一面之词。三是调查必须“真”。真实是调研存在的基础，调研要反映事物的本质。

三、调查研究既要注重实践，又要注重思维，贵在思维超越。

一是超越常规，善于进行创造性思维。二是超越实践，善于进行升华性思维。三要超越时空，善于进行战略性思维。四是超越自我，善于进行换位性思维。我们开展调研的目的，是帮助领导决策，服务领导工作。

四、调查研究既要注意质量，又要注意时效，贵在高效快捷。

调查研究报告的质量再高，如果错过了时间，也是无用功。调研报告起草要快捷，快捷是一种作风、一种效率，也是一种能力、一种水平。调研人员必须在平时用功，必须持之以恒地在提高自身素质上下功夫，持之以恒地在提升自身业务水平上下功夫。

毛主席说："没有调查，就没有发言权。"邓小平同志说："我们办事情，做工作，必须深入调查研究，联系本单位的实际解决问题。"陈云同志曾指出："领导机关制定政策，要用90%以上的时间做调查研究工作，最后讨论决定，用10%的时间就够了。"

★★★

范例1：考察人员在考察报告会上的讲话

背景介绍：某市旅游局意欲开发新疆旅游线路，特组团到新疆阿克苏考察，这是其中一名考察人员在考察报告会上的报告。

关键词：阿克苏 深刻 值得 叹服

同志们、朋友们：

我来自××区，有机会站在这里发言，我很高兴。

今年八月份，××市旅游局组团到新疆阿克苏等地考察，我有幸成为考察团的一员。虽然在阿克苏只停留了两天，但它留给我的印象非常深刻。两个多月过去了，阿克苏的一切依然印在我的脑海中，我把自己的感受与大家分享一下：

第一个感受：阿克苏真远。从××到乌鲁木齐，在空中飞了五个小时，这可能是在××始发的国内航线中飞行时间最长的。从乌鲁木齐到阿克苏，还要再飞一个小时。

第二个感受：阿克苏真大。新疆有160多万平方公里，是××省的16倍。仅阿克苏一个地区总面积就有18万多平方公里，比××省还大，是××市的20倍，××区的220倍，××区的1万6千倍。

第三个感受：阿克苏真美。《中国国家地理》杂志曾评出了中国最美的地方，包括山峰、冰川、河流、草原、森林、沙漠、村落等十多个系列，新疆入选的最多。到达新疆的第一天，我就问新疆维吾尔族自治区旅游局党组书记×××同志："新疆到底哪里最美？"他说："新疆没有最美的地方，因为新疆美丽的地方太多太多了，而且类别不同，特点各异。"到新疆的几个地方看了以后，我真的叹服了。而阿克苏，就是新疆最美的地方之一。

在这里，我想对还没有去过新疆、没有去过阿克苏的同志说一声："到阿克苏坐六个小时的飞机，值得！"

由于时间的关系，我在阿克苏只停留了两天，阿克苏的同志非常热情，地区党委宣传部和旅游局的领导亲自设宴款待，地区旅游局、市旅游局和××县旅游局的领导还亲自陪同我们参观考察，我非常感动，感谢今天来到会议现场的地区党委宣传部×××部长，地区旅游局××局长、×××副局长，还有神木园、大峡谷等景区的领导。

今天，我们欣赏了阿克苏的风光片，的确很美。但片子是专业人员拍摄并进行过艺术加工的。下面我想请大家欣赏一些照片，看了以后你会觉得可信度更大，因为这是我用最普通的照相机拍摄的。

（欣赏阿克苏风光照——神木园、果园、大峡谷等近百张）

阿克苏真的很美。回到××以后，我把自己的感受告诉给我的家人、我的朋友，还有旅游界的同行，他们非常羡慕而且心驰神往。今天，我想代表××区旅游局和××区旅游协会表个态，我们一定会尽可能多地组织旅游团队到新疆、到阿克苏。××区的力量是有限的，因为我们只有29家旅行社，每年的营业收入只有两个多亿。所以，我要向××市18个区县旅游局的领导和同志们呼吁，我们要共同为阿克苏旅游做贡献！

谢谢大家！

“新疆没有最美的地方，因为新疆美丽的地方太多太多了，而且类别不同，特点各异。”到新疆的几个地方看了以后，我真的叹服了。而阿克苏，就是新疆最美的地方之一。

★★★

范例2：某政教处主任在工作例会上的讲话

背景介绍：某政教处主任在班主任工作例会上的讲话，总结概括自己跟学生相处的经验。

关键词：爱 礼 沉默 常思己过

各位班主任：

我做过12年班主任，还做了6年政教处主任，对带班做学生工作有一些经验，概括起来16个字，说给大家听听。

1. 爱字当头

我每天进班第一件事，就是看看有没有哪位学生感冒、扭脚、不开心或没睡醒，这种事情几乎天天有，感冒药、跌打损伤药，我办公室是常备的，一杯开水、一颗药送到学生面前，看着学生服下去。病情稍重的，我一定陪着去医务室或用摩托车送到医院，需要打点滴或住院的，我一定全程陪同，甚至垫费若干。学生不开心或没睡醒，我也会直接询问或向其他同学打听，家庭纠纷、同学矛盾、感情困惑，我能帮忙的一定尽全力，帮不上忙的，也会送去真挚的问候。学习退步、考试不理想的、学习没有信心的，我一定会安排时间与他谈心，使其树立学习信心、改进学习方法，安排他身边的同学帮助他，让学生对学习永存希望，让学生感到不好好学习就对不起我，我想这样也就足够了。爱学生，不是在口头上爱，而是用心去爱，用行动去爱。

2. 礼字当先

我做班主任的时候，每天都会安排与一两名学生谈话，事先与学生约个时间，到时候去请，到了办公室，倒上一杯茶，找一张椅子，我们面对面坐着谈，学生不敢坐的，我也站着，直到学生放心、安心了，一起坐下来谈事。

我基本上是不会向家长告状的，我相信我能够把学生教育好，不给家长添麻烦。但当学生成绩进步了，得个什么奖了，哪怕是取得一次好成绩，没有电话的时候，我也会写封信给家长，有电话的时候就用电话。有时还是写信方便，道声喜，并请家长有空奖励一下孩子。学生有缺点，我也不回避，但跟家长谈话，肯定是先讲几条优点，再讲一条缺点，缺点还会很委婉地提出来，采取能让家长接受的方式，然后共同来教育。

学生有了进步，得了奖，我肯定要奖励学生，一个本子、一支笔，开个班会，我在会上诚恳地向取得进步、赢得荣誉的学生表示我的感激之情，一本五毛钱的本子，在第一页上写上我感激的话，签上我的大名和日期。

3. 沉默是金

我开班会、与学生谈话，是讲话很少的，用一句话做引子，两句话做总结，其他的时间让学生敞开心扉大胆地说，说错了没关系，能自说自话就是有勇气，能主动承认错误就是有胆量，能提出一个好点子就是能人。

我做错事了，我误会学生了，我关心学生不够，我会长篇大论地说，检讨我的言行，争取学生们的原谅。

我跟家长，我跟领导，也是这样，少说多做，句句落地有声。事先写个提纲，最多十句话。我大多数时间都在做忠实的听众，对方说的每一句话，我都会认真斟酌，认识其表达的真实意图，酝酿回答的语言。

4. 常思己过

学生成绩不理想，班级卫生不好，家长跟我发火，领导批评我，我首先要考虑，在事情的前前后后，我做错了什么。就是别人误解的事，我也要考虑是不是因为我没有事先沟通，我没有充分准备，我考虑得不够周到。我常想：别人指责我，批评我，是对我好，他让我发现自己的不足和缺点，对我的进步有利。

生气，是用别人的过错惩罚自己，这是不划算的，也不利于个人健康。

干出成绩再说话，说话才有分量，腰杆才能挺起来。常思己过，对人对己，都是非常有利的。

微笑面对困难，面对挫折，面对失败，笑到最后的才笑得最好！

谢谢大家！

爱学生，不是在口头上爱，而是用心去爱，用行动去爱。

第二节 佳句荟萃

1. 成绩只能说明过去，将来的道路更加漫长，更加艰难，但我们充满信心。众人拾柴火焰高，让我们同心同德，风雨同舟，与时俱进，开拓创新，共同创造××中学的美好未来。

2. 可以说学校正处在前所未有的大发展时期，也面临前所未有的困难。我们坚信发展是硬道理，困难是可以克服的。我们一方面争取银行贷款，另一方面争取社会各界的支持。我们相信有大家的支持再大的困难也能克服，××的明天一定会更好！

3. 通过活动，宣传企业文化内涵，增强员工的归属感，增强集团的向心力和凝聚力，着力营造企业员工积极向上的文化氛围。

4. 要切实负责，严密组织，认真抓好填报志愿、考务培训、领送试卷、人员配备、安全保卫、生活后勤、考试设备设施等方面的工作，做到一丝不苟，滴水不漏，环环紧扣，决不能出半点差错。

5. “创新是一个民族的灵魂，是一个国家兴旺发达的不竭动力，创新的关键在人才，人才的成长靠教育。”因此，办公室工作人员要自觉养成学习的习惯，树立终身学习的意识，创建学习型办公室。

6. 在学习过程中要善于积累。聚少成多，集腋成裘。积之愈厚，发之愈佳。人的知识、才能都是一点一滴积累的，要通过自身的学习、实践和吸取别人的经验去积累。

7. 搞好服务就是要服务好基层、服务好部门、服务好领导。

为此，强化服务意识，必须正确处理好苦与乐、名与利、得与失的关系。

8. 作风要严谨，求实、务实、落实，不唯书、不唯上，对人民、对工作极端负责，切忌做表面文章、搞形式主义。

9. 在日常工作中，对前来办事、联系工作的人员和来访群众，要热情接待，不摆架子，不盛气凌人，坚决克服门难进、脸难看、事难办的现象。要从热心办、马上办、办得好上做文章，从摸实情、办实事、创实绩上花力气，从勤动脑、多思考、出好谋上下功夫，雷厉风行，提高办事效率，树立良好的对外形象。

10. 拥有千年历史的古城，是××人的共同财富，它是多少代人治理××的政治文化理念的结晶，是秦楚晋人交流往来历史的见证，是民间文艺衍化、军事战争洗礼的最好保存，是其特殊地域、特殊地位的最好诠释。这次旅游文化节的举办，将有各家新闻媒体、各界人士来找寻、完善古城文化，用不同的视觉，不同的感受，不同的见地，让这一有丰富文化底蕴的历史古城再次系列化、完整化。

11. 品德要高尚。不为权力所惑，不为金钱所动，不为美色所迷，正派做人，踏实做事。

12. 由于办公室主任位置特殊，容易成为矛盾的焦点，会受到各种褒贬评议。因此，必须正确评价自己，客观看待他人，努力做到宠辱不惊，对表扬、批评、奉承和讥讽等，都要正确对待。受表扬时不要太得意，挨批评时不要太悲观，努力保持良好的心态。特别是对不符合实际的指责、诘难，要以平静的心态坦然处之。无论对上对下，都要坦坦荡荡、表里如一、言行一致。

13. 同一个问题，从这个角度看与从另一个角度看往往会得出不同的认识。同样道理，同一个客体的信息，从不同的角度写出来的价值和实效就大相径庭。

第 27 章
悼 词

第一节 范例集锦

★★★

范例 1：某退休老干部追悼会上的悼词

背景介绍：同事在某退休老干部追悼会上的悼词。

关键词：好干部 好公仆 奋斗 安息

今天，我们怀着无比沉重的心情，悼念中国共产党党员、退休老干部××同志，他不幸于××年 5 月 19 日逝世，享年 73 岁，这使我们党失去了一位好党员，使我们失去了一位革命老同志，我们感到无限悲痛！××同志于××年 4 月加入中国共产党，同年 10 月参加革命工作。曾在我县民政局、原××乡、××乡工作，曾经担任县民政局干部，乡人民政府副乡长、党委委员、武装部长、党委副书记、乡长、人大主席等职务。××同志是在国家最困难的时期投入革命工作的，在他长期的革命工作中，他一贯坚持原则、大公无私、热爱集体、团结同志、工作积极，真正做到了一身正气、两袖清风，他是我们党的好干部、人民的好公仆。在历次风起云涌的政治斗争中，他能够做到立场坚定、旗帜鲜明，恪守党的宗旨，坚持党的信念，是一名经得起考验的中国共产党党员。在他任职的40余年里，始终保持与人民群众同甘共苦，视党和人民的利益高于一切。尤其在本乡工作期间，能做到切实以××乡的发展为己任，忘我地工作，为我乡的经济、社会发展做出了突出的贡献！在他退休后的十多年里，仍然以一名党员、干部的政治热情，积极参与乡村工作，并积极向党和政府建言献策。尽管退休在家，他仍不失革命风范，生活节俭，勤劳生产，为当地群众树立了良好的榜样。至逝世之时，他仍然在田间辛勤劳动，这充分反映了他勤奋勇敢、朴实无华的劳动本色，反映了他艰苦创业、奋斗不息的革命精神。××同志和我们永别了！我们的心情非常沉重与悲痛！但我们要化悲痛为力量，学习他信念坚定、坚持原则、勤劳朴实的革命精神和不甘落后的优良品德。同时，我们也向××同志的家属表示最诚挚的慰问，希望他们继承、发扬好××艰苦奋斗、自强不息的革命精神，在党的领导下，为建设我们伟大祖国、建设美丽××乡而努力奋斗！××同志，安息吧！

××同志是在国家最困难的时期投入革命工作的，在他长期的革命工作中，他一贯坚持原则、大公无私、热爱集体、团结同志、工作积极，真正做到了一身正气、两袖清风，他是我们党的好干部、人民的好公仆。在历次风起云涌的政治斗争中，他能够做到立场坚定、旗帜鲜明，恪守党的宗旨，坚持党的信念，是一名经得起考验的中国共产党党员。

★★★

范例2：母亲追悼会上儿子的悼词

背景介绍：儿子在母亲追悼会上的悼词。

关键词：吾母 辛劳 唁函 哀悼 厚仪

尊敬的领导同人、戚族世友：

痛哉吾母，疾病突发，不及针药，弃世辞尘，瞑目长逝，享寿六二。慈亲辛劳，克俭克勤，奉侍翁姑，恭敬孝顺，妯娌相处，相敬相亲。养儿育女，万苦千辛，一生劳累，壶范垂型，懿德流芳。

嗟余不孝，祸及慈亲，泣血顿首，痛彻肝肠。尊承严命，泣卜吉日，薄酒祭奠，聊表孝心。

丧事期间，领导同人，戚族世友，顷奉唁函，莅临哀悼，并承厚仪，敬领之下，感及殁存。多劳教慰，谊深情浓，哀此叩谢，没齿难忘！

不孝男××泣血顿首

孙××泣泪顿首

公元××年××月××日

丧事期间，领导同人，戚族世友，顷奉唁函，莅临哀悼，并承厚仪，敬领之下，感及殁存。多劳教慰，谊深情浓，哀此叩谢，没齿难忘！

★★★

范例3：父亲追悼会上女儿的悼词

背景介绍：女儿在父亲追悼会上悼念父亲的讲话。

关键词：先父 沉痛 牢记遗训 安眠 报答

各位尊长、各位亲友：

今天承蒙亲临先父的追悼会，我怀着十分沉痛的心情，代表我们家属，谨表存殁两感的谢忱。

先父自幼好学，为人谦和，毕生致力于文化事业，解放后又受到党和政府的信任，先后在文化部门任职，并得到上级的表扬，我们子女也深感骄傲。近几年来，他虽然身多疾病，但对祖国前途，仍是极为关心，并且充满信心，经常在病榻上教导我们加强德智修养，努力报国，做虚心踏实的接班人。今后我们自当牢记遗训，使先父得以安眠于地下，并以此报答各位尊长、各位亲友的期望。

不孝女××泣血顿首

今后我们自当牢记遗训，使先父得以安眠于地下，并以此报答各位尊长、各位亲友的期望。

★★★

范例1：父亲追悼会上儿子的悼词

背景介绍：儿子在父亲追悼会上的悼词。

关键词：敬爱 和睦 引航灯

尊敬的各位亲朋、各位来宾：

首先，我代表我母亲、妹妹及家人对各位莅临我父亲的追悼会表示衷心感谢。（鞠躬）

我敬爱的父亲大人因病医治无效，不幸仙逝。我们全家深深痛惜，切切悲哀。真是“青山含悲花垂泪，绿水载孝草滴血”。看到今天到场的各位关心、帮助、支持、爱戴我父亲的亲朋好友及我父亲的战友、同事、领导，相信我父亲的在天之灵一定会备感欣慰。在此，我们再次表示深深的谢意。（鞠躬）

我父亲××年出生于××，××年参加革命，第二年加入中国共产党，参加过五次战役，数立战功，为解放新中国做出了贡献。转业后来到××，从1954年至1984年，先后在县人民医院、××区医院、县卫生防疫站工作。1984年离休后，党和政府给予我父亲高度评价，确认他为县处级正职干部。我父亲身体状况较差，不仅患有冠心病，还患有胆结石、脑梗塞、右脑萎缩、腰椎间盘突出等多种疾病。但他老人家从不顾及自己的身体，把一颗心全交给了党和国家，交给了他人。工作上他认真谨慎、忘我奉献；生活上他安平乐简、廉洁朴素。他有宽广的胸怀和亲赞友颂的美德；他与母亲情深意笃，举案齐眉；他对子女深爱严导，言传身教；他与友邻亲近和睦，团结互助。他老人家的一生，是饱经风霜、辛勤劳苦、默默奉献的一生。他的一言一行，无不是我们学习的榜样，他老人家不仅给了我们健全的躯体，更给了我们高尚的灵魂，他老人家的精神感召着我们，指引着我们。他老人家对我们数十年如一日的养教之恩，重于泰山，浓于热血，激励我们在今后的人生旅途中堂堂正正地做人，光明磊落地做事。他老人家平凡而崇高的精神境界永远是我们前进路上的引航灯！

父亲，我们最最敬爱的父亲，父亲，我们心心相印的父亲，您走得太急，您走得太匆忙，我们还有很多话没来得及对你说，我们还有很多心声没有来得及对您倾诉，你还没有充分享受子女的孝道和天伦之乐，您就走了，匆匆地走了，留下我们痛苦，留下我们伤悲……父亲，请您老人家放心地去吧，我们一定会好好地孝顺和侍奉母亲，精心地教育子女，勤奋地工作，诚恳地待人接物。我们一定继承你的遗志，完成你的遗愿，并将您的精神发扬光大。永别了，亲爱的父亲！安息吧，敬爱的父亲！一路走好，慈祥的父亲！（鞠躬）

您的儿子女儿泣悼

××年××月××日

他老人家对我们数十年如一日的养教之恩，重于泰山，浓于热血，激励我们在今后的人生旅途中堂堂正正地做人，光明磊落地做事。他老人家平凡而崇高的精神境界永远是我们前进路上的引航灯！

★★★

范例2：老人追悼会上的悼词

背景介绍：主持人在某老人追悼会上的悼词。

关键词：母亲 勤劳 俭朴 平凡 伟大

各位来宾、亲朋好友：

感谢大家来参加×××老人的告别仪式！

××年××月××日7时25分，是个悲伤的时刻，有一位慈祥而坚强的老人永远地离开了她的亲人和朋友，走完了平凡而又坎坷的人生，享年62岁。

让我们沉痛悼念×××老人。

老人生于××年××月××日，祖籍××省××县，家境贫寒，少年丧父，锻炼了她坚韧的性格。成家后，爱人常年在外地工作，她坚强地挑起了家庭的重担，勤劳治家，带领儿女春耕秋收。在儿女们的眼中，母亲俨然是一棵参天大树，树荫下没有风，没有雨，只有温暖和爱。家庭住址的每一次变更都代表着家境的好转，去年全家在××定居，儿女们都有了自己的家园，这也了却了老人多年的夙愿。因为常年的操劳，病痛时常伴随着老人，×××最终被确诊为脑萎缩，老人以顽强的毅力与病魔做斗争，并积极配合治疗，但情况不是很好，老人的身体每况愈下。××年××月××日不幸再次降临到老人身上，老人因感冒发烧引起肺炎，反复高烧不退并引发脓毒症等住进医院，经医院多方努力，最终救治无效，于××月××日辞世。

老人的一生是勤劳俭朴的一生，不为自己只为他人，以坚强的毅力迈过了人生的沟沟坎坎。即使在弥留之际，也念念不忘她的家人。

让我们以真诚的心为她老人家送行，让她顺顺利利地走完通往天国的阶梯。一路走好！

让我们记住这位平凡而又伟大的母亲，她将永远活在我们的心中！

××年××月××日7时25分，是个悲伤的时刻，有一位慈祥而坚强的老人永远地离开了她的亲人和朋友，走完了平凡而又坎坷的人生，享年62岁。

范例 3：某领导干部追悼会上的悼词

背景介绍：主持人在某区机关招待所所长追悼会上的悼词。

关键词：忠于 爱岗敬业 模范

区机关招待所所长×××同志因病医治无效，于 2004 年 7 月 8 日早 5 时 50 分逝世，享年 44 岁。×××同志是××人，1960 年 11 月出生。1977 年 8 月作为知青下乡。1979 年 9 月在××工作。1989 年 5 月任××接待处出纳科科长。1991 年 8 月加入中国共产党。1996 年 2 月任××区委接待处副主任。××年 3 月任××机关招待所所长。

×××同志参加工作 20 多年来，忠于中国共产党，热爱社会主义建设事业，拥护党的路线、方针和政策。他具有强烈的事业心和责任感，爱岗敬业，扎实工作，特别在区机关接待处和招待所工作期间，忠于职守，勤勤恳恳，任劳任怨，为全区的接待会务工作做出了积极贡献。他坚持原则，顾全大局，公正处事，廉洁自律，体现了一名党员领导干部的高尚情操。他胸怀坦荡，为人正直，团结同志，热心助人，深受大家的尊重。×××同志以他模范的言行，树立了党员领导干部的良好形象。

×××同志和我们永别了。我们要学习他那种忠于职守、务实求进的工作精神，爱岗敬业、无私奉献的工作态度，艰苦朴素、廉洁自律的工作作风。进一步精诚团结、求实创新，以更加努力的工作来表达我们的哀悼之情。

×××同志安息吧！

×××同志和我们永别了。我们要学习他那种忠于职守、务实求进的工作精神，爱岗敬业、无私奉献的工作态度，艰苦朴素、廉洁自律的工作作风。进一步精诚团结、求实创新，以更加努力的工作来表达我们的哀悼念之情。

范例4：某医生追悼会上的悼词

背景介绍：主持人在某医生追悼会上的悼词。
关键词：无比沉痛 悼念 好医生 安息

××同志的家属、同志们：

今天，我们怀着无比沉痛的心情，悼念我们的好医生、好专家××同志！

××同志是××市××区计划生育服务站在职职工，主治医师职称，杰出的妇产科专家。××同志因病医治无效，于2007年8月1日8时57分不幸逝世，享年55岁。

××同志于1952年7月21日生于××县城，从小学到中学都是品学兼优的好学生。1970年12月响应毛主席和党中央的号召，参加知识青年上山下乡，主动要求到××公社接受贫下中农再教育，和广大农民同吃同住同劳动。她吃苦耐劳，积极要求进步，受到当地干部和群众的好评。1974年经当地党委推荐考入××卫校，1976年以优异的成绩毕业，经组织分配到××第二人民医院从事医务工作。1988年10月调入××市××区计划生育服务站，工作至今，这一干就是近20年。

××同志具有强烈的事业心和责任感，刻苦钻研业务，爱岗敬业、忠于职守、勤勤恳恳、任劳任怨；她坚持原则、顾全大局、处事公正、廉洁自律；她为人正直、胸怀坦荡、团结同志、热心助人，深受广大育龄群众和患者的尊重和好评，多次被上级评为优秀工作者，为我区计划生育和医疗卫生事业做出了积极贡献。

××同志的逝世，使我们失去了一位好同志，她离我们而去，但她那勤勤恳恳、忘我工作的奉献精神，艰苦朴素、勤俭节约的优良作风，为人正派、忠厚老实的高尚品德，仍值得我们学习和记取。我们为她的家庭失去这样的好妻子、好母亲而惋惜。但人死不能复生，我们只能控制自己的感情，抑制自己的悲痛，以更加高昂的热情加倍努力工作，认真学习她那种忠于职守、务实求进的工作精神，爱岗敬业、无私奉献的工作态度，进一步精诚团结、求实创新，以更加努力的工作来表达我们的悼念之情。

××同志安息吧！

××同志的逝世，使我们失去了一位好同志，她离我们而去，但她那勤勤恳恳、忘我工作的奉献精神，艰苦朴素、勤俭节约的优良作风，为人正派、忠厚老实的高尚品德，仍值得我们学习和记取。我们为她的家庭失去这样的好妻子、好母亲而惋惜。

★★★

范例1：子女在母亲追悼会上的悼词

背景介绍：子女在母亲追悼会上的感人悼词。

关键词：悲痛 慈祥可亲 勤恳踏实

各位领导，各位来宾：

三天前下午的5时30分，我们最亲爱的妈妈告别了她的亲人，也告别了这个她曾经生活了70年的世界，撒手归去了。眼看着妈妈痛苦地咽下最后一口气，我们做子女的心如刀绞，悲痛万分。

妈妈的一生，是工作的一生、奋斗的一生。对我们，她是慈母；对她的学生，她是良师。她毕生忠诚于教育事业，为国家、为人民培养了不少栋梁之材。平日里，她总是勤勤恳恳地工作，每年至少有300个夜晚，她是伏在灯下备课，改作业至深夜的，从不知道疲倦。对我们子女，妈妈又是多么慈祥可亲。“文革”期间，爸爸被隔离审查，妈妈独自挑起了培育我们兄妹四人的重担，不但在经济上供养我们，而且在政治上开导我们，使我们得以健康地成长，直至今天。

鲁迅先生曾经说过：“我好像一只牛，吃的是草，挤出的是奶、血。”妈妈，您就是一只这样的牛，一只我们子女和您的学生所需要的孺子牛。

如今，您却离我们而去了，叫我们怎么能不哀伤痛哭呢？

妈妈，亲爱的妈妈，我们今天聚集在这里悼念您，决心学习您的精神，勤恳踏实地工作，为自己所热爱的事业而鞠躬尽瘁，死而后已。

安息吧，亲爱的妈妈！

儿子××、女儿××泣挽

鲁迅先生曾经说过："我好像一只牛，吃的是草，挤出的是奶、血。"妈妈，您就是一只这样的牛，一只我们子女和您的学生所需要的孺子牛。如今，您却离我们而去了，叫我们怎么能不哀伤痛哭呢？

★★★

范例2：某老师追悼会上的悼词

背景介绍：主持人在某老师追悼会上的悼词。

关键词：沉痛 悼念 师德 祝愿

各位来宾，各位亲友、同志：

今天我们怀着极其沉痛的心情深切悼念教书育人的模范、辛勤耕耘的园丁——××市××小学的×××老师。×××老师生于1950年11月7日，1969年6月参加工作，××年12月退休。这样一名德高望重、备受人们尊重的好教师，一位和蔼可亲的长辈，一位党的老同志，却不幸因病于2006年10月18日下午永远地离开了我们，享年56岁。

×××老师在她几十年的工作生涯中，无限忠诚于党的教育事业，在人民教师这一神圣岗位上，呕心沥血培育祖国的花朵。×××老师曾经担任过语文教师、班主任、教导主任等职。无论在哪个岗位上，×××老师都勤勤恳恳、兢兢业业；她在生活上也艰苦朴素，踏踏实实。她心地善良，团结同志，关心学生，爱校如家，以她高尚的师德、渊博的学识，启迪了无数个幼小的心灵，培育了许许多多优秀的学生，表现了一位人民教师的良好职业道德和崇高的敬业精神。

×××老师自2005年6月不幸被诊断为恶性淋巴癌后，在整整五年多的时间里，经历了手术、化疗、放疗、复发、再化疗、放疗和自体造血干细胞移植，前后共进行了四十几次化疗和四十几次放疗。即便如此，×××老师依然关心学校的建设和发展，尽最大可能不给单位增添负担，以顽强的毅力和病魔做斗争，她的坚强令每一个接触过她的人都为之动容。×××老师患病后，仍旧渴望回校工作，想念她的三尺讲台，挂念她的每一位学生。在第一次手术和化疗、放疗结束后，因身体恢复得不错，×××老师曾经重新登上三尺讲台，为此，她高兴地逢人就说："工作着是美丽的，能上班真是太幸福了！"

然而，病魔无情。×××老师的逝世，使我们失去了一位好同志，使学生失去了一位好老师。×××老师虽然离我们而去，但她那勤勤恳恳、忘我工作的奉献精神，那关心学生、真情呵护的优良师德，那面对挫折永不服输的拼搏精神，值得我们每一个人学习和记取。

我们从心底里祝愿，×××老师，您一路好走。

安息吧，×××老师！

×××老师在她几十年的工作生涯中，无限忠诚于党的教育事业，在人民教师这一神圣岗位上，呕心沥血培育祖国的花朵。×××老师曾经担任过语文教师、班主任、教导主任等职。无论在哪个岗位上，×××老师都勤勤恳恳、兢兢业业；她在生活上也艰苦朴素，踏踏实实。

★★★

范例3：爷爷追悼会上的悼词

背景介绍：长孙在祖父追悼会上的悼词。

关键词：祖父 哀思 勤奋 努力 衷心的感谢

尊敬的各位领导、各位至亲好友、街坊邻居：

今天，我们在这里举行追悼仪式，共同寄托对我的祖父×××大人的哀思，请允许我代表我的父亲、叔父、大姑姑、小姑姑及全家对大家在百忙中抽出时间前来参加祖父的追悼会，表示深深的谢意。

祖父一生从事财会工作，一贯秉承勤勤恳恳工作，清清白白做人的原则，在平凡的工作中兢兢业业、任劳任怨、一丝不苟、精益求精，在财会工作中贡献了毕生精力。

祖父一生勤奋好学，博古通今，在古汉语、古文学、古诗词、金石篆刻等方面颇有造诣。退休后凭借其在古汉语、古文学领域的深厚功底，积极参与××研究会和中国近代文学研究会的活动，致力于中国民主革命史料之研究，虽至垂暮之年，仍笔耕不辍，撰写并发表了一系列相关专著及文章，为我国的民主革命近代史研究做出了贡献。

祖父勤奋努力、诲人不倦的风范，是我们子孙后辈为人做事的楷模和典范。在祖父的教导和影响下，我们全家人一定会在工程技术、科教文卫及国家机关等工作岗位上勤奋工作、努力工作，请祖父大人放心。

祖父深明大义，积极支持鼓励我的父亲和叔父去外地工作，身边长期只有大姑姑、小姑姑照顾，承蒙单位组织、至亲好友、街坊邻居长期以来的多方照应和热心帮助，在此，我代表我父亲、叔父、大姑姑、小姑姑及全家再次向大家表示衷心的感谢。

谢谢大家。

祖父一生从事财会工作，一贯秉承勤勤恳恳工作，清清白白做人的原则，在平凡的工作中兢兢业业、任劳任怨、一丝不苟、精益求精，在财会工作中贡献了毕生精力。

哲理型

★★★

范例1：父亲追悼会上女儿的悼词

背景介绍：女儿在父亲追悼会上的悼词。

关键词：优良品德 感谢 平安

尊敬的各位领导、各位来宾、各位乡邻、各位亲戚，大爷、婶婶、叔叔、阿姨、姐姐、哥哥：

直到现在，我还是不能相信，在这个本应收获的季节里，我的爸爸——世界上最疼爱我的人永远地离我而去了！

爸爸是一个平凡的人，一辈子没有当过职位显赫的官，没有成就惊天动地的大事，没有创下金玉满堂的大富；但爸爸是一个出色的人，他一生经历的每个阶段、承担的每个角色都很成功。他是部队的好军人、单位的好干部、爷爷奶奶的好儿子、妈妈的好丈夫、我的好父亲。他是世人公认的好人，我为有这样一位爸爸而骄傲！

贫寒的出身造就了爸爸豁达、宽厚、仁爱的品格。尽管我们的家庭并不富裕，但从小到大他几乎满足了我所有的要求，我是在爸爸的溺爱中长大的，我享受了人世间最伟大的父爱。再过几天就是爸爸的生日了，在我还没来得及为他送上生日祝福的时候，他就匆匆地离去了，没有留下一句话，没有见上最后一面。我们一家三口其乐融融的日子不会再有了，我给爸爸尽孝的机会永远不会再有了，这是我一生永远的痛！

爸爸奔波一生、操劳一生、辛苦一生，从不倦怠，从不停歇。爸爸太累了，这次终于有休息的机会了，安息吧，我的好爸爸！

爸爸的早逝催我成熟，让我坚强。我要把悲痛转化成自强的动力，以优异的成绩完成学业；我要像爸爸那样乐观向上，积极进取，勇敢面对一切挑战，做生活的强者；我要继承爸爸的优良品德，厚道为人，善待众生，回报社会，回报你们大家；我要承担起爸爸未尽的责任，孝顺好爷爷奶奶，照顾好妈妈，让爸爸九泉含笑！

各位领导、各位来宾、各位乡邻、各位亲戚，几天来，为了爸爸的丧事，你们操碎了心，出尽了力，你们都是好人，是我们家的恩人，我再一次代表妈妈，代表爷爷奶奶，代表我们全家，真诚地感谢你们，愿你们永远平安！

贫寒的出身造就了爸爸豁达、宽厚、仁爱的品格。尽管我们的家庭并不富裕，但从小到大他几乎满足了我所有的要求，我是在爸爸的溺爱中长大的，我享受了人世间最伟大的父爱。再过几天就是爸爸的生日了，在我还没来得及为他送上生日祝福的时候，他就匆匆地离去了，没有留下一句话，没有见上最后一面。我们一家三口其乐融融的日子不会再有了，我给爸爸尽孝的机会永远不会再有了，这是我一生永远的痛！

★★★

范例2：儿子在父亲追悼会上的悼词

背景介绍：儿子在父亲追悼会上致悼词。

关键词：慈爱 问心无愧 激励

各位长辈、各位领导、各位亲朋好友：

今天，我们怀着万分沉重的心情在这里举行告别仪式，沉痛悼念我慈祥善良的父亲。父亲因病经多方医治无效，于2011年2月8日凌晨5时48分不幸与世长辞，永远离开了我们，享年91岁。

冬雪飘零，浸润着我们儿女无尽的悲哀；流云不语，带去了我们全家永远的牵挂。

父亲一生历尽艰险，饱受磨难，志存高远，敬业奉献。父亲于1920年出生于××，自幼受到良好的私塾教育，于1941年参加抗日战争，同年入党，从此许身家国，经历千折百险，与敌人斗智斗勇，多次穿越生死线，不辞劳苦，辗转奔波，创办多所小学。“文革”期间，父亲含冤，忍辱负重，高风亮节，最终平反昭雪，正气浩然。父亲无论在哪个岗位，都坚持工作为重，纵横协调，驾轻就熟，成绩显著。

父亲一生疼爱子孙，赋予厚望，关心成长，常教面前。父亲在生活中，几十年如一日，含辛茹苦地把我们子女一个个从小抚养到成家立业，直至四世同堂。您是一位慈爱的长者，您的叮咛与关爱我们历历在目；您是一位严厉的师长，您的教诲与训诫我们铭记在心；您是一位可爱的老人，儿孙绕膝，重孙嬉戏，您享受天伦，合不拢嘴；您是一位良师益友，与人为善，豪情仗义，乐善好施，言而有信；您是一位坚强的战士，年事虽高，仍与病魔顽强斗争，生命不息，战斗不止。

慈父遗训声犹在，深恩未报泪空垂。父亲与我们永别了，留下了他对生活深深的眷恋，留下了他对我们深切的关爱，留下了他那挥之不去的音容笑貌，也留下了许多难以言喻的遗憾。父亲一生问心无愧，是一个值得儿女永远追念和热爱的好父亲，我们会深深地惦念他，直到永远。

父亲，您安息吧！我们知道，您与病魔搏斗了这些日子，现在已经很累了。愿您一路走好！如果有来生，我们还做您的儿女，您永远是我们的好父亲。

父亲，您放心地走吧，您的精神将永远激励着儿女们继续前行！至亲至爱的父亲，您永远活在我们心里。

慈父遗训声犹在，深恩未报泪空垂。父亲与我们永别了，留下了他对生活深深的眷恋，留下了他对我们深切的关爱，留下了他那挥之不去的音容笑貌，也留下了许多难以言喻的遗憾。父亲一生问心无愧，是一个值得儿女永远追念和热爱的好父亲，我们会深深地惦念他，直到永远。

第二节　佳句荟萃

1. ××老师带着对渴盼他早日康复、回到学校的全校师生的不舍，带着对自己白发苍苍双亲的深深歉疚和牵挂，带着对尚未成家的女儿健康快乐、一生平安的祝福和牵念，带着对失伴孤雁般的妻子空余血泪、肝肠寸断的不忍和难舍，带着对学校、同事、学生的依恋与热爱，永远地离开了我们。

2. 孔子风范，万世流芳，××老师的形象，永不泯灭。××老师虽然离开了我们，但他那种爱岗敬业、无私奉献的精神，脚踏实地、一丝不苟的作风，严于律己、为人师表的风范，将永远铭记在我们心中。

3. 他那语重心长、不知疲倦地教诲学生的场景依然浮现在我们的脑海。他即使两鬓染霜，仍不遗余力地在学校后勤岗位上认真负责工作之精神将永远激励着我们。

4. 在病情严重之时，他仍然心系学校，心念他人。但是，我们没有回天之术，也无再生之能，××老师终究走了，永远地走了。从此以后，　×府失去了一位好儿子、好兄长、好丈夫、好父亲，××中心校少了一名好老师，同志们少了一位好同事，乡亲们少了一位好邻居。

5. 仙人已过蓬莱阁，德范犹香启后人。在这秋风瑟瑟、人竟云亡的日子，青山不语，流水呜咽，苍天含悲，泪飞倾盆。这位心系××教育的男儿，马上就要还身尘土；而××的山水泥土铸就的师魂，还将留存在××中学乃至所有人的心中。

6. 我们无法忘记，××老师，三年学习中专毕业；走上岗位，各门知识了然于胸；煤油灯下，夜深人静精心备课；三尺讲台，谈笑风生兢兢业业；批改作业，圈圈点点扎扎实实；传道授业，讲解疑难苦口婆心；为人师表，爱生如子爱校如家；待人真诚，政治风雨同心同德；平易近人，老少交往有情有义；年事渐高，分配工作在所不辞；情性豁达，后勤工作任劳任怨；尽心尽责，养老抚幼邻里皆知。只是此刻，晚辈同事心有缺憾：平日前来探望不周，忙于事务关心不到；今日灵前，特致此意，前辈若知，谨请见谅！

7. 人奔西土，音容宛在。纯净一生，桃李满天下；群贤毕至，松竹拔昆仑。×老师虽然离我们而去，但是他的音容笑貌将长留我们心中，他的宽厚美德，他的勤劳，他的敬业风范将成为我们学习的典范，成为我们精神的动力。

8. 疾风劲吹，山水含悲。××老师，明天，您将和青山相伴，与黄土相依，与日月共存。我们请您一路上务必慢行，一路走好!

9. ××总经理，您在改革开放的大潮中，发挥了自己的智慧，根据市场经济的理论规律，利用新技术，开发新产品，倡导竞争精神，在市场竞争中，使公司步入了全市利税千万元企业的行列，受到了政府的表彰和奖励，为同行业树立了光辉榜样。

10. 今天，夜沉沉，风萧萧，山河同悲，草木含情。我们怀着依依不舍的心情，挥泪送别这位饱经风霜的老人。我们为失去了这样一位好师长、好战友而感到万分悲痛，我们一定要化悲痛为力量，弘扬××老师的优良作风，号召全体教师学习她热爱工作、热爱事业、勤劳朴实、艰苦创业、谦虚谨慎、扶危济贫、乐善好施、知难而上、光明磊落的优秀品德，在教书育人的岗位上努力工作、努力奋斗，为把××小学办成一所名校而贡献自己的毕生精力。

第 28 章
学术演讲

第一节　范例集锦

★★★

范例 1：禅茶文化国际学术交流会议主持词

背景介绍：柏林禅寺举办禅茶文化国际学术交流会，一批爱茶敬禅人士聚集在一起交流心得，这是主持人的开场白。

关键词：禅茶　品味　黄金纽带

尊敬的各位法师，各位领导，各位对禅茶文化有正知正见的专家、学者、居士，各位茶道界的朋友：

在这庄严古寺，祖师道场，佛门圣地，在我们的共同期盼中，“天下赵州”禅茶文化国际学术交流会议，隆重地开幕了！

在会议开始之前，我先吟诵一首××大和尚的禅诗：

燕山修水隔天涯，明月清风共一家。千古禅林公案在，逢人且说赵州茶。

首先，让我们感恩三宝，感恩政府，感恩××和尚、××居士的支持，因为有他们，我们今天才能够在这里，从容感受、欣赏、品味禅茶一味。

大家知道，“吃茶去”是唐代赵州禅师的公案，被禅门看作是“赵州关”，至今已经有一千多年的历史。而现在，时逢金秋十月，正是燕赵大地硕果累累的大好季节，更是赵州禅茶芳香四溢、惠泽十方的吉日良辰。

赵州大师的“吃茶去”成为“禅茶一味”的精神源头，由此也奠定了柏林禅寺作为“禅茶一味”发源地的崇高地位。从此，中国的禅，中国的茶，开始跋山涉海，惠及邻邦，它不仅哺育了日本的禅茶文化，而且也哺育了韩国的禅茶文化。

中韩两国的文化交流，山高水长，茶成为两国人民增强了解、增进友谊的黄金纽带。在中韩两国的文化交流中，赵州的禅茶，发挥了至关重要的作用。

“吃茶去”，不仅仅是属于中国的，更是属于全世界的，是属于全人类的。我们要把赵州茶的味道，世世代代地传下去。柏林禅寺现任方丈××大和尚，深得赵州禅茶的三昧，深得××老和尚的真传。

××老和尚在韩国接受茗园文化奖时，写有几首绝句，其中一首是这样的：

茶香禅意海东情，不惜残年梦里身。

千载黄金新纽带，一杯清茗铸和平。

现在，有请韩国学者×××先生发言。

燕山修水隔天涯，明月清风共一家。千古禅林公案在，逢人且说赵州茶。

★★★

范例2：院长在全国社会科学研究生学术论坛上的讲话

背景介绍：某党校研究生院院长在全国社会科学研究生

学术论坛上发表讲话。

关键词：学术 良知 进步

今天我们在这里举行2011年全国社会科学研究生学术论坛，我代表研究生院向来自全国各地的获奖代表表示最热烈的欢迎，向征文获奖者表示衷心的祝贺，向所有的应征者表示诚挚的谢意！因为是你们装点了我们学术论坛的美丽星空。

我们今天处在伟大的时代，同时我们备感任务艰巨。这是学术神圣、发展、繁荣的时代，我们为之欢欣鼓舞；但这个时代，学术的神圣与低俗同在，发展与衰败共存，繁荣与荒芜交替。学术和中国社会的发展，都急切呼唤着学者和学术界的良知，呼唤着学术新人的成长。参加今天论坛的研究生都是正在成长中的学术新人，我相信你们中的许多人会成长为优秀的学者、时代的代表。

这里，我想对学术和研究生的关系谈三点认识：

第一，学术是研究生的题中之义意。“研究生”的名称本身就包含着学术，研究生要从事学术活动，推动学术的发展；学术就是研究生的使命。为什么这么说？什么叫研究生？生者，“的人”也，学生也。研究生，就是学习研究、从事研究的人。什么叫研究？研究就是对系统的专业学问进行比较深入的思考、钻研、探讨。学术是什么？学术是系统、专业的学问。所以，研究生的定义是和学术联系在一起的。因此，没有研究就不叫研究生。这是研究生和其他非研究生的区别，也是研究生作为研究生的本质特征。

第二，学术是研究生的进步之梯。中国古代典籍《大学》中写道：“苟日新，日日新，又日新。”研究生对经典著作也要反复研读，经常重温。学习要日日进步，还要更加进步，这就是我们研究生的追求。什么叫进步？进步就是向前发展，比原来更好。法国著名作家雨果说过，进步就意味着目标不断前进，视野不断开阔。子贡曾问孔子什么是“文”，孔子的回答是“敏而好学，不耻下问”。所以，即使是聪敏智慧的研究生，也要努力学习，不耻下问。宋朝的司马光登山时曾吟诗道：“一上一上又一上，看看行到岭头上。乾坤只在掌拿中，四海五湖归一望。”我看用此诗形容学术的境界是很合适的。因为学术研究就要不断提高，不断进步。唐朝王之涣的“欲穷千里目，更上一层楼”，杜甫的“会当凌绝顶，一览众山小”等诗句，都说的是这个意思。所以，学术是什么？学术是研究生的进步之梯，沿着这条道路，坚持不懈，就能够走到光辉的顶点。

第三，学术是研究生的成才之路。越年轻的领导干部学历越高，有研究生学历的比例越大。这说明我们社会对政治精英学历的要求越来越高，研究生所占比例越来越大。因此，学术水准已成为评价政治领导人的重要标准之一。在座的同学能够有幸成为研究生队伍的一员，应该珍惜“研究生”这一崇高荣誉，认真领会和体现“研究生”所要求的学术本质。

从事学术研究的事业是美好的，学术研究的步履是坚实的，学术研究的成就是辉煌的。所以，我们应该用学术的美好来美化我们的人生图景，用学术的坚实来坚定我们的人生步伐，用学术的辉煌来照耀我们的人生前程。同学们，让我们共同高举学术的火炬，用它来照亮我们的人生，照亮中国，照亮世界。

法国著名作家雨果说过，进步就意味着目标不断前进，视野不断开阔。子贡曾问孔子什么是“文”，孔子的回答是“敏而好学，不耻下问”。

★★★

范例3：某校长在“求索”论坛开幕式上的讲话

背景介绍：某大学举办第八届研究生“求索”论坛，校长在开幕式上讲话。

关键词：火花　坚持　探索

老师们、同学们：

五湖四海皆春色，万水千山尽得辉。在这春意盎然的日子里，××大学第八届研究生“求索”论坛在这里隆重开幕。在此，我谨代表学校党委及领导向第八届研究生“求索”论坛的开幕表示最衷心的祝贺。

大学是学术的殿堂。创造知识、传播知识是大学的神圣职责，培养人才、科学研究、社会服务是大学的基本功能，而大学的最高宗旨则是追求真理、崇尚学术、启迪思想、孕育创新。

学术研究需要交流与碰撞。学术越研越精，真理愈辩愈明。探索科学、钻研学术的过程，就是一个去粗取精、去伪存真、由此及彼、由表及里的达到真理本源的过程，必要的学术交流和思想碰撞才能产生智慧火花，不断接近真理。

在××大学第八届研究生“求索”论坛开幕之际，我想送在座的各位三句话：

第一句，“路漫漫其修远兮，吾将上下而求索”。我理解其核心在于做学问、求真理，必须有恒心，能够做到坚持不懈。既要有敢于探索的勇气，又要有肯于探索的精神，还要有善于探索的能力，更要有持之以恒的耐力。勇气、精神、能力和耐力一个也不能少。在这四项都有的情况下，耐力和坚持将显得更重要。因为，这是达到真理彼岸的前提。正如法国启蒙思想家布冯所说，“天才就是长期的坚持不懈”。也就是《劝学》名篇提出的“锲而不舍，金石可镂”。

第二句，“学而不思则罔，思而不学则殆”。做学问，不仅需要坚持，还要肯思索。要在思索中发现，在发现中拓展，在拓展中深化，在深化中提升。学而不思不成，思而不学更不成。这就要求我们既要重视在课堂上从书本中学，又要重视在实践中从生活中学；既要重视向老师学，又要重视向同学和广大民众学，要做到追根究底。

第三句，“求真创新，知行合一”。这是本届“求索”论坛的主题，我希望各位研究生能一如既往地遵循学术道德，恪守学术规范，坦诚相待，和而不同。相信你们能够开拓学术视野，活跃学术气氛，提升学术能力，增强学术创新，在交流中启迪智慧，在求真中创新学术，共同把论坛构建成一个自由、求实、多元、开放的思想和学术空间。

公元前335年，被马克思称为“古代最伟大思想家”的亚里士多德，离开导师柏拉图，在雅典城外的吕克昂运动场上另立讲坛，建立了“吕克昂学院”，与学生在林荫道上探讨逻辑学、物理学以及形而上学，提出疑难、收集材料、交流碰撞、尝试探索。亚里士多德的名言“吾爱吾师，吾尤爱真理”一直传诵至今。

我希望，各位研究生都把握好“求索”论坛这一难得的交流机会，开展学术交流，提升学术创新水平，不仅要“埋头干”，更要“抬头看”；我希望，各位研究生通过聆听报告、交流论文、沟通思想、研修方法，能够很好地取长补短、相互促进，进一步增强学术洞察力，提高学术敏感度，早日产出更多的学术成果和更优秀的人才！

最后，祝愿本次论坛取得圆满成功，也祝愿在座的各位幸福安康，谢谢！

第一句，“路漫漫其修远兮，吾将上下而求索”。我理解其核心在于做学问、求真理，必须有恒心，能够做到坚持不懈。

★★★

范例1：注册会计师学术会议总结讲话

背景介绍：某注册会计学协会召开学术会议并进行换届选举，这是一名理事在会议即将结束时的讲话。

关键词：学术 理论 诚信 素质

各位理事、同志：

今天是一次务虚和务实相结合的会议。所谓务虚，是指在座的各位理事认真聆听了市会计学会副会长、×××财经系主任×××副教授所做的精彩的学术报告，同志们平常都很忙，也很难有机会静下心来，听一场高水平的学术报告。我想，通过组织、举办这样的学术报告，我们能及时更新知识结构，提高自己的理论素养。所谓务实，是指我们通过法定程序，审议并通过了市会计学会本届理事会工作报告和市注册会计师协会秘书长的职务，选取了×××同志，为市会计学会副会长兼秘书长和市注册会计师协会秘书长。

今天下午的会议时间虽然很短，但内容却很丰富，也达到了预期目的，取得了圆满的成效，对此，我谨代表学协会向各位理事多年来对协会工作的支持表示衷心感谢。借此机会，我想对各位理事和协会工作提出三点要求：

一、适应形势要求，搞好理论研究。进入新世纪以来，我国的会计和注册会计师工作形势发生了巨大变化，在法律、法规和制度建设上得到了前所未有的飞速发展。但是，我们的实际工作与形势发展的要求仍有较大差距，会计监督不严、财会人员违法违纪等问题依然存在，会计信息不真实的情况尚未彻底根治，新制度、新准则还没有得到全面贯彻执行，这些都需要我们从理论的高度去探索解决问题的新途径、新办法。在新的形势下，协会承担着非常重要的任务，在贯彻执行国家的财经法律法规制度上，还有许多东西需要我们不断从实践中去进一步总结和探索，提升到理论的高度，用以指导我们的工作，希望我市所有从事会计和注册会计师的同志们携起手来，发挥学协会涉及面广、群众参与性强、理论研究和学术氛围浓的优势，积极进行探索和研究，为提高我市的会计和注册会计师工作质量做出新贡献。

二、以身作则，恪守诚信。会计和注册会计师工作者所从事的工作是广泛涉及公众切身利益的，有它的特殊性，所以全市的会计和注册会计师工作者必须要特别注重诚信问题，要在诚信中求生存、求发展。各位理事不仅是全市会计和注册会计师从业人员的代表，又是具体从事会计和注册会计师工作的实践者，因此，我们一定更要以身作则，恪守诚信，努力把我市的会计和注册会计师事业发展壮大起来。

三、必须注重发挥协会的纽带作用。协会要团结我们所有从业人员的力量，逐步提高会计和注册会计师在社会中的地位。要通过我们的工作，更好发挥会计和注册会计师在社会经济各项建设事业中的作用。协会人才济济，我们更要充分发挥其作用，有目的、有针对性地开展学术研究、学术讨论，活跃和发展会计和注册会计师队伍，通过理论研究，发现人才，提高队伍整体素质，推动我市会计和注册会计师工作向前发展。

各位理事，同志们，让我们围绕市委、市政府的工作中心，不断开拓进取，开创我市会计学会和注册会计师协会工作的新局面。

谢谢大家。

今天是一次务虚和务实相结合的会议。所谓务虚，是指在座的各位理事认真聆听了市会计学会副会长、×××财经系主任×××副教授所做的精彩的学术报告，同志们平常都很忙，也很难有机会静下心来，听一场高水平的学术报告。

★★★

范例2：某医学会第八次全国行为医学学术会议上的讲话

背景介绍：某医学会主任委员在第八次全国行为医学学术会议上的讲话。

关键词：硕果 发展 前景

各位领导、各位专家、同道们：

大家好！

初夏的××，风景秀丽，气候宜人。行为医学的同道们在这里欢聚一堂，相互交流和共同研讨行为医学领域的研究成果和发展大计。尤其是我们高兴地邀请到了德高望重的著名专家×××教授、×××教授、×××教授。当然，还有在座的行为医学分会的多位委员、常务委员以及来自全国各地的著名专家，因为时间关系，我不一一介绍。在此，我谨代表××医学会行为医学分会、××行为医学科学杂志社，向来自全国的各位专家、各位同道表示热烈的欢迎！××省医学会、××附属医院的领导和同志们也为筹办这次会议做出了艰辛努力，并给予了大力支持，在此，也向他们致以衷心感谢！

同志们，回顾一年来的工作，在总会的领导和一批老专家的大力支持下，新一届行为医学委员会做了大量工作，并取得了丰硕成果：

根据学会的要求和部分委员的个人情况，调整了分工。新一届委员会成立后，我们即从多方面加强和推动行为医学分会的工作。

首先是加强组织建设，对尚未成立专业委员会的省市，采取积极措施，抓紧筹办。在当地委员们的积极努力下，××省、××省、××省、××市和××市等省市以及部分地级市正在积极筹备成立专业委员会。广泛发展会员，从组织上确保学会的发展壮大。

二是加强学科建设和有关研究工作。

从当前亟待解决的实际问题与理论问题来看，国内有必要大力发展行为医学学科，为我国的行为医学发展做出应有的贡献。

三是加强继续医学教育。

四是加强学术交流及科普教育。

同志们，在国内众多行为医学专家和同人的努力下，我国行为医学学术队伍和学科发展水平有了明显提高，某些方面的研究已接近或达到国际先进水平，对推动相关学科的发展也做出了重要贡献。但是，我们也要清醒地认识到我们存在的差距和不足。

行为医学研究将会有突飞猛进的发展，行为医学的理论和技术将会得到广泛的应用和推广。同志们，相信在我们的共同努力下，中国行为医学的发展前景会非常美好。

最后，预祝第八次全国行为医学学术会议圆满成功！

行为医学研究将会有突飞猛进的发展，行为医学的理论和技术将会得到广泛的应用和推广。

范例3：某医院政研管理学术研讨会总结讲话

背景介绍：某医院举办政研管理学术研讨会，讨论医院的发展方向，这是党务组成员的总结讲话。

关键词：发展 排头兵 出谋献策

同志们：

我院××年政研管理学术研讨会就要结束了。会议围绕“继续解放思想，实践科学发展观，争当推动胸科医院科学发展的排头兵”的主题进行学习交流。会议准备充分，交流活跃，效果很好。在此，我代表院党委和院领导对会议的成功举办表示热烈的祝贺，对积极撰写论文、参与研讨、为医院建设发展出谋献策的同志们表示衷心的感谢！

这次学术研讨会议共收到论文46篇，领导专题讲座稿5篇，经领导评议评选出优秀论文10篇，文章全部收集在《论文汇编》中供大家交流学习，汇编总字数超过12万字。内容涉及理论研究、组织人事、群团工作、行政管理、医政管理、经济管理等多个领域。总结本次会议，我觉得它主要有三个特点：

第一个特点是“围绕中心，突出主题”。×××同志曾说到“解放思想就是要抢抓机遇，寻求发展；解放思想就是要打破习惯思维和主观偏见”的观念。这真实地体现了以各位作者为代表的广大职工观念更新了，认识到位了，思想解放了。在本次研讨会上，不少同志都能结合本职工作去调研、去思考，提出了很多有意义的观点和意见。为医院科学发展打下了坚实的思想基础。

第二个特点是“党政结合，上下联动”。调研类文章能理论联系实际，既有对实践工作的统计、分析、总结，又有对理性认识的提炼、梳理并形成正确的思路。这样的文章越多越好，能提高认识，提高工作水平。

第三个特点是“群策群言，百家争鸣”。大家以主人翁的精神，以高度的责任感对医院的发展提了很多建设性的建议和观点。医院要和谐发展，必须制订科学的发展规划，这是局党委的要求，更是我院自身发展的客观要求。

总的看来，本次研讨会重点突出、主题鲜明，集中反映了今年院党委提出的“解放思想，实践科学发展观”学习讨论活动的成果，提出了许多很好的观点和意见，对今后的发展建设具有极其重要的指导作用。会议达到预期的目的，为巩固和发展本次研讨会取得的成果，我讲三点意见供大家参考：

一是要理论结合实际，思想指导行动。

在本次学术研讨会议上，同志们结合我院的实际，解放思想，认真思考，提出了许多很好的观点和意见，对于我院的建设与发展具有极其重要的指导意义。我们院领导、职能部门和各基层科、所，都要结合实际，把研讨会的成果落实到实际工作中，用科学的理论和先进的管理思想指导我们的行动，在医院的实际工作中巩固、落实、发展本次学术研讨会的成果。

二是要突出工作重点，狠抓工作落实。

三是积极践行科学发展观，人人争当推动医院科学发展的排头兵。

院党委号召在座的同志们带头学习，全院职工人人争当学习实践科学发展的排头兵，维护团结稳定的排头兵，提高医疗技术水平的排头兵，推动医院科学发展的排头兵。

谢谢大家。

在本次学术研讨会议上，同志们结合我院的实际，解放思想，认真思考，提出了许多很好的观点和意见，对于我院的建设与发展具有极其重要的指导意义。

第二节　佳句荟萃

1. 感谢“博客中国”的邀请，很荣幸能有机会出席本次关于反垄断法的学术研讨会。我现在主要从事学术研究活动，所以，我希望被外界称作学者，也时常以学者自居。今天我完全是抱着客观中立的态度来参加这次学术研讨会，为什么呢？因为我本人至今没有使用QQ的习惯，所以我本人不会从“腾讯和360的争端”中具体地受益或者具体地受损，换言之，我不是利害相关人，所以，我完全是站在客观中立的立场发表客观公允的学术观点。

2. 天下苍生伸张社会公义，显然是出自造福公益的善的动机，希望将来关注公益的互联网学术机构和热心参与互联网公益活动的公共知识分子进一步关注中国社会日趋严重的垄断问题、垄断现象，不仅头痛医头、脚痛医脚，而且还要设计出标本兼治的方案，来完善我国的立法、司法，以造福人民，以遏制垄断集团自身无法遏制的贪心贪念。所以，我们还得通过大家的共同努力来有效遏制这种垄断集团的恶的贪念，使得他们唯利是图的贪心不会成长为危害全社会安全的毒瘤。

3. 研讨会之后，我们还将结合地区实际进行一系列的联谊、观摩、交流活动。这是地区档案学会的一件盛事。

4. 老师们、同学们，悠悠楚地，永世《离骚》。著名爱国诗人屈原为我们留下“路漫漫其修远兮，吾将上下而求索”的经典名句，它是我校“求索”校训的出处。一年一度的“求索”论坛，是同学们进行学术交流的重要平台，是弘扬“求索”精神的重要媒介，是凝聚学术智慧的重要载体。

5. 论坛的闭幕不是一个终点，而是另一个起点，我们要以这次论坛的举办为契机，延续“求索”精神，使其不断焕发出新的生机与活力，努力形成泛舟书海、蓄力索源、扬帆远航的学术氛围。

6. 会议时间虽短，但主题鲜明，目标明确，开得非常成功，使大家进一步统一了思想，明确了任务，振作了精神，鼓舞了斗志，增强了做好工作的自觉性和主动性。

7. 重任在肩，压力当前，我们需要的是艰苦拼搏，奋力开拓，我们决不能自满、懈怠，我们一定要在已有成绩的基础上，完善工作思路，创新工作方法，寻求高效途径，稳扎稳打，步步为营，再接再厉，再上新高。

8. 让我们以科学发展观为指导，保持奋发有为的精神状态，坚持求真务实的工作作风，发扬只争朝夕的拼搏精神，理顺工作思路，创新工作方法。紧密团结在领导班子周围，迎难而上，矢志不渝，同心同德，开拓进取，扎实工作，确保完成各项任务目标，为在创业的过程中实现自身的价值而努力奋斗！

9. 任务完成了，目标实现了，我们所有人光彩，所有人体面；任务完成不了，目标实现不了，我们所有人汗颜，所有人惭愧，不管是公司领导还是普通员工，因为我们每个人都是庞大的卓电工程的一分子。

10. 大千世界，花团锦簇；万象人间，华丽多彩。这一切都因为有了人，才有了意义。而人世间的一切也只有以人为本方才有意义。最近闭幕的中国共产党第十七次全国代表大会再次确定了在我国全面建设小康社会和和谐社会的宏伟蓝图，并突出了发展必须以人为本。

第 29 章
答谢词

第一节　范例集锦

★★★

范例 1：某美容机构相关负责人在 5 周年感恩客户答谢会上的讲话

背景介绍：某美容机构 5 周年感恩客户答谢会上的答谢词。

关键词：荣幸　发展　强大　永恒

尊敬的各位来宾、各位朋友、各位同人：

大家好！

金风送爽，鸟语花香，在这个孕育着希望的日子里，我很荣幸与在座的各位朋友欢聚一堂，隆重举行 ××美容机构 5 周年感恩客户答谢会。在这里，我怀着感恩的心，向一年来关心支持与帮助我们 ×× 的各界朋友，表示热烈的欢迎和衷心的感谢，感谢大家对我们的真情厚爱、不离不弃。

今天，我们怀着无比兴奋和喜悦的心情，在这里欢聚一堂，举行 ××美容机构建立 5 周年感恩答谢会，在这个令人激动的时刻，我代表 ××美容机构，向今天出席的各位来宾、各位朋友、各位同人表示热烈的欢迎和衷心的感谢！

天道虽广德承载，

丽质还需常关爱。

美轮美奂迎宾客，

容貌更新福报来。

不经意间，我们××美容机构已经走过了5年多的时光，在这5年里，××从创业到开业，再到今天的发展壮大，是与大家的信任和支持分不开的，请让我在这里深深地鞠一躬，来表示我对所有新老客户的谢意，谢谢你们！

5年的风风雨雨、5年的酸甜苦辣、5年的奋勇拼搏、5年的宏图规划，我们秉持“天行健，君子以自强不息；地势坤，君子以厚德载物”这一亘古哲理，带领所有××人，在您不离不弃的陪伴下，一路走了过来。所以，我们常怀厚德之意、常怀感谢之情、常怀感恩之心，以尽全力，为您提供如家人般的细致的深情服务。

今天，××已从以前的只有几名员工的小作坊式的美容院发展到了拥有两家连锁店、几十名员工的专业美容机构。

未来，我们计划在您的关爱及所有××人强有力的支持下，在下一个5年里，至少新增20家连锁店，让我们的连锁店遍布京城，把我们××人最美、最真、最善的服务献给所有爱美之人！

爱美之心，人皆有之。

因为××，您的容颜将更加娇艳；因为××，您的生活将更加美好；因为××，您的事业将更加辉煌；因为××，您的财富将更加壮观！

不要问您是否继续支持××，要问问××人能否为您提供更加亲切和个性化的服务！所以，今后的××人之路，将更加任重而道远……

但是，只要我们怀着感恩之心，怀着坚毅之心，我坚信，××的明天将更加强大，和您的友谊将更加久远！谢谢大家！

5年的风风雨雨、5年的酸甜苦辣、5年的奋勇拼搏、5年的宏图规划，我们秉持“天行健，君子以自强不息；地势坤，君子以厚德载物”这一亘古哲理，带领所有××人，在您不离不弃的陪伴下，一路走了过来。所以，我们常怀厚德之意、常怀感谢之情、常怀感恩之心，以尽全力，为您提供如家人般的细致的深情服务。

★★★

范例2：某个人诗歌朗诵交流会的答谢词

背景介绍：×××在个人诗歌朗诵交流会上致答谢词。
关键词：诗人 境界 瓷的世界 考验

各位来宾：

下午好！

今天能在这里举办本人的诗歌朗诵会与签售、交流活动，备感荣幸！

诗与瓷的相遇是一种什么境界？或许就是我一直在寻找的写作境界。

诗人是时代边缘的独行侠，哪怕我是一个女子，只要是背负诗的长剑行走天涯，我也自认是这个喧哗时代孤寂的独行侠，虽然今天来了不少诗界同行与喜欢诗的微博朋友，但相对于茫茫人海与强大的物质世界，诗人真的只是这个时代的少数人。

今天我来到一个高贵的瓷的世界——××，我是第一次如此深入一个瓷的世界。我知道瓷的华美与高贵，是我内心的向往，但我不知道我的诗能否抵达这样的境界。瓷的冷静经过了火的焚烧，瓷的今世是她前世的投胎，时光在瓷的身上留下的是美丽，是一个民族对美与优雅的梦想。《新诗代》主编海啸老师在活动的海报上比喻我——“瓷一样的女子”“梦一样的诗人”，其实我很惭愧，瓷的境界是我的理想境界，我是在文字里劳作的人，今天置身于瓷的世界，我顿时澄澈清明，祈愿老祖宗的智慧与优雅能为我所有。

在此我要感谢××总经理×××先生，一个70后“瓷中人”，你营造的瓷与诗的境界会让更多人享受到美！感谢《新诗代》主编海啸老师，他是“溢美艺术沙龙”的发起人，沙龙的第一场活动就为我举办，我深感荣幸！感谢《人民文学》主编助理×××老师百忙之中来主持本次活动。感谢媒体的朋友们在周末休息时间来捧场，在一个诗歌被冷落的时代，媒体还关注诗歌，只能说明你们也像瓷一样另类与高雅！

我还要感谢的是微博网友，你们的到来让我看到了诗歌这一少数人的艺术，在年轻一代人心里尚存一席之地，你们的友善与热情，你们对诗与瓷的喜爱，对我的支持，绝对是一种难得的力量，在这个明亮的下午照亮了我。

我没有按当下举办此类活动的惯例请很多著名诗人、评论家来为我说好话，我认为那纯属多余，来的人都是朋友，并且是以微博网友为主，包括80后的诗人们，你们都很年轻，热爱诗歌艺术的心像瓷一样干净，我尊重你们！尼采有一句话这样说道：“白昼之光，岂知夜色之深。”我窃以为，有很多人并不真正懂得你们的纯真与美好，一个诗歌活动为什么要以你们为主体？我想今天的活动恰好证明了你们的到来与你们发出的声音，才是诗歌这门面向未来的艺术最好的回声。谢谢你们！

我会坚持写出更好的作品，像瓷一样经受火的考验！谢谢大家的支持！

尼采有一句话这样说道：“白昼之光，岂知夜色之深。”我窃以为，有很多人并不真正懂得你们的纯真与美好，一个诗歌活动为什么要以你们为主体？我想今天的活动恰好证明了你们的到来与你们发出的声音，才是诗歌这门面向未来的艺术最好的回声。

★★★

范例1：主人致乔迁宴会答谢词

背景介绍：某人乔迁新居，这是他在乔迁宴会上由衷的答谢词。

关键词：欢迎 衷心 幸福快乐 感谢

尊敬的各位来宾：

大家上午好！

首先让我代表全家人向各位的到来表示热烈的欢迎和衷心的感谢！

说句心里话，拥用一套称心如意的房子一直是我们全家人最大的愿望，如今，在各方面的大力支持下，我们终于如愿以偿，实现了这一梦想，此时此刻我们的心情，用宋丹丹的一句话来说——那是相当激动啊。今天借××酒店这块宝地宴请各位，请大家来分享我们的幸福和快乐。希望大家能够开怀畅饮，共同度过一段美好的时光。

在此，让我代表全家人向多年来关心和帮助我们家的来宾和亲友们表示衷心的感谢，并祝福你们家庭幸福，永葆康健，万事通达，事事如愿！

同时也衷心感谢为今天宴请忙碌的主持人、各位朋友及酒店的工作人员！因为以前我家没举行过宴请活动，所以有招待不周之处，还恳请在座的各位多多包涵！

最后，请允许我引用范伟的一句经典台词：谢谢啊，缘分哪！

在此，让我代表全家人向多年来关心和帮助我们家的来宾和亲友们表示衷心的感谢，并祝福你们家庭幸福，永葆康健，万事通达，事事如愿！

范例 2：某导游的答谢词

背景介绍：某导游在旅程结束时向旅客致欢送答谢词。

关键词：结束 祝福 旅游 朋友

各位朋友：

到这里大家的哈尔滨之行就要结束了，相信中央大街的古典，索菲亚教堂的端庄，防洪纪念塔的挺拔，还有冰雪大世界的神奇一定还让您意犹未尽；里道斯的红肠，东方饺子王的饺子一定还在您唇齿间留香。如果在此次旅行中您有什么不满意之处还请多多包涵。小×也在这里感谢大家一路上对我工作的支持和理解。大家对我像朋友一样，大家的热情和友好让我深受感染，我会把大家的这种心态带给更多的人。也希望我们之间的友情像哈尔滨啤酒一样源远流长。这种友情不因时间和空间的距离而减少，只会越来越醇香和绵长。在离别之际小×送大家一句话：我们常说因为生活我们不能失去工作，我们努力地工作是为了生活，那反过来我们也不能因为工作失去生活，在您忙碌的工作之余别忘了给自己留一份空间，出来旅行一下，有机会再到哈尔滨来，小×和我所在的旅行社将为您提供更好的服务。祝大家归途一切顺利，一路平安。

我们大家在这三天里结下了深厚的友谊，马上就要分别了，心中有些不舍，但是“天下无不散的筵席”。分离是必然的，但是这次的分离就代表下次的相聚。此时远处天边的落日已经把天染得通红，好像，它也明白我们的心思。不管怎样，小×都会深深地为大家祝福，分别了，也没有什么好的礼物送给大家，只有心中殷殷的话语和深深的祝福。最后送大家一首歌曲《祝福》。祝福大家以后的人生道路一路好走，工作顺利、开心，工资高涨。

临别之际没什么送大家的，就送大家四个字吧。首先第一个字是缘，缘分的缘，俗话说“百年修得同船渡，千年修得共枕眠”，那么和大家三天的共处，算算也有千年的缘分了！接下来这个字是原谅的原，在这几天中，我有做得不好的地方，希望大家多多包涵，在这里说声对不起了！再一个字就是圆满的圆，此次行程圆满结束，多亏了大家对我工作的支持和配合，小×说声谢谢了！最后一个字还是源字，财源的源，祝大家的财源犹如滔滔江水连绵不绝，也祝大家工作好，身体好，今天好，明天好，现在好，将来好，不好也好，好上加好，给点掌声好不好！

虽然舍不得，但还是不得不说再见了，感谢大家几天来对我工作的配合和给予我的支持和帮助。在这次旅游过程中，我还是有很多地方做得不到位，谢谢大家不但理解我而且还十分支持我的工作，这些点点滴滴的小事情使我很感动。也许我不是最好的导游，但是大家却是我遇见过的最好的客人，能和最好的客人一起度过这难忘的几天也是我导游生涯中最大的收获。作为一个导游，虽然走的都是一些自己已经熟得不能再熟的景点，不过每次带不同的客人却能让我有不同的感受，在和大家初次见面的时候我曾说，相识即是缘，我们能同车而行即是修来的缘分；而现在我觉得不仅仅是所谓的缘了，而是一种幸运，能为最好的游客做导游是我的幸运。

我由衷地感谢大家对我的支持和配合。其实能和大家达成这种默契真的是很不容易，大家出来旅游，收获的是开心和快乐；而我做导游带团，收获的则是友情和经历。我想这次我们都可以说是收获颇丰吧。也许大家登上飞机后，我们以后很难会有再见面的机会，不过我希望大家回去以后和自己的亲朋好友回忆自己的哈尔滨之行时除了描述太阳岛如何如诗如画外，不要忘了加上一句，在哈尔滨有一个导游小×，那是我的朋友！

最后，预祝大家旅途愉快，以后若有机会，再来哈尔滨会会您的朋友！

此时远处天边的落日已经把天染得通红，好像，它也明白我们的心思。不管怎样，小×都会深深地为大家祝福，分别了，也没有什么好的礼物送给大家，只有心中殷殷的话语和深深的祝福。

★★★

范例1：中考大捷庆功会上某老师的答谢词

背景介绍：学校老师在2012届中考大捷庆功会上致答谢词。

关键词：感谢 感动 祝愿 干杯

尊敬的各位领导，亲爱的各位老师：

我谨代表由32位成员组成的2012届初三年级教师团队诚挚地表达三层心意：

一是感谢。我们初三年级全体教师万分感谢学校、董事会今晚的2012届中考大捷庆功酒会。虽然这个计划安排在中考成绩揭晓之时的酒会来得晚了二三点，酒的味道也淡了那么三四点，但来了就表明学校、董事会没有忘记我们2012届初三的成功与辉煌，没有忘记我们2012届初三628名师生三年来辛勤的付出与奉献！

去年庆功时喝的是五粮液，今年承诺喝茅台，咱老百姓真呀么真高兴！水一涨船就高啊。当然，五粮液也好，茅台也好，酒杯盛满的不仅仅是成绩，更多的是肯定与尊重；不仅仅是褒扬，更应该是信任与希望。这是一种气氛，一种味道。有一句广告词，“衡水老白干，喝出男人味”，我很欣赏。

二是感动。我们2012届初三年级全体师生克服了前所未有的困难，顽强拼搏，奋勇争先，圆满完成了学生成长和教师发展的“双新”目标。回味个中甘苦，我们自己非常感动。特别是自2012年元月以来，我们这个团队在学校因故暂停发放各种津贴的情况下，教学没有放松一丝一毫，管理没有松懈一毫一丝，生活从紧安排，工作从严要求，抱着视死如归的“亮剑”精神，以实际行动践行着“对学生一生的发展和幸福负责”的办学理念。

“艰难困苦，玉汝于成。”我们这个团队经受了考验，创造了辉煌，虽不能感动全中国，但也应该能够感动部分中国人啊！

2012届初三所取得的成绩不是哪一个人的，而是集体的。“选择比努力更重要，方向比速度更快捷”，领导为我们选择了正确的道路，指明了奋斗的方向，所以说啊，我们的成绩主要归功于学校、董事会英明正确的领导，然后是我们这个初三师生团队三年的同舟共济、激流勇进！

三是祝愿。2012届初三成绩的取得是我们学校事业发展主旋律中的一个响亮的音符，学校事业的发展决不会停留在2012年的水平上。2012届初三的成功再次证明：学校越兴旺，我们这些个教育工作者成长的空间就越广阔；踏踏实实抓教学，一心一意谋发展，学校事业就会蒸蒸日上；和谐、高效、“不折腾”，幸福指数才能如芝麻开花节节高。

尊敬的各位领导，亲爱的同事们，2012届初三已成为历史，628名师生也各奔前程，有的前程未卜。三年的时光漫长而又是弹指一挥间。今晚，我们老朋友欢聚一堂，领导们也“与民同乐”，“掌声响起来，我心中有无限感慨”。

2012届初三全体师生衷心祝愿我们的学校，也祝愿我们自己在今后的发展征途中能够一帆风顺、心想事成、再创辉煌！

今晚就算旧事重提吧，朝花在我们心里盛开，歌声在我们心中响起。我们2012届全体初三人唱响的是同一首歌，是一首让我们刻骨铭心的奋斗之歌、奉献之歌、希望之歌！

领导们，老师们，朋友们，请举杯，为我们的2012届初三，干杯！

今晚就算旧事重提吧，朝花在我们心里盛开，歌声在我们心中响起。我们2012届全体初三人唱响的是同一首歌，是一首让我们刻骨铭心的奋斗之歌、奉献之歌、希望之歌！

范例2：基层工作人员答谢词

背景介绍：基层工作人员在工作调动欢送会上致答谢词。

关键词：怀念 感谢 祝愿 希望 多谢

各位领导，各位同事：

根据组织的安排，我即将从××调往新的工作岗位了，此时此刻，千言万语不知从何说起，或者以下几个词最能表达我现在的心声：

第一个词是怀念。怀念与各位领导、各位同事一起工作、生活和学习的1400多个日子！怀念为完成某一项工作而一起挑灯夜战的感动！怀念克服重重困难而完成任务后的那一份喜悦！怀念××的一草一木，怀念热情而纯朴的××人民！

第二个词是感谢。感谢各位领导一直以来对我的关心和帮助！感谢各位同事由始至终对我工作的大力支持和积极配合！记得当初从山区镇来到××的时候，面对的困难和面临的机遇都很大，我正不知工作从何处开始的时候，大家的热情帮助和默契配合，使我迅速适应新的岗位和工作！借此机会，让我再一次衷心地向大家讲一句：多谢！

第三个词是祝愿。祝愿××再创辉煌！由于历史原因，目前××面临许多的困难和压力，但我相信，有市委、市政府的大力支持和正确领导，在×书记和×镇长的带领下，××人民团结一致，同心协力，××的明天一定会更美好！××将会更加“和谐、稳定、至善、日新”！各位同事的收入将会芝麻开花——节节高！

第四个词是希望。希望大家继续保持联系，多些沟通！×书记在大会上讲过：凡在××工作过的都是××人！我也不例外，在我的心目中，××早已是我的第二故乡！希望大家以后有时间多来看看我，大家共叙乡情！我也希望日后自己能够为××的发展再尽一份绵薄之力！

多谢大家！祝大家心想事成，家庭幸福！

希望大家以后有时间多来看看我，大家共叙乡情！我也希望日后自己能够为××的发展再尽一份绵薄之力！

★★★

范例1：总结庆功会上的答谢词

背景介绍：蓝海战略第一战役总结庆功会上的答谢词。

关键词：感谢 庆祝 践行

同志们：

继去年我们靠网上申报一统××一般纳税人的市场后，今年我们又在小规模纳税人的市场上大踏步前进了，今年我们已成功推广2万多户小规模网上申报，全省已有5万多纳税人使用我们的网上申报产品了，极大地稳固了我们在××市场上的蓝海地位。成功的取得是相当不易，我们像走钢丝一般走了过来，许许多多的同志都做出了贡献，今天我要向他们表示感谢：

首先，感谢××国税局各级领导的英明决策及大力支持，尤其是××区国税局领导，更是大胆创新，勇于做第一个吃螃蟹的人，大家知道，××是全省国税的重中之重，××局是××的重中之重，如果把××比为皇冠的话，××局就是皇冠上的明珠，××局领导无愧于如此重要的地位，他们是勇于创新、引领潮流的英雄，我及全公司同事真诚地感谢他们！

第二，感谢×总及金税二部的全体同志，他们是这次战役的先锋队及主力军，尤其是×总身先士卒，亲临前线，带领××部长及二部的同志们在市场上浴血奋战、高歌猛进，立了首功。感谢他们！

第三，感谢研发中心的×总、×××及其他工程师们，他们呕心沥血，熬过了一个个不眠之夜，尤其是×××、×××、×××工程师表现得更是出色，如果不是他们以高超的技术与省国税局工程师协同作战，就不会有今天的胜利，他们像保护长江大坝一样保住了网络没有决堤，顶住了一次次洪峰的冲击。感谢他们！

第四，感谢服务站的战士们，他们更是用自己的汗水和热血争抢每一寸土地，他们是航天金穗的工兵与陆战队员，他们用自己的双脚丈量中原大地，为广大纳税人分忧解愁，为公司创造效益。感谢他们！

第五，感谢呼叫中心的姑娘们，她们任劳任怨，解答了数万个问题，用微笑化解用户的抱怨与不满，用她们稚嫩的肩膀担起了××国税信息化与公司发展的重任，特别是3月30日，星期五的早晨，×××参加总部晨会，汇报了头天的工作后，她说，我得赶紧回到工作岗位上去了，今天和明天是本月最后两天，今天肯定是非常非常紧张和繁忙的，说完，毅然地走了，看着她霞光中瘦削的背影、坚定的步伐，我的心中有如电击，有几丝后悔，有几丝欣慰，后悔的是如人们所说：战争让女人走开，她们却承受着枪林弹雨。欣慰的是：有这样的好员工，我们败也无悔！那天，真的是一个黑色星期五，最高并发量六千多，网络崩溃。无数的炮弹倾泻到她们坚守的阵地上……好了，这样的场景太多，真的不忍细说。一说就激动得潸然泪下。感谢她们，感谢我们的魅力团队！

感谢所有为网上申报付出心血和汗水的的同志们。

艰苦的蓝海战略第一战役告一段落，值得庆祝，但不能掉以轻心，因为前方的路正长。让我们为昨天的胜利干杯，为明天饯行！同志们，干杯！

艰苦的蓝海战略第一战役告一段落，值得庆祝，但不能掉以轻心，因为前方的路正长。让我们为昨天的胜利干杯，为明天饯行！同志们，干杯！

★★★

范例2：某公司高层代表答谢客户时的讲话

背景介绍：某公司岁末举行客户答谢会，公司高层代表在会上发言。

关键词：感谢 成长 业绩 合作

尊敬的各位领导、合作伙伴，女士们、先生们：

大家上午好！

玉兔辞旧，金龙报福，新年伊始，万象更新！2012年的钟声即将伴随着新年的脚步响彻金色大地，在这辞旧迎新的美好时刻，我们齐集一堂，在这里举行“××有限公司2011年度答谢会”。在此，我谨代表××有限公司领导和全体员工对今天出席公司年度答谢会的所有来宾朋友表示热烈的欢迎和衷心的感谢，并在2012年新年的钟声敲响之前，预祝大家新年快乐。

在这美好的日子里，我要感谢在座的各位领导、合作伙伴和朋友，是你们的信赖，是你们的帮助，是你们强有力的支持，助公司快速成长，让我们更好地架起合作的桥梁，寻求共同的发展。感谢各位对公司工作的倾力支持！

2011年在激烈的市场竞争中，××公司在全体员工的共同努力下，顺利地完成了年初制订的销售及各项经营指标，取得了良好的业绩。回首过去，我们心潮澎湃，行业的残酷竞争让我们清醒地认识到目前我们犹如逆水行舟不进则退，我们必须保持清醒的头脑，高昂的斗志，按照确定的目标，紧跟市场步伐，牢牢把握契机，与上、下游伙伴紧密携手，愉快合作，为我们共同的事业，为医药市场的健康发展贡献自己最大的力量。展望2012年，××公司将继续秉承“以经营合格药品为天职，以确保人民用药安全为己任”的经营理念，继续加强与各合作伙伴的密切合作，我们将一如既往地履行我们的承诺，给广大合作伙伴提供一流的服务；继续打造优质高效的分销、配送服务网络平台，打造一支团结有力的专业化队伍。我们有信心、有能力实现新的跨越，我期待2012年我们更愉快的合作，也期待我们更大的成功！

最后，请让我再次向每位朋友的光临表示最诚挚的谢意！祝愿在座的各位领导、合作伙伴及家属、朋友在新的一年里生意兴隆，身体健康，家庭和睦，万事如意！元旦、新年双节快乐！

在这美好的日子里，我要感谢在座的各位领导、合作伙伴和朋友，是你们的信赖，是你们的帮助，是你们强有力的支持，助公司快速成长，让我们更好地架起合作的桥梁，寻求共同的发展。感谢各位对公司工作的倾力支持！

★★★

范例1：学生在毕业典礼上的答谢词

背景介绍：学生在毕业典礼上致答谢词。

关键词：谢谢 祝福 桃李满天下

亲爱的老师：

谢谢您！

强国要科技，科技需人才，人才靠教育，教育要教师！教师需付出，付出……千言万语，道不尽那年那月；万水千山，隔不断缕缕师恩。我要衷心对您说一声：谢谢您，老师。您教了孩子知识，教会了我做人。

其实感谢是放在心里的，心里记得老师，才算是感谢，嘴巴上说说的，我想不太实际，语言和心灵结合，可能更好吧。

鲜花的美丽受时间的限制，我的祝福却永恒、永远。永远祝福您——给我智慧的老师。

您的辛劳是我的动力，我的成功是您的骄傲，我会为您自豪！

谢谢您，老师！您，是黑夜的启明星；您，是白昼的晴空；您，是骄阳下的清风；您，是雨中的屋檐；您，是大海，是山川。是您塑造了我的灵魂。

您，是载送卫星的火箭；您，是海上的罗盘；您，是投入，是付出。

您就是我最敬爱的老师，您教给我“学而不思则罔，思而不学则殆”。

当我们采摘丰收果实的时候，您留给自己的是粉笔灰染白的两鬓白发。向您致敬，敬爱的老师！

在这美好的节日里，我们孩子要用老师教写的字，用老师教的美好词句，为老师写一首最美的小诗……

对您的感激千言万语也无法表达完全，对您的祝福百十万年也不会改变——老师，祝您万事如意！

一天天太阳升起又降落，一届届学生走来又走过，不变的是您深沉的爱和灿烂的笑容。祝福您亲爱的老师。

手中的粉笔慢慢化为漫天爱的灰屑，这爱染白了您原本乌黑的头发。在这特别的日子，献上一句：老师您辛苦了！

祝老师步步大顺，事业有成，桃李满天下！

您，是载送卫星的火箭；您，是海上的罗盘；您，是投入，是付出。您就是我最敬爱的老师，您教给我“学而不思则罔，思而不学则殆”。

★★★

范例2：乔迁宴答谢词

背景介绍：某主人在其乔迁宴会上的答谢词。

关键词：欢迎 联系 感谢 祝福

尊敬的各位领导、各位来宾、各位亲朋好友：

大家中午好！

春有百花秋望月，夏有凉风冬听雪。在我们家乔迁新居的美好时刻，在座的各位领导、各位来宾、各位亲朋好友就是春天的百花，秋天的月，夏天的凉风，冬天的雪，为我们家送来了吉祥，送来了如意，送来了兴旺，送来了发达。为此我代表我们全家对在座的各位表示衷心的感谢和热烈的欢迎，欢迎你们。

多年来因为有在座的各位领导、各位来宾、各位亲朋好友的关心和支持，我们家才战胜了一个又一个困难，闯过了一道又一道难关，如今又购买了一套新的住房，使我们家人有了安度人生之地，为此我再一次代表我们全家向你们表示衷心的感谢，谢谢你们。

人们常说："朋友是人生最大的财富。"我要说在座的你们就是我们全家人一生最大的财富，希望你们以后还要一如既往地关心支持我们家，常来常往常联系，我们永远是朋友。

最后我要借此机会把最美好的祝福也送给在座的各位，祝在座的各位领导、各位来宾、各位亲朋好友在今后的日子里能够，一帆风顺，二红有喜，三生万物，四季平安，五子登科，六六大顺，七星高照，八方进财，九九归一，十全十美，百事顺心，千秋康泰，万事如意。

谢谢大家！

人们常说："朋友是人生最大的财富。"我要说在座的你们就是我们全家人一生最大的财富，希望你们以后还要一如既往地关心支持我们家，常来常往常联系，我们永远是朋友。

第二节　佳句荟萃

1. 一年一度的春节即将来临，在这辞旧迎新的日子，我谨代表××公司及全体员工，对各位的到来表示热烈的欢迎！祝愿各位伙伴在新的一年里，万事如意，财源广进！

2. 十年创业，十年风雨，十年收获，历练出××公司十年的辉煌，同时也迎来了一个新的跨越，业精于勤，行成于思，回味过去这十年来××公司所走过的风风雨雨，有太多的深情与感恩，无言可以表达！

3. 在这里谨敬三杯酒：一杯酒敬我的衣食父母，那就是在座的各位伙伴，××公司能走到今天，因为有您一路的陪伴，感谢您多年的支持；二杯酒敬我的老师、亲人和朋友，没有他们背后的理解与支持，也不会有××公司的今天；三杯酒敬最可爱的人，那就是视我为对手的人，××公司没有他们的竞争，也不会这么快地成长起来，是他们给我以自强的动力和坚强的意志，在这里感谢他们，谢谢！

4. 沧海横流，方显英雄本色！××公司有敢于挑战与抓住机遇的勇气与魄力，追求卓越，责无旁贷，路就在我们脚下，机会就在我们手中，让我们携起手来，以海纳百川的胸襟，迎接明天，风雨同舟，共创辉煌！感谢一路有你！亲爱的伙伴们，愿你们吃好，喝好，明天会更好！

5. 这杯酒，是感谢的酒，感谢各位多年来的关怀厚爱、鼎力支持！这杯酒，是喜庆的酒，庆祝今天的合作成功，分享收获喜悦！这杯酒，是祝福的酒，祝福大家身体健康、家庭幸福、万事如意、大展宏图！这杯酒，是祝愿的酒，祝愿未来的岁月，我们的友情更深、心情更好、生意更旺！

6. 感谢学校领导的关心和支持，正是在学院领导的关心和支持下，软件学院及信工学院团委才能在全校范围内发起了为婺源孤儿爱心募捐的倡议活动。活动的有序进行，犹如冬日里最灿烂的一缕阳光，照亮了我们每个昌航学子的心怀，那如波涛汹涌般的爱的暖流，久久地在我们每个人的内心深处回荡。

7. 有句话是“心有多大，舞台就有多大”。还有一句是“海阔凭鱼跃，天高任鸟飞”。我想说的是，“老来寿”就是各位的大舞台。在各位朋友的支持下，“老来寿”的未来一定会更精彩！

8. 最后，我提议，让我们共同举起酒杯，为我们的相聚、为我们的友谊、为所有同事的健康幸福，大家一起，干杯！

9. 鲁迅先生曾说：“感谢命运，感谢人民，感谢思想，感谢一切我要感谢的人们。”在此，我感谢社会上那些曾经帮助、正在帮助或是将要帮助我们的人。你们的无私将引领我们成长，开创辉煌。一个互帮互助的民族，必将是一个生生不息的民族。一个互帮互助的社会，必将是一个安定团结的社会。一个互帮互助的国家，必将是一个繁荣昌盛的国家。

10. 乡谊情长，相聚时短。我们相约明年的今天再相会，到时，带着更多的成绩，更丰硕的收获，更喜悦的心情和更多的宾客来为我们的祖国祈福，为我们的××祈福。在此，组委会向各位尊敬的领导、各位尊贵的宾客拜个早年！祝大家在新的一年里，身体健康，家庭幸福，万事胜意！

11. 三年的激情岁月，三年的风雨兼程。三年的回忆，三年的感动。各位来宾、朋友，请再一次允许我代表××集团山东××医药有限公司全体员工，对您三年来对山东××的关爱、支持和帮助深情地说一声——谢谢！

第 30 章 慈善活动演讲

第一节 范例集锦

★★★

范例 1：平安夜爱心义卖活动上的动员演讲

背景介绍：某论坛热心网友自发组织了一个爱心助学团体，这是组织者在一场义卖助学活动上的动员讲话。

关键词：温馨 贫穷 帮助 希望

当您在温馨而祥和的夜晚享受快乐生活的时候，和我们同处一个城市的还有这样一群孩子，贫穷使他们失去了太多的欢乐，失去了读书求学的机会，作为社会一分子的我们能够无动于衷吗？给他们一个机会，他们就会成长为对社会有用的人才！挽救一个流失生，就是挽救一个未来；保住一个在校生，就是保住一个希望。

您的一份爱心，也许就能改变一个孩子一生的命运……××论坛爱心助学园是一个由××论坛热心网友自发组织的爱心助学团体，自从 2005 年

11 月份成立以来，助学园一直在实践着自己的诺言，尽自己的最大努力去帮助那些贫困的面临失学的孩子，让他们能继续留在校园里完成学业。到目前为止，在社会各界朋友的帮助和支持下，助学园一共资助了 13 个孩子，而经常参与助学园活动的义工队伍也扩大到了 36 人。

我们的义工不但在经济上为孩子提供资助，更以身作则为他们的生活和学习上提供无偿的帮助……但毕竟我们的力量是有限的，我们在今年圣诞节即将到来之际，筹办此次“平安夜爱心义卖”活动，就是希望通过大家的努力，共同铸就爱的长城，用义卖所得的钱去帮助那些最需帮助的孩子。而此次爱心义卖的收入以及使用等情况，我们也将通过网络等途径向社会公布、反馈，接受大家的监督。赠人玫瑰，手留余香。希望用你我的爱心，共同成就孩子们的未来！

当您在温馨而祥和的夜晚享受快乐生活的时候，和我们同处一个城市的还有这样一群孩子，贫穷使他们失去了太多的欢乐，失去了读书求学的机会，作为社会一分子的我们能够无动于衷吗？

★★★

范例 2：学生代表在捐赠仪式上的讲话

背景介绍：体育彩票管理中心向某希望小学捐赠了体育器材和文具，这是学生代表在捐赠仪式上的感谢词。

关键词：难忘 爱心 动力 高尚

尊敬的各位领导、老师、同学：

大家上午好！我很荣幸能够站在这里，代表我校全体同学发言，此时我们的心情无比激动，因为今天是一个令人永远难忘的日子，××市体育彩票管理中心向我们学校捐赠了一批崭新的书包、文具和体育器材，为我们积极参与体育活动、锻炼体魄创造了有利条件。××市体育彩票管理中心的颗颗爱心，将成为××希望小学全体同学积极进取，勇攀高峰的原动力。

现在，请允许我代表××希望小学全体学生，向××市体育彩票管理中心的领导致以最崇高的敬意！向为促成此次捐助做了大量沟通工作的领导表示最诚挚的谢意，谢谢您们！

赠人玫瑰，手有余香。你们这种高尚的行为、这份慷慨的资助，让我们感受到爱无处不在，让我们可以沐浴阳光的温暖，无忧地享受学习活动的快乐；也将会在我们的心中生根发芽，开花结果，直至长成参天大树。你们因你们的捐赠而高尚，我们因你们的高尚而成长。小草，因为有阳光的照射，才呈现出勃勃生机；鲜花，因为有水分的滋养，才愈显娇艳美丽；大树，因为有土壤的供给，才傲然挺立；我们，因为沐浴着社会的阳光甘露，才健康成长。青山有了绿水的陪伴，才会显得更加灵秀；天空有了白云的映衬，才会显得更加蔚蓝；而××希望小学的明天，也会因为有你们的支持而更加辉煌！

请相信我们，我们也一定不会让你们失望！我们将在以后的学习和生活中用优异的成绩、美好的品质和高尚的人格来回报关心我们的领导和教师们，让生命之树长青，来回馈社会，回馈人民。

此时此刻，千言万语，难以诉说你们关注教育的情怀，难以抒发我们全校师生对你们的无限感激。请允许我再一次代表全校师生向各位领导真诚地说一声：谢谢你们！

小草，因为有阳光的照射，才呈现出勃勃生机；鲜花，因为有水分的滋养，才愈显娇艳美丽；大树，因为有土壤的供给，才傲然挺立；我们，因为沐浴着社会的阳光甘露，才健康成长。青山有了绿水的陪伴，才会显得更加灵秀；天空有了白云的映衬，才会显得更加蔚蓝；而××希望小学的明天，也会因为有你们的支持而更加辉煌！

★★★

范例1：某市领导在慈善捐助仪式上的讲话

背景介绍：某市政府举办慈善晚会，某股份公司董事长慷慨解囊，这是该市领导在仪式即将结束时的答谢词。

关键词：爱心 温暖 和谐 幸福

尊敬的×××先生、各位领导、各位嘉宾：

今晚参加这次弘扬美德、共襄善举、传递爱心的活动，感到非常高兴。我谨代表市委、市政府向××股份有限公司×××先生的善行义举表示崇高的敬意，向长期以来关心支持××的慈善事业和经济建设的各界人士表示衷心的感谢！

随着经济社会的发展，我市的慈善事业得到了各界人士的鼎力支持。在××镇这片充满经济活力和爱心的土地上，拥有一大批有着济贫救困、乐善好施传统美德的慈善人士，他们以一种大爱之心，用实际行动推动了××慈善事业的发展，谱写了一曲曲爱的诗篇。此次，×××先生热心参与社会公益，慷慨解囊扶危济困，累计慈善捐赠×多万元，体现了一个有社会责任的企业家的爱心。正是有了像×××先生这样热心公益慈善的人士，我们××才处处温暖如春，处处和谐美满！请允许我替那些得到和即将得到帮助的人们向你们说声：谢谢！

当我们踏着改革开放的脚步，不断迈向幸福生活的时候，不能忘记因病、因残、因灾致贫的特困家庭，不能忘记贫困失学的少年儿童，不能忘记缺医少药的孤寡老人。俗话说“众人拾柴火焰高”、“涓涓细流汇成大爱无边”，相信在以后的日子里，××的企业家们一定能够秉持美好的愿望，继续奉献自己的爱心善心，亲力亲为，使这个社会变得更加和谐。希望我们能够更好地在发展慈善事业的道路上，携手公益、共创和谐！

借此机会，谨向××股份有限公司×××先生之长女“返亲喜庆”表示衷心的祝贺，祝愿×××先生全家幸福、万事如意！祝愿××股份有限公司生意兴隆！

谢谢大家！

俗话说“众人拾柴火焰高”、“涓涓细流汇成大爱无边”，相信在以后的日子里，××的企业家们一定能够秉持美好的愿望，继续奉献自己的爱心善心，亲力亲为，使这个社会变得更加和谐。希望我们能够更好地在发展慈善事业的道路上，携手公益、共创和谐！

★★★

范例2：学生代表在捐赠仪式上的发言

背景介绍：××有限公司在山区成立了一所希望小学，并且给学生们带来了棉被和文具，这是学生代表在捐赠仪式上的发言。

关键词：激动 敬礼 关爱 感谢

尊敬的各位领导、各位老师、同学们：

大家好！

今天我很荣幸能够站在这里代表我校全体同学发言。此时我的心情无比激动，因为今天是一个难忘的日子，在继去年××有限公司给我校全体学生每人捐赠了一床棉被后，这次又给我们每个学生送来了一盒文具，里面的每种文具都很精致、漂亮。这一盒盒崭新的文具一定会给我们每个学生带来活力，带来欢乐。××有限公司的颗颗爱心将成为××希望小学学子积极进取、勇攀高峰的原动力。

下面，请允许我代表××希望小学全体学生向××有限公司致以最崇高的敬意，谢谢你们！（鞠躬）

赠人玫瑰，手有余香。你们的慷慨解囊、爱心捐赠的高尚行为已经在我们的心中生根发芽，我们一定会以你们为榜样，努力学习，奋发向上，树立远大的理想。青山有了绿水的陪伴，才显得更加灵秀；天空有了白云的映衬，才显得更加蔚蓝；而××希望小学，也会因为有你们的支持而更加辉煌。

高尔基曾经说过“书籍是人类进步的阶梯”。阅读一部好书，就是在与一位高尚的人进行心与心之间的交流。书籍是人类生活不可缺少的一部分，它是人生道路上的一盏明灯，为我们照亮前程，指明方向。你们就像阳光，用温暖照耀人间，你们就像山泉，用甘甜滋润万物，你们就像一首经久不衰的歌谣，用美妙的声音净化人们的心灵……

同学们，此时千言万语不知从何说起，但是我想，我们只有用行动——让我们爱读书，读好书，与书籍结成好朋友，才是对××有限公司最好的报答和感谢，才能不辜负××有限公司对我们的无私关爱和殷切希望，我们一定要在书籍中探索知识、勇攀高峰，用知识武装大脑，用实践建设家园，用知识改变命运，用奋斗开拓未来。我们决心把你们传递的爱心接力棒接过来，传下去，让爱心行动像长江水黄河浪一样生生不息。

亲爱的同学们，让我们再一次以热烈的掌声感谢××有限公司和上级领导，让我们一起记住她的名字——××有限公司！

谢谢大家！

我们一定要在书籍中探索知识、勇攀高峰，用知识武装大脑，用实践建设家园，用知识改变命运，用奋斗开拓未来。我们决心把你们传递的爱心接力棒接过来，传下去，让爱心行动像长江水黄河浪一样生生不息。

★★★

范例1：某经理在捐赠仪式上的讲话

背景介绍：某装饰工程有限公司经理向学校捐赠课桌椅等物品，以回报社会，这是他在捐赠仪式上的讲话。

关键词：耕耘 传承 微薄之力

尊敬的各位嘉宾、各位老师，亲爱的同学们、朋友们：

大家好！

秋来桂馨，硕果丰艳！今天，十分荣幸能够参加××学校课桌椅等的捐赠仪式。借此机会，请允许我代表××装饰工程有限公司，向××学校捐赠我们的一份爱心，向辛勤耕耘在教育一线的各位老师表示崇高的敬意，向同学们表示亲切的问候！

善举创造和谐，爱心传承美德。捐物助学是一项功在当代，利在千秋的事业，是中华民族扶危济困传统美德在新形势下的发扬。组织这次捐物助学活动，××公司义不容辞，责无旁贷。

我们始终坚持“以人为本”的人才战略，把教育培训作为最有价值的投资，使人才队伍素质不断提升，我们坚信：人才不仅是企业的财富，而且是社会的财富。

这次我们捐赠一些课桌椅及黑板，是××装饰工程有限公司关注教育、关注未来的举措，我们希望通过这些举措，激励学子努力学习，并起到抛砖引玉的作用，使社会重视知识，重视教育，关心人才的成长，使全社会有种共同的责任心、责任感，为人才，为教育，为社会，为未来尽一份心，出一份力，承担一份社会责任。

知识改变命运，学习成就未来。希望各位同学珍惜来之不易的学习机会，以只争朝夕的精神，勤奋学习，自强不息，学成归来，为家乡的建设做出你们应有的贡献。希望你们树立远大的理想，磨炼意志，做新时期青年的楷模。希望你们把贫困作为精神财富，作为宝贵经历，把报恩之心、感激之情化为成才之志、发奋之源，以优异的成绩向党和政府汇报，以超常的才智报效祖国，报答父母和人民对你们的关爱。在献身社会中实现人生价值，在服务人民中得到自身的升华！

关注教育，重视人才，为学子们成才尽心尽力将成为我们的一种长期责任。因此，我们会把捐物助学活动一如既往地继续下去。希望通过我们的活动，能带动社会各界朋友对教育事业倾注更多的爱心和支持，给每一个需要帮助的孩子多一份关爱、多一份期待，使同在蓝天下的学生，一起健康成长。

最后，祝学子们学业有成！祝各位领导、来宾、家长、老师、朋友身体健康，万事如意，谢谢大家！

知识改变命运，学习成就未来。希望各位同学珍惜来之不易的学习机会，以只争朝夕的精神，勤奋学习，自强不息，学成归来，为家乡的建设做出你们应有的贡献。

★★★

范例2：某慈善总会“慈善一日捐”动员会上的讲话

背景介绍：某区慈善总会举办“慈善一日捐”活动，这是活动组织者在动员大会上的讲话。

关键词：慈善 扶危济困 乐善好施

各位领导、各位来宾、同志们：

扶危济困、乐善好施不仅是中华民族的传统美德，也已经成为当今世界的主流价值取向。无论是在东方还是在西方，慈善事业都是充满人道关怀的光荣而崇高的事业，备受世人推崇。做慈善的人内心是无比快乐的。

我们每个人的成功与成才不仅是个人努力奋斗的结果，更离不开社会大众的支持和帮助，参与慈善是个体对社会有责任心的最好表达，也是一种直接回馈社会的形式。慈善是要用心去做的，做慈善的人必须拥有一颗美丽而又仁慈的爱心、善心。

所谓“帮助别人，快乐自己”、“送人玫瑰，手留余香”。帮助他人是快乐的，甘愿给社会付出真情和爱的人是最幸福的人，因为幸福总是偏爱那些热爱生活而又乐于奉献的人。当我们将爱心播撒给他人的时候，我们也是在呵护自己的心灵，使心灵如纯洁之泉，如暖冬之日，在滋润、温暖别人之时，也使自己变得高尚、幸福。爱心就像阳光，照耀在大地上，才能真正地成为温暖人心的力量。

“只要人人都献出一点爱，世界将变成美好的人间。”让我们携起手来，共襄善举，共同促进我县慈善事业的发展，为建设和谐社会和生态宜居××做出应有的贡献。

谢谢大家！

帮助他人是快乐的，甘愿给社会付出真情和爱的人是最幸福的人，因为幸福总是偏爱那些热爱生活而又乐于奉献的人。当我们将爱心播撒给他人的时候，我们也是在呵护自己的心灵，使心灵如纯洁之泉，如暖冬之日，在滋润、温暖别人之时，也使自己变得高尚、幸福。爱心就像阳光，照耀在大地上，才能真正地成为温暖人心的力量。

第二节　佳句荟萃

1. 莺歌燕舞气象新，特邀贵宾大驾临。济世为民蒙相会，精神健康送万村。

2. 慈善是真心、爱心、仁心，慈善是责任、义务、道义。我们真诚倡议：奉献您的爱心，踊跃参与慈善捐款活动，共创××慈善事业的美好明天！

3. 赠人玫瑰，手留余香。在您捐赠之时，您也收获着爱的玫瑰，收获着快乐和尊敬，也播撒着爱的种子。百万不嫌多，一元不嫌少，慈善义举，爱心无价。让我们迅速行动起来，伸出热情的双手，敞开仁慈的胸怀，凝聚关爱的力量，为社会困难群体点燃希望的火焰，给最渴的人送上您的一杯清泉，为农村义务教育添砖加瓦！

4. 我们也希望能够借助本次活动，唤起更多人的环保意识，从而使更多人参与到保护生态环境，呵护母亲地球的绿色行动中来。

5. 慈善事业是社会保障体系建设的重要内容，是政府救助的有益补充；慈善事业是促进社会公平的重要抓手，是社会和谐的重要标志；慈善事业是人道主义精神的弘扬，是精神文明建设的重要组成部分。

6. 同志们，慈善事业是一项得人心、暖人心、稳人心的事业。希望全街道各村、企事业单位和各界人士积极参与到慈善募捐活动中来，共同谱写我街道慈善事业新篇章，为构建和谐××做出应有贡献。

7. 一位成功的企业家往往也是一位慈善家。今天在座的各位企业家，你们都有回报社会的热情，有“取之社会、用之社会”的理念，希望你们能常怀这份社会责任意识，把参与慈善募捐活动，作为奉献爱心的实际行动，作为团结企业员工、展示企业形象的良好机遇。

8. 我们集团沐浴着经济发展的春风，不断发展壮大，但我们没有忘记在同一片蓝天下，还有许多需要帮助的人，他们或身患重病，或身体残疾，或遭受灾害，或生活困难。我们应当要帮助他们共享阳光雨露，共享经济发展成果，共建和谐社会。

9. 慈善是一种心意，不在于钱多少，重要的是爱心的培养和传递，企业越是做大做强，越应该承担更多的社会责任。

10. 赠人玫瑰，手留余香。用我们的善行，为困难者架起通向希望的桥梁；用我们的善举，带给苦难者前行的希望；用我们的双手，为困难者托起明日的太阳。让我们奉献诚挚的爱心，伸出博爱的双手，继续推进慈善事业的发展，让无力者有力，让悲观者前行！

11. 愿你我携手并肩，积极贡献力量，实现人人参与慈善、个个奉献爱心的和谐局面，祈愿公益慈善之花在你我心中绽放！

12. 慈善是一种心意，不在于钱多少，重要的是爱心的培养和传递。××集团还将一如既往地支持社会慈善事业，为社会实实在在地做点事。

13. 当我们和家人团聚、共享天伦的时候，当我们努力工作、畅想人生理想的时候，您可知道，在我们身边还有鳏寡孤独、伤残病患，还有贫困失学、遭灾遇祸，还有处于最低生活保障线的困难家庭……他们那一双双无助的手、一张张苍老的脸、一道道无奈的目光，在呼唤着人间真情。